Wolfgang Wehowsky
Harald Rihm

Der Rentenberater

Dipl.-Verw. (FH) Wolfgang Wehowsky
Dipl.-Verw. (FH) Harald Rihm

Der Rentenberater

inkl. aller Neuregelungen 2018,
Flexi-Rente 2017 und Rentenpaket 2014

expert verlag®

Bibliografische Information Der Deutschen Bibliothek

Die Deutsche Bibliothek verzeichnet diese Publikation
in der Deutschen Nationalbibliografie;
detaillierte bibliografische Daten sind im Internet über
http://www.dnb.de abrufbar.

Bibliographic Information published by Die Deutsche Bibliothek

Die Deutsche Bibliothek lists this publication
in the Deutsche Nationalbibliografie;
detailed bibliographic data are available on the internet at
http://www.dnb.de

FSC®
www.fsc.org
MIX
Papier aus verantwortungsvollen Quellen
FSC® C016368

ISBN 978-3-8169-3386-1

Das Buch basiert auf dem Band „Praxis der gesetzlichen Rente“ von Wolfgang Wehowsky
und Harald Rihm, der seit 2008 in vier Auflagen im expert verlag erschienen ist.

Bei der Erstellung des Buches wurde mit großer Sorgfalt vorgegangen; trotzdem lassen sich Fehler nie vollständig ausschließen. Verlag und Autoren können für fehlerhafte Angaben und deren Folgen weder eine juristische Verantwortung noch irgendeine Haftung übernehmen.
Für Verbesserungsvorschläge und Hinweise auf Fehler sind Verlag und Autoren dankbar.

Vorwort

Eine Rente, die gut zum Leben reicht, gehört zu den Diskussionsschwerpunkten gesellschafts- und sozialpolitischer Erwartungen. Die gesetzliche Rentenversicherung als eindeutig wichtigste Säule der Alterssicherung in der Bundesrepublik Deutschland wird wegen der sich verändernden demografischen Entwicklung und eines wachsenden Niedriglohnsektor immer wieder vor neue Bewährungsproben gestellt. Die Rente für eine bis 2030 spürbar steigende Zahl von Leistungsempfängern muss von einer geringer werdenden Zahl erwerbstätiger Personen finanziert werden. Das hat trotz Beitragssatzstabilität und wachsender Produktivität unserer Wirtschaft dazu geführt, dass sich ein Arbeitnehmer im Ruhestand auf geringere Rentenansprüche einstellen muss. Zur wichtigsten sozialpolitische Aufgabe in der Zukunft gehört deshalb die Vermeidung von Altersarmut bzw. das Absinken einer steigenden Zahl von Leistungsempfängern auf ein Grundsicherungsniveau.

Viele Fragen bestimmen den aktuellen Informationsbedarf der Versicherten „Von welchem Zeitpunkt an besteht ein Rentenanspruch?“, „Wie hoch ist die Rente?“, „Wie wirken sich Rentenabschläge aus und wie vermeide ich sie am besten?“, „Wie werden rentenrechtliche Zeiten in meiner Rente berücksichtigt?“, „Welche Hinterbliebenenrentenansprüche bestehen?“ „Welche Vorteile bringt mir die Flexirente?“ usw. sind nur einige Punkte, die im privaten Umfeld immer wieder diskutiert werden. Auf diese und eine Vielzahl weiterer Fragen versucht dieses Buch eine seriöse und kompetente Antwort zu geben. In diesem Buch werden alle Rechtsänderungen berücksichtigt, die bis zum **30. September 2017** beschlossen worden sind. Dazu gehören die Veränderungen durch das neue Flexi-Rentengesetz genauso wie die weitere Verbesserung der Erwerbsminderungsrenten, Grundsätzliches zum Betriebsrentenstärkungsgesetz sowie die Angleichung der Renten in Ost und West ab 2018.

Unser Buch wendet sich an Mitarbeiter im Personal- und Sozialwesen, der Unternehmen, der Industrie, des Handels, der Banken und Versicherungen sowie an die Bediensteten in den öffentlichen Sozialverwaltungen und der Sozialgerichtsbarkeit. Auch für die mit Sozialrechtsfragen betrauten Mitarbeiter der Gewerkschaften, die Mitglieder der Widerspruchsausschüsse, die ehrenamtlichen Versichertenberater und die nach dem Rechtsdienstleistungsgesetz verantwortlich tätigen Rentenberater soll es ein profundes Nachschlagewerk sein.

Karlsruhe, im November 2017

Wolfgang Wehowsky
Harald Rihm

Inhaltsverzeichnis

1 Fast 60 Jahre Reformen in der gesetzlichen Rentenversicherung

Wenn dieses Buch in seiner 5. Auflage erscheint, befinden wir uns im 60. Jahr nach der ersten großen Rentenreform des Jahres 1957. Insgesamt kann die gesetzliche Rentenversicherung in Deutschland seit 1889 bereits auf eine 128-jährige Geschichte zurückblicken. Dass es sich dabei um eine Erfolgsgeschichte handelt, ist durch die Fakten belegt. Hervorzuheben ist insbesondere die Sicherheit und Stabilität der gesetzlichen Rentenversicherung. Die gesetzliche Rente hat außergewöhnliche Krisensituationen in ihrer langjährigen Geschichte mit Bravour gemeistert.

Keiner der heute 30- bis 60-Jährigen, aber auch vieler Älterer kann sich heute noch die gravierenden wirtschaftlichen und sozialen Auswirkungen ausmalen, die von der Bevölkerung während und nach den beiden Weltkriegen zwischen 1914 und 1918 sowie zwischen 1939 und 1945 zu bewältigen waren.

Selbst die Hyperinflation des Jahres 1923 in der Weimarer Republik, eine der stärksten Geldentwertungen, die eine der großen Industrienationen in der Neuzeit je erleben musste, konnte der Rentenversicherung etwas anhaben. Die Weltwirtschaftskrise 1929, die die sog. „Goldenen Zwanziger Jahre" beendete, und die Währungsreform 1948 mit Einführung der DM konnten das Leistungsgefüge der Rentenversicherung ebenfalls nicht erschüttern.

Die Finanzierung der gesetzlichen Rentenversicherung war bis 1956 auf ein Anwartschaftsdeckungsverfahren gegründet. Danach sollten aber die Rentenzahlungen ursprünglich keine Lohnersatzfunktion besitzen, sondern lediglich einen Zuschuss zum Lebensunterhalt darstellen.

Wie war es möglich, unser Rentensystem durch eine Vielzahl von Reformen immer up to date zu halten? Als besonderen Vorteil für die Entwicklung einer modernen Rentenversicherung hat es sich dabei erwiesen, dass die im Sozialgesetzbuch vorgesehene Selbstverwaltung der Rentenversicherungsträger, die gesetzgebenden Körperschaften und die sie tragenden Parteien, die Verbände und die Gewerkschaften, Organisationsstruktur, Leistungsumfang und Leistungsniveau der gesetzlichen Rentenversicherung vorausschauend und flexibel an die grundlegenden gesellschaftlichen Umwälzungen in der Bundesrepublik anpassen konnten. Themen dieses Paradigmenwandels sind z. B. die überwundene Stagnation unserer volkswirtschaftlichen Entwicklung als Folge der weltweiten Globalisierung und offener Märkte, der Geburtenrückgang, das ständig steigende Lebensalter und die damit sich verändernde Altersstruktur der Rentenversicherten und Leistungsempfänger.

Heute, nach Inkrafttreten der letzten großen Reformen mit Anhebung der Regelaltersgrenze vom 65. auf das 67. Lebensjahr und des Rentenpaktes 2014 steht das bundesdeutsche Rentensystem wieder auf stabilen Füßen.
Die Nachhaltigkeitsrücklage der Rentenversicherung beträgt Ende 2016 mit 32,4 Mrd. € immerhin noch 1,62 Monatsausgaben. Das sind fast 0,5 Monatsausgaben mehr als Ende 2010. Der Rentenbeitragssatz soll trotz erfreulicher Einnahmesituation bis auf weiteres bei 18,7 Prozent stabil bleiben Zudem stehen die Zeichen für weitere jährliche Rentensteigerungen von rd. 2 % gut. Die Nachhaltigkeitsrücklage wird nach der letzten Finanzschätzung in den kommenden Jahren kontinuierlich abschmelzen und voraussichtlich im Jahr 2022 die Untergrenze von 0,2 Monatsausgaben unterschreiten. Beitragssatzsteigerungen sind dann unvermeidlich.

Was waren nun in den letzten 60 Jahren die Highlights der bundesdeutschen Sozialpolitik, die der gesetzlichen Rentenversicherung ihr Gepräge gaben?
Am Anfang stand die grundlegende Rentenreform des Jahres 1957, mit der die gesetzliche Rentenversicherung mit so viel Energie aufgeladen wurde, dass sie ihre herausragende sozialpolitische Bedeutung bis in die Gegenwart hinein bewahren konnte.

1.1 Die grundlegende Rentenreform 1957

Diese Reform wird zu Recht als Jahrhundertwerk bezeichnet. Sie war notwendig geworden, nachdem sich in der wirtschaftlich aufstrebenden Bundesrepublik in den 50er Jahren der Abstand zwischen Löhnen und Renten ständig vergrößerte und mit Rentenzulagen bzw. pauschalen Rentenerhöhungen kein Anschluss an die Einkommensentwicklung erzielt werden konnte.

Schwerpunkte der Reform waren eine Gleichstellung der rentenrechtlichen Ansprüche für Arbeiter und Angestellte und die Einführung der neuen bruttolohnbezogenen dynamischen Rente. Damit verbunden war auch die wegweisende Umstellung der Finanzierung der Rentenversicherung vom Anwartschaftsdeckungsverfahren auf das Umlageverfahren.

Die grundlegende Rentenreform 1957 **Die wichtigsten Grundsätze waren:** • Gleiches Recht für Arbeiter und Angestellte • Eine neue „lohnbezogene“ Rentenformel • Die Rente hat Lohnersatzfunktion • Finanzierung der Rente durch die aktiv Versicherten (Umlageverfahren) • Generationenvertrag ! • Rehabilitation vor Erwerbsminderungsrente

Abbildung 1: Die grundlegende Rentenreform 1957

- Gleiches Recht für Arbeiter und Angestellte

  Durch die getrennte Entwicklung der gesetzlichen Rentenversicherung für die Berufsgruppe der Arbeiter in der Reichsversicherungsordnung und für die Berufsgruppe der Angestellten in dem Angestelltenversicherungsgesetz existierten einige Leistungsunterschiede bei den Ansprüchen auf eine Invaliditäts- bzw. Berufsunfähigkeitsrente, den jeweiligen Hinterbliebenenrenten und bei der Ermittlung der Rentenhöhe. Seit 1957 ist gewährleistet, dass es beitrags- und rentenrechtlich keinerlei Unterschiede mehr zwischen Arbeitern und Angestellten gibt.

- Die neue „lohnbezogene“ Rentenformel

  Die neue dynamische Rentenformel basierte auf vier miteinander verknüpften Faktoren. Dabei ging es um

- die Zahl der jeweils anrechnungsfähigen Versicherungsjahre
- das Verhältnis des jeweils versicherten Bruttolohnes zum Durchschnittsbruttolohn aller Versicherten während der gesamten Versicherungszeit (persönliche Bemessungsgrundlage)
- eine durch den Gesetzgeber festgelegte allgemeine Bemessungsgrundlage, die das aktuelle durchschnittliche Lohnniveau widerspiegelt und
- einen Steigerungssatz je Versicherungsjahr in Höhe von 1,5 Prozent (Erwerbsminderungsrente, Altersrente) und 1 Prozent (Berufsunfähigkeitsrente).

Wer z. B. 45 anrechnungsfähige Versicherungsjahre geleistet hatte, erhielt als Altersrente jährlich 67,5 Prozent der persönlichen Bemessungsgrundlage. Die Rente hatte erstmals Lohnersatzfunktion, nachdem sie bezüglich ihrer Höhe auch abhängig wurde von der aktuellen Entwicklung der Bruttolöhne und Gehälter. Die Umstellung der Rentenformel 1957 führte seinerzeit sofort zu einer durchschnittlichen Steigerung der Renten aus der Arbeiterrentenversicherung um 65 und aus der Angestelltenversicherung um 72 Prozent.

- Finanzierung der Rente durch die aktiv Versicherten (Umlageverfahren)

  Nach dem Umlageprinzip zahlen Arbeitnehmer und Arbeitgeber ab 1957 je zur Hälfte in die Rentenkassen ein, die zudem noch von einem Bundeszuschuss gespeist werden. Heute (2012) werden die Renten in erheblichem Umfang (etwas mehr als 30 Prozent) mit Mitteln aus dem Bundeshaushalt – also aus Steuermitteln – finanziert. Beim Bundeszuschuss wird zwischen dem allgemeinen und dem zusätzlichen Zuschuss unterschieden. Der allgemeine Zuschuss dient der Finanzierung der Leistungen in gleicher Weise wie die Beiträge der Versicherten und der Arbeitgeber. Der zusätzliche Zuschuss, der aus einer Mehrwertsteuererhöhung um 1 Prozent im Jahr 1998 resultiert und seit 1999 um die Ökosteuer ergänzt wurde, soll die nicht beitragsgedeckten Leistungen der Rentenversicherung abdecken. Bundeszuschuss und zusätzlicher Bundeszuschuss haben folgenden Hintergrund: Die gesetzliche Rentenversicherung übernimmt eine Reihe von Leistungen, die nicht auf den Kreis der Versicherten und Beitragszahler begrenzt sind, so dass die Leistungen nicht in vollem Umfang durch entsprechende Beitragseinnahmen gedeckt sind. Zu den ungedeckten Leistungen zählen u. a. Ersatzzeiten, wie Wehr- und Kriegsdienst, Fremdrenten, Kindererziehungszeiten, Anrechnungs- und Berücksichtigungszeiten sowie die Rentenfinanzierung in den neuen Bundesländern.

- Generationenvertrag

  So bezeichnet man ein ungeschriebenes Übereinkommen zwischen den Generationen, mit der die Finanzierung der gesetzlichen Rentenversicherung gesichert werden soll. Die derzeitigen Erwerbstätigen zahlen mit ihren Beiträgen die Renten der aus dem Erwerbsleben ausgeschiedenen Personen und erwerben dabei gleichzeitig Ansprüche auf ähnliche Leistungen der nachfolgenden Generationen an sich selbst.

- Rehabilitation vor Erwerbsminderungsrente

  Rehabilitationsleistungen erhalten Vorrang vor Rentenleistungen, die bei einer erfolgreichen Rehabilitation nicht oder voraussichtlich erst zu einem späteren Zeitpunkt zu erbringen sind. Dieser Grundsatz hat bis heute herausragende Bedeutung. Er wurde durch die spätere Gesetzgebung mit dem Rehabilitations-Angleichungsgesetz von 1974 und dem Sozialgesetzbuch IX –

Rehabilitation und Teilhabe behinderter Menschen – im Jahr 2001 nachhaltig verfestigt.

1.2 Die Rentenreform 1972

Die Rentenfinanzen gestalteten sich in der ersten Dekade nach den Reformen des Jahres 1957 außerordentlich gut und wurden gestützt durch die expansive Wirtschaftsentwicklung der Bundesrepublik Deutschland in diesem Zeitraum. Trotz Leistungsverbesserungen durch Novellierung der Reformgesetze im Laufe der 60er Jahre entwickelte sich ein sozialpolitischer Grundkonsens zu weiteren strukturellen Reformen, der die gesellschaftliche Aufbruchstimmung nach Amtsübernahme durch die sozialliberale Koalition in Bonn widerspiegelte. Als die abschließenden Beratungen zur Rentenreform 1972 allerdings im Bundestag anstanden, erhielten sie durch die wechselnden Machtverhältnisse zwischen Regierung (SPD/FDP) und Opposition (CDU/CSU) eine besonders pikante Note. Zur Erinnerung: Obwohl nach dem Übertritt mehrerer Koalitionsabgeordneter zur Opposition, das konstruktive Misstrauensvotum im April 1972 scheiterte und letztlich zu den Neuwahlen im Herbst 1972 führte, war die Verabschiedung der Rentenreform im Spätsommer 1972 von einer parlamentarischen Pattsituation gekennzeichnet. Dadurch konnten die Rentengesetze nur durch Kompromisse im Sinne der CDU/CSU beschlossen werden. So blieb z. B. das von der Regierung vorgesehene „Babyjahr“ für erwerbstätige Mütter unberücksichtigt. Erst 1986 war die Zeit reif für entsprechende familienpolitische Reformen in der Rentenversicherung. Dennoch konnten sich die erreichten Leistungsverbesserungen für Versicherte und Rentner sehen lassen.

Die Rentenreform 1972

Beibehaltung der Grundsätze von 1957, aber

- Öffnung der Rentenversicherung für Selbständige und Hausfrauen
- lukrative Nachentrichtungsmöglichkeiten mit hoher Rendite zurück bis 1956
- flexible Altersgrenzen (Senkung des Lebensalters 65 auf 62 – Schwerbehinderte – und 63-langjährig Versicherte –)
- Rente "nach Mindesteinkommen“ für Kleinverdiener (Anhebung auf 75% des Durchschnittsverdienstes aller Versicherten)

Abbildung 2: Die Rentenreform 1972

- **Öffnung der Rentenversicherung für Selbständige und Hausfrauen**

  Alle Personen ab dem 16. Lebensjahr erhielten die Möglichkeit zur freiwilligen Versicherung. Gleichzeitig wurde allen Nichtversicherten (vor allem Hausfrauen) die Möglichkeit der Nachentrichtung von freiwilligen Beiträgen zurück bis zum 01.01.1956 eingeräumt. Den bislang nicht versicherungspflichtigen Selbständigen wurde die Möglichkeit eingeräumt, auf Antrag versicherungspflichtig zu werden. Außerdem konnten sie von einer äußerst vorteilhaften Beitragsnachentrichtung bis zum 01.01.1956 zur Schließung vorhandener Beitragslücken Gebrauch machen. Die dabei erzielbare Rendite des eingezahlten Beitrages betrug dabei zum Teil mehr als 30 bzw. 40 Prozent p.A..

- **Einführung flexibler Altersgrenzen**

  Die starre Regelaltersgrenze mit 65 Jahren gehörte ab 01.01.1973 der Vergangenheit an. Wer die besondere Wartezeit von 35 Versicherungsjahren (Beitrags-, Ersatz- und Ausfallzeiten sowie der Zurechnungszeit) erfüllte, konnte die „flexible" Altersrente – abschlagsfrei – bereits ab dem 63. Lebensjahr beziehen. Bis zur Änderung durch den neugewählten Bundestag war der Rentenbezug sogar ohne jegliche Einschränkungen neben dem vollen Arbeitsverdienst zugelassen. Erst ab 01.04.1973 wurden die Hinzuverdienstmöglichkeiten neben der flexiblen Altersrente auf 30 Prozent der monatlichen Beitragsbemessungsgrenze festgelegt.
  Schwerbeschädigte Versicherte (heute: Schwerbehinderte) erhielten diese flexible Altersrente – auf Antrag – bereits ab dem 62. Lebensjahr.

- **Rente „nach Mindesteinkommen"**

  Dadurch wurden Kleinstrenten langjährig pflichtversicherter Arbeitnehmer deutlich angehoben. Wer mindestens 25 anrechnungsfähige Versicherungsjahre ohne freiwillige Beiträge und Ausfallzeiten zurückgelegt hatte, erhielt einen Zuschlag an Werteinheiten in der Rentenberechnung (dies aber begrenzt auf die Pflichtbeiträge bis zum 31.12.1972). Die Werte für die Pflichtbeiträge wurden um die Hälfte – höchstens aber auf 75 Prozent des Durchschnittsverdienstes aller Versicherten – angehoben.
  Die Rente nach Mindesteinkommen führte allein zur Anhebung von mehr als 12 Prozent aller Renten, wobei in 4 von 5 Fällen diese Erhöhung Frauen zugute kam. Dadurch wurde das vom Gesetzgeber anvisierte Ziel, die geschlechterspezifisch bedingte Lohnminderung langjährig erwerbstätiger Frauen zu beseitigen, erfüllt.

1.3 Gesetzliche Änderungen von 1972 bis 1992

Es fällt schwer, sich für diesen Zeitraum auf die wichtigsten Rechtsänderungen zu beschränken. So viel hat sich in diesem 20-Jahreszeitraum mit konjunkturellen Schwierigkeiten (bedingt durch die Ölkrise) und gesellschaftlichen Umbrüchen ereignet.

Gesetzliche Änderungen von 1972 - 1992

Konsolidierungsmaßnahmen in den 70'er Jahren

- 01.07.1977 - 20. Rentenanpassungsgesetz (RAG) –
  - Verschiebung der Rentenanpassung (9,9%) um 6 Monate vom 01.07.1977 auf 01.01.1978
  - Einführung der Versicherungs- u. Beitragspflicht für Arbeitslosengeld- u. hilfebezieher (ab 01.07.1978 bis 31.12.1982)
- **01.07.1978 – 21. RAG -**
  - Abkoppelung der Rentenanpassung von der Lohndynamik

    Feste Anpassungssätze

    zum 01.01.1979 4,5% (anstatt 7,2%)

    zum 01.01.1980 4,0% (anstatt 6,2%)

    zum 01.01.1981 4,1% (anstatt 6,0%)

Abbildung 3: Gesetzliche Änderung von 1972 bis 1992 (Teil 1)

Auf die im Alten Testament verkündeten „sieben fetten Jahre“ folgten nun auch in der Sozialpolitik „sieben magere Jahre“, wobei man sich an der Exaktheit der Zeitrechnung nicht festhalten sollte.

- **Verschiebung der Rentenanpassung im Jahr 1977 um 6 Monate**
- **Feste Anpassungssätze von 1979 bis 1981**

Die mit der Rentenreform 1972 prognostizierten hohen Einnahmeüberschüsse von mehr als 210 Mrd. DM bis 1986 ließen sich aufgrund der weltweiten Rezession durch den Ölpreisschock (1973/1974) nicht mehr realisieren. Deshalb waren 1977 (20. RAG) und 1978 (21. RAG) drastische Konsolidierungsmaßnahmen notwendig, mit der die Rentenanpassungsdynamik der bruttolohnbezogenen Rente deutlich gebremst wurde.

Als leistungssteigernde Neuregelung entpuppte sich dagegen die

- Einführung der Versicherungs- und Beitragspflicht für Arbeitslosengeld- und Arbeitslosenhilfebezieher (01.07.1978 bis 31.12.1982).

Sie hatte ihre Ursache in arbeitsmarkt-, sozial- und finanzpolitischen Beweggründen. Die steigende Zahl der Arbeitslosen führte zu Einnahmeausfällen in der Rentenversicherung, während die Bundesanstalt für Arbeit über ein hohes Rücklagenpolster verfügte. Diese vom Bundesarbeitsminister Ehrenberg betriebene Einbindung der Arbeitslosen in die Versicherungspflicht der Rentenversicherung hat politisch unter der Bezeichnung „Verschiebebahnhof" zwischen den Trägern der Sozialversicherung einen symbolischen Prägestempel erhalten.

Mit der Neuregelung des Scheidungsrechtes und dem Wechsel vom Verschuldens- zum Zerrüttungsprinzip folgte der Gesetzgeber ab 1977 langjährigen gesellschafts- und familienpolitischen Forderungen – vor allem mit Blick auf den Aufbau einer eigenständigen Alterssicherung für Frauen.

Gesetzliche Änderungen von 1972 - 1992

- Einführung des Versorgungsausgleichs bei Ehescheidungen nach dem 30.06.1977 (Reform des Ehe- und Familienrechts in Kraft ab 01.07.1977)
- Erschwerung der Anspruchsvoraussetzungen für BU/EU-Renten ab 01.01.1984 (+ 36 Pflichtbeiträge in den letzten 60 Kalendermonaten)
- Hinterbliebenenrenten- u. Erziehungszeiten – Reform vom 01.01.1986 an
  - Einführung von Kindererziehungszeiten als Versicherungszeiten in der Rentenversicherung (*heute Pflichtbeitragszeiten !*)
  - Unbedingte Witwen- u. Witwerrente *mit Einkommensanrechnung*

Abbildung 4: Gesetzliche Änderung von 1972 bis 1992 (Teil 2)

– Einführung des Versorgungsausgleichs bei Ehescheidungen nach dem 30.06.1977

Der Versorgungsausgleich löste einen nur unter erschwerten Voraussetzungen zu erwerbenden Rentenanspruch auf sog. Geschiedenenwitwenrente ab. Die in der Ehezeit erworbenen gemeinsamen Rentenansprüche werden zusammengerechnet und beiden Eheleuten zu gleichen Teilen zugeordnet. Der betragsmäßige Wertausgleich erfolgt im Wesentlichen in der Rentenversicherung über den vom Familiengericht festgestellten Versorgungsausgleich.

- **Erschwerung der Anspruchsvoraussetzungen für Berufs- bzw. Erwerbsunfähigkeitsrenten (BU/EU)**

  Bei Leistungsfällen ab 01.01.1984 wird die heute als Erwerbsminderungsrente bezeichnete Rentenart nur noch bei vorheriger versicherungspflichtiger Erwerbstätigkeit bewilligt. Neben der normalen Wartezeit von 60 Monaten Versicherungszeit müssen in einem Zeitraum, der die letzten 60 Kalendermonate vor der Erwerbsminderung umfasst, mindestens 36 Kalendermonate an Pflichtbeiträgen nachgewiesen werden.
  Damit zusammenhängend wurde im Haushaltsbegleitgesetz 1984 auch die Wartezeit für die Regelaltersrente ab 65 von 180 auf 60 Kalendermonate Versicherungszeit reduziert. Übrigens für Neurentner ab 01.01.1984 ist der Kinderzuschuss zur Versichertenrente weggefallen. Er betrug zuletzt 152,90 DM monatlich. Die Bruttoanpassung der Renten wurde mit der Einführung eines – sukzessiv steigenden – Eigenbetrages der Rentner zu ihrer Krankenversicherung abgeschwächt.

- **Hinterbliebenenrenten und Erziehungszeiten – Reform ab 01.01.1986**

  Durch die Neuordnung des Hinterbliebenenrentenrechts sind seit 1986 Männer und Frauen bei der Gewährung von Hinterbliebenenrente gleichgestellt. Eine unabdingbare Witwen- und Witwerrente wurde aber mit der Anrechnung von Erwerbs- bzw. Erwerbsersatzeinkommen des Hinterbliebenenrentners verknüpft.
  Einen wichtigen Baustein zur eigenständigen sozialen Sicherung der Frauen stellt die Einführung der Kindererziehungszeit von einem Jahr pro Kind dar.

1.4 Die Rentenreform 1992

Mit dem dritten großen Reformwerk sollten „Beständigkeit und Verlässlichkeit", restituiert, die sich „laufend ändernden" – ökonomischen, sozialen, demografischen – Bedingungen integriert, rechts- und sozialpolitische Fehlentwicklungen korrigiert, der Vertrauensschutz garantiert und die Finanzen konsolidiert werden (BT-Drs. 11/4124, S. 138 – 145).

Die Rentenreform 1992 wurde gekleidet in das neue Sozialgesetzbuch VI. Buch (SGB VI). Im SGB VI wird das gesamte materielle Recht der gesetzlichen Rentenversicherung für alle Versicherungszweige zusammengefasst. Damit traten zum 01.01.1992 die Reichsversicherungsordnung, das Angestelltenversicherungsgesetz und das Reichsknappschaftsgesetz im Rentenrecht außer Kraft.

Die Rentenreform 1992

Die wichtigsten Grundsätze sind:

- Nettoanpassung der Renten
- stufenweise Heraufsetzung der vorzeitigen und flexiblen Altersgrenzen
- Einführung einer Altersteilrente
- Neuordnung der beitragslosen Zeiten
- Ausbau familienbezogener Elemente (Berücksichtigungszeiten!)
- Ausweitung der „Rente nach Mindesteinkommen" (Einbeziehung der Pflichtbeiträge vom 01.01.1973 bis 31.12.1991)

Abbildung 5: Die Rentenreform 1992

- **Nettoanpassung der Renten**

Schon während der 80er Jahre wurde die Forderung erhoben, dass sich Renten und verfügbare Arbeitnehmereinkommen künftig gleichgewichtig entwickeln sollen. Nachdem die hälftige Eigenbeteiligung der Rentner am Beitrag zur Krankenversicherung der Rentner mit der Rentenanpassung ab 01.07.1987 abgeschlossen werden konnte, erfolgte erstmals zum 01.07.1992 eine Nettoanpassung der Zugangs- und Bestandsrenten. Maßgebend dafür war – wie bisher – der durchschnittliche Anstieg der Bruttoverdienste bei den Beschäftigten unter Berücksichtigung der durchschnittlichen Belastungsveränderungen infolge von Steuern und Sozialbeiträgen.

- **Stufenweise Heraufsetzung der vorzeitigen und flexiblen Altersgrenzen**

Die Altersgrenzen 60 und 63 sollten gleichzeitig und stufenweise bis zum Jahre 2010 auf eine Regelaltersgrenze 65 angehoben werden, wobei mit der Anhebung im Jahr 2001 in Einzelschritten begonnen werden sollte. Die vorzeitige Inanspruchnahme einer Rente sah schon hier Abschläge von der Rentenhöhe vor.

- **Einführung einer Altersteilrente**

Ab 01.01.1992 können Versicherte eine Altersrente in voller Höhe (Vollrente) oder als Teilrente im Umfang von einem Drittel, der Hälfte oder zwei Drittel der erreichten Vollrente in Anspruch nehmen. Die Teilrenten sollen einen flexiblen Übergang vom Erwerbsleben in den Ruhestand ermöglichen. Tatsächlich wird hiervon aber bislang nur in wenigen Fällen Gebrauch gemacht.

- **Neuordnung der beitragslosen Zeiten**

  Beitragslose Zeiten, wie z. B. Krankheitszeiten, Zeiten der Arbeitslosigkeit oder Zeiten der Schulausbildung konnten bis 1991 nur bei der Rente angerechnet werden, wenn die Halbbelegung mit Pflichtbeiträgen erfüllt war. Seit 01.01.1992 werden alle beitragsfreien und beitragsgeminderten Zeiten unabhängig von der Anzahl der Pflichtbeiträge bei der Rentenberechnung berücksichtigt. Bei der Bewertung dieser Zeiten wird jedoch die vorhandene Beitragsdichte zugrunde gelegt.

- **Ausbau familienbezogener Elemente**

  Bei Geburten ab 01.01.1992 erhöht sich die Kindererziehungszeit für ein Kind von einem Jahr auf drei Jahre. Daneben wird die Berücksichtigungszeit als weitere rentenrechtliche Zeit eingeführt. Berücksichtigungszeiten zählen u. a. mit bei der Erfüllung der Wartezeit für langjährig Versicherte (35 Jahre) und wirken sich darüber hinaus rentensteigernd aus.

- **Ausweitung der „Rente nach Mindesteinkommen"**

  Die Prüfung der Rente nach Mindesteinkommen wird um die Pflichtbeiträge für die Zeit vom 01.01.1973 bis 31.12.1991 erweitert. Erforderlich sind aber nun mindestens 35 Jahre mit rentenrechtlichen Zeiten, zu denen auch die beitragsfreien Zeiten und die Berücksichtigungszeiten gehören.

Bei der Wiedervereinigung mit der ehemaligen DDR konnten Millionen ostdeutscher Versicherter und Rentner in das Rentensystem der Bundesrepublik integriert werden. Mit dem Rentenüberleitungsgesetz (RÜG), das zugleich mit dem SGB VI am 01.01.1992 in Kraft trat, gelang es, das in der ehemaligen DDR vorrangig auf eine Mindestsicherung angelegte Rentensystem durch das lohn- und beitragsbezogene bundesdeutsche Rentenversicherungssystem abzulösen.

1.5 Wachstums- und Beschäftigungsförderungsgesetz (WFG) ab 01.01.1997

Mit dem WFG wurde die Anhebung der Altersgrenze vom 60. auf das 65. Lebensjahr bei der Altersrente wegen Arbeitslosigkeit und nach Altersteilzeit vorgezogen. Ursächlich verantwortlich hierfür war die drastische Ausweitung der von den Unternehmen praktizierten Frühverrentungspraxis.

Darüber hinaus führten folgende weitere Einschränkungen zu reduzierten Regelleistungen aus der gesetzlichen Rentenversicherung:

Wachstums- und Beschäftigungs-föderungsgesetz /WFG) 01.01.97

Kernstück des WFG sind Einsparungen

- im Gebiet der Rehabilitation
- durch verminderte Berücksichtigung
  - von Zeiten schulischer Ausbildung und
  - von Zeiten der Arbeitslosigkeit und Krankheit ohne Leistungsbezug
  - der ersten Berufsjahre
- keine rentensteigernde Anrechnung von Krankheits- u. Arbeitslosigkeitszeiten ohne Leistungsbezug

Abbildung 6: Wachstums- und Beschäftigungsförderungsgesetz 1997

- **Anrechnung von Zeiten schulischer Ausbildung**

Die Anrechnung von Schulzeiten bei der Rentenberechnung unterlag in den zurückliegenden 20 Jahren ständigen Einschränkungen. Vom 01.01.1992 an wurden insgesamt 7 Jahre als rentensteigernde Zeiten der Schul-, Fachschul- und Hochschulausbildung nach dem 16. Lebensjahr berücksichtigt. Das WFG setzte mit dem 01.01.1997 (Rentenbeginn) bei allen Schulzeiten einen Zeitraum von höchstens drei Jahren nach dem 17. Lebensjahr für eine rentensteigernde Anrechnung fest.

- **Verschlechterung der Bewertung der ersten Berufsjahre**

Ab 01.01.1992 waren in der Regel die ersten 48 Kalendermonate nach Eintritt in die Rentenversicherung bei der Rentenberechung einer Sonderbewertung unterzogen, soweit es sich dabei um Pflichtbeiträge gehandelt hat. Da in den ersten Berufsjahren meistens die gering entlohnten Berufsausbildungszeiten liegen, wurden diese Pflichtbeiträge mit 90 v. H. des Durchschnittsverdienstes aller Versicherten angerechnet. Durch das WFG ist diese Besserstellung ab 01.01.1997 abgeschafft worden. Berufsausbildungszeiten bzw. die ersten 36 Pflichtbeitragsmonate vor dem 25. Lebensjahr erhalten seither nur noch einen Zuschlag bei der Gesamtleistungsbewertung für beitragsfreie und beitragsgeminderte Zeiten.

Anrechnungszeiten wegen Krankheit und Arbeitslosigkeit ohne Leistungsbezug werden ab 01.01.1997 zwar weiterhin als rentenrechtliche Zeiten berücksichtigt, doch bleiben sie bei der Rentenberechnung ohne jegliche Bewertung.

1.6 Die Rentenreform 1999

Die Rentenreform 1999

Die wichtigsten Maßnahmen sind:

- Einführung eines demographischen Faktors
- Neuordnung des Bereichs der Renten wegen verminderter Erwerbsfähigkeit
- Anhebung der Altersgrenzen für Schwerbehinderte
- Abschaffung der Altersrente wegen Arbeitslosigkeit und Altersteilzeitarbeit sowie der Altersrente für Frauen ab 2012
- Anhebung der Bewertung und additive Berücksichtigung von Kindererziehungszeiten
- Einführung eines zusätzlichen Bundeszuschusses

Abbildung 7: Die Rentenreform 1999

Von den in der Übersicht dargestellten wichtigsten Maßnahmen sind nach der Bundestagswahl 1998 von der neu gewählten Bundesregierung folgende Regelungen bis zum 31.12.2000 ausgesetzt worden:

- Einführung eines demografischen Faktors bei der Rentenanpassung
- Neuordnung des Bereichs der Renten wegen verminderter Erwerbsfähigkeit,
- Anhebung der Altersrente für Schwerbehinderte.

Mit einem Rentenkorrekturgesetz wurden geeignete Maßnahmen ergriffen, um die Scheinselbständigkeit zu bekämpfen und arbeitnehmerähnliche Selbständige in die Rentenversicherung einzubeziehen. Für geringfügig Beschäftigte werden seit 01.04.1999 auch bei fehlender Versicherungspflicht Pauschalbeiträge zur Rentenversicherung entrichtet.

Die ausgesetzten Rechtsänderungen des Rentenreformgesetzes 1999 mündeten schließlich in ein Gesetz zur Reform der Renten wegen verminderter Erwerbsfähigkeit sowie dem Altersvermögensgesetz und dem Altersvermögensergänzungsgesetz.

1.7 Gesetz zur Reform der Renten wegen verminderter Erwerbsfähigkeit (in Kraft ab 01.01.2001)

Die Reform sieht künftig keine Berufsunfähigkeitsrente mehr vor. Erwerbsminderungsrenten werden bei voller Erwerbsminderung auf dem allgemeinen Arbeitsmarkt (weniger als drei Stunden täglich erwerbsfähig) als Vollrente, bei teilweiser Erwerbsminderung mit einem Leistungsvermögen zwischen drei bis unter sechs Stunden als halbe Erwerbsminderungsrente geleistet. Treffen teilweise Erwerbsminderung und Arbeitslosigkeit zusammen, wird die Erwerbsminderungsrente für diesen Zeitraum als Vollrente gezahlt. Erwerbsminderungsrenten sind grundsätzlich Zeitrenten. Falls der Rentenbeginn vor dem 63. Lebensjahr eingetreten ist, sind Abschläge bis zu maximal 10,8 Prozent in Abzug zu bringen. Entsprechende Abschläge erstrecken sich neben der Rente wegen verminderter Erwerbsfähigkeit auch auf die Hinterbliebenenrente. Dem steht allerdings eine verlängerte Zurechnungszeit bis zum 60. Lebensjahr rentenerhöhend gegenüber.

1.8 Altersvermögens- und Altersvermögens-Ergänzungsgesetz (in Kraft ab 01.01.2002)

Gegen Ende der 90er Jahre zeichnete sich bei anhaltend schwieriger Wirtschaftslage und damit verbundener Arbeitslosigkeit ein weiteres Steigen des Beitragssatzes auch durch die jetzt und künftig stärker ins Gewicht fallende demografische Entwicklung ab, was den Gesetzgeber zu weiteren Reformgesetzen zwang. Als Ausgleich für das damit eintretende Absinken des Rentenniveaus wird seitdem mit der sog. „Riester-Rente“ die private oder betriebliche Altersvorsorge staatlich gefördert. Flankiert wird dieses Vorgehen durch eine erhebliche Verbesserung der steuerlichen und arbeitsrechtlichen Rahmenbedingungen für die betriebliche Altersvorsorge.

Die Schwerpunkte der gesetzlichen Neuregelungen und zwar die sog. „Riester-Rente“ und die Neuordnung der Hinterbliebenensicherung werden in den Kapiteln 6. und 11. dieses Buches ausführlich behandelt. Dies gilt ebenso für die Anrechnung von rentenrechtlichen Zeiten vom 17. bis 25. Lebensjahr und das Produkt der Renteninformation (Kapital 3. bzw. 10.).

Altersvermögensgesetz und
Altersvermögens-Ergänzungsgesetz

ab 01.01.2002:

- Einführung der staatl. geförderten Altersvorsorge – sogenannte Riesterrente –
- Grundsicherung im Alter und bei vollständiger Erwerbsminderung (ab 01.01.2003) als Leistung aus Steuermitteln
- neue Rentenanpassungsformel (Rückkehr zur Bruttolohnorientierung mit Anrechnung RV-Beitragssatzsteigerung und Beiträge private Altersvorsorge – Riestertreppe –)
- Neuordnung der Hinterbliebenensicherung
- Schließung von Beschäftigungslücken (17. – 25. Lebensjahr) durch verbesserte Anrechnung von Anrechnungszeiten
- Jährliche Renteninformation an Versicherte über 27 Jahre

Abbildung 8: Altersvermögens- und Altersvermögens-Ergänzungsgesetz 2002

– Ausbau des sozialen Netzes durch die Grundsicherung

Die Grundsicherung im Alter und bei Erwerbsminderung ist eine seit dem 01.01.2003 in Deutschland bestehende bedarfsorientierte soziale Leistung zur Sicherstellung des Lebensunterhaltes ähnlich der Sozialhilfe. Sie soll sog. versteckter oder verschämter Armut vorbeugen. Wer aus seinen rentenrechtlichen Zeiten aus der gesetzlichen Rentenversicherung keine oder eine zu geringe Rente erhält und über keine weiteren Einkünfte (einschließlich der Riester-Rente) verfügt, kann auf Antrag eine zusätzliche Grundsicherungsleistung zur Deckung seines soziokulturellen Existenzminimums bekommen. Zuständig für die Leistungsfestsetzung sind die jeweiligen Kreissozialämter. Leistungsberechtigt sind alle Personen ab dem 18. Lebensjahr bei voller Erwerbsminderung oder im Alter nach Vollendung des 65. Lebensjahres. Anders als bei Sozialhilfeleistungen kann hier auf die unterhaltspflichtigen Personen kein Rückgriff genommen werden.
Vor Erreichen des 65. Lebensjahres kommt die Grundsicherung für Arbeitssuchende, bekannt als sog. Hartz IV-Leistung, für alle Arbeitslosen in Betracht, die auf dem allgemeinen Arbeitsmarkt mindestens drei Stunden täglich erwerbstätig sein können. Diese Leistung wird von den Job-Centern gezahlt

– Neue Rentenanpassungsformel

Mit der neuen Anpassungsformel erfolgt die Umstellung auf eine modifizierte Bruttorentenanpassung. Bei der Ermittlung des neuen aktuellen Rentenwertes ist die Veränderung der Bruttolohn- und Gehaltssumme im vergangenen

Kalenderjahr im Vergleich zum vorvergangenen Kalenderjahr, allerdings bereinigt um den für diese Zeiträume geltenden Beitragssatz zur gesetzlichen Rentenversicherung und den Altersvorsorgeanteil, heranzuziehen. Die Beiträge zur „Riester-Rente“ betragen ab 01.01.2002 1 Prozent des individuellen Bruttoarbeitsentgeltes und erhöhen sich bis zum 01.01.2008 auf 4 Prozent. Bei der Rentenanpassung werden die Altersvorsorgeanteile für die Zeit vom 01.07.2003 bis 30.06.2010 mit einer jährlichen Steigerung um 0,5 Prozent berücksichtigt. Bei der Bestimmung des aktuellen Rentenwertes ab 01.07.2011 beläuft sich der Altersvorsorgeanteil auf 4 Prozent (aktuell auf 01.07.2013 verschoben – siehe unter 1.11.).

1.9 Reformmaßnahmen der Jahre 2003 und 2004

Die wirtschaftliche Situation kam aus der Stagnation nicht heraus; gleichzeitig trat eine Verschlechterung der Arbeitsmarktlage ein. Die Folgen waren weiter sinkende Beitragseinnahmen bei einer Ausweitung der Zahl der Leistungsberechtigten. Schließlich waren schon 2003 / 2004 weitere restriktive Maßnahmen im Rentenversicherungsrecht unumgänglich.

Sparbeschlüsse 2003 und 2004

1. 2. u. 3. SGB VI-Änderungsgesetz

- Aussetzung der Rentenanpassung im Jahr 2004
- Senkung der Schwankungsreserve auf eine Untergrenze von 0,2 Monatsausgaben

***ab 01.04.2004*:**

- Vollständige Tragung des Pflegeversicherungsbeitrages durch die Rentner
- Verschiebung des Rentenzahltermins von Monatsanfang auf das Monatsende für neue Rentner
- Zeitnahe und individuelle Weitergabe von Beitragssatzänderungen in der gesetzlichen Krankenversicherung

Abbildung 9: Reformmaßnahmen der Jahre 2003 und 2004 (Teil 1)

- **Wichtigste Änderungen durch das Rentenversicherungs-Nachhaltigkeitsgesetz (in Kraft ab 01.01.2005)**

Die Reformen in der Rentenversicherung schienen sich endlos fortzusetzen. Durch die Einführung eines Nachhaltigkeitsfaktors in der Rentenanpassungsformel sowie mittel- und langfristig wirkenden Maßnahmen bei der Rentenberechnung wurden mit dem Nachhaltigkeitsgesetz einschneidende Änderungen vorgenommen. Das Rentenniveau des sogenannten Eckrentners, das 2008 (vor Steuern) bei etwa 53 Prozent liegt, wird künftig deutlich sinken. Es darf bis zum Jahr 2020 einen Wert von 46 Prozent und bis zum Jahr 2030 einen Wert in Höhe von 43 Prozent nicht unterschreiten; so sieht es die neue Niveausicherungsklausel vor (§ 154 Abs. 4 SGB VI).

Reformmaßnahmen der Jahre 2003 und 2004

- ***Rentenversicherungs-Nachhaltigkeitsgesetz vom 21.07.2004*** (im wesentlichen in Kraft ab 01.01.2005)
- Modifizierung der Rentenanpassungsformel (Nachhaltigkeitsfaktor !)
- Anhebung der Altersgrenze für die frühest-mögliche Inanspruchnahme der Altersrente wegen Arbeitslosigkeit oder nach Altersteilzeit von 60. auf 63. Lebensjahr (gültig ab 01.01.2006)
- Abschaffung der Bewertung der Ausbildungszeiten für weitere Schulausbildung und Hochschulausbildung als rentensteigernde Anrechnungszeiten
- Höherbewertung der ersten 36 Kalendermonate mit Pflichtbeitragszeiten nur bei echter beruflicher Ausbildung
- Schwankungsreserve = Nachhaltigkeitsrücklage (Anhebung des oberen Zielwertes von 0,7 auf 1,5 Monatsausgaben)

Abbildung 10: Reformmaßnahmen der Jahre 2003 und 2004 (Teil 2)

Um zu verstehen, was sich hinter den einzelnen Begriffen verbirgt, hier einige kurze Erläuterungen.

- **Modifizierung der Rentenanpassungsformel durch Einführung eines Nachhaltigkeitsfaktors**

  Im Mittelpunkt des RV-Nachhaltigkeitsgesetzes steht die Modifizierung der Rentenanpassungsformel durch den sog. „Nachhaltigkeitsfaktor". Danach soll in Zukunft die jährliche Rentenanpassung auch von der Veränderung des Verhältnisses von Beitragszahlern zu Rentenempfängern abhängig sein. Neben der erfreulichen längeren Lebenserwartung ist zusätzlich der Geburten- und Erwerbstätigenrückgang zu beachten. Deshalb wird bei künftigen Rentenanpassungen auch die Relation von Rentenbeziehern zu Beitragszahlern berücksichtigt. Der Nachhaltigkeitsfaktor kann sich – wie 2007 und 2008 sowie 2010 und 2011 – auch günstig auf die Rentenanpassung auswirken, wenn die Zahl der Beitragszahler zunimmt.

  Nach der bis zum 30.06.2006 geltenden Anpassungsformel berechnete sich der Wert der dynamischen Rentenanpassung nach der Veränderung der Bruttolohn- und Gehaltssumme aus der volkswirtschaftlichen Gesamtrechnung. Ab 01.07.2006 orientiert sich die Rentenanpassung nur noch an der Entwicklung der in der Rentenversicherung *beitragspflichtigen Lohn- und Gehaltssumme* (§ 68 Abs. 2 und 7 SGB VI). Dies bedeutet, dass Entgelte über der Beitragsbemessungsgrenze und die Bezüge der Beamten außer Betracht bleiben müssen!

- **Anhebung der Altersgrenze für die Altersrente wegen Arbeitslosigkeit oder nach Altersteilzeit**

  Die vorzeitige Altersgrenze 60 wird in 36 Monatsschritten in der Zeit vom 01.01.2006 bis zum 31.12.2008 auf das 63. Lebensjahr angehoben. Betroffen von dieser Anhebung sind die Versicherten der Jahrgänge 1946 bis 1951. Versicherte, die nach dem 31.12.1951 geboren sind, haben bereits nach geltendem Recht keinen Anspruch mehr auf die Altersrente wegen Arbeitslosigkeit oder nach Altersteilzeit.

- **Abschaffung der Bewertung der Ausbildungszeiten für weitere Schulausbildung und Hochschulausbildung als rentensteigernde Anrechnungszeiten**

  Ab Januar 2005 werden nur noch die Zeiten des Fachschulbesuchs und die Teilnahme an einer berufsvorbereitenden Bildungsmaßnahme bei der Rentenberechnung bewertet. Nach einer Übergangszeit bis Ende 2008 werden Schul- und Hochschulzeiten nicht mehr bei der Rentenberechnung berücksichtigt. Davon unabhängig bleibt aber die Anrechnung schulischer Ausbildung bei den rentenrechtlichen Zeiten. Weiterhin werden Zeiten einer schulischen Ausbildung nach dem vollendeten 17. Lebensjahr insgesamt höchstens bis zu 8 Jahren als Anrechnungszeiten anerkannt.

- **Höherbewertung der ersten 36 Kalendermonate mit Pflichtbeitragszeiten nur bei echter Berufsausbildung**

Die pauschale Höherbewertung der ersten 36 Kalendermonate mit Pflichtbeiträgen entfällt. Es werden nur noch Zeiten einer tatsächlichen Berufsausbildung als beitragsgeminderte Zeiten in die Höherbewertung einbezogen.

1.9.1 Alterseinkünftegesetz

Weitere Rechtsänderungen, die die Gesetzliche Rentenversicherung betreffen

1. ***Alterseinkünftegesetz – in Kraft ab 01.01.2005***
   Steuerliche Entlastung in der Beitragsphase, aber nachgelagerte Besteuerung der Renten (Rentenbezieher 2005: nur 50% der Rente ist steuerpflichtig)

2. ***Kinder-Berücksichtigungsgesetz – in Kraft ab 01.01.2005***
   Erhöhung der Beiträge zur gesetzlichen Pflegeversicherung für kinderlose Versicherte um 0,25% ab 01.01.2005 (Ausnahme: Versicherte vor 01.01.1940 geboren oder noch unter 23 Jahre alt, Wehr- u. Zivildienstleistende sowie Arbeitslosengeld II-Empfänger)

Abbildung 11: Weitere Rechtsänderungen der gesetzlichen RV (Teil 1)

- **Das Steuerrecht ab 01.01.2005**

Am 01.01.2005 hat der Einstieg in die sog. nachgelagerte Besteuerung der Renten begonnen. Die Beiträge für den Aufbau der Altersversorgung werden künftig – nach einer langen Übergangszeit – steuerfrei sein, dafür werden später die Renteneinkünfte voll versteuert. Rentenversicherungsbeiträge und weitere Vorsorgeaufwendungen (z. B. Beiträge zur Kranken-, Pflege- und Arbeitslosenversicherung) können im Rahmen bestimmter Höchstbeträge zu einem Teil vom steuerpflichtigen Einkommen abgezogen werden. Diese Freistellung wird in jährlichen Stufen vorgenommen. Es dauert noch bis zum Jahr 2025, bis die Rentenversicherungsbeiträge in voller Höhe von der Steuer absetzbar sein werden.

Näheres hierzu unter Kapitel 9.3.1.

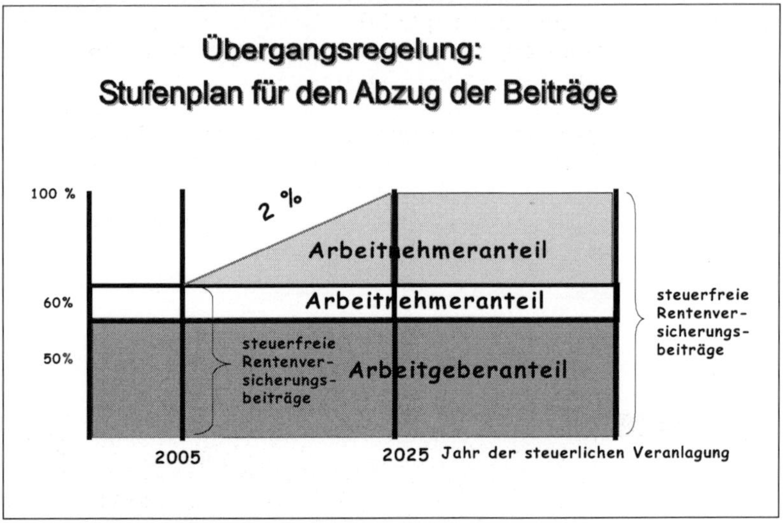

Abbildung 12: Freistellung der Vorsorgeaufwendungen

Gleitender Einstieg in die nachgelagerte Besteuerung

Beginn	2005	50 v.H.	Beginn	2021	81 v.H.
	2006	52 v.H.		2022	82 v.H.
	2007	54 v.H.		2023	83 v.H.

Für jeden Jahrgang steigt der Steueranteil um 2 v.H.

Für jeden Jahrgang steigt der Steueranteil um 1 v.H.

2018	76 v.H.	2038	98 v.H.
2019	78 v.H.	2039	99 v.H.
2020	80 v.H.	2040	100 v.H.

Abbildung 13: Einstieg in die nachgelagerte Besteuerung der Renten

Auch der Einstieg in die neue Rentenbesteuerung wird nicht in einem Schritt vollzogen. Um eine Zweifachbesteuerung zu vermeiden, gibt es auch hier eine Übergangsphase. Zum Einstieg hat der Gesetzgeber zunächst 50 Prozent der Jahresbruttorente als angemessen angesehen. Die Übergangszeit bis zur vollen Besteuerung der Rente dauert 35 Jahre. Erst wer 2040 oder später in Rente geht, muss seine Rente grundsätzlich voll versteuern. Bis zum 31.12.2004 unterlagen die Renten der sog. Ertragsanteilbesteuerung. Dies bedeutet, dass sie nicht mit ihrem Zahlbetrag, sondern nur mit ihrem Ertragsanteil, der im Wesentlichen abhängig vom Lebensalter ist, zu versteuern sind. Bei einem Renteneintritt mit 65 betrug der Ertragsanteil z. B. nur 27 Prozent der Rente.

Weitere Erläuterungen hierzu unter Kapitel 9.3.2.

1.9.2 Kinder-Berücksichtigungsgesetz

Seit 01.01.2005 müssen „kinderlose“ Mitglieder der sozialen Pflegeversicherung nach Vollendung des 23.Lebensjahres einen Beitragszuschlag in Höhe von 0,25 Prozent des beitragspflichtigen Einkommens zahlen. Auch diese gesetzliche Neuregelung wurde aufgrund eines Urteils des Bundesverfassungsgerichtes zur Bemessung des Beitrages zur Pflegeversicherung notwendig. Hartz IV (in Kraft am 01.01.2005)

1.9.3 Hartz IV (in Kraft am 01.01.2005)

Weitere Rechtsänderungen, die die Gesetzliche Rentenversicherung betreffen

3. ***Hartz IV – in Kraft ab 01.01.2005***
   Arbeitslosengeld II auch für erwerbsfähige Sozialhilfeempfänger ab 01.01.2005
   (Pflichtbeiträge zur Rentenversicherung;
   Beitrag 2005/2006: monatlich 78 €
   Beitrag ab 01.01.2007: monatlich 40,80 €)

4. ***Überarbeitung Lebenspartnerschaftsgesetz vom 15.12.2004***
   Einbeziehung der gleichgeschlechtlichen Lebenspartnerschaften in Hinterbliebenenversorgung, Rentensplitting u. Versorgungsausgleich (bei Aufhebung der Lebenspartnerschaft) ab 01.01.2005

Abbildung 14: Weitere Rechtsänderungen der gesetzlichen RV (Teil 2)

- **Das wichtigste zu den Hartz IV-Leistungen**

Mit Hartz IV wurden ab 01.01.2005 die bisherige Arbeitslosenhilfe und die Sozialhilfe für Erwerbsfähige in einem neuen Leistungssystem der Grundsicherung für Arbeitssuchende zusammengeführt (SGB II). Ziel der Grundsicherung für Arbeitssuchende ist die Stärkung der Eigenverantwortung der erwerbsfähigen Hilfebedürftigen. Unter Hartz IV-Leistung versteht man das Arbeitslosengeld II. Dies umfasst die Regelleistung zur Sicherung des Lebensunterhaltes, ggf. Leistungen für Mehrbedarf beim Lebensunterhalt, Leistungen für Unterkunft und Heizung sowie einen befristeten Zuschlag. Die Bezieher von Arbeitslosengeld II sind grundsätzlich in der gesetzlichen Rentenversicherung versicherungspflichtig gewesen. Die Absicherung der Leistungsbezieher erfolgte unabhängig von der Höhe des tatsächlich gezahlten Arbeitslosengeldes II auf der Basis von monatlich 400 € für Zeiträume bis zum 31.12.2006 und von 205 € ab 01.01.2007. Aus Gründen der Haushaltsersparnis ist die Versicherungspflicht der ALG II-Bezieher in der gesetzlichen RV ab 01.01.2011 mit dem Haushaltsbegleitgesetz 2011 abgeschafft worden. Damit konnten erwerbsfähige Sozialhilfeempfänger nur für eine befristete Zeit Pflichtbeiträge leisten und die versicherungsrechtlichen Anspruchsvoraussetzungen für eine Rehabilitationsleistung oder für eine Versicherten- bzw. Hinterbliebenenrente erfüllen. Ab 01.01.2011 bedingen diese Zeiten keine Rentensteigerung mehr, da die jetzt dafür in Betracht kommenden Anrechnungszeiten von einer Bewertung in der Rentenberechnung ausgenommen sind.

1.9.4 Verbesserung für Lebenspartnerschaften bei der Hinterbliebenenversorgung

Die Überarbeitung des Lebenspartnerschaftsgesetzes erbrachte mit Wirkung vom 01.01.2005 eine weitgehende Angleichung des Rechts der Lebenspartnerschaft an das Recht der Ehe.

Dies gilt insbesondere für die Adoption eines Stiefkindes, den Versorgungsausgleich bei Auflösung der Lebenspartnerschaft durch Trennung sowie die Hinterbliebenenversorgung und das Rentensplitting bei Tod. Auf einzelne Punkte wird in den folgenden Fachtexten (Kapiteln 6 und 7) näher eingegangen.

1.9.5 Organisationsreform in der gesetzlichen Rentenversicherung

Weitere Rechtsänderungen, die die Gesetzliche Rentenversicherung betreffen

Organisationsreform in der gesetzlichen Rentenversicherung

- ab 01.01.2005 einheitliche Versicherte
- Neuaufteilung des Versichertenbestandes zum 01.10.2005:
  40% DRV Bund (ehemalige BfA)
  5% DRV Knappschaft, Bahn, See
  55% Regionalträger (ehemals LVA`en)
  vor der Reform 27 RV-Träger – jetzt 16 RV-Träger !
- Grundsatz- und Querschnittsaufgaben bei DRV Bund
- Auskunft und Beratung nur noch durch Regionalträger

Abbildung 15: Organisationsreform in der gesetzlichen Rentenversicherung

Mit diesem Gesetz ist die Arbeiterrentenversicherung und Angestelltenversicherung unter dem Namen „Deutsche Rentenversicherung“ zur allgemeinen Rentenversicherung zusammengefasst worden. Die Vereinheitlichung des Leistungsrechts, begonnen am 01.01.1957, wurde somit auch organisatorisch vollendet. Seit 01.01.2005 ist die Zuordnung der Versicherten nach den Kriterien „Arbeiter / Angestellte“ entfallen. Es gibt einen einheitlichen Versichertenbegriff; die Zuständigkeit für die Versicherten resultiert aus der Führung seines Versicherungskontos. Die Deutsche Rentenversicherung gliedert sich zukünftig in eine Bundes- und eine Regionalebene. Ziel der Reform ist es, zwischen beiden Ebenen eine stabile Versichertenverteilung zu erreichen. Nach der neuen Versichertenzuordnung erhalten die Regionalträger (früher Landesversicherungsanstalten – LVA-en –) 55 Prozent und die beiden Bundesträger 45 Prozent der Versicherten. Die Zahl der Regionalträger soll durch Fusionen verringert werden. Grundsatz- und Querschnittsaufgaben werden vorwiegend durch die Deutsche Rentenversicherung Bund in Abstimmung mit den Regionen zentral wahrgenommen. Dafür obliegt das Auskunfts- und Beratungsstellennetz künftig ausschließlich den Regionalträgern.

Die durch die Organisationsreform entstandenen Einsparpotentiale sind durch die Reduzierung der gesamten Verwaltungs- und Verfahrenskosten der gesetzlichen Rentenversicherung bis zum Jahr 2010 um10 Prozent sichtbar geworden.

1.10 Haushaltsbegleitgesetz 2006

Mit dem Haushaltsbegleitgesetz 2006 sind die **Beitragssätze für Minijobs** im gewerblichen Bereich ab 01.07.2006 von 25 Prozent auf **30 Prozent** angepasst worden. In der Rentenversicherung beträgt der Pauschalbeitrag anstelle von 12 Prozent nunmehr 15 Prozent, in der Krankenversicherung anstelle von 11 Prozent jetzt 13 Prozent. Der pauschale Steuersatz in Höhe von 2 Prozent bleibt unverändert.

1.11 Reformen 2006 bis 2014

Mit der Einführung der „Riester-Rente" im Jahr 2002 wurden in der Rentenversicherung Reformen begonnen, die auch nach dem Inkrafttreten des Rentenversicherungs-Nachhaltigkeitsgesetzes und der Neuregelung zur Besteuerung der Alterseinkünfte am 01.01.2005 noch nicht vollständig waren. Sie werden nun mit dem Gesetz zur Anpassung der Regelaltersgrenze an die demografische Entwicklung und zur Stärkung der Finanzierungsgrundlagen der gesetzlichen Rentenversicherung (RV-Altersgrenzenanpassungsgesetz) um einen weiteren wichtigen Baustein ergänzt. Dabei handelt es sich im Wesentlichen um eine im Jahr 2012 beginnende schrittweise Anhebung der Regelaltersgrenze vom 65. auf das 67. Lebensjahr. Dabei werden Ausnahmeregelungen für Versicherte mit 45 Beitragsjahren geschaffen; sie können weiterhin mit 65 Jahren abschlagsfrei in Rente gehen. Außerdem beschäftigt sich das neue Gesetz mit zusätzlichen Dämpfungsfaktoren für zukünftige Rentenanpassungen. Damit sollen nach dem Jahr 2011 die wegen der Schutzklausel in 2005 und 2006 nicht realisierten – aber nach der Modifizierung der Rentenanpassungsformel mit Riester-Faktor und nach Nachhaltigkeitsfaktor eigentlich notwendigen – Absenkungen bei der Rentenanpassung ausgeglichen werden.

Der darüber hinaus noch festgelegte Ausschluss einer Minusanpassung – auch bei degressiver Lohnentwicklung –dürfte aufgrund der augenblicklichen erfreulichen konjunkturellen Entwicklung mit steigenden Beitragseinnahmen der gesetzlichen Rentenversicherung auf absehbare Zeit keine Rolle mehr spielen.

Reformen 2006 + 2007

1. *Anhebung der Regelaltersgrenze von 65 auf 67*
   ab 01.01.2012 – 31.12.2029 (Geburtsjahrgänge 1947 bis 1964)
2. *Abschlagsfreier Rentenbeginn bei 45 Beitragsjahren ab dem 65. Lebensjahr*
   (dazu zählen Pflichtbeiträge aus Beschäftigung, selbständiger Tätigkeit und Pflege, Zeiten der Kindererziehung bis zum 10. Lebensjahr des Kindes sowie Wartezeitmonate aus einer versicherungsfreien geringfügigen Beschäftigung)
3. *Keine Minusanpassung – auch bei degressiver Lohnentwicklung – bis 2009*
4. *Dämpfungsfaktoren für künftige Rentenanpassungen ab 2011*
   (Realisierung der seit 2005 unterbliebenen Anpassungsdämpfungen im Westen i. H. v. 1,78%, im Osten 1,32%)

Abbildung 16: Reformen 2006 und 2007

Weitere interessante Entwicklungen haben sich durch die Erhöhung des Beitragssatzes von 19,5 Prozent auf 19,9 Prozent ab 01.01.2007 ergeben.

Rentenerhöhung zum 01. Juli 2007

Die positive Entwicklung der ökonomischen Rahmendaten haben bereits zum 01.07.2007 erstmals nach vier Jahren wieder eine Rentenanpassung um 0,54 Prozent zugelassen. Die anpassungsrelevante Lohnentwicklung betrug 0,98 Prozent in den alten und 0,49 Prozent in den neuen Bundesländern Durch die Erhöhung ab 01.07.2007 betrug der aktuelle Rentenwert 26,27 € und der aktuelle Rentenwert (Ost) 23,09 €.

Rentenerhöhung zum 1. Juli 2008

Um den Rentenempfängern einen Anschluss an die positive wirtschaftliche Entwicklung zu ermöglichen, beschloss die Bundesregierung, den „Riester-Faktor" in 2008 und 2009 ausnahmsweise auszusetzen. Dadurch betrug die ab 01.07.2008 wirksam gewordene Rentenanpassung 1,1 Prozent und der aktuelle Rentenwert 26,56 € bzw. der aktuelle Rentenwert (Ost) 23,34 €.

Durch die Reform der Pflegeversicherung wurde der Beitrag zur gesetzlichen Pflegeversicherung zum 1. Juli 2008 um 0,25 Prozentpunkte angehoben. Diese zusätzliche Belastung ist von den Rentnern selbst zu tragen.

Die Finanzierung einer auf Entgeltumwandlung beruhenden Versorgungszusage bleibt über den 31.12.2008 hinaus sozialversicherungsfrei. Damit sind Direktversicherungen und Pensionskassen weiterhin finanziell attraktiv (vgl. Nr. 13 des Inhaltsverzeichnisses).

Rentenerhöhung zum 1. Juli 2009

Die Renten stiegen zum 01.07.2009 in Westdeutschland um 2,41 Prozent und in den neuen Bundesländern – aufgrund der für die Rentenanpassung relevanten Lohnentwicklung – um 3,38 Prozent. Damit erhöhte sich der aktuelle Rentenwert auf 27,20 € und der aktuelle Rentenwert (Ost) auf 24,13 €.

Neue Rentengarantie verabschiedet / Keine Rentenanpassung 2010

Mit dem 3. SGB IV-Änderungsgesetz, das am 10.07 2009 im Bundesrat bestätigt wurde, wird gegenüber den Rentnerinnen und Rentnern eine gesetzliche Bestandsgarantie ausgesprochen. Die Renten bleiben auch dann stabil, wenn die Löhne einmal übers Jahr sinken sollten. Dieser Besitzschutz wurde bereits bei der Rentenanpassung am 01.07.2010 aktuell. Ohne diese gesetzliche Regelung wären die Renten im alten Bundesgebiet um 2,10 Prozent und in den neuen Bundesländern um 0,54 Prozent abgesunken. Es konnte aber bei den zuletzt festgestellten aktuellen Rentenwerten verbleiben. Allerdings stiegen nun die Dämpfungsfaktoren im Westen auf 3,81 Prozent und in den neuen Ländern auf 1,83 Prozent an. Mit dem **Ausgleich** wurde innerhalb der Rentenanpassung am 01.07.2011 begonnen.

Rentenanpassungen seit 2012

Der aktuelle Rentenwert hat sich jeweils zum 01.07. eines Jahres wie folgt geändert:

2012 -- WEST: 28,07 € (+ 2,18 Prozent) OST: 24,92 € (+ 2,26Prozent)
2013 -- WEST: 28,14 € (+ 0,25 Prozent) OST: 25,74 € (+ 3,29 Prozent)
2014 -- WEST: 28,61 € ((+1,67Prozent) OST: 26,39 € (+ 2,53Prozent)
2015 -- WEST: 29,21 € (+ 2,10 Prozent) OST: 27,05 € (+ 2,50 Prozent)
2016 -- WEST:30,45 € (+ 4,25 Prozent) OST: 28,66 € (+ 5,95 Prozent)
2017 – WEST: 31,03 € (+ 1,9 Prozent) OST: 29,69 € (+ 3,6 Prozent)
2018 – WEST :31,99 € (+ 3,09 Prozent) OST: 30,65 € (+ 3,23 Prozent)
(Werte für 2018 sind zum Zeitpunkt der Drucklegung lediglich vorläufig!)

.

Beitragssatz weiter abgesenkt

Durch die positive Entwicklung bei der Nachhaltigkeitsrücklage als Finanzreserve der gesetzlichen Rentenversicherung konnte der Beitragssatz ab 2013 auf 18,9 Prozent und ab 2015 auf 18,7 Prozent abgesenkt werden. Ab 2018 wird er – nach amtlichen Informationen zum Zeitpunkt der Drucklegung – sogar auf 18,6 Prozent sinken.

Rentenpaket 2014

Die ab 01.07.2014 in Kraft getretenen Reformen betreffen die Erhöhung der Kindererziehungszeiten für vor dem 01.01.1992 geborenen Kinder um 1 Jahr (Mütterrente), die vorübergehende Absenkung des Lebensalters bei Altersrenten für besonders langjährig Versicherte auf 63 und Verbesserungen bei der Rente wegen Erwerbsminderung (plus 2 Jahre Zurechnungszeit sowie Günstigerprüfung der Bewertung für die letzten 4 Jahre vor Eintritt der Erwerbsminderung).

1.12 Ausblick bis 2020

Was bringt die Zukunft für die gesetzliche Rentenversicherung? Verschiedene, aber gleichbedeutend gewichtige Aufgabenfelder liegen vor den Verantwortlichen in der Sozialpolitik. Der Zusammenfassung folgt eine beispielhafte Erläuterung aller rentenrechtlichen Neuregelungen, die 2017 und 2018 in Kraft treten.

Flexirente: (+)
Längeres Arbeiten im Alter soll attraktiver werden – zum Nutzen von Arbeitnehmern und Arbeitgebern. Erwerbstätige bekommen mehr Gestaltungsfreiheit beim Übergang vom Beruf in die Rente – etwa durch eine Kombination von Teilzeitarbeit und Teilrentenbezug. Diese können dadurch auch ihre Rentenansprüche weiter erhöhen. Gleichzeitig wird die Gesundheitsvorsorge für Arbeitnehmer durch präventive Gesundheits- und Rehabilitationsleistungen ausgebaut (z. B. Gesundheitscheck ab vollendetem 45. Lebensjahr). Hierzu sind unterschiedliche Regelungen unmittelbar nach der Verkündung am 13.12.2016 bzw. zum 01.01. und zum 01.07.2017 in Kraft getreten.

Solidarische Lebensleistungsrente: (-)
Der Gesetzgeber hat von der Lebensleistungsrente Abstand genommen und beabsichtigt die drohende Altersarmut von Geringverdienern außerhalb der Rentenversicherung zu lösen.

Weitere Verbesserung der Leistungen bei Erwerbsminderung! (+)
Die Zurechnungszeit wird nach dem Gesetz zur Verbesserung von Leistungen bei Erwerbsminderungsrenten in sieben Stufen – beginnend am 01.01.2018 – von 62 Jahre auf 65 Jahre angehoben. Bei einem Rentenbeginn ab 01.01.2024 wird die Zurechnungszeit dann bis zur Vollendung des 65. Lebensjahres angerechnet.

Rentenangleichung: (+)

Die Rentenwerte in Ost- und Westdeutschland werden bis 2025 schrittweise angeglichen werden. Die Angleichung beginnt 2018 und wird 2025 vollständig umgesetzt sein. Im Gegenzug wird die Höherbewertung der ostdeutschen Bruttoarbeitsentgelte bei der Rentenberechnung sukzessive abgesenkt und ab 01.01.2025 schließlich entfallen. Das Rentenüberleitungs-Abschlussgesetz ist im Juni/Juli 2017 von Bundestag und Bundesrat beschlossen worden.

Kurzüberblick über die Flexirente und weitere rentenrechtliche Änderungen ab 2017 ff

Folgende Neuregelungen sind zu beachten:

- Die bisherigen starren Teilrenten wegen Alters (1/3, 1/2, 2/3) und wegen Erwerbsminderung (1/4, 1/2, 3/4) werden ab 01.07.2017 durch die individuelle und flexible Anrechnung von Hinzuverdienst auf die Rente abgelöst (sogenannte Flexirente).
- Empfänger einer vorzeitigen Alters-Vollrente sind bis zum Erreichen der Regelaltersgrenze in der gesetzlichen Rentenversicherung versicherungspflichtig, soweit sie eine versicherungspflichtige Erwerbstätigkeit ausüben. Andererseits bleibt auch das Recht zur freiwilligen Versicherung bis zur Regelaltersgrenze bestehen (ab 01.01.2017).
- Nach Erreichen der Regelaltersgrenze können berufstätige Rentenbezieher auf die Versicherungsfreiheit verzichten und weiterhin Pflichtbeiträge zur Rentenversicherung entrichten
- Versicherte können früher und flexibler – nunmehr schon ab dem 50. Lebensjahr – zusätzlich Beiträge zur Rentenversicherung zahlen, um Rentenabschläge einer geplanten vorzeitigen Inanspruchnahme einer Altersrente auszugleichen.
- Durch die vorgesehene Anpassung des Aktuellen Rentenwertes ARW) – Ost (ab 01.07.2017: 29,69 €) auf den Stand des ARW-West (ab 01.07.2017: 31,03 €) in einem Zeitraum von 2018 bis 2024 ergeben sich wichtige Hinweise für eine rechtzeitige Nachzahlung zum Ausgleich von Rentenabschlägen.
- Die ebenfalls beschlossene Verlängerung der Zurechnungszeit bei Renten wegen Erwerbsminderung (EM) und wegen Todes vom 62. bis zum 65. Lebensjahr in Stufenschritten von 2018 bis 2024 wird sich positiv bei diesen Renten auswirken. Bei wem im Jahr 2024 z. B. mit 60 Jahren EM im Sinne der gesetzlichen Vorschriften eintritt, der steigert seine Rente als Durchschnittsverdiener bei lückenlosem Versicherungsverlauf um 3 Entgeltpunkte. Daraus errechnen sich abzüglich Abschlag von 10,8 %. = 2,68 persönliche Entgeltpunkte und würden die EM-Rente um monatlich 83,16 Euro (Stand: 07/2017) erhöhen.

Folgende Antworten zu ausgewählten Fragen versuchen die Inhalte der Änderungen zum 01.01. oder 01.07.2017 zu erläutern:

Was passiert, wenn mein Hinzuverdienst als Frührentner über 6.300 € hinausgeht?

Bei Überschreiten der kalenderjährlichen Hinzuverdienstgrenze wird der Hinzuverdienst unter Zugrundelegung einer Jahresdurchschnittsbetrachtung stufenlos angerechnet. Das Überschreiten der Hinzuverdienstgrenze bewirkt – anders als im bisherigen Recht – nicht, dass die Rente über den eigentlichen Hinzuverdienst hinaus gekürzt wird.
Ein Anspruch auf eine Teilrente besteht, wenn der Hinzuverdienst die Hinzuverdienstgrenze von 6.300 Euro im Kalenderjahr überschreitet. Die Höhe der Teilrente bestimmt sich dabei wie folgt: Im ersten Schritt wird geprüft, ob der jährliche Hinzuverdienst die jährliche Hinzuverdienstgrenze von 6.300 Euro übersteigt. Ist dies der Fall, wird ein Zwölftel des übersteigenden Betrages zu 40 Prozent auf die Vollrente angerechnet.

Beispiel: Der jährliche Hinzuverdienst beträgt 7.500 €. Nach Abzug des Freibetrages von 6.300 € verbleiben noch 1.200 €. Davon 40 % ergeben 480 € geteilt durch 12 = 40 € monatlich. Auf die Rente werden somit 40 € monatlich angerechnet.

Ist mein Hinzuverdienst unbegrenzt mit 40 % anzurechnen?

Zunächst ist immer ein Hinzuverdienstdeckel zu ermitteln. Der Mindest-Hinzuverdienstdeckel beträgt 525 € monatlich (6.300 € jährlich). Die Berechnung des höchsten Hinzuverdienstdeckels orientiert sich jeweils dynamisch an der monatlichen Bezugsgröße-West (§ 18 SGB IV). 201t sind dies 2.975 €. Sie wird nun mit den höchsten Entgeltpunkten aus den letzten 15 Kalenderjahren vor dem Beginn der Rente wegen Alters multipliziert. Mit diesem Zeitraum wird der Erwerbsbiografie derjenigen Versicherten Rechnung getragen, die in den letzten Jahren vor Rentenbeginn beispielsweise arbeitslos waren oder ihre Erwerbstätigkeit reduziert und damit ein geringeres Einkommen versichert hatten als in der davor liegenden Zeit. Übersteigen aber die monatliche Teilrente und der Hinzuverdienst diese Grenze, werden 100 % des überschreitenden Betrages an der Rente angerechnet. Dies soll anhand des folgenden Beispiels dargestellt werden.

Beispiel: *Beginn der vorzeitigen Altersrente nach § 236 SGB VI am 01.08.2017 i. H. v. 1.460,00 € monatlich.* ***Weiterarbeit bis 31.12.2018. Monatlicher Verdienst ab 01.08.2017: 3.660 € und ab 01.01.2018: 2.800.- €***

<u>Hinzuverdienstdeckel:</u> 1,00 Entgeltpunkte (Best of 15). Bezugsgröße aus 2017 = monatlich 2975 €. Der Hinzuverdienstdeckel errechnet sich aus 2.975 € X 1,00 = 2.975 €.

Der Hinzuverdienst beträgt ab 01.08.2017 monatlich 3.660 € x 5 Monate = 18.300 € – 6.300 € = 12.000 x 40 % = 4.800 €: 12 = 400.- €
Altersrente i. H. v. 1.460.- € minus 400. € = 1.060 € Teilrente für die Zeit vom 01.08. bis 31.12.2017.
Ein Zwölftel des zugrunde zu liegenden jährlichen Verdienstes von 18.300 € = 1.525 + Teilrente von 1.060 € bleibt unterhalb des oberen Deckels in Höhe von 2.975 €.

Ab 01.01.2018 ist eine neue Anrechnung vorzunehmen. Der jährliche Hinzuverdienst beläuft sich auf 33.600 €. Der Hinzuverdienstdeckel errechnet sich aus 3.050 € (fiktive Bezugsgröße für 2018) x 1,00 = 3.050 €. 33.600 € – 6.300 € = 27.300 € x 40 % = 10.920 € geteilt durch 12 = 910 €. Die Teilrente beträgt ab 01.01.2018 zunächst: 550 €. Jetzt ist zu prüfen, ob Teilrente und Hinzuverdienst den oberen Deckel überschreiten.
550 € + 2.800 € = 3.350 €. Da die Höchstgrenze um 300 € überschritten wird, ist dieser Betrag an der Rente in vollem Umfang abzuziehen. Damit kann ab 01.01.2018 lediglich eine Teilrente i. H. v. 250 € monatlich geleistet werden.
Die Entgeltpunkte aus der Weiterbeschäftigung werden ab erzielter Regelaltersgrenze zusätzlich berücksichtigt.

Gibt es eigentlich die Möglichkeit trotz Rentenbezug im bisherigen oder einem anderen Job weiterzuarbeiten, ohne dass es zu einer Kürzung der Rente kommt?

Wer ab Rentenbeginn in einem Kalenderjahr seine Beschäftigung fortsetzt oder eine andere Beschäftigung aufnimmt, deren Entgeltsumme 6.300 € nicht überschreitet, erhält seine volle Rente weiter. Dabei ist keine monatliche Obergrenze einzuhalten. Mit Beginn des neuen Kalenderjahres ist der Hinzuverdienst erneut zu überprüfen. Hierzu das folgende Beispiel:

<u>Beispiel:</u> *Der Versicherte bezieht schon seit einem Jahr eine Altersrente nach § 236 SGB VI mit monatlich 900.- €. Am 01.11.2017 nimmt er eine Beschäftigung auf, in der er monatlich 3.000,00 € verdient. Ab 01.01.2018 reduziert er seinen Hinzuverdienst auf 525 € monatlich.*

Der Versicherte überschreitet mit seinem Hinzuverdienst von insgesamt 6.000 € im November u. Dezember 2017 nicht den zulässigen Freibetrag. Deshalb bleibt die Altersrente in Höhe von monatlich 900 € im Jahr 2017 anrechnungsfrei. Sie wird auch ab 01.01.2018 in unveränderter Höhe weitergezahlt, da der

Versicherte mit seinem Hinzuverdienst nicht den Mindestdeckel von monatlich 525 € überschreitet.
Entgeltpunkte-Zuschläge aus den weiteren Beitragszeiten werden mit Erreichen der Regelaltersgrenze angerechnet.

Kann der Bezieher einer Altersrente mit Abschlägen seine Rente durch Zahlung freiwilliger Beiträge erhöhen?

Ein vorzeitiger Rentenbezug – auch als Teilrente – ist mit Abschlägen in Höhe von 0,3 Prozent je Monat der früheren Inanspruchnahme verbunden. Bei vorzeitigem Rentenbezug von einem Jahr sind dies 3,6 %, bei 2 Jahren 7,2 %, bei 3 Jahren 10,8 % an Abschlägen von den Entgeltpunkten. Die Abschläge gleichen die Kosten des längeren Rentenbezugs aus. Diese Abschläge können nach § 187a durch zusätzliche Beitragszahlungen ausgeglichen werden.
Nach neuem Recht ***(ab 01.07.2017)*** erhalten Versicherte die erforderliche Rentenauskunft über die Höhe der Beitragszahlung zum Ausgleich einer Rentenminderung bereits nach Vollendung des 50. Lebensjahres, bei berechtigtem Interesse auch schon früher. Damit können die Menschen früher und flexibler ihren Ausstieg aus dem Erwerbsleben planen und die mit einem vorzeitigen Rentenzugang verbundenen Rentenminderungen verringern. Beitragszahlungen können einmal oder zweimal jährlich erfolgen.

Wie werden Aufwand und Ertrag einer solchen Beitragszahlung berechnet? Bei einer monatliche Bruttorente von 1000 € macht ein Abschlag zum Beispiel für 1 Monat 0,3% = 3 €, bei 12 Monaten 36 € und bei 36 Monaten 108 € monatlich aus.

Der Ausgleichsbetrag ermittelt sich nach folgender Formel: ***Erreichbare persönliche Entgeltpunkte (EP) x Rentenabschlag in Prozent x vorläufiges durchschnittliches Arbeitsentgelt x Beitragssatz – geteilt durch Zugangsfaktor.***

Wenn wir nun von einer Monatsrente von 1.000 € ausgehen, errechnen wir im 1. Schritt die persönlichen Entgeltpunkte aus 1.000 €: 30,45 € (Aktueller Rentenwert) = 32,8407 persönliche EP.

Unterstellen wir, dass der Versicherte 36 Monate vor der regulären Altersgrenze eine Altersrente für langjährig Versicherte in Anspruch nehmen möchte, so verringern sich beim 2. Schritt die persönlichen EP um 10,8 % = 3,5468 EP.
Der 3. und 4.Schritt führen zum Ergebnis.
3./4. Schritt: 3,5468 x 37.103 x 18,7% dividiert durch 0,892 = <u>27.588,14 €.</u>

Dieselbe Beitragssumme ergibt sich durch Anwendung der jährlich durch Rechtsverordnung bekannt gemachten Umrechnungsfaktoren zum Versor-

gungsausgleich. Im Jahr 2017 beträgt der Umrechnungsfaktor in der allgemeinen Rentenversicherung für Entgeltpunkte in Beiträge:
6.938,2610./3,5468 EP x 6.938,2610 dividiert durch 0,892 = 27.588,14 €.

Die Broschüre „Zahlen und Tabellen der gesetzlichen Rentenversicherung – 2017 ff" enthält neben sämtlichen aktuellen Rechengrößen und Werten auf Seite 35 auch Berechnungsbeispiele zum Minderungs- und Ausgleichsbetrag bei vorzeitiger Inanspruchnahme einer Altersrente (§ 187a SGB VI).

Ist es für Versicherte aus dem Beitrittsgebiet besonders ratsam, eine Beitragszahlung zum Ausgleich von Rentenminderungen jetzt vorzunehmen?

Durch die Angleichung des Rentenrechts steigt der ARW (Ost) – nach Zwischenschritten von 2018 bis 2024 auf das Niveau des ARW im alten Bundesgebiet. Auch die übrigen Rechengrößen, wie etwa die Bezugsgröße (Ost) und die Beitragsbemessungsgrenze (Ost), sollen in sieben Stufen auf Westniveau angehoben werden. Im Gegenzug werden bis 2024 erzielte Ost-Entgelte dem entsprechend geringer hochgewertet bzw. entfällt ab 2024 die bisherige »Hochwertung« auf Westniveau vollständig (Anlage 10 SGB VI). Um die Kosten zu berechnen, greifen wir auf ein Beispiel zurück:
Ein 1958 geborener Versicherter erklärt, nach vollendetem 63. Lebensjahr eine Altersrente für langjährig Versicherte in Anspruch nehmen zu wollen. Er verfügt dann auf seinem Rentenkonto über voraussichtlich 43 Entgeltpunkte. Für 1958 Geborene beträgt die Regelaltersgrenze 66 Jahre; da die Altersrente drei Jahre früher bezogen werden soll, fallen Abschläge in Höhe von 10,8 Prozent an (pro Monat 0,3 Prozent) – der Zugangsfaktor betrüge also 0,892 (= 1 – 0,108). Aus der Multiplikation der Entgeltpunkte mit dem Zugangsfaktor ergeben sich die persönlichen Entgeltpunkte: 43 EP x 0,892 = 38,3560 persönliche EP. Der (potenzielle) Rentenabschlag entspricht im Beispiel 4,6440 EP oder nach heutigen Werten einer Kürzung der monatlichen Bruttorente (West) um 141,41 Euro. Der abschlagsbedingte Verlust an EP wird mit dem sogenannten Umrechnungsfaktor multipliziert und durch den Zugangsfaktor dividiert.
Im Kalenderjahr 2017 müsste im angeführten Beispiel demnach ein Beitrag von

4,6440 EP x 6.938,2610/ 0,892 = 36.122,52 Euro

gezahlt werden, um die Abschläge vollständig zu kompensieren. Pro Entgeltpunkt sind dies 7.778,32 Euro. Die Kosten eines Entgeltpunktes hängen demnach maßgeblich ab von der Höhe des Zugangsfaktors und dem aktuellen Beitragssatz zur Rentenversicherung. Je geringer der Zugangsfaktor ist, umso höher fällt der Preis für den Rückkauf eines Entgeltpunktes aus.

Der ausgewiesene Betrag gilt nur für die alten Bundesländer. In den neuen Ländern erfolgt die Berechnung nicht auf Basis des Durchschnittsentgelts nach Anlage 1 sondern unter Rückgriff auf das (niedrigere) regionale Durchschnittsentgelt Ost – genauer: den entsprechenden Umrechnungsfaktor (Ost). Um einen Abschlag von 4,6440 EP(Ost) vollständig zu kompensieren, ist im Ergebnis ein geringerer Beitragsaufwand in Höhe von

4,6440 EP(O) x 6.198,7501/ 0,892 = 32.272,42 Euro (minus 3.850,10 €)

erforderlich. Das sind pro EP(Ost) 6.623,45 Euro und damit 829,05 Euro weniger als für den Ausgleich eines EP anfallen.

Sollte die Rentenangleichung im geplanten Zeitrahmen erfolgen, so könnten Ost-Versicherte, die rechtzeitig von der Möglichkeit des § 187a SGB VI Gebrauch machen, zu einem »Ausgabekurs« von 94,12 Prozent (2017) eine ab 2024 gleich hohe Leistung wie im Westen erwerben. Ein höherer »Gewinn« lässt sich derzeit kaum irgendwo erzielen.

Gibt es noch weitere Möglichkeiten für Bezieher einer vorzeitigen Altersrente ihren Rentenanspruch zu verbessern?

Ja, darüber hinaus haben diese Personen auch das Recht ab 01.01.2017 freiwillige Beiträge zu entrichten, soweit keine Pflichtbeitragszeiten erworben werden. Diese Zahlungen, die längstens bis zur Regelaltersgrenze möglich sind, erhöhen die spätere Altersrente.

Der Regelaltersrentner bleibt weiterhin berufstätig und verdient monatlich 1500 €. Was ist zu tun, damit diese Zeiten künftig bei der späteren Regelaltersrente angerechnet werden können?

Zunächst ist festzuhalten, dass ein Rentner nach Erreichen seines Regelalters unbegrenzt zu seiner Rente hinzuverdienen darf. Er ist auch kraft Gesetzes versicherungsfrei in der gesetzlichen Rentenversicherung; nur der Arbeitgeber muss seinen Beitragsanteil leisten. Daraus kann der Rentner jetzt ab 01.01.2017 einen regulären für sich anrechenbaren Rentenversicherungsbeitrag machen, in dem er gegenüber seinem Arbeitgeber durch schriftliche Erklärung auf die Versicherungsfreiheit verzichtet. In diesem Fall führt der Arbeitgeber auch den Arbeitnehmeranteil zur Rentenversicherung an die Einzugsstelle ab.

Die weiteren Beitragszeiten (z. B. für 2017: 12 x 1.500 € = 18.000 €) ergeben 0,4851 Entgeltpunkte; dies wären nach dem ARW von 31,03 € bereits 15,05 € monatliche Rentenerhöhung. Die Rentenerhöhung für 2017 erfolgt ab 01.07.2018; also jeweils zum nächsten Rentenanpassungstermin nach Ablauf eines Kalenderjahres, in dem Beitragszeiten zurückgelegt wurden. Ferner ist anzumerken, dass die Rentensteigerung noch höher ausfällt, da ein Zuschlag zum Zugangsfaktor anzurechnen ist.

Gilt dies auch für die Ausübung eines Minijobs?

Wer neben einer vorzeitigen Altersrente einen Minijob (monatlicher Verdienst: 450 €) aufnimmt, ist versicherungspflichtig. Sein Arbeitgeber zahlt den Pauschalbeitrag von 15 Prozent zur Rentenversicherung und behält vom Bruttolohn 3,7 Prozent als Arbeitnehmeranteil ein. Der Rentner begründet damit reguläre Pflichtbeiträge in der gesetzlichen Rentenversicherung. Die Zuschläge an Entgeltpunkten während des

Bezuges der vorzeitigen Rente werden erst nach erzielter Regelaltersgrenze angerechnet.

Mit dem Beginn der erzielten Regelaltersgrenze tritt hier Versicherungsfreiheit ein. Aber auch in diesem Fall hat der Rentner die Möglichkeit, durch schriftliche Erklärung gegenüber seinem Arbeitgeber auf die Versicherungsfreiheit zu verzichten. Dies ergibt bei einem Arbeitsentgelt für 2017 von 5.400 € eine monatliche Rentenerhöhung von 4,43 €
(Stand 1. Hj. 2017). Die Rentenerhöhung aus den Beiträgen des Jahres 2017 wird zum 01.07.2018 zuzüglich einer weiteren Steigerung u. a. durch den verbesserten Zuschlag zum Zugangsfaktor vorgenommen. Da der Arbeitnehmer tatsächlich nur 3,7 % an Beitrag zur Rentenversicherung beisteuert, beläuft sich die jährliche Rendite aus der Rentensteigerung auf ca. 27 Prozent. Sie ist sogar noch höher, wenn zur Rente ein Beitragszuschuss für eine freiwillige oder private Krankenversicherung gezahlt wird.

Wie verbessert das Flexi-Rentengesetz den Rentenbeginn einer Zeitrente wegen voller Erwerbsminderung (EM)?

Dazu folgender Beispielsfall: *Bei dem Versicherten Hans M. besteht volle Erwerbsminderung vom 19.04.2017 bis zum 30.06.2020. Der Anspruch auf Krankengeld ist bereits erschöpft. Anspruch auf Arbeitslosengeld I hat der Versicherte noch bis zum 30.08.2017. Ursache des EM-Rentenanspruches ist die Tatsache, dass der Versicherte aus sozialmedizinischer Sicht im genannten Zeitraum nur noch unter 3 Stunden täglich erwerbstätig sein kann. Der Rentenantrag wurde am 25.04.2017 gestellt.*

Die EM-Rente auf Zeit würde nach § 101 Abs.1 SGB VI am 01.11.2017 beginnen (mit Beginn des 7. KM nach Eintritt des Leistungsfalles – § 102 Abs. 2 SGB VI). Dadurch entsteht ein Ausfall von Einkommensersatz für die Zeit vom 31.08. bis 31.10.2017, der bislang über Leistungen der Grundsicherung (SGB II bzw. SGB XII) auszugleichen war. Hier nimmt nun das Flexi-Rentengesetz den notwendigen Lückenschluss vor.

Nach § 101 Abs.1a SGB VI (Inkrafttreten zum 14.12.2016) beginnt jetzt die volle EM-Rente auf Zeit bereits am 31.08.2017 (Tag nach Beendigung der Sozialleistungen).
Dies gilt aber nur, wenn die Erwerbsminderung ***nicht*** *unter Berücksichtigung der Arbeitsmarktlage (verschlossener Arbeitsmarkt) begründet wird.*

2 Die drei Säulen der Altersvorsorge

Die Alterssicherung in der Bundesrepublik Deutschland beruht auf drei Säulen:

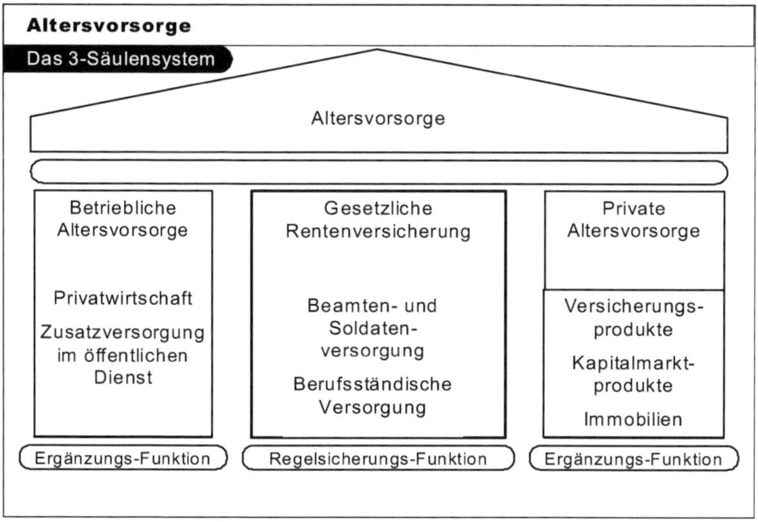

Abbildung 17: Das Drei-Säulensystem der Altersvorsorge

Säule 1: Öffentlich rechtliche Pflichtsysteme wie die gesetzliche Rentenversicherung, die Beamtenversorgung, berufsständische Versorgungswerke (für Kammerberufe, z. B. Ärzte, Rechtsanwälte, Architekten etc.) und die Altershilfe für Landwirte.

Säule 2: Betriebliche Altersversorgung, Zusatzversorgung für Beschäftigte im öffentlichen Dienst

Säule 3: Private Altersvorsorge, z. B. „Riester-Rente“ ab 01.01.2002, Entgeltumwandlung zur betrieblichen Altersvorsorge, alle Formen der privaten Vermögensbildung (Erwerb von Immobilien, Aktienkauf, Sparverträge), aber auch die neue Rürup-Rente ab 01.01.2005 als neue kapitalgedeckte private Leibrentenversicherung.

2.1 Sicherungsziele der drei Säulen

Bei den Systemen der ersten Säule spricht man von einer Regelsicherungsfunktion; von dort wird der größte Teil zur Absicherung des künftigen Lebensstandards beigetragen.

Die zweite und dritte Säule haben eine Ergänzungsfunktion für die in der gesetzlichen Rentenversicherung versicherten Personen wahrzunehmen. Die „zu erwartende“ Minderung des Leistungsniveaus in der ersten Säule soll dadurch weitestgehend ausgeglichen werden. Außerdem soll das Einkommen im Ruhestand gegenüber der Einkommenssituation während der aktiven Berufstätigkeit nicht zu einer Verschlechterung des individuellen Lebensstandards führen. Bei Selbständigen, die keine Regelsicherung in der gesetzlichen Rentenversicherung erworben haben, kann die private Vorsorge, z. B. in Form einer Rürup-Rente, auch die Funktion einer Regelsicherung aus der ersten Säule übernehmen.

Bis zum Jahr 2000 hatte sich das Nettorentenniveau der gesetzlichen Rentenversicherung (*nach Steuern*) bei rd. 70 Prozent eingependelt; *vor Steuern* wären dies netto 52,9 Prozent gewesen. Als Bezugsperson wird dabei stets der sog. „Eckrentner“, ein statistischer Durchschnittsversicherter, der 45 Jahre Beitragszeiten zur Rentenversicherung zurückgelegt und immer einen durchschnittlichen Arbeitsverdienst erhalten hat, herangezogen.

Wenn heute mit Blick auf ein künftiges Versorgungsniveau in den Jahren bis 2030 informiert wird, legt man bei einer Altersvorsorge-Beratung grundsätzlich auch eine Gesamt-Nettoersatzquote von 70 Prozent (oder eine Brutto-Ersatzquote von etwa 50 Prozent) als Zielhorizont zugrunde. Allerdings ist dabei zu beachten, dass von der gesetzlichen Rentenversicherung nur noch rd. 45 Prozent Basissicherung (bezogen auf den Eckrentner) erfolgen dürften und die restlichen 25 Prozent aus der zweiten und dritten Säule zugesteuert werden müssen (s. auch 1.9.). Beim Bruttorentenniveau werden die Steuern und Sozialversicherungsbeiträge, die sowohl bei den Rentnern als auch bei den Erwerbstätigen anfallen, nicht berücksichtigt. Verglichen werden jeweils die Bruttowerte. Dagegen werden beim Nettorentenniveau vor Steuern zwar die Sozialversicherungsbeiträge berücksichtigt, nicht aber die steuerlichen Belastungen.

Das Mindestsicherungsniveau für das Rentenniveau Netto vor Steuern liegt bis zum Jahr 2020 bei 46 Prozent und bis zum Jahr 2030 bei 43 Prozent. Mit Spannung darf beobachtet werden, ob es der Politik gelingt ein sogenanntes Halteniveau von ca. 46 Prozent dauerhaft zu installieren.

Nachrichtlich ist hier zu erwähnen, dass ausweislich der Statistik der Deutschen Rentenversicherung „Rentenversicherung in Zahlen 2014“ das Nettorentenniveau ***vor Steuern*** für 2016 bei einer Standardrente mit 45 Versicherungsjahren derzeit 48 Prozent (brutto 44,5 Prozent) beträgt.

2.2 Welchen Risiken ist die Basisleistung der gesetzlichen Rente ausgesetzt?

Die Probleme, die in der gesetzlichen Rentenversicherung in den letzten Jahren zu lösen waren, um die Zukunftsfähigkeit des Systems zu erhalten, können auf die folgenden Punkte konzentriert werden:

a) *Der Generationenvertrag funktioniert nur noch eingeschränkt.* Die Geburtenrate, die durch den „Pillenknick" in den 60er Jahren des letzten Jahrhunderts nachhaltig abgesunken ist, beläuft sich weiterhin auf einem unteren Wert zwischen **1,3 und 1,4**; notwendig wären aber **2,1** Geburten auf Tausend Einwohner. Dies bedeutet, dass die nachfolgende Generation um ein Viertel kleiner ist als die vorherige. Die Bevölkerungsstruktur wird sich drastisch verändern mit der Folge, dass spürbar weniger junge Menschen einer erheblich anwachsenden Zahl älterer Menschen gegenüber stehen werden.

b) *Die Rentner werden immer älter und beziehen ihre Rente wesentlich länger.* So betrug der durchschnittliche Rentenbezugszeitraum
1960 : **9,9** Jahre und
2016 : **19,6** Jahre (davon Frauen: 21,6 Jahre, Männer: 17,6 Jahre).

Dies bedeutet, dass die Träger der gesetzlichen Rentenversicherung heute fast 10 Jahre länger eine Rente zu leisten haben als vor 56 Jahren. Natürlich spiegelt sich dieses erfreuliche Ergebnis auch in der steigenden Lebenserwartung der Wohnbevölkerung in Deutschland wider.
So wurden
1960: Frauen **75** Jahre und Männer **72** Jahre alt,
2012: Frauen **83** Jahre und Männer **78** Jahre alt
und werden bei weiterer planmäßigen Entwicklungen
2050: Frauen **88** Jahre und Männer **83** Jahre alt.

Daraus kann man schließen, dass die Bevölkerung jährlich um 6 bis 8 Wochen „altert". Bei dieser Rechenweise wird jede Generation um ca. 4 Jahre älter.

c) *Die Ergebnisse unter den Buchstaben a) und b) zeigen, dass sich die Generationen im Wandel befinden.* Für die gesetzliche Rentenversicherung hat dies unmittelbare Bedeutung. Im Jahr 2000 standen noch 4,13 Beitragszahler einem Rentner gegenüber. 2010 war das Verhältnis 3,25 : 1.

Dieses Verhältnis wird sich vermutlich in den Jahren

2020 auf **2,87 : 1**
2030 auf **2,20 : 1** und
2040 auf **1,9 : 1** verändern.

Im Jahr 2050 könnte dann der Zeitpunkt erreicht sein, an welchem ein Beitragszahler die Rente eines Rentners allein zu finanzieren hat.

Dies sind die demografischen Szenarien, die den Gesetzgeber im RV-Nachhaltigkeitsgesetz und im RV-Altersgrenzenanpassungsgesetz zu einer Absenkung des Rentenniveaus (vgl. 1.9.) bewogen haben.
Für die aktiv Rentenversicherten und die deutsche Wirtschaft ist dies auch mit einer Begrenzung der Lohnnebenkosten durch Stabilisierung des Beitragssatzes zur Rentenversicherung verbunden. Das Leistungsniveau hat sich in einem Rahmen zu bewegen, dass der Beitragssatz bis 2020 den Wert von 20 Prozent und bis zu 2030 den Wert von 22 Prozent nicht überschreitet. Dieses Zielband wird auch durch das kostenintensive Rentenpaket 2014 nicht gerissen.

2.3 Zur Rendite der gesetzlichen Rente – heute und in der Zukunft

Die Rentenreformen der letzten Jahre haben parallel zu den kritischen ökonomischen Rahmendaten zu einer Verminderung der durchschnittlich ausgezahlten Altersrenten geführt. Auswirkungen auf die Höhe der Rente haben sich ohne Zweifel durch die seit 1997 bei vorzeitigen Altersrenten wegen Arbeitslosigkeit und nach Altersteilzeit sowie seit 2000 bei allen übrigen vorzeitigen Altersrenten eingeführten Abschlägen ergeben. So mussten z. B. Frauen der Geburtsjahrgänge 1945 bis 1951 bei der vorzeitigen Altersrente für Frauen ab dem 60. Lebensjahr einen Abschlag von 18 Prozent hinnehmen. Dies galt ebenso für Versicherte der Jahrgänge 1942 bis 1945, die eine Altersrente wegen Arbeitslosigkeit oder nach Altersteilzeit erhalten. Im Jahr 2011 mussten von den Versicherten, die erstmals eine Altersrente bezogen („Rentenzugänge"), rund die Hälfte Rentenabschläge in Kauf nehmen. Seit 2012 setzt sich der Trend zu weniger Renten mit Abschlägen durch. So sank der Anteil reduzierter Altersrenten 2015 sogar auf 23 Prozent. Mit verantwortlich dafür ist der Einstieg in die abschlagsfreie Altersrente für besonders langjährige Versicherte ab dem 63. Lebensjahr.
Der durchschnittliche Rentenzahlbetrag bei Männern in den alten Bundesländern – vor Abschlag – lag hier bei 1065,00 € im Monat. Die Altersbezüge wurden im Durchschnitt um 96,00 € gekürzt..

Auch die drastischen Einschnitte durch das RV-Nachhaltigkeitsgesetz infolge der Nichtberücksichtigung von weiteren Schul- bzw. Hochschulzeiten und bezüglich der Anrechnung der ersten Berufsjahre zeigen jetzt schon deutliche Spuren. Falls Schul- oder Hochschulzeiten – aber keine Berufsschulzeiten – in den Versicherungsverlauf aufgenommen worden sind, werden sie bei einem Rentenbeginn ab 01.01.2009 nicht mehr rentensteigernd berücksichtigt. Die vor 01.01.2006 in Betracht kommende höchste Bewertung beläuft sich auf 0,75 Entgeltpunkte (EP) pro Jahr, für drei Jahre also 2,25 EP; multipliziert mit dem aktuellen Rentenwert am 01.07.2017 in Höhe von 31,03 € ergeben sich rund **69,82 € an fehlender monatlicher Rente.**

Mit der Frage der Rendite der Altersrenten der gesetzlichen Rentenversicherung haben sich bereits 1997 die Autoren Ohsmann/Stolz (Mitarbeiter des Referates für Entwicklungsfragen der Sozialen Sicherheit der Bundesversicherungsanstalt für Angestellte – BfA –, jetzt DRV Bund, Berlin, s. Veröffentlichung in DAngVers. 02/04) befasst. Seinerzeit ergaben sich Renditen in Abhängigkeit vom jeweils betrachteten Modellfall zwischen 5,3 Prozent (ledige Männer, Rentenzugang mit 65 Jahren) und 7 Prozent (ledige Frauen, Rentenzugang mit 60 Jahren).

Für alle berechneten Modellfälle sind Barwerte für den Zeitpunkt des Rentenbeginns bestimmt worden, d. h., die Beiträge zur Rentenversicherung wurden bis zum Zeitpunkt des Rentenbeginns aufgezinst und die Rentenzahlungen werden – bezogen auf den Zeitpunkt des Rentenbeginns – abgezinst. Die Berechnungen der BfA zur Rendite der gesetzlichen Rentenversicherung bezogen sich auf Modellfälle, bei denen typisierende Annahmen bezüglich Versicherungsverlauf und Rentenbezugszeit getroffen werden. Es wird von Versicherten ausgegangen, die 45 Jahre lang durchschnittlich verdient und entsprechende Beiträge bezahlt haben. Diese Versicherten beziehen ihre Rente für einen Zeitraum, der für jeden Modellfall der durchschnittlichen Lebenserwartung zu Rentenbeginn entspricht.

Tatsächlich werden bei den Renditeberechnungen nicht die gesamten eingezahlten Beiträge den erwarteten (Alters-)Rentenzahlungen gegenüber gestellt, sondern nur 80 Prozent der Beiträge. Dies hat seinen Grund darin, dass nur etwa 80 Prozent der Rentenbeiträge zur Finanzierung der Altersrenten verwendet werden; die restlichen 20 Prozent dienen der Absicherung des Erwerbsminderungs- und des Todesfallrisikos des Versicherten während der Erwerbsphase (in diesen Fällen müssten Erwerbsminderungs- oder Hinterbliebenenrenten gezahlt werden) sowie der Finanzierung von Rehabilitationsleistungen. Bei der realitätsgerechten Berechnung der Rendite der Altersrenten der gesetzlichen Rentenversicherung ist deshalb auch nur von jenem Beitragsanteil auszugehen, der tatsächlich (im Durchschnitt) für die Altersrenten verwendet wird. Nur so ist im Übrigen auch ein Vergleich mit den Renditen anderer Formen der Alterssicherung möglich, die häufig auf die reine Geldleistung im Alter beschränkt sind und bei denen eine Absicherung der Erwerbsminderungs- und Todesfallrisiken während der Erwerbsphase oder der Kosten von Rehabilitationsmaßnahmen nicht erfolgt.

Die seit 1997 vollzogenen zahlreichen Rechtsänderungen vom Wachstums- und Beschäftigungsförderungsgesetz bis zum Rentenversicherungs-Nachhaltigkeitsgesetz, die – einschließlich der erläuterten Rentenabschläge – eine Senkung des Rentenniveaus in die Wege geleitet haben, waren für die DRV Bund Anlass, die Renditeberechnung zu aktualisieren. Die vorgelegte interne Rendite in der gesetzlichen Rentenversicherung für Rentenzugänge in den Jahren 2012 bis 2040 sieht für den Renteneintritt bei Männern immer noch eine Rendite von 3,2 Prozent und bei Frauen von 3,8 Prozent vor. Grundsätzlich können aber auch längerfristig alle Versicherten mit einer jährlichen Rendite von rund 3 v. H. rechnen.

Interne Rendite in der gesetzlichen Rentenversicherung für Rentenzugänge in den Jahren 2013 bis 2040 **Standardrente auf Basis von 45 Versicherungsjahren mit Durchschnittsverdienst, Renteneintritt mit 65 Jahren (Pflichtbeiträge von 1967 bis 2012** **Rentenanpassungen und Lebenserwartung nach Rentenversicherungsbericht 2011**		
Rentenbeginn	**Rendite für Männer ledig ***	**Rendite für Frauen**
01.01.2012	**3,2 Prozent**	**3,8 Prozent**
01.01.2020	**3,1 Prozent**	**3,6 Prozent**
01.01.2030	**3,0 Prozent**	**3,4 Prozent**
01.01.2040	**3,0 Prozent**	**3,4 Prozent**
* Aufgrund der sich ggf. ergebenden Hinterbliebenenrente entspricht die Rendite für verheiratete Männer in etwa der Rendite für Frauen Quelle: Deutsche Rentenversicherung Bund		

Abbildung 18: Beispiele zur Renditeberechnung der gesetzlichen Rente

Diese positive Perspektive ändert sich auch nicht, wenn – wie derzeit in der Umsetzung begriffen – das Renteneintrittsalter auf das 67. Lebensjahr angehoben wird. Wie zuvor dargestellt, ist gleichzeitig von einem weiteren Anstieg der Lebenserwartung auszugehen.

Kapitallebensversicherung im Rückwärtsgang

Dieser Rendite gegenüber steht der mehrmals abgesenkte Garantiezins von 1,75 auf jetzt 0,9 Prozent für alle Neuabschlüsse einer kapitalbildenden Lebensversicherung und einer privaten Rentenversicherung ab 01.01.2017.
Außerdem sollen Versicherte bei Kündigung oder regulärem Ablauf nicht mehr zur Hälfte an Bewertungsreserven bei festverzinslichen Wertpapieren beteiligt werden. Für Kunden des privaten Versicherungsgewerbes sind das nach Ansicht von Verbraucherschützern keine guten Nachrichten. Alle Betroffenen mit einer Kapitallebensversicherung, einer Riester-, Rürup- oder privaten Rente bzw. einer betrieblichen Altersversorgung über eine Versicherung müssen befürchten, auf wichtige Teile ihrer Überschussbeteiligungen zu verzichten. Das

Betriebsrentenstärkungsgesetz in Kraft ab 01.01.2018 wird dies mit der neuen Absicherungsform *„Pay and forget"* – also keine Garantie für das eingezahlte Kapital im Leistungsfall – noch verstärken.

2.4 Rendite-Plus durch weitere Regelleistungen

Um zu der für einen Versicherten individuell geltenden persönlichen Rendite aus der gesetzlichen Rentenversicherung zu gelangen, muss aber das gesamte Leistungsspektrum der gesetzlichen Rentenversicherung betrachtet werden. Nach § 23 SGB I stehen den rentenversicherten Personen und bei bestimmten medizinischen Rehabilitationsmaßnahmen auch ihren Familienangehörigen insgesamt folgende Leistungen zur Verfügung:

a) Heilbehandlung, Leistungen zur Teilhabe am Arbeitsleben und andere Leistungen zur Erhaltung, Besserung und Wiederherstellung der Erwerbsfähigkeit einschließlich wirtschaftlicher Hilfen,

b) Renten wegen Alters und Renten wegen verminderter Erwerbsfähigkeit sowie Renten wegen teilweiser Erwerbsminderung bei Berufsunfähigkeit für Versicherte, die vor dem 02.01.1961 geboren sind,

c) Renten wegen Todes,

d) Witwen- und Witwerrentenabfindungen sowie Beitragserstattungen,

e) Zuschüsse zu den Aufwendungen für die Krankenversicherung,

f) Leistungen für Kindererziehung.

Entsprechende Leistungsansprüche sind durch eine formale Antragsstellung rechtzeitig geltend zu machen.

Wichtig ist dabei zu wissen, dass

- Rentenansprüche auch mit Zeiten der Kindererziehung, der Pflege von Angehörigen oder mit Zeiten des Wehr- und Zivildienstes – um nur einige wichtige Tatbestände zu nennen – entstehen können,
- bei der Rentenberechnung z. B. Zeiten der Fachschulausbildung oder der berufsvorbereitenden Bildungsmaßnahmen, Zeiten der Arbeitslosigkeit oder der Krankheit mit Leistungsbezug, bei Schwangerschaften Zeiten der Schutzfristen nach dem Mutterschutzgesetz berücksichtigt werden,
- Rentenleistungen unter Berücksichtigung der Lohnentwicklung dynamisch steigen,
- es für dieselben Beiträge gleich hohe Leistungen für Männer und Frauen geben.

2.5 Verbesserungen durch neue Rentenpakete

Die „Mütterrente" – für Rentenbezieher im Juni 2014 mit dem pauschalen Erhöhungsbetrag von derzeit monatlich 31,03 € pro Kind (Geburtsdatum des Kindes vor dem 01.01.1992) verbunden – und bei aktiv Versicherten durch Anrechnung weiterer 12 Monate an Kindererziehungszeit verbessern das individuelle Rentenniveau. Die spürbare Erhöhung der Erwerbsminderungsrente und der Rente wegen Todes durch Berücksichtigung einer Zurechnungszeit bis zum 62. Lebensjahr und bis 2024 sogar bis zum 65. Lebensjahr wird sich ebenfalls positiv bei der Renditeberechnung auswirken.
Übergangsweise dürfte ein ähnlicher Effekt auch von der Absenkung des Lebensalters bei besonders langjährigen Versicherten auf das 63. Lebensjahr ausgehen. Hier ist zu beachten, dass ab dem Jahrgang 1953 ff eine jährliche Anhebung des Lebensalters um 2 Monate erfolgt – und dies solange bis beim Jahrgang 1964 wieder das Ausgangsalter von 65 Jahren erreicht wird.
Das ausdauerndste Rentenplus mit Steigerung der individuellen Rendite erhalten die Ost-Rentner in den nächsten 7 Jahren.

Der Rentenwert (Ost) soll im Verhältnis zum aktuellen Rentenwert betragen:

zum 1. Juli 2018	95,8 Prozent
zum 1. Juli 2019	96,5 Prozent
zum 1. Juli 2020	97,2 Prozent
zum 1. Juli 2021	97,9 Prozent
zum 1. Juli 2022	98,6 Prozent
zum 1. Juli 2023	99,3 Prozent
zum 1. Juli 2024	100 Prozent

3 Rentenrechtliche Zeiten

Mit dem Sammelbegriff rentenrechtliche Zeiten werden alle Zeiten zusammengefasst, die sich auf den Rentenanspruch (Erfüllung von Wartezeiten und besondere versicherungsrechtliche Voraussetzungen) und die Rentenhöhe auswirken können. Die Zeiten haben im Einzelnen unterschiedliche Wirkungen, denn nicht alle rentenrechtlichen Zeiten werden auch für jede Wartezeit berücksichtigt.

Gemäß § 54 Abs. 1 SGB VI handelt es sich um

1. Beitragszeiten,
2. beitragsfreie Zeiten und
3. Berücksichtigungszeiten.

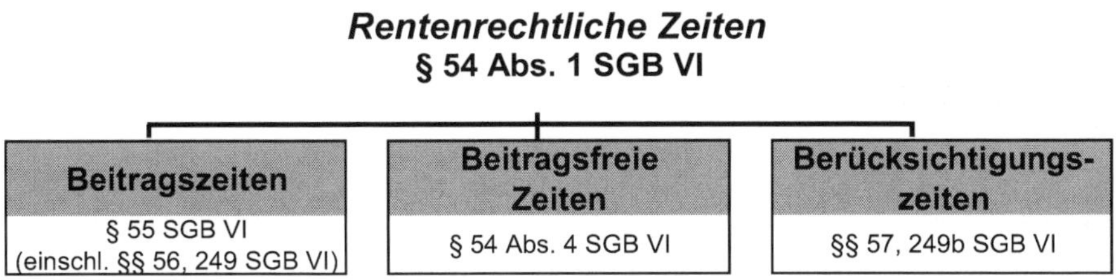

Abbildung 19: Rentenrechtliche Zeiten

3.1 Beitragszeiten

Beitragszeiten sind Zeiten, für die nach Bundesrecht Pflichtbeiträge oder freiwillige Beiträge gezahlt worden sind. Pflichtbeitragszeiten sind auch Zeiten, für die Pflichtbeiträge nach besonderen Vorschriften als gezahlt gelten.

Beitragszeiten sind nicht nur Zeiten mit Beiträgen zur bundesdeutschen Rentenversicherung, sondern z. B. auch mit solchen zur reichsdeutschen Rentenversicherung bis Kriegsende und zur Sozialversicherung der früheren DDR.

Ausländische Beitragszeiten außerhalb des Anwendungsbereichs des Fremdrentengesetzes können nur aufgrund von überstaatlichem Recht oder zwischenstaatlichen Sozialversicherungsabkommen in der deutschen Rentenversicherung berücksichtigt werden.

3.1.1 Pflichtbeitragszeiten

Pflichtbeitragszeiten nach § 55 Abs. 1 SGB VI sind Zeiten, in denen kraft Gesetzes oder auf Antrag Versicherungspflicht bestand und für die Beiträge wirksam gezahlt worden sind.

Folgende Personenkreise werden insbesondere erfasst:

- versicherungspflichtige Beschäftigte nach § 1 SGB VI
- versicherungspflichtige Selbständige nach § 2 SGB VI (z. B. in die Handwerksrolle eingetragene Gewerbetreibende)
- Personen, in der Zeit für die ihnen Kindererziehungszeiten angerechnet werden (vgl. 3.1.1.1.) nach § 3 Satz 1 Nr. 1 SGB VI
- nicht erwerbsmäßig tätige Pflegepersonen für die Zeit der Pflege ab 01.04.1995 unter den Voraussetzungen nach § 3 Satz 1 Nr. 1 a SGB VI
- Wehr- oder Zivildienstleistende nach § 3 Satz 1 Nr. 2 SGB VI
- Bezieher von Entgeltersatzleistungen (z. B. Krankengeld, Verletztengeld oder Arbeitslosengeld bzw. bis 31.12.2004 Arbeitslosenhilfe) ab 01.01.1992, wenn sie im letzten Jahr vor Beginn der Leistung zuletzt rentenversicherungspflichtig waren (§ 3 Satz 1 Nr. 3 SGB VI)
- Arbeitslosengeld II-Bezieher ab 01.01.2005 nach § 3 Satz 1 Nr. 3 a SGB VI
- die auf Antrag Pflichtversicherten gemäß § 4 SGB VI und
- geringfügig Beschäftigte, die auf die Versicherungsfreiheit nach § 5 Abs. 2 Satz 2 SGB VI (Fassung bis 31.12.2012) verzichtet haben.

3.1.1.1 Kindererziehungszeiten (§§ 56, 249 und 249a SGB VI)

Neben den Pflichtbeitragszeiten, für die tatsächlich Beiträge an die Rentenversicherung gezahlt worden sind, gelten auch Kindererziehungszeiten ohne Beitragsleistung (vor dem 01.06.1999), die in der Bundesrepublik Deutschland zurückgelegt wurden, als Pflichtbeitragszeiten. Die Beitragszahlung gilt hier als unterstellt. Seit dem 01.06.1999 werden Beiträge vom Bund gezahlt (§ 177 SGB VI).

Zeiten der Kindererziehung im jeweiligen Herkunftsland von Berechtigten nach dem Fremdrentengesetz sind den Kindererziehungszeiten im Bundesgebiet gleichgestellt; sie gelten auch als deutsche Pflichtbeitragszeiten. Trotz der Einordnung der Kindererziehungszeiten als Pflichtbeitragszeiten bleiben allerdings freiwillige Beiträge, die in der Zeit bis 31.12.1985 neben Kindererziehungszeiten entrichtet wurden, als solche wirksam und werden nicht, etwa als zu Unrecht entrichtet, zurückgezahlt.

3.1.1.1.1 Umfang der Kindererziehungszeit

- **Geburt ab 01.01.1992 = 3 Erziehungsjahre**

  Bei Kindern, die ab 01.01.1992 geboren werden, umfasst die Kindererziehungszeit die ersten drei Lebensjahre. Die Kindererziehungszeit beginnt nach Ablauf des Monats der Geburt, endet aber erst nach 36 Kalendermonaten. Werden mehrere Kinder gleichzeitig erzogen, verlängert sich die Kindererziehungszeit um die Anzahl an Kalendermonaten der gleichzeitigen Erziehung.

- **Geburt bis zum 31.12.1991 = 2 Erziehungsjahre**

  Bei den bis 31.12.1991 geborenen Kindern beläuft sich der Umfang der Kindererziehungszeit lediglich auf 24 Kalendermonate. Das gilt auch für Verlängerungen wegen gleichzeitiger Erziehung mehrerer Kinder.

  Die Verlängerung der Kindererziehungszeit bei Geburten vor dem 01.01.1992 von 12 auf 24 Kalendermonaten erfolgte zum 01.07.2014 durch das Rentenversicherungsleistungsverbesserungsgesetz.

  Wer am 30.06.2014 bereits Rente bezog, bekommt weiterhin nur 12 Kalendermonate an Kindererziehungszeiten bei Geburten vor dem 01.01.1992 angerechnet und erhält als Ausgleich einen Zuschlag nach § 307d SGB VI in Höhe eines persönlichen Entgeltpunktes pro Kind.

Fallbeispiele:

1. Geburt eines Kindes am 27.05.2002

   Die Kindererziehungszeit beginnt genau am 01.06.2002 und endet am 31.05.2005.

2. Geburt von Zwillingen am 01.05.2002

   Die am 01.06.2002 beginnende Kindererziehungszeit wird um die Kalendermonate der gleichzeitigen Erziehung – also um 36 Kalendermonate – verlängert und endet somit erst am 31.05.2008.

3. Geburt eines Kindes am 17.06.1991

   Die am 01.07.1991 beginnende Kindererziehungszeit endet genau am 30.06.1993.

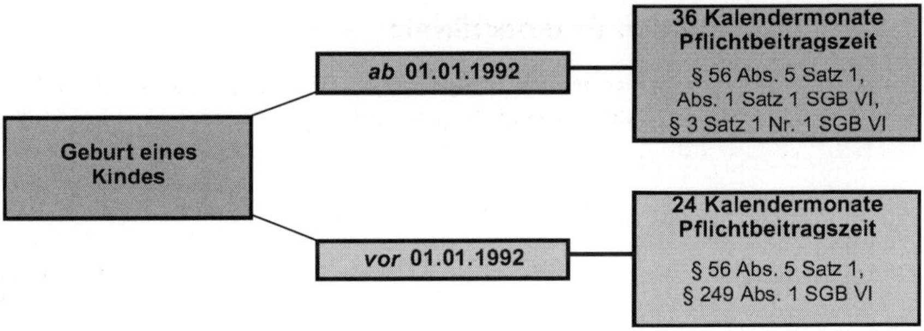

Abbildung 20: Umfang der Kindererziehungszeiten

3.1.1.1.2 Aufteilung von Zeiten ab 01.01.1992

Kindererziehungszeiten, die ab 01.01.1992 zurückgelegt werden, können die Eltern bei gemeinsamer Erziehung unter sich aufteilen. Für die Aufteilung, die auch mehrfach zulässig ist, spielt es keine Rolle, welcher Elternteil das Kind überwiegend erzogen hat. Die Aufteilung erfolgt in der Weise, dass die übereinstimmende Erklärung über die Zuordnung zu einem Elternteil auf einen Teil der Erziehungszeit beschränkt wird. Die Erklärung ist gegenüber dem zuständigen Rentenversicherungsträger abzugeben. Es genügt aber auch die Abgabe gegenüber einer Gemeinde, einem anderen Versicherungsträger oder im Fall des Auslandsaufenthaltes gegenüber einer amtlichen Vertretung der Bundesrepublik Deutschland im Ausland.

Gemeinsam erziehende Eltern, die durch Abgabe einer übereinstimmenden Erklärung Kindererziehungszeiten ab 01.01.1992 in vollem Umfang oder zum Teil dem anderen Elternteil zuordnen wollen, müssen beachten, dass die Erklärung grundsätzlich nur Wirkung auf künftige Kalendermonate hat. Eine Erklärung mit Rückwirkung ist nur für bis zu zwei Kalendermonate zurück möglich.

Fallbeispiel:

Die Erklärung für ein am 02.04.2003 geborenes Kind geht dem Versicherungsträger am 05.08.2003 zu. Der Vater soll danach die gesamte Kindererziehungszeit ab Beginn (01.05.2003) erhalten. Diese Möglichkeit besteht nicht. Die Erklärung kann nur für künftige Kalendermonate oder für bis zu zwei Kalendermonate zurück abgegeben werden. Das bedeutet, dass der Vater die Zeit frühestens ab 01.06.2003 erhalten kann. Der Monat Mai 2003 bleibt bei der Mutter.

3.1.1.1.3 Berechtigter Personenkreis

Der Personenkreis umfasst Mütter und Väter. Das sind zunächst einmal die leiblichen Eltern eines Kindes. Diesen Begünstigten gleichgestellt sind Adoptiv-, Stief- und Pflegeeltern.

Stief- und Pflegeeltern im Sinne des Gesetzes können nur Personen sein, die das Kind in ihrem Hause aufgenommen haben. Ein Pflegekindschaftsverhältnis bedingt ferner, dass das Kind mit der Pflegemutter oder dem Pflegevater durch ein auf längere Dauer angelegtes Pflegeverhältnis wie ein Kind mit seinen Eltern verbunden ist.

Für ein solches auf längere Dauer angelegtes Pflegeverhältnis mit häuslicher Gemeinschaft ist es notwendig, dass das Kind aus dem Obhuts- und Erziehungsverhältnis zu seinen leiblichen Eltern völlig ausgeschieden ist. Diese Voraussetzungen sind gegeben, wenn die leiblichen Eltern z. B. verstorben sind und das Kind unbefristet – also nicht nur für eine Übergangszeit bis zu einer anderweitigen Unterbringung – im Haushalt der Verwandten Aufnahme gefunden hat.

Adoptiveltern, die das Kind bereits vor der Rechtswirksamkeit der Adoption in ihrem Haushalt aufnehmen, sind während dieser Zeit Pflegeeltern. Tagesmütter sowie Personen, die eine private Pflegestelle oder Kindergrippe betreiben, zählen regelmäßig nicht zu den Pflegeeltern im Sinne des Gesetzes.

Die Erziehungszeit für ein Kind erhält jeweils nur ein Elternteil, entweder die Mutter oder der Vater. Ist das Kind nur von einem Elternteil erzogen worden, steht diesem diese Erziehungszeit als Alleinerzieher zu.

Kindererziehungszeiten können in den alten Bundesländern nur bei Elternteilen berücksichtigt werden, die nach dem 31.12.1920 geboren sind (ab Geburtsjahrgang 1921). Elternteile, die am 18.05.1990 ihren gewöhnlichen Aufenthalt in der ehemaligen DDR hatten, können nur dann Kindererziehungszeiten gutgeschrieben bekommen, wenn sie nach dem 31.12.1926 geboren sind (ab Geburtsjahr 1927).

Für Mütter der Geburtsjahrgänge vor 1921 bzw. in den neuen Bundesländern vor 1927, gibt es aber unter bestimmten Voraussetzungen – auf Antrag – Kindererziehungsleistungen in Höhe des jeweils geltenden aktuellen Rentenwertes (§§ 294 und 294a SGB VI). Auch dieser Wert wurde durch das Rentenversicherungsleistungsverbesserungsgesetz mit Wirkung vom 01.07.2014 verdoppelt.

Kindererziehungszeiten werden nur anerkannt, wenn Personen ihr Kind innerhalb der Bundesrepublik Deutschland, in der ehemaligen DDR oder in dem jeweiligen Geltungsbereich der früheren Reichsversicherungsgesetze erzogen und sich mit ihm dort gewöhnlich aufgehalten haben. Auf die Staatsangehörigkeit des Kindes und des erziehenden Elternteiles kommt es bei Inlandserziehung nicht an.

Für Berechtigte, die vom Fremdrentengesetz erfasst werden (z. B. Spätaussiedler), gibt es eine weitergehende Erklärungsmöglichkeit. Diese Personen können innerhalb eines Jahres nach Zuzug in den Geltungsbereich des Sozialgesetzbuches ihre Erklärung auch für mehr als zwei Kalendermonate zurück abgeben, soweit Kinder betroffen sind, die im Zeitpunkt des Zuzugs bereits geboren waren (§ 28b FRG).

Erziehende Elternteile, die während der Erziehungszeit versicherungsfrei (z. B. als Beamte) oder von der Versicherungspflicht befreit waren (z. B. als Mitglieder einer berufsständischen Versorgungseinrichtung) und nicht nachversichert worden sind, erhalten insoweit keine Erziehungszeiten angerechnet. Das gleiche gilt für Elternteile, die zwar während der Erziehung oder unmittelbar vor der Geburt des Kindes im Inland tätig waren, jedoch aufgrund von Ausnahmeregelungen den deutschen Rechtsvorschriften über die Versicherungspflicht nicht unterlagen.

3.1.1.1.4 Gemeinsame Erziehung (vgl. Abbildung 21)

In der Zeit vom 01.01.1986 bis 31.12.1991

Kindererziehungszeiten in der Zeit vom 01.01.1986 bis 31.12.1991 (also für Geburten nach Dezember 1985) konnten nur dann dem Vater zugerechnet werden, wenn die Eltern eine übereinstimmende Erklärung bis zum Ablauf des dritten Kalendermonats nach der Geburt des Kindes gegenüber dem Versicherungsträger abgegeben haben. Die Erklärungen sind unwiderruflich. Nachträgliche Aufteilungen sind nicht möglich.

In der Zeit vor dem 01.01.1986

Bei gemeinsamer Erziehung des Kindes durch die Eltern im ersten Lebensjahr vor dem 01.01.1986 konnten die Eltern dagegen bis zum 31.12.1996 übereinstimmend erklären, dass der Vater das Kind überwiegend erzogen hat und dass ihm daher die Kindererziehungszeit anzurechnen ist. Die einjährige Kindererziehungszeit wird dann insgesamt dem Vater zugeordnet.

Bei Tod der Mutter vor dem 01.01.1986 wird die Erziehungszeit von vornherein dem Vater angerechnet. War ein Elternteil in der Zeit vom 01.01.1986 bis 31.12.1996 gestorben, konnte der jeweilig überlebende Elternteil die Erklärung über die gemeinsame Erziehung und Zuordnung der Kindererziehungszeit für Zeiträume vor 1986 bis spätestens 31.03.1997 allein abgeben.

Die Zuordnung von Kindererziehungszeiten übereinstimmende Erklärung

§§ 56, 249 SGB VI

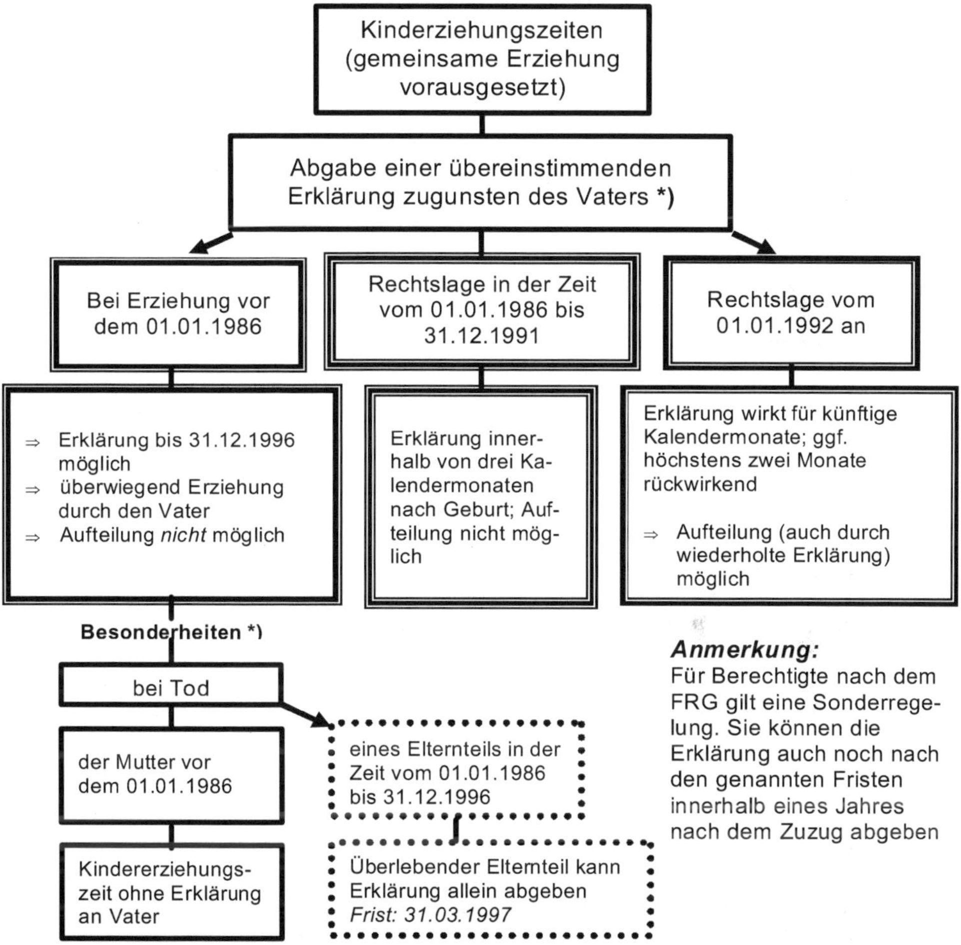

HINWEIS:
Eine Zurechnung zum Vater kommt auch ohne übereinstimmende Erklärung in Betracht, wenn er nachweislich das Kind überwiegend erzogen hat (z. B. Mutter berufstätig und Vater im Erziehungsurlaub/Elternzeit).

Abbildung 21: Die Zuordnung von Kindererziehungszeiten

Haben Eltern in den neuen Bundesländern bzw. in der ehemaligen DDR ihr Kind vor dem 01.01.1992 in dessen erstem Lebensjahr gemeinsam erzogen, konnten sie bis zum 31.12.1996 übereinstimmend erklären, dass der Vater das Kind überwiegend erzogen hat. Die Kindererziehungszeit wird dann insgesamt dem Vater zugeordnet. War ein Elternteil bis 31.12.1996 verstorben, konnte der überlebende Elternteil die Erklärung bis zum 31.03.1997 abgeben.

3.1.2 Zeiten mit freiwilligen Beiträgen

Freiwillige Beitragszeiten sind Zeiten, für die nach Bundesrecht (bzw. Reichsrecht) freiwillige Beiträge wirksam gezahlt worden sind (§ 55 Abs. 1 SGB VI).

Personen, die nicht versicherungspflichtig sind in der gesetzlichen Rentenversicherung, können sich nach § 7 SGB VI ab dem vollendeten 16. Lebensjahr freiwillig versichern und die Beitragshöhe zwischen

⇒ dem Mindestbeitrag (2013 monatlich: 85,05 Euro) und

⇒ dem Höchstbeitrag (2013 monatlich: 1.096,20 Euro)

frei wählen.

Insbesondere Personen, die aus einer versicherungspflichtigen Beschäftigung ausscheiden, weil sie sich selbständig gemacht haben, verlieren ohne weitere Beitragszahlung mit der Zeit ihre Anwartschaft auf eine Rente wegen Erwerbsminderung. Sollte bereits am 31.12.1983 die allgemeine Wartezeit von 5 Jahren erfüllt gewesen sein *und* wird seit Januar 1984 lückenlos jeder Monat mit einer rentenrechtlich relevanten Zeit belegt (§ 241 Abs. 2 SGB VI), so sollte man sich unbedingt beim zuständigen Rentenversicherungsträger beraten lassen.

3.1.3 Zeiten, für die Entgeltpunkte nach § 70 Abs. 3 a SGB VI gutgeschrieben werden

Nach § 70 Abs. 3a SGB VI werden beim Vorliegen von 25 Jahren rentenrechtlicher Zeiten für folgende Zeiten ab 01.01.1992, die nicht mit Beiträgen belegt sind, Entgeltpunkte gutgeschrieben:

⇒ zwei oder mehr gleichzeitige Kinderberücksichtigungszeiten oder

⇒ mindestens eine Kinderberücksichtigungszeit und gleichzeitig mindestens eine Zeit der nicht erwerbsmäßigen Pflege eines pflegebedürftigen Kindes bis zum 18. Lebensjahr oder

⇒ zwei oder mehr gleichzeitige Zeiten der nicht erwerbsmäßigen Pflege für zwei oder mehrere pflegebedürftige Kinder bis zum 18. Lebensjahr.

Fallbeispiel:

Eine weibliche Versicherte hat 25 Jahre rentenrechtliche Zeiten (mit Zurechnungszeit) zurückgelegt und bekommt für ihre beiden Kinder (geboren 15.06.1990 und 03.07.1994) die gesamten Kindererziehungs- und Kinderberücksichtigungszeiten anerkannt. Weitere Beitragszeiten sind zwischen 1990 und 2004 nicht vorhanden.

LÖSUNG:

Die Kindererziehungszeiten (vgl. 3.1.1.1.1.) erstrecken sich vom 01.07.1990 bis 30.06.1992 und vom 01.08.1994 bis 31.07.1997.

Für die Zeiträume 03.07.1994 bis 31.07.1994 und 01.08.1997 bis 14.06.2000 erfolgt eine Gutschrift in Höhe von 36 x 0,0278 = 1,0008 Entgeltpunkten und diese 36 Monate gelten nach § 55 Abs. 1 Satz 3 SGB VI als Beitragszeiten.

3.1.4 Vollwertige Beitragszeiten und beitragsgeminderte Zeiten

Bei den Beitragszeiten wird zwischen Zeiten mit vollwertigen Beiträgen und beitragsgeminderten Zeiten unterschieden. Zeiten mit vollwertigen Beiträgen sind ausschließlich mit Beiträgen belegt.

Fallbeispiel 1:

Pflichtbeitragszeit vom 01.04.1975 bis 20.04.1975

LÖSUNG:

Obwohl nur für einen Teil des Monats April 1975 Beiträge vorhanden sind, handelt es sich dennoch um eine vollwertige Beitragszeit, da der Restmonat nicht mit einer beitragsfreien Zeit belegt ist.

Beitragsgeminderte Zeiten umfassen Kalendermonate, die sowohl Beitragszeiten als auch Ersatzzeiten, Anrechnungszeiten oder eine Zurechnungszeit enthalten.

Fallbeispiel 2:

Pflichtbeitragszeit	vom 01.04.1975 bis 20.04.1975
Anrechnungszeit wegen Arbeitslosigkeit	vom 21.04.1975 bis 31.07.1975

LÖSUNG:

Nach dem Berechnungsgrundsatz des § 122 Abs. 1 SGB VI zählt ein Kalendermonat, der nur zum Teil mit rentenrechtlichen Zeiten belegt ist, als voller Monat. Damit sind z. B. auf die 35jährige Wartezeit ein Kalendermonat Beitragszeit anzurechnen, ferner drei Kalendermonate Anrechnungszeit.

Der Monat April 1975 ist sowohl mit einer Beitragszeit als auch mit einer beitragsfreien Zeit (Anrechnungszeit) belegt und wird nach § 54 Abs. 3 SGB VI beitragsgeminderte Zeit.

Diese Unterscheidung ist nur für die Rentenberechnung von Bedeutung. Für die einzelnen Wartezeiten zählt der Kalendermonat, der ganz oder auch nur teilweise mit einem Beitrag belegt ist.

Fallbeispiel 3:

Pflichtbeitragszeiten	vom 01.04.1975 bis 20.04.1975
Anrechnungszeit wegen Arbeitslosigkeit	vom 21.04.1975 bis 22.05.1975

LÖSUNG:

Diese Anrechnungszeit wird mangels der Dauer eines Kalendermonats (nach § 252 Abs. 7 Ziff. 3 SGB VI) nicht angerechnet und somit ist der Monat April 1975 nicht beitragsgemindert, sondern eine vollwertige Pflichtbeitragszeit (vgl. Fallbeispiel 1).

3.1.4.1 Zeiten der beruflichen Ausbildung

3.1.4.1.1 Echte Zeiten einer beruflichen Ausbildung

Als beitragsgemindert gelten auch Kalendermonate mit Pflichtbeiträgen für eine Berufsausbildung (Zeiten einer beruflichen Ausbildung) nach § 54 Abs. 3 Satz 2 SGB VI.

Während einer Berufsausbildung ist die Einkommenshöhe deutlich niedriger als danach, und deshalb werden diese Zeiten in der Rentenversicherung als beitragsgeminderte Zeiten besonders bewertet und erhalten unter Umständen einen Zuschlag. Sämtliche Zeiten einer tatsächlich absolvierten Berufsausbildung, für welche Pflichtbeiträge vorliegen, sind unabhängig vom Lebensunterhalt und einer Höchstdauer als beitragsgeminderte Zeit zu berücksichtigen.

Erfasst werden hier u. a.:

⇒ Lehrzeiten,

⇒ Umschulungen,

⇒ Fortbildungen und Praktika.

Ein erfolgreicher Abschluss ist hier im Gegensatz zur Anrechnungszeit nach § 252 Abs. 1 Nr. 3 SGB VI nicht notwendig.

3.1.4.1.2 Fiktive Zeiten einer beruflichen Ausbildung

Bei einem Rentenbeginn vor dem 01.01.2009 galten nach § 246 Satz 2 SGB VI die ersten 36 Kalendermonate mit Pflichtbeiträgen für Zeiten einer versicherten Beschäftigung oder selbständigen Tätigkeit bis zur Vollendung des 25. Lebensjahres stets als Zeiten einer beruflichen Ausbildung. Sollten in diesen ersten 36 Kalendermonaten vor dem vollendeten 25. Lebensjahr Zeiten einer tatsächlichen (vgl. 3.1.4.1.1.) Ausbildung vorhanden sein, so werden diese Pflichtbeiträge angerechnet.

Fallbeispiel:

Geboren am	05.08.1980
Pflichtbeiträge aufgrund abgebrochener echter Lehre	01.09.1997 – 31.08.1998
Pflichtbeiträge aufgrund Aushilfstätigkeit	01.09.1998 – 31.08.2001

Lösung:

Die Zeit der echten Ausbildung vom 01.09.1997 bis 31.08.1998 ist beitragsgemindert nach § 54 Abs. 3 Satz 2 SGB VI. Die Zeit vom 01.09.1998 bis 31.08.2000 ist darüber hinaus beitragsgemindert nach § 246 Satz 2 SGB VI, wenn die Rente vor dem 01.01.2009 begonnen hat.

Bei einem Rentenbeginn nach 31.12.2008 sind die fiktiven Ausbildungszeiten zwar nicht mehr beitragsgemindert und erhalten somit keinen Zuschlag in der Rentenberechnung; sie werden aber bei der Gesamtleistungsbewertung weiterhin nach § 71 Abs. 3 Satz 2 SGB VI besonders bewertet.

3.2 Beitragsfreie Zeiten

Neben den Beitragszeiten und den Berücksichtigungszeiten gehören auch die Ersatzzeiten, die Anrechnungszeiten und die Zurechnungszeit zu den rentenrechtlichen Zeiten.

Beitragsfreie Zeiten

Kalendermonate, die nur mit Anrechnungszeiten, mit einer Zurechnungszeit oder mit Ersatzzeiten belegt sind, sind nach § 54 Abs. 4 SGB VI beitragsfreie Zeiten, sofern für diese Kalendermonate nicht auch Beiträge gezahlt worden sind. Treffen in einem Kalendermonat Ersatzzeiten, Anrechnungszeiten oder Zurechnungszeiten (vgl. 3.1.4) mit einer Beitragszeit zusammen, liegt eine beitragsgeminderte Zeit vor.

3.2.1 Die Ersatzzeiten

Ersatzzeiten sind vor dem 01.01.1992 zurückgelegte Zeiten nach dem vollendeten 14. Lebensjahr, in denen Versicherungspflicht nicht bestanden hat und in denen durch außergewöhnliche Umstände keine Beitragszahlung erfolgte.

Zu den Ersatzzeiten gehören (§ 250 Abs. 1 SGB VI):

- Zeiten des militärischen oder militärähnlichen Dienstes, der vor dem 09.05.1945 aufgrund gesetzlicher Dienst- oder Wehrpflicht oder während eines Krieges geleistet worden ist, Zeiten des deutschen Minenräumdienstes nach dem 08.05.1945, Zeiten der Kriegsgefangenschaft sowie Zeiten einer sich anschließenden Krankheit oder unverschuldeten Arbeitslosigkeit.
- Bei Heimkehrern: Zeiten der Internierung oder Verschleppung sowie Zeiten einer daran anschließenden Krankheit oder unverschuldeten Arbeitslosigkeit.
- Zeiten, in denen Nichtkriegsteilnehmer während oder nach Beendigung eines Krieges durch feindliche Maßnahmen an der Rückkehr aus dem Ausland oder aus den ehemaligen deutschen Ostgebieten verhindert gewesen oder dort festgehalten worden sind.
- Bei Verfolgten des Nationalsozialismus im Sinne des Bundesentschädigungsgesetzes: Zeiten des Freiheitsentzuges und der Freiheitsbeschränkung bis 08.05.1945 sowie Zeiten einer daran anschließenden Krankheit oder unverschuldeten Arbeitslosigkeit; Zeiten einer durch Verfolgung bedingten Arbeitslosigkeit bis 31.12.1946 oder eines Auslandsaufenthaltes bis 31.12.1949.
- Bei Personen, die unter das Häftlingshilfegesetz fallen: Zeiten des Gewahrsams nach dem 08.05.1945 außerhalb der Bundesrepublik Deutschland sowie einer daran anschließenden Krankheit oder unverschuldeten Arbeitslosigkeit.
- Zeiten des Freiheitsentzuges im Gebiet der ehemaligen DDR in der Zeit vom 08.05.1945 bis 30.06.1990, soweit der Versicherte rehabilitiert oder

das Urteil aufgehoben worden ist, sowie eine daran anschließende Krankheit oder unverschuldete Arbeitslosigkeit.

- Bei Vertriebenen und Flüchtlingen im Sinne des Bundesvertriebenengesetzes: Die Zeit vom 01.01.1945 bis 31.12.1946 (pauschale Vertreibungszeit), sowie außerhalb dieser Zeitspanne liegende Zeiten tatsächlicher Vertreibung, Umsiedlung, Aussiedlung oder Flucht und einer daran anschließenden Krankheit oder unverschuldeten Arbeitslosigkeit.

Ersatzzeiten werden nur dann angerechnet, wenn mindestens ein Beitragsmonat vorhanden ist.

3.2.2 Die Anrechnungszeiten

Anrechnungszeiten sind Zeiten, in denen der Versicherte aus bestimmten persönlichen Gründen keine Beiträge zahlen konnte. § 58 SGB VI enthält die Aufzählung derjenigen beitragsfreien Zeiten, die als Anrechnungszeiten anerkennungsfähig sind. Zusätzlich enthalten die §§ 252, 252 a SGB VI ergänzend zu § 58 SGB VI besondere Anerkennungsvoraussetzungen und weitere – nur bis zum 31.12.1991 auftretende – Anrechnungszeiten.

Kaum ein Versicherter war während seines ganzen Versicherungslebens ohne Unterbrechung, beispielsweise durch Krankheit oder Arbeitslosigkeit, versicherungspflichtig beschäftigt, und deshalb sind auch gerade die Anrechnungszeiten von erheblicher praktischer Bedeutung.

Wer ab 01.01.1992 Krankengeld, Verletztengeld, Versorgungskrankengeld, Übergangsgeld, Unterhaltsgeld, Arbeitslosengeld oder bis 31.12.2004 Arbeitslosenhilfe (Lohnersatz- bzw. Entgeltersatzleistungen) von einem Sozialleistungsträger bezieht, ist grundsätzlich auch in der Rentenversicherung pflichtversichert nach § 3 SGB VI, wenn im letzten Jahr vor Leistungsbeginn zuletzt Versicherungspflicht bestand. Die Rentenversicherungsbeiträge für Krankengeld und Verletztengeld zahlen Leistungsbezieher und Leistungsträger (z. B. die Krankenkasse) je zur Hälfte, für die anderen Lohnersatzleistungen die Leistungsträger (z. B. die Agentur für Arbeit) allein. Grundlage für die Beitragsberechnung sind für Zeiten vom 01.01.1992 bis 31.12.1994 die gezahlten Lohnersatzleistungen selbst, für Zeiten danach 80 vom Hundert des den Lohnersatzleistungen zugrundeliegenden Bruttoarbeitsentgelts.

Die Zeiten dieses Sozialleistungsbezugs sind Pflichtbeitragszeiten und bis 31.12.1997 gleichzeitig auch Anrechnungszeiten. Die Versicherten haben also keine Nachteile dadurch, dass Beiträge aufgrund des Sozialleistungsbezugs gezahlt werden. Diese Regelung gilt auch für bestimmte Anrechnungszeiten vor dem 01.01.1992.
Desweiteren war auch der ALG-II-Bezug von 01.01.2005 bis 31.12.2010 i. d. R. eine Pflichtbeitragszeit, wobei hier eine Vorversicherungspflicht nicht gefordert wird.

Insbesondere ehemalige Sozialhilfebezieher, die ab 01.01.2005 ALG-II bezogen haben, waren (wieder) in der gesetzlichen Rentenversicherung versichert. Die Beiträge wurden vollständig vom Bund getragen. Grundlage für die Beitragsberechnung waren monatlich 400,00 Euro und ab 01.01.2007 205,00 Euro monatlich. Ab 01.01.2011 kommt lediglich noch eine Anrechnungszeit nach § 58 Abs. 1 Satz 1 Nr. 6 SGB VI in Betracht.

3.2.2.1 Zu den Anrechnungszeiten gehören im Einzelnen:

- Zeiten, in denen Versicherte wegen Krankheit arbeitsunfähig gewesen sind oder Leistungen zur Rehabilitation erhalten haben. Eine solche Anrechnungszeit liegt außerhalb des Zeitraumes vom 17. bis 25. Lebensjahr nur vor, wenn eine versicherte Beschäftigung oder selbständige Tätigkeit oder ein versicherter Wehrdienst oder Zivildienst unterbrochen worden ist.
- Bei Arbeitsunfähigkeits- und Rehabilitationszeiten mit oder ohne Lohnersatzleistungen (z. B. Krankengeld, Übergangsgeld) bis 31.12.1983 ist außerdem erforderlich, dass sie mindestens einen Kalendermonat angedauert haben.

Zeiten der Arbeitsunfähigkeit mit Leistungsbezug

Zeiten bis 30.09.1974

Zeiten der Arbeitsunfähigkeit mit Leistungsbezug bis 30.09.1974 sind nach §§ 58 Abs. 1 Satz 1 Nr. 1, 252 Abs. 7 Nr. 1 SGB VI ausschließlich Anrechnungszeiten. Sie sind nur anrechenbar, wenn diese Zeit mindestens einen Kalendermonat angedauert hat (§ 252 Abs. 7 SGB VI) und abgesehen vom 17. bis 25. Lebensjahr eine versicherte Beschäftigung oder selbständige Tätigkeit unterbrochen wurde (§ 58 Abs. 2 SGB VI).

Zeiten vom 01.10.1974 bis 31.12.1983

Zeiten der Arbeitsunfähigkeit mit Leistungsbezug bis 31.12.1983 sind nach §§ 58 Abs. 1 Satz 1 Nr. 1, 252 Abs. 7 Nr. 1 SGB VI regelmäßig Anrechnungszeiten. Sie sind nur anrechenbar, wenn diese Zeit mindestens einen Kalendermonat angedauert hat (§ 252 Abs. 7 SGB VI) und abgesehen vom 17. bis 25. Lebensjahr eine versicherte Beschäftigung oder selbständige Tätigkeit unterbrochen wurde (§ 58 Abs. 2 SGB VI).

Ausnahme:
Nach § 1227 Abs. 1 S. 1 Nr. 8a RVO unterlagen in der Zeit vom 01.10.1974 bis 31.12.1983 Bezieher von Krankengeld oder Übergangsgeld der Versicherungspflicht. Versicherungspflicht trat mit Beginn des 13. Kalendermonats ein, wenn 12 Kalendermonate lang ununterbrochen Krankengeld bezogen wurde. Sie bestand für die Dauer des weiteren Krankengeldbezuges und einer anschließenden Zeit der Arbeitsunfähigkeit für höchstens 24 Kalendermonate. Diese Zeiten,

in denen nach § 1227 Abs. 1 S. 1 Nr. 8a RVO Versicherungspflicht (in der Rentenversicherung) vorgelegen hatte, sind nach § 247 Abs. 2 SGB VI Pflichtbeitragszeiten aufgrund einer versicherten Beschäftigung. Bis zur Vollendung des 25. Lebensjahres sind es im Regelfall auch Anrechnungszeiten nach § 58 Abs. 1 Satz 1 Nr.1 SGB VI und somit eine beitragsgeminderte Zeit.

Zeiten vom 01.01.1984 bis 31.12.1991

Es handelt sich regelmäßig (abhängig Beschäftigter und war nicht unmittelbar vorher arbeitslos) um eine Pflichtbeitragszeit nach § 247 Abs. 1 SGB VI, da die Beiträge vom Versicherten und der Krankenkasse getragen wurden. Diese Zeiten sind nach § 252 Abs. 2 Nr. 2 SGB VI darüber hinaus ohne weitere Voraussetzungen Anrechnungszeiten. Die Unterbrechung einer versicherungspflichtigen Beschäftigung oder selbständigen Tätigkeit wird hier nicht gefordert. Es handelt sich somit, unabhängig vom Lebensalter des Versicherten, i. d. R. um beitragsgeminderte Zeiten i. S. d. § 54 Abs. 3 SGB VI.

Zeiten vom 01.01.1992 bis 31.12.1997

Für Zeiten der Arbeitsunfähigkeit mit Leistungsbezug im Zeitraum vom 01.01.1992 bis 31.12.1997 besteht nach § 3 Satz 1 Nr. 3 SGB VI Versicherungspflicht, wenn die dort genannten Voraussetzungen erfüllt sind. Fehlt es an diesen Voraussetzungen, besteht die Möglichkeit der Versicherungspflicht auf Antrag nach § 4 Abs. 3 Satz 1 Nr. 1 SGB VI.

Die Zeiten sind jedoch nach § 252 Abs. 2 Nr. 2 SGB VI gleichzeitig Anrechnungszeiten. Damit sind diese Zeiten, da sie sowohl mit Beitragszeiten als auch mit Anrechnungszeiten belegt sind, beitragsgeminderte Zeiten im Sinne von § 54 Abs. 3 SGB VI.

Auch hier wird für die Anerkennung als Anrechnungszeit die Unterbrechung einer versicherten Beschäftigung oder selbständigen Tätigkeit nicht vorausgesetzt.

Zeiten vom 01.01.1998 an

Zeiten der Arbeitsunfähigkeit mit Leistungsbezug sind – wenn die im § 3 Satz 1 Nr. 3 SGB VI genannten Voraussetzungen erfüllt sind – vom 01.01.1998 an i. d. R. vollwertige Pflichtbeitragszeiten.

Lediglich bis zur Vollendung des 25. Lebensjahres kommt unter Umständen gleichzeitig eine Anrechnungszeit nach § 58 Abs. 1 Satz 1 Nr. 1 SGB VI in Betracht und somit kann im Einzelfall eine beitragsgeminderte Zeit vorliegen.

Besteht keine Versicherungspflicht nach § 3 Satz 1 Nr. 3 SGB VI liegt – unter den Voraussetzungen des § 58 Abs. 1 Satz 1 Nr. 1 in Verbindung mit Abs. 2

und 3 SGB VI – eine Anrechnungszeit vor, es sei denn, dass von der Antragspflichtversicherung nach § 4 Abs. 3 Satz 1 Nr. 1 SGB VI Gebrauch gemacht wurde.

Zeiten der Arbeitsunfähigkeit ohne Leistungsbezug

Zeiten bis 31.12.1983

Zeiten der Arbeitsunfähigkeit ohne Leistungsbezug bis 31.12.1983 sind nach § 58 Abs. 1 Satz 1 Nr. 1 und Absatz 3 in Verbindung mit § 252 Abs. 7 Satz 1 Nr. 1 SGB VI i. d. R. ausschließlich Anrechnungszeiten. Voraussetzung ist, – entsprechend dem bis 31.12.1991 geltenden Recht – dass die Zeit mindestens einen Kalendermonat angedauert hat (§ 252 Abs. 7 SGB VI) und abgesehen vom 17. bis 25. Lebensjahr eine versicherte Beschäftigung oder selbständige Tätigkeit unterbrochen wurde (§ 58 Abs. 2 SGB VI).

Zeiten vom 01.01.1984 an

Auch diese Zeiten sind ausschließlich Anrechnungszeiten. Im Unterschied zu den Zeiten bis 31.12.1983 wird jedoch nicht eine Mindestdauer (ein Kalendermonat) vorausgesetzt.

Außerdem sind Anrechnungszeiten

- Krankheitszeiten zwischen dem 17. und 25. Lebensjahr, die mindestens einen Kalendermonat andauern und nicht mit anderen rentenrechtlichen Zeiten belegt sind.
- Zeiten, in denen eine versicherungspflichtige Beschäftigung oder selbständige Tätigkeit durch Schwangerschaft oder Mutterschaft während der Schutzfristen nach dem Mutterschutzgesetz unterbrochen worden ist (zwischen dem 17. und 25. Lebensjahr ist eine Unterbrechung nicht notwendig).
- Zeiten bis längstens 31.12.1978, in denen eine versicherungspflichtige Beschäftigung durch den Bezug von Schlechtwettergeld (insbesondere im Baugewerbe) unterbrochen worden ist.
- Zeiten der Arbeitslosigkeit, in denen der Versicherte bei einer deutschen Agentur für Arbeit als Arbeitssuchender gemeldet war und eine öffentlich-rechtliche Leistung bezogen hat (oder nur wegen des zu berücksichtigenden Einkommens oder Vermögens nicht bezogen hat).

Unter öffentlich-rechtlichen Leistungen versteht man Arbeitslosengeld, Arbeitslosenhilfe, Sozialhilfe, Familienunterstützung, Unterhaltsgeld und Arbeitslosengeld II.

Zeiten der Arbeitslosigkeit werden in Abhängigkeit davon, ob eine Leistung bezogen wurde oder nicht, unterschiedlich behandelt.

Zeiten des Bezugs von Arbeitslosengeld, Arbeitslosenhilfe und Unterhaltsgeld oder Übergangsgeld waren nach dem bis zum 31.12.1991 geltenden Recht Ausfallzeiten. Diese Zeiten sind vom 01.01.1992 an unter bestimmten Voraussetzungen Pflichtbeitragszeiten (§ 3 Satz 1 Nr. 3 SGB VI) und als solche – von einer Übergangsphase bis 1997 abgesehen – vollwertige Beitragszeiten und nicht Anrechnungszeiten, sofern sie nicht vor dem vollendeten 25. Lebensjahr liegen.

Für Zeiten der Arbeitslosigkeit vom 01.01.1992 an wird eine bestimmte Mindestdauer (voller Kalendermonat) nicht mehr gefordert. Dies gilt auch für Zeiten der Arbeitslosigkeit ohne Leistungsbezug.

Nur für Zeiten vor dem 01.07.1978 (mit oder ohne Leistungsbezug) und für Zeiten vom 01.07.1978 bis 31.12.1991 ohne Leistungsbezug wird weiterhin eine Mindestdauer von einem Kalendermonat vorausgesetzt (§ 252 Abs. 7 Satz 1 Nr. 3 Buchst. a und b SGB VI).

Sperrzeiten nach § 159 SGB III oder sonstige Zeiten der Arbeitslosigkeit, in denen das Arbeitslosengeld versagt wurde, sind keine Anrechnungszeiten. Sie sind jedoch Überbrückungstatbestände.

HINWEIS:
Bei einer Sperrzeit sollte grundsätzlich Verbindung mit dem zuständigen Rentenversicherungsträger aufgenommen werden wegen eines evtl. möglichen Verlustes des Anwartschaftsrechts auf Erwerbsminderungsrente.

Zeiten der Arbeitslosigkeit mit Leistungsbezug

Zeiten bis 30.06.1978

Zeiten der Arbeitslosigkeit mit Leistungsbezug bis 30.06.1978 sind nach §§ 58 Abs. 1 Satz 1 Nr. 3, 252 Abs. 7 Nr. 3 Buchst. a SGB VI ausschließlich Anrechnungszeiten. Sie sind nur anrechenbar, wenn diese Zeit mindestens einen Kalendermonat angedauert hat (§ 252 Abs. 7 SGB VI) und abgesehen vom 17. bis 25. Lebensjahr eine versicherte Beschäftigung oder selbständige Tätigkeit unterbrochen wurde (§ 58 Abs. 2 SGB VI).

Zeiten vom 01.07.1978 bis 31.12.1982

Diese Zeiten, in denen nach § 1227 Abs. 1 Nr. 10 RVO Versicherungspflicht (in der Rentenversicherung) vorgelegen hatte, sind nach § 247 Abs. 2 SGB VI Pflichtbeitragszeiten aufgrund einer versicherten Beschäftigung. Bis zur Vollendung des 25. Lebensjahres sind es im Regelfall auch Anrechnungszeiten nach § 58 Abs. 1 Satz 1 Nr. 3 SGB VI und somit eine beitragsgeminderte Zeit.

Zeiten vom 01.01.1983 bis 31.12.1991

Diese Zeiten sind nach § 252 Abs. 2 Nr. 1 SGB VI ausschließlich und ohne weitere Voraussetzungen Anrechnungszeiten. Die Unterbrechung einer versicherungspflichtigen Beschäftigung oder selbständigen Tätigkeit wird hier nicht gefordert.

Zeiten vom 01.01.1992 bis 31.12.1997

Für Zeiten der Arbeitslosigkeit mit Leistungsbezug im Zeitraum vom 01.01.1992 bis 31.12.1997 besteht nach § 3 Satz 1 Nr. 3 SGB VI Versicherungspflicht, wenn die dort genannten Voraussetzungen erfüllt sind. Fehlt es an diesen Voraussetzungen, besteht die Möglichkeit der Versicherungspflicht auf Antrag nach § 4 Abs. 3 Satz 1 Nr. 1 SGB VI.

Die Zeiten sind jedoch nach § 252 Abs. 2 Nr. 1 SGB VI gleichzeitig Anrechnungszeiten. Damit sind diese Zeiten, da sie sowohl mit Beitragszeiten als auch mit Anrechnungszeiten belegt sind, beitragsgeminderte Zeiten im Sinne von § 54 Abs. 3 SGB VI.

Auch hier wird für die Anerkennung als Anrechnungszeit die Unterbrechung einer versicherten Beschäftigung oder selbständigen Tätigkeit nicht vorausgesetzt.

Zeiten vom 01.01.1998 an

Zeiten der Arbeitslosigkeit mit Leistungsbezug sind – wenn die im § 3 Satz 1 Nr. 3 SGB VI genannten Voraussetzungen erfüllt sind – vom 01.01.1998 an i. d. R. vollwertige Pflichtbeitragszeiten.

Lediglich bis zur Vollendung des 25. Lebensjahres kommt unter Umständen gleichzeitig eine Anrechnungszeit nach § 58 Abs. 1 Satz 1 Nr. 3 SGB VI in Betracht und somit kann im Einzelfall eine beitragsgeminderte Zeit vorliegen.

Besteht keine Versicherungspflicht nach § 3 Satz 1 Nr. 3 SGB VI liegt – unter den Voraussetzungen des § 58 Abs. 1 Satz 1 Nr. 3 in Verbindung mit Abs. 2 und 4 SGB VI – eine Anrechnungszeit vor, es sei denn, dass von der Antragspflichtversicherung nach § 4 Abs. 3 Satz 1 Nr. 1 SGB VI Gebrauch gemacht wurde.

Zeiten der Arbeitslosigkeit ohne Leistungsbezug

Zeiten bis 31.12.1991

Zeiten der Arbeitslosigkeit ohne Leistungsbezug bis 31.12.1991 sind nach § 58 Abs. 1 Satz 1 Nr. 3 in Verbindung mit § 252 Abs. 7 Satz 1 Nr. 3 SGB VI ausschließlich Anrechnungszeiten. Voraussetzung ist, – entsprechend dem bis 31.12.1991 geltenden Recht – dass die Zeit mindestens einen Kalendermonat angedauert hat (§ 252 Abs. 7 SGB VI) und abgesehen vom 17. bis 25. Lebensjahr eine versicherte Beschäftigung oder selbständige Tätigkeit unterbrochen wurde (§ 58 Abs. 2 SGB VI).

Zeiten vom 01.01.1992 an

Auch diese Zeiten sind ausschließlich Anrechnungszeiten. Im Unterschied zu den Zeiten bis 31.12.1991 wird jedoch nicht eine Mindestdauer (ein Kalendermonat) vorausgesetzt.

- Zeiten der Meldung als Arbeitssuchender bei einer deutschen Agentur für Arbeit ab dem vollendeten 17. Lebensjahr, soweit die Zeit mindestens einen Kalendermonat andauert und nicht mit anderen rentenrechtlichen Zeiten belegt ist.

Anrechnungszeiten sind auch

- **Zeiten der schulischen Ausbildung**

  (§ 58 Abs. 1 Satz 1 Nr. 4 SGB VI)

  Zeiten der Schul-, Fachschul-, Hochschulausbildung oder berufsvorbereitende Bildungsmaßnahmen nach dem vollendeten 17. Lebensjahr sind künftig nur noch bis zu einer Höchstdauer von insgesamt acht Jahren als Anrechnungszeit zu berücksichtigen.

  In den letzten Jahren wurde die Höchstdauer dieser Anrechnungszeit immer wieder verändert; seit 01.01.2002 gilt die aktuelle Grenze von acht Jahren.

- **Rentenbezugszeiten**

  (§§ 58 Abs. 1 Satz 1 Nr. 5, 252 Abs. 1 Nr. 4 und 5 SGB VI)

  Die Zeiten des Rentenbezugs, soweit während dieser Zeit eine Zurechnungszeit angerechnet wurde, ist eine Anrechnungszeit für eine folgende Rente. Aber auch die vor dem Beginn einer Rente liegende Zurechnungszeit (z. B. die ersten sechs Monate nach Eintritt der Erwerbsminderung bei einer Rente auf Zeit) wird vom 01.01.1992 an Anrechnungszeit für eine spätere Rente (§ 58 Abs. 1 Satz 1 Nr. 5 SGB VI).

  Neu ist auch, dass eine Zeit des Rentenbezuges ohne Zurechnungszeit bis zur Vollendung des 55. Lebensjahres Anrechnungszeit wird (§ 252 Abs. 1 Nr. 4 SGB VI).

- **Lehrzeit als Anrechnungszeit**

  (§ 252 Abs. 1 Nr. 3 SGB VI)

  Nach § 252 Abs. 1 Nr. 3 SGB VI ist die Zeit, in der ein Versicherter nach dem vollendeten 17. Lebensjahr als Lehrling nicht versicherungspflichtig oder versicherungsfrei war, eine Anrechnungszeit. Weitere Voraussetzung ist, dass die Lehrzeit abgeschlossen ist. Die Regelung enthält – anders als das bisherige Recht – eine ausdrückliche zeitliche Begrenzung. Danach kann eine Lehrzeit längstens bis zum 28.02.1957 Anrechnungszeit sein.

In der Regel können diese Zeiten nur noch bis 31.05.1945 anerkannt werden, da ab 01.06.1945 meist eine Pflichtbeitragszeit nach § 247 Abs. 2a SGB VI vorliegt.

3.2.3 Die Zurechnungszeit

Die Zurechnungszeit nach § 59 SGB VI wird mittlerweile bis zum vollendeten 62. Lebensjahr in voller Höhe angerechnet. Von 2018 an wird sie bis zum Jahr 2024 sogar stufenweise auf das 65. Lebensjahr angehoben.
Die Erhöhung der Zurechnungszeit vom vollendeten 60. auf das vollendete 62. Lebensjahr erfolgte zum 01.07.2014 durch das Rentenversicherungsleistungsverbesserungsgesetz. Eine Übergangsvorschrift hat der Gesetzgeber in diesem Fall nicht vorgesehen.
Die verlängerte Zurechnungszeit wird immer angewandt bei einem Rentenbeginn nach dem 30.06.2014 und bei gestellten Rentenanträgen nach dem 30.09.2014 trotz möglichem Rentenbeginn vor dem 01.07.2014 (Hinterbliebenenrenten).
Eine Zurechnungszeit kommt bei Renten wegen verminderter Erwerbsfähigkeit, bei Erziehungsrenten und allen Hinterbliebenenrenten – also auch bei den kleinen Witwen-/Witwerrenten – in Betracht. Zum Ausgleich dafür werden die kleinen Witwen-/Witwerrenten aus einem deutlich niedrigeren Rentenartfaktor berechnet. Der Versicherte wird durch diese rentenrechtliche Zeit so gestellt, als hätte er entsprechend der bisherigen durchschnittlichen Beitragsleistung weiterhin Beiträge zur Rentenversicherung geleistet.

3.3 Berücksichtigungszeiten

Berücksichtigungszeiten sind rentenrechtliche Zeiten, die durch das Rentenreformgesetz 1992 zusätzlich eingeführt worden sind. Es ist zwischen Kinderberücksichtigungszeiten und Pflegeberücksichtigungszeiten zu unterscheiden. Letztere sind allerdings auf den Zeitraum vom 01.01.1992 bis 31.03.1995 begrenzt. Zum 01.04.1995 wurde die Versicherungspflicht von Pflegepersonen nach § 3 Satz 1 Nr. 1a SGB VI eingeführt. In Zeiten einer mehr als geringfügig ausgeübten selbständigen Tätigkeit (§ 8 SGB IV) können Berücksichtigungszeiten nur anerkannt werden, soweit in dieser Zeit auch Pflichtbeitragszeiten liegen (§ 57 Satz 2 SGB VI).

3.3.1 Kinderberücksichtigungszeiten

Die Zeit der Erziehung eines Kindes bis zu dessen 10. Lebensjahr kann einem Elternteil als Berücksichtigungszeit angerechnet werden, soweit die Voraussetzungen für die Anrechnung einer Kindererziehungszeit auch in dieser Zeit vorliegen (§ 57 Satz 1 SGB VI).

Bei diesem Personenkreis kann die über die Kindererziehungszeit (bei Geburten bis 31.12.1991 grundsätzlich 24 Kalendermonate, bei Geburten ab 01.01.1992 maximal 36 Kalendermonate) hinausgehende Zeit der Erziehung eines Kindes zusätzlich als Kinderberücksichtigungszeit angerechnet werden, und zwar auch dann, wenn das Kind vor dem 01.01.1992 geboren und erzogen worden ist.

3.3.1.1 Dauer der Anrechnung

Die Berücksichtigungszeit wegen Kindererziehung, die auch für Geburten vor 1992 angerechnet wird, beginnt bereits mit dem Tag der Geburt des Kindes und endet mit dem Tag der Vollendung des 10. Lebensjahres. Endet die Kindererziehung vor Ablauf des 10-Jahres-Zeitraumes (z. B. durch Adoption des Kindes, Tod des Kindes, Übernahme des Berechtigten in das Beamtenverhältnis), endet die Kinderberücksichtigungszeit in dem jeweiligen Monat.

Für die Erziehung eines jeden Kindes sind zehn Jahre Berücksichtigungszeit anzusetzen. Werden mehrere Kinder bis zum vollendeten 10. Lebensjahr zeitgleich erzogen, z. B. bei Mehrlingsgeburten, Geburt eines weiteren Kindes, verlängert sich hierdurch – anders als bei den Kindererziehungszeiten – die Berücksichtigungszeit *nicht* um die Anzahl der Monate der mehrfachen, gleichzeitigen Erziehung.

3.3.1.2 Zuordnung bei gemeinsamer Erziehung (vgl. Abbildung 22)

Die Kinderberücksichtigungszeit kann bei gemeinsamer Erziehung ganz oder zum Teil dem anderen Elternteil zugeordnet werden. Keiner besonderen Erklärung bedarf es, wenn die Zeit allein der Mutter zugeordnet werden soll. Dagegen ist die Anrechnung beim Vater nur durch die Abgabe einer übereinstimmenden Erklärung beider Elternteile möglich. Eine einmal abgegebene übereinstimmende Erklärung ist bindend und kann nicht widerrufen werden.

Ist die Kindererziehungszeit bereits der Mutter angerechnet, kann die zeitgleich liegende Kinderberücksichtigungszeit nicht dem Vater zugeordnet werden, denn zeitgleiche Kindererziehungszeiten und Kinderberücksichtigungszeiten sind aneinander gekoppelt. Diese Koppelung gilt jedoch nicht während der Verlängerungszeit bei Kindererziehungszeiten, d. h., dem Vater kann in diesen Fällen also die über 24 oder 36 Kalendermonate hinausgehende Zeit der Kindererziehung als Berücksichtigungszeit zugeordnet werden.

3.3.1.3 Aufteilung von Berücksichtigungszeiten aus Erziehungszeiten ab 01.01.1992

Berücksichtungszeiten können, wenn die Eltern das Kind gemeinsam erzogen haben, durch Abgabe einer übereinstimmenden Erklärung aufgeteilt werden.

Für die Zeiten ab 01.01.1992 sind hierfür die Regeln maßgebend, die auch für Kindererziehungszeiten ab 01.01.1992 gelten. Der Teil der Berücksichtigungszeit einschließlich des Geburtsmonats, der mit der Kindererziehungszeit zusammentrifft, wird aber stets bei dem Elternteil angerechnet, der auch die Kindererziehungszeit erhält. Eine hiervon abweichende Aufteilung ist nicht möglich. Die für eine Zuordnung notwendige übereinstimmende Erklärung kann grundsätzlich nur mit Wirkung für künftige Kalendermonate abgegeben werden. Eine rückwirkende Zuordnung der Kinderberücksichtigungszeiten ist, ebenso wie bei der Kindererziehungszeit, lediglich für bis zu zwei Kalendermonate vor Abgabe der Erklärung zulässig.

Der Vater kann die Berücksichtigungszeit für ein Kind bei rechtzeitig abgegebener Erklärung auch im vollen Umfang erhalten; das aber nur, wenn ihm auch die gesamte Kindererziehungszeit anzurechnen ist.

3.3.1.4 Berücksichtigungszeiten vor dem 01.01.1992

Im Gegensatz zu den Kindererziehungszeiten aus Erziehungszeiten bis zum 31.12.1991 konnten Berücksichtigungszeiten für Zeiten bis zum 31.12.1991 im Fall gemeinsamer Erziehung durch eine übereinstimmende Erklärung der Eltern aufgeteilt werden. Bis 31.12.1996 konnten die Eltern, die ihr Kind gemeinsam erzogen haben, durch die Abgabe einer übereinstimmenden Erklärung bewirken, dass die Kinderberücksichtigungszeit ganz oder teilweise dem Vater zugeordnet wurde. Die Erklärung war nicht mehr zulässig, wenn die Zuordnung bereits bei der Mutter erfolgte und unter Berücksichtigung dieser Zeiten eine Leistung bindend festgestellt war oder eine rechtskräftige Entscheidung über einen Versorgungsausgleich durchgeführt worden ist. Sofern ein Elternteil bis zum 31.12.1996 verstarb, konnte der überlebende Elternteil die Erklärung über die Zuordnung der Berücksichtigungszeiten – oder ein Teil von ihr – bis zum 31.03.1997 allein abgeben.

Dies galt grundsätzlich auch für Eltern in den neuen Bundesländern, die ihr Kind vor dem 01.01.1992 gemeinsam erzogen haben.

3.3.2 Pflegeberücksichtigungszeiten

Nur die in der Zeit vom 01.01.1992 bis 31.03.1995 ausgeübte nicht erwerbsmäßige häusliche Pflege konnte als Pflegeberücksichtigungszeit angerechnet werden, wenn sie rechtzeitig beantragt wurde (innerhalb von drei Monaten nach Aufnahme der Pflegetätigkeit).

Diese Antragsfrist ist zum 30.06.1995 abgelaufen (vgl. § 249 b SGB VI).

Die Zuordnung von Berücksichtigungszeiten wegen Kindererziehung

übereinstimmende Erklärung

§ 57 i. V. m. § 56 Abs. 2, § 249 SGB VI

Berücksichtigungszeiten wegen Kindererziehung (gemeinsame Erziehung vorausgesetzt)

Abgabe einer übereinstimmenden Erklärung zugunsten des Vaters *)

Erziehung bis 31.12.1991

- ⇒ Erklärung bis 31.12.1996 möglich
- ⇒ Aufteilung möglich
- ⇒ Keine Trennung von (zeitgleichen) Kindererziehungszeiten und Berücksichtigungszeiten wegen Kindererziehung

*) **Besonderheit:**
Bei Tod eines Elternteils vor 01.01.1997 = Erklärung durch überlebenden Ehegatten bis 31.03.1997

Erziehung vom 01.01.1992 an

- ⇒ Erklärung wirkt für künftige Kalendermonate; ggf. höchstens zwei Monate rückwirkend
- ⇒ Aufteilung (auch durch wiederholte Erklärung) möglich
- ⇒ Keine Trennung von (zeitgleichen) Kindererziehungszeiten und Berücksichtigungszeiten wegen Kindererziehung

HINWEIS:
Eine Zurechnung zum Vater kommt auch ohne übereinstimmende Erklärung in Betracht, wenn er nachweislich das Kind überwiegend erzogen hat (z. B. Mutter berufstätig und Vater im Erziehungsurlaub/Elternzeit).

Abbildung 22: Die Zuordnung von Berücksichtigungszeiten wegen Kindererziehung

3.3.3 Auswirkungen

Berücksichtigungszeiten unterscheiden sich von Beitragszeiten und beitragsfreien Zeiten dadurch, dass, abgesehen von § 70 Abs. 3a SGB VI, nicht unmittelbar aus diesen Zeiten eine Rentenleistung erbracht werden kann, da sie nur im Rahmen bestimmter rentenrechtlicher Tatbestände berücksichtigt werden. Die Berücksichtigungszeiten wirken sich zugunsten der Versicherten insbesondere wie folgt aus:

3.3.3.1 Auswirkungen auf den Rentenanspruch wegen verminderter Erwerbsfähigkeit

Die Berücksichtigungszeiten bewirken für den Anspruch auf Rente wegen verminderter Erwerbsfähigkeit, dass die versicherungsrechtlichen Voraussetzungen ohne weitere Beitragszahlung erfüllt bleiben. Dies erfolgt dadurch, dass der Fünfjahreszeitraum vor dem Leistungsfall, in dem mindestens drei Jahre Pflichtbeitragszeiten vorhanden sein müssen, um die Berücksichtigungszeit verlängert wird (§ 43 Abs. 4 Ziff. 2 SGB VI).

Die Berücksichtigungszeit zählt ferner zu den Zeiten, mit denen die Anwartschaft auf eine Rente wegen Berufs- oder Erwerbsunfähigkeit aufgrund der besonderen Übergangsvorschriften aufrechterhalten werden kann (§ 241 Abs. 2 Ziff. 4 SGB VI).

3.3.3.2 Auswirkungen auf Gesamtleistungsbewertung

Bei der Gesamtleistungsbewertung für beitragsfreie und beitragsgeminderte Zeiten werden zusätzliche Beiträge die Bewertung verbessern; umgekehrt werden versicherungsrechtliche Lücken die Bewertung mindern. Die Berücksichtigungszeiten sind bei der Ermittlung des Gesamtleistungswerts so zu behandeln, also ob sie Kindererziehungszeiten wären und in diesen Zeiten für 100 Prozent des Durchschnittsentgelts Beiträge gezahlt worden wären (im Jahr 2013 würde das einem jährlichen Beitragsaufwand von etwa 6.400,00 Euro entsprechen). Dadurch wird verhindert, dass diese Zeiten als versicherungsrechtliche Lücken den Gesamtleistungswert mindern und außerdem wird erreicht, dass diese Zeit sich für die Gesamtleistungsbewertung erhöhend auswirkt (§ 71 Abs. 3 Ziff. 1 SGB VI).

Trifft die Berücksichtigungszeit mit einer Beitragszeit zusammen, wirkt sie sich für die Gesamtleistungsbewertung regelmäßig positiv aus, solange die Beitragsbemessungsgrundlage der Beiträge unterhalb der Beitragsbemessungsgrenze liegt (vgl. § 70 Abs. 2 SGB VI i. V. m. Anlage 2 b).

3.3.3.3 Auswirkungen auf 35- und 45-jährige Wartezeit

Die Berücksichtigungszeiten werden auf die 35-jährige Wartezeit für vorzeitige Altersrenten an schwerbehinderte Menschen ab dem 60. Lebensjahr und an langjährige Versicherte ab dem 63. Lebensjahr angerechnet.

Des Weiteren erfolgt auch eine Anrechnung auf die 45-jährige Wartezeit bei der Altersrente bei besonders langjährig Versicherten.

3.3.3.4 Auswirkungen auf die Rente nach Mindesteinkommen

Das Vorliegen von 35 Jahren rentenrechtlicher Zeiten (§ 262 SGB VI) ist Voraussetzung für die Anhebung niedriger Pflichtbeiträge für Zeiten vor 1992, die sogenannte Rente nach Mindesteinkommen. Damit werden auch Personen durch die Regelung begünstigt, die diese „Wartezeitvoraussetzung" nicht allein mit Pflichtbeitragszeiten erfüllen können.

3.3.3.5 Unmittelbare Auswirkungen auf die Rentenhöhe

Mit Wirkung zum 01.01.2002 (Rentenbeginn) wurde § 70 SGB VI durch das Altersvermögensergänzungsgesetz um den Absatz 3a ergänzt. Es werden für die ab 01.01.1992 liegenden Kalendermonate mit Berücksichtigungszeit oder mit Zeiten der nicht erwerbsmäßigen Pflege eines pflegebedürftigen Kindes bis zur Vollendung des 18. Lebensjahres Entgeltpunkte zusätzlich ermittelt oder gutgeschrieben. Es müssen aber mindestens 25 Jahre rentenrechtliche Zeiten (Berücksichtigungszeiten zählen auch mit) vorhanden sein.

4 Minijobs und Midijobs

Derzeit (zu Beginn des Jahres 2013) haben in der BRD über 7 Mio. Menschen einen *Minijob* in den unterschiedlichsten Sparten (z. B. Gastronomie und Reinigungsgewerbe). Sie üben eine „geringfügige Beschäftigung“ (bis 31.12.2012 400,00 Euro und ab 01.01.2013 450,00 Euro monatlich) aus und sind grundsätzlich sozialversicherungsfrei. In der gesetzlichen Rentenversicherung besteht jedoch ab 01.01.2013 grds. Versicherungspflicht mit der Möglichkeit der Befreiung. Durch die bis 31.12.2012 grds. vorliegende Versicherungsfreiheit und die ab 01.01.2013 bestehende Möglichkeit der Befreiung werden entsprechende Abgaben in der Regel nur vom Arbeitgeber (zur Sozialversicherung seit 01.04.1999) geleistet.

Darüber hinaus gibt es seit 01.04.2003 versicherungspflichtige Beschäftigungen im Niedriglohnbereich (bis 31.12.2012 400,01 bis 800,00 Euro und ab 01.01.2013 450,01 bis 850,00 Euro monatlich), die sogenannten *Midijobs* bzw. Beschäftigungen in der Gleitzone. Diese Jobs bieten einen umfassenden Schutz in der Sozialversicherung. Lediglich der Arbeitnehmer hat nicht den „vollen“ Sozialversicherungsbeitrag zu leisten.
Die folgenden Ausführungen werden sich auf das ab 01.01.2013 geltende Recht und Beschäftigungen, die erst ab 2013 aufgenommen wurden, beschränken. Hinsichtlich des Übergangsrechts wird auf die §§ 229 und 230 SGB VI verwiesen.

4.1 Minijobs

Bei den geringfügigen Beschäftigungen (Minijobs) unterscheidet man nach § 8 SGB IV nach geringfügig entlohnten Beschäftigungen und kurzfristigen Beschäftigungen. Darüber hinaus enthält § 8a SGB IV, eingeführt seit 01.04.2003, Sonderregelungen für geringfügige Beschäftigungen in Privathaushalten.

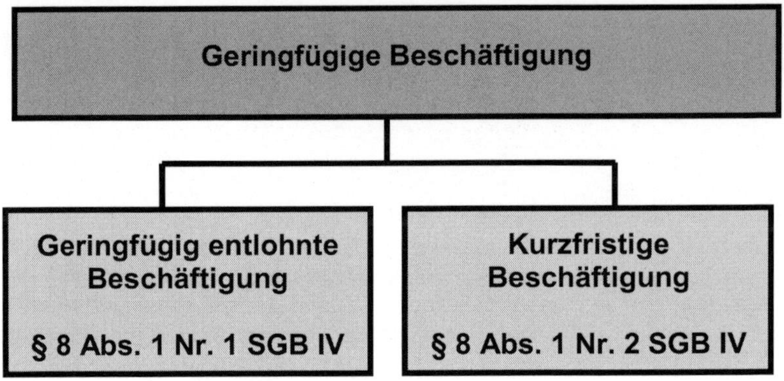

Abbildung 23: Geringfügige Beschäftigung

4.1.1 Geringfügig entlohnte Beschäftigungen

Eine geringfügig entlohnte Beschäftigung (= der „klassische“ Minijob) liegt vor, wenn das Arbeitsentgelt aus der Beschäftigung regelmäßig im Monat 450 Euro nicht übersteigt. Bei der Ermittlung des regelmäßigen Entgelts sind regelmäßige Sonderzahlungen, wie Weihnachts- oder Urlaubsgeld dem monatlichen Verdienst anteilig hinzuzurechnen. Die Frage der wöchentlichen Arbeitszeit hat diesbezüglich seit 01.04.2003 (vorher: weniger als 15 Stunden) keinerlei Bedeutung mehr.

Fallbeispiel 1:

Eine Bedienung arbeitet gegen ein monatliches Arbeitsentgelt von 430,00 Euro. Außerdem erhält sie jeweils im Dezember ein ihr vertraglich zugesichertes Weihnachtsgeld in Höhe von 280,00 Euro.

LÖSUNG:

Das für die versicherungsrechtliche Beurteilung maßgebende Arbeitsentgelt ist wie folgt zu ermitteln:

Laufendes Arbeitsentgelt (430,00 Euro x 12 =)	*5160,00 Euro*
Weihnachtsgeld	*280,00 Euro*
zusammen	*5440,00 Euro*

Ein Zwölftel dieses Betrages beläuft sich auf (5440,00 Euro: 12 =) 453,33 Euro und übersteigt die Arbeitsentgeltgrenze von 450,00 Euro, so dass die Bedienung versicherungspflichtig ist und sich nicht nach § 6 (1b) SGB VI befreien lassen kann.

HINWEIS:
Bei Detailfragen zu diesem Thema wird auf die Geringfügigkeitsrichtlinien der Spitzenverbände vom 20. Dezember 2012 und der Homepage der Minijobzentrale (www.minijob-zentrale.de) hingewiesen.

Werden mehrere Minijobs gleichzeitig ausgewiesen, so darf die Summe der Arbeitsentgelte die 450-Euro-Grenze nicht überschreiten. Ansonsten würde Versicherungspflicht für alle Minijobs ohne die Option der Befreiung entstehen.

Seit 01.04.2003 ist es darüber hinaus möglich, während einer versicherungspflichtigen Hauptbeschäftigung einen (aber nur einen, und zwar den zuerst aufgenommenen) Minijob sozialversicherungsfrei bzw. in der Rentenversicherung versicherungspflichtig mit Option auszuüben. Der zweite und jeder weitere Minijob müssten dann zu der Hauptbeschäftigung addiert werden.

Nach § 6 Abs. 1b SGB VI können sich versicherungspflichtige Minijobber von der Versicherungspflicht in der gesetzlichen Rentenversicherung befreien lassen.

Auch in diesen Fällen zahlt der Arbeitgeber für seinen Beschäftigten i. d. R. eine Pauschalabgabe von insgesamt 30 Prozent (seit 01.07.2006: 13 Prozent Krankenversicherung, 15 Prozent zur Rentenversicherung und 2 Prozent pauschale Lohnsteuer).

Für Minijobber, die privat krankenversichert sind, entfällt der Krankenversicherungsbeitrag.
Der Arbeitgeber kann jedoch an Stelle der Lohnsteuerpauschalierung auch die Vorlage einer Steuerkarte verlangen.

4.1.1.1 Pauschalbeiträge des Arbeitgebers zur Rentenversicherung

Nach § 172 Abs. 3 SGB VI tragen die Arbeitgeber einen Beitragsanteil in Höhe von 15 Prozent des Entgelts (vom 01.04.1999 bis 30.06.2006 = 12 Prozent des Entgelts).

Obwohl der „Minijobber“ in dieser Zeit auf Antrag von der Versicherungspflicht befreit ist, erwirbt er durch diese Pauschalbeiträge Rentenansprüche in geringem Umfang.

Nach § 76b SGB VI werden für Minijobs Zuschläge an Entgeltpunkten ermittelt, in dem man das Entgelt des Minijobs durch das Durchschnittsentgelt für das selbe Kalenderjahr aller Versicherten dividiert und anschließend mit dem Verhältnis des pauschalen Beitragssatzes (15 Prozent) zum allgemeinen Beitragssatz (ab 01.01.2013 = 18,9 Prozent) multipliziert.

Nach § 52 Abs. 2 SGB VI haben Minijobs grundsätzlich auch positive Wirkung auf alle Wartezeiten. Die bereits eben erwähnten Zuschlagsentgeltpunkte werden in diesem Zusammenhang durch die feste Größe „0,0313" dividiert und entsprechend dem allgemeinen Berechnungsgrundsatz § 121 Abs. 3 SGB VI auf volle Werte aufgerundet. Diejenigen Zuschlagsentgeltpunkte, welche in Kalendermonaten ausgeübt wurden, die bereits auf die Wartezeit anzurechnen sind (z. B. Berücksichtigungszeiten bei der 35-jährigen Wartezeit), bleiben jedoch unberücksichtigt.

Fallbeispiel 2:

Die Hausfrau A. übte in der Zeit vom 01.07.2013 bis 31.12.2013 regelmäßig einen Minijob in Höhe von 300,00 Euro monatlich aus und hatte sich von Beginn an nach § 6 (1b) SGB VI befreien lassen.

LÖSUNG:

Der Arbeitgeber entrichtete u. a. zur Rentenversicherung monatlich 45,00 Euro bzw. insgesamt 270,00 Euro (300,00 x 0,15 x 6).

300,00 Euro x 6 = 1800,00 Euro : 34.071,00 Euro (vgl. Kapitel 8) = 0,0528

0,0528 x 15 : 18,9 (= Beitragssatz 2013) = 0,0419 Entgeltpunkte.

Dies ergibt (ohne Beachtung eines evtl. Rentenabschlages) bei einer späteren Altersrente einen monatlichen Rentenbetrag von brutto 1,18 Euro (0,0419 x 1,0 x 1,0 x 28,14 Euro).

Durch diesen Minijob werden bei allen Wartezeiten zwei (0,0419 : 0,0313) weitere Monate angerechnet, wenn im Zeitraum vom 01.07.2013 bis 31.12.2013 k e i n e rentenrechtlichen Zeiten liegen.

Wer im Jahr 2013 zwölf Monate lang einen Minijob mit 450,00 € monatlich (ohne Befreiung) ausübt, erhält daraus eine Regelaltersrente von monatlich 4,46 € brutto. Für ein Jahr „befreiter" Minijob werden anstelle von 12 Monaten höchstens 5 Monate bei der Wartezeit berücksichtigt.

4.1.1.2 Befreiungsmöglichkeit

Aus einem Minijob werden, wie bereits erwähnt, bei einem Befreiungsfall lediglich geringe Rentenansprüche erworben. Natürlich muss die Befreiungsmöglichkeit nicht genutzt werden und es soll (Gesetzesintention) die Versicherungspflicht möglichst bestehen bleiben. Man erwirbt dann vollwertige Leistungsansprüche aus der gesetzlichen Rentenversicherung.

Eine Befreiung muss schriftlich beim Arbeitgeber beantragt werden und wirkt grds. ab Beginn des Kalendermonats, in welchem der Befreiungsantrag beim Arbeitgeber eingeht, frühestens ab Beschäftigungsbeginn. Ein solcher Antrag kann jederzeit gestellt werden und ist für die Dauer der Beschäftigung auch bindend.
Sollten mehrere Minijobs nebeneinander mit einem Gesamtverdienst von höchstens 450,00 Euro ausgeübt werden, so kann die Befreiung nur einheitlich erfolgen.

HINWEIS:
Bevor Sie sich für die Befreiung entscheiden, sollten Sie sich über die möglichen rentenrechtlichen Konsequenzen unbedingt bei einer Auskunfts- und Beratungsstelle der Deutschen Rentenversicherung informieren!

Eine Entscheidung **gegen** die Befreiungsmöglichkeit von der Versicherungspflicht und ein damit einhergehendes „Aufstocken" der pauschalen Rentenversicherungsbeiträge hat u. a. folgende positive Konsequenzen:

⇒ Diese vollwertigen Pflichtbeitragszeiten zählen zu allen Wartezeiten.

⇒ Erwerb des Anspruchs auf Erwerbsminderungsrente,

⇒ Erwerb des Anspruchs auf Leistungen zur Rehabilitation,

⇒ Erwerb der „Riester-Berechtigung" und

⇒ Erhöhung der Rente.

Grundsätzlich ist der Arbeitgeber verpflichtet, seinen bzw. seine Minijobber bei der Einstellung über die Möglichkeit zu informieren, diese Befreiungsmöglichkeit in die Tat umzusetzen.

Nach § 163 Abs. 8 SGB VI ist bei einem Minijob (ohne Antrag auf Befreiung nach § 6 Abs. 1b SGB VI) beitragspflichtige Einnahme das Entgelt, mindestens jedoch der Betrag in Höhe von 175 Euro.

Fortführung des Fallbeispiels 2:

Die Hausfrau A. hat sich nach vorheriger Beratung beim Rentenversicherungsträger gegen eine Befreiung entschieden und keinen Antrag gestellt.

LÖSUNG:

Das Entgelt liegt über 175,00 Euro und ist deshalb bei der Beitragsberechnung zu berücksichtigen. Der monatliche Beitrag zur Rentenversicherung 300,00 Euro x 0,189 = 56,70 Euro abzüglich des Arbeitgeberanteils von 45,00 Euro ergibt einen monatlichen Arbeitnehmeranteil von 11,70 Euro.

Die Hausfrau A. bekommt hierdurch nicht mehr 300,00 Euro, sondern lediglich 288,30 Euro monatlich ausbezahlt.

Der Arbeitgeber zieht den Eigenanteil des Arbeitnehmers vom Lohn ab und überweist ihn zusammen mit den Pauschalbeiträgen an die Minijobzentrale.

Es ergeben sich jetzt 0,0528 Entgeltpunkte und daraus resultiert eine monatliche Rentensteigerung von 1,49 Euro brutto (ohne Beachtung eines evtl. Rentenabschlages).

Für alle Wartezeiten können jetzt sechs weitere Monate angerechnet werden.

HINWEIS:
Insbesondere Hausfrauen, deren jüngstes Kind das 10. Lebensjahr bereits vollendet hat oder in Kürze vollenden wird, sollten vor einer Befreiung von der Versicherungspflicht beim zuständigen Rentenversicherungsträger prüfen lassen, ob hierdurch nicht insbesondere der Schutz auf eine Erwerbsminderungsrente in Verlust gerät.

4.1.2 Kurzfristige Beschäftigungen

Als kurzfristig gilt eine Beschäftigung, wenn sie im Laufe eines Kalenderjahres auf höchstens zwei Monate oder 50 Arbeitstage begrenzt ist. Diese Beschäftigungen sind sowohl für die Arbeitgeber als auch den Arbeitnehmer vollständig beitragsfrei und haben somit in der gesetzlichen Rentenversicherung keinerlei Bedeutung. Der Verdienst spielt hierbei keine Rolle. Eventuell muss der Arbeitgeber aber eine Lohnsteuerpauschale bezahlen.

Eine kurzfristige Beschäftigung liegt nicht vor, wenn diese berufsmäßig ausgeübt wird und der Verdienst 450,00 Euro im Monat übersteigt.
Eine Beschäftigung gilt als berufsmäßig, wenn sie nicht von „untergeordneter wirtschaftlicher Bedeutung“, also auf die Sicherung des Lebensunterhalts-/-standards gerichtet ist. Wenn also beispielsweise Arbeitslosengeld oder Arbeitslosengeld II von der Agentur für Arbeit bezogen wird oder man als arbeitssuchend ohne Leistungsbezug gemeldet ist, liegt Berufsmäßigkeit vor. Man ist dann unabhängig von der Beschäftigungsdauer versicherungspflichtig, wenn der Verdienst über 450,00 Euro im Monat liegt.
Berufsmäßigkeit liegt grundsätzlich nicht vor, wenn eine kurzfristige Beschäftigung neben einer Hauptbeschäftigung oder beispielsweise von Schülern, Studenten oder Altersrentnern ausgeübt wird.

Fallbeispiel 3:

Eine Buchhalterin arbeitet bei der Firma A gegen ein monatliches Arbeitsentgelt von 300,00 Euro (Dauerbeschäftigung mit durchgeführter Befreiung). Am 01.05. nimmt sie zusätzlich eine bis zum 20.06. befristete Beschäftigung bei der Firma B auf; dort arbeitet sie als Buchhalterin gegen ein monatliches Arbeitsentgelt von 250,00 Euro.

LÖSUNG:

Die Buchhalterin bleibt auch in der Zeit vom 01.05. bis 20.06. weiterhin versicherungsfrei in der Kranken-, Renten-, Arbeitslosen- und Pflegeversicherung, weil es sich bei der Beschäftigung bei der Firma A um eine geringfügig entlohnte und bei der Beschäftigung bei der Firma B um eine kurzfristige Beschäftigung handelt und keine Zusammenrechnung vorzunehmen ist.

4.1.3 Minijobs im Haushalt

§ 8a SGB IV beinhaltet ab 01.04.2003 eine Sonderregelung hinsichtlich geringfügiger Beschäftigungen in Privathaushalten (z. B. Einkaufen, Aufräumen, Abwaschen, Kochen, Putzen etc.). Anstelle der Abgaben von 30 Prozent des Arbeitgebers sind bei diesen Beschäftigungen regelmäßig lediglich 12 Prozent (jeweils 5 Prozent zur Renten- und Krankenversicherung und 2 Prozent Pauschsteuer) zu entrichten.

Die Abgaben werden von der Minijobzentrale im Haushaltsscheckverfahren per Einzugsermächtigung vom Konto des Arbeitgebers eingezogen. Für Arbeitgeber, die haushaltsnahe Dienstleistungen im Haushaltsscheckverfahren melden, wird die Einkommensteuer um 20 Prozent der entstandenen Kosten (maximal 510,00 Euro im Kalenderjahr) ermäßigt.

Durch diesen geringeren Pauschalbeitrag in Höhe von 5 Prozent vermindert sich entsprechend die Rentensteigerung bei einer Befreiung bzw. bei vorliegender Versicherungspflicht muss der Arbeitnehmer tiefer (18,9 Prozent - 5 Prozent = 13,9 Prozent) in die Tasche greifen.

4.2 Midijobs

4.2.1 Gleitzone

Mit dem 2. Gesetz für moderne Dienstleistungen am Arbeitsmarkt vom 23. Dezember 2002 (Hartz II) wurde im Zusammenhang mit der damaligen Anhebung der Arbeitsentgeltgrenze für Minijobs auf 400,00 Euro eine Gleitzonenregelung für den Niedriglohnbereich eingeführt.

Während seit 01.04.2003 bzw. 01.01.2013 geringfügige Beschäftigungen mit einem Arbeitsentgelt bis zu 400,00 Euro bzw. 450,00 Euro im Monat versicherungsfrei bzw. versicherungspflichtig mit Befreiungsoption bleiben, sind Beschäftigungen mit einem monatlichen Arbeitsentgelt in der sich anschließenden Gleitzone von 450,01 Euro bis 850,00 Euro zwar versicherungspflichtig (ohne Optionsmöglichkeit), jedoch hat der Arbeitnehmer nur einen reduzierten – – Beitragsanteil am Gesamtsozialversicherungsbeitrag zu zahlen. Der Anteil steigt mit dem Verdienst und erreicht bei 850 Euro die volle Beitragshöhe. Der Beitrag des Arbeitgebers hingegen bleibt unverändert.

Durch diese neue Gleitzone, welche in § 20 Abs. 2 SGB IV ihren Niederschlag findet, soll die sogenannte Niedriglohnschwelle beseitigt werden, welche bisher in Beschäftigungsverhältnissen bei Überschreiten der Minijobgrenze zu einem abrupten Anstieg auf den vollen Sozialversicherungsbeitrag geführt hatte.

HINWEIS:
Bei Detailfragen zu diesem Thema wird auf das Rundschreiben der Spitzenverbände vom 19.12.2012 hingewiesen.

Fallbeispiel 1:

Die Beschäftigte erzielt folgende regelmäßigen monatlichen Arbeitsentgelte:

beim Arbeitgeber A	370,00 Euro
und bei Arbeitgeber B	230,00 Euro

LÖSUNG:

Die monatlichen Arbeitsentgelte der beiden (für sich betrachtet) geringfügigen Beschäftigungen liegen j e w e i l s unter der Gleitzone.

Da jedoch die S u m m e der monatlichen Arbeitsentgelte aufgrund der Zusammenrechnung der versicherungspflichtigen Beschäftigungen in Höhe von 600,00 Euro in der Gleitzone liegt, finden die besonderen Regelungen zur Gleitzone Anwendung.

Fallbeispiel 2:

Die Beschäftigte erzielt folgende regelmäßige monatliche Arbeitsentgelte:

bei Arbeitgeber A	430,00 Euro
und bei Arbeitgeber B	520,00 Euro

LÖSUNG:

Die monatlichen Arbeitsentgelte der Beschäftigungen liegen jeweils in der Gleitzone.

Da jedoch die Summe der monatlichen Arbeitsentgelte in Höhe von 950,00 Euro über der Gleitzonengrenze liegt, finden die besonderen Regelungen zur Gleitzone keine Anwendung

Fallbeispiel 3:

Die Beschäftigte erzielt folgende regelmäßige monatliche Arbeitsentgelte:

beim Arbeitgeber A	730,00 Euro
und bei Arbeitgeber B	240,00 Euro

LÖSUNG:

Da es sich bei der Beschäftigung bei B um eine in der Kranken- und Pflegeversicherung versicherungsfreie „erste" geringfügige Nebenbeschäftigung handelt, erfolgt keine Zusammenrechnung der Arbeitsentgelte aus beiden Beschäftigungen. In der Rentenversicherung besteht Versicherungspflicht mit Befreiungsoption und somit erfolgt auch hier keine Addition.

Die Beschäftigung bei B ist auch arbeitslosenversicherungsfrei, da in der Arbeitslosenversicherung Zusammenrechnungen mit Hauptbeschäftigungen ausgeschlossen sind.
Das monatliche Arbeitsentgelt aus der Beschäftigung bei A liegt demnach weiterhin in der Gleitzone.

Die besonderen Regelungen zur Gleitzone finden daher auf die Beschäftigung bei A Anwendung.

4.2.2 Die beitragspflichtigen Einnahmen in der Gleitzone

Nach § 163 Abs. 10 SGB VI ermitteln sich die beitragspflichtigen Einnahmen bei einer Beschäftigung in der Gleitzone nach folgender Formel:

$$F \times 450 + \left[\left\{\frac{850}{850 - 450}\right\} - \left\{\frac{450}{850 - 450}\right\} \times F\right] \times (AE - 450)$$

Dabei ist AE das Arbeitsentgelt und F der Faktor, der sich ergibt, wenn der Wert 30 v. H. durch den durchschnittlichen Gesamtsozialversicherungsbeitragssatz des Kalenderjahres, in dem der Anspruch auf das Arbeitsentgelt entstanden ist, geteilt wird. Der durchschnittliche Gesamtsozialversicherungsbeitragssatz eines Kalenderjahres ergibt sich aus der Summe der zum 1. Januar desselben Kalenderjahres geltenden Beitragssätze in der allgemeinen Rentenversicherung, in der gesetzlichen Pflegeversicherung sowie zur Arbeitsförderung und des durchschnittlichen allgemeinen Beitragssatzes in der gesetzlichen Krankenversicherung, der zum 1. März des Jahres festgestellt wurde, in dem der durchschnittliche Gesamtsozialversicherungsbeitragssatz für das folgende Kalenderjahr zu ermitteln ist. Für die Zeit vom 01.01.2012 bis zum 31.12.2012 betrug der Faktor F 0,7491 und seit 01.01.2013 beträgt er 0,7605. Der durchschnittliche Gesamtsozialversicherungsbeitragssatz und der Faktor F sind vom Bundesministerium für Arbeit und Soziales bis zum 31. Dezember eines Jahres für das folgende Kalenderjahr im Bundesanzeiger bekannt zu geben. Der durchschnittliche Gesamtsozialversicherungsbeitragssatz 2012 betrug 40,05 und beträgt seit 01.01.2013 39,45.

Setzt man nun in die oben angeführte Formel den aktuellen Wert F für 2013 ein, ergibt sich nach gewissen Umformungen folgende vereinfachte Darstellung:

Beitragspflichtiges Arbeitsentgelt = 1,2694 x AE - 229,00 Euro.

Der nach § 55 Abs. 3 SGB XI vom 01.01.2005 zu erhebende Beitragszuschlag für Kinderlose in der Pflegeversicherung sowie der durch § 241a Abs. 1 Satz 1 1. Halbsatz SGB V zum 01.07.2005 eingeführte zusätzliche Beitrag zur Krankenversicherung wirken sich im Übrigen auf den Faktor „F“ nicht aus.

Die Gleitzonenregelung gilt grundsätzlich nicht für Personen, wenn sie in Berufsausbildung stehen.

Fallbeispiel 4:

Der Versicherte bezieht im Jahre 2013 ein monatliches Entgelt in Höhe von 550,00 Euro.

A Wie hoch sind die beitragspflichtigen Einnahmen? Lösung:

LÖSUNG:

Maßgebliche beitragspflichtige Einnahme (§ 163 Abs. 10 SGB VI):

550,00 Euro:

= 0,7605 x 450 + (2,125 – 1,125 x 0,7605) x (550 – 450)
= 342,225 +(2,125 – 0,856) x 100
= 342,225 + 1,2694 x 100
= 342,225 + 126,94 = 469,17 Euro

oder vereinfacht:
1,2694 x 550 – 229,00 = 469,17 Euro

4.2.3 Beitragstragung in der Gleitzone

Nach § 168 Abs. 1 Satz 1 Ziff. 1d SGB VI werden die Beiträge zur gesetzlichen Rentenversicherung bei Midi Jobbern von den Arbeitgebern in Höhe der Hälfte des Betrages, der sich ergibt, wenn der Beitragssatz auf das der Beschäftigung zugrunde liegende Arbeitsentgelt angewendet wird, getragen; im übrigen vom Versicherten selbst.

Das heißt, die Arbeitgeberanteile für die einzelnen Sozialversicherungszweige werden aus dem tatsächlichen Verdienst ermittelt und von den Gesamtbeiträgen abgezogen. Die Restbeträge, welche danach in den einzelnen Zweigen verbleiben, müssen die Arbeitnehmer aufbringen.

Fortführung von Fallbeispiel 4:

B Wie hoch sind die zu zahlenden Beiträge?

Lösung:

Maßgebliche Beitragsanteile (§ 168 Abs. 1 Nr. 1d SGB VI):

Angenommenes Entgelt	*550,00 Euro*
RV-Beitragsanteil AG 550 x 9,45 Prozent	*51,98 Euro*
Entgelt nach § 163 Abs. 10 SGB VI	*469,17 Euro*
RV-Beitragsanteil ges. 469,17 x 9,45 Prozent x 2	*88,68 Euro*
RV-Beitragsanteil AN (469,17 x 9,45 Prozent x 2 = 88,68 ./. 51,98)	*36,70 Euro*

Bei Bedarf besteht die Möglichkeit im Internet diverse Gleitzonenrechner zu benutzen (z. B. unter www.ihre-vorsorge.de).

4.2.4 Leistungsrechtliche Auswirkungen der Gleitzone in der gesetzlichen Rentenversicherung

Die Rentenversicherungsbeiträge werden für den Arbeitnehmer in der Gleitzone auf der Grundlage eines reduzierten sozialversicherungspflichtigen Verdienstes gezahlt. Es handelt sich zwar um vollwertige Pflichtbeiträge, doch führt der reduzierte Verdienst, und damit der reduzierte Beitrag, zu geminderten Rentenansprüchen.

Im Fallbeispiel 4 ist also der fiktiv errechnete Verdienst in Höhe von 469,17 Euro, und nicht der tatsächliche Verdienst in Höhe von 550,00 Euro, für die Rente zu berücksichtigen.

Der Versicherte spart somit im Fallbeispiel 4 monatlich 15,28 Euro in der Rentenversicherung durch die Gleitzonenregelung (51,98 Euro – 36,70 Euro).

Wer eine entsprechende Rentenminderung nicht in Kauf nehmen will, hat jedoch die Möglichkeit auf die Gleitzone zu verzichten.

4.2.5 Verzicht auf die Gleitzone in der gesetzlichen Rentenversicherung

In der Rentenversicherung richtet sich die Höhe der Rentenansprüche nach dem beitragspflichtigen Arbeitsentgelt. Auf Grund der Reduzierung des beitragspflichtigen Arbeitsentgelts und daraus folgend des Arbeitnehmerbeitragsanteils bei Beschäftigungen in der Gleitzone, werden der späteren Rentenberechnung für diese Zeit auch nur die reduzierten Arbeitsentgelte zugrunde gelegt. Das heißt, auf Grund des reduzierten Arbeitnehmerbeitrags erwirbt der Beschäftigte reduzierte Rentenanwartschaften.

Versicherungspflichtige Arbeitnehmer, die Beschäftigungen in der Gleitzone ausüben, haben in der Rentenversicherung die Möglichkeit, auf die Reduzierung des beitragspflichtigen Arbeitsentgelts zu verzichten und den vollen Arbeitnehmerbeitrag zu zahlen (§ 163 Abs. 10 Satz 6 SGB VI). Durch den Verzicht auf die Anwendung der besonderen Regelungen zur Gleitzone werden die damit verbundenen rentenmindernden Auswirkungen in der gesetzlichen Rentenversicherung vermieden.

Ein solcher Verzicht hat der Gesetzgeber nur in der gesetzlichen Rentenversicherung und mangels Nachteilen nicht in den anderen Sozialversicherungszweigen vorgesehen.

Hierzu muss der Arbeitnehmer gegenüber dem Arbeitgeber schriftlich erklären, dass der Beitragsberechnung als beitragspflichtige Einnahme das tatsächliche Arbeitsentgelt zugrunde gelegt werden soll. Die Erklärung kann jedoch nur für die Zukunft, und bei mehreren Beschäftigungen nur einheitlich abgegeben werden. Geht die Verzichtserklärung innerhalb von zwei Wochen nach Aufnahme der Beschäftigung beim Arbeitgeber ein, wirkt sie auf den Beginn der Beschäftigung zurück, falls der Arbeitnehmer dies wünscht. Die Erklärung bleibt für die Dauer der Beschäftigungen bindend (§ 163 Abs. 10 Satz 7 SGB VI) und ist zu den Lohnunterlagen zu nehmen.

Fortführung von Fallbeispiel 4:

C Was kostet der Verzicht und welche Rentenerhöhung ergibt sich?

LÖSUNG:

Bei einem unterstellten Verzicht auf die Gleitzone für das gesamte Kalenderjahr 2013 ergeben sich folgende Mehrausgaben für den Versicherten:

15,28 Euro x 12 = 183,36 Euro
(51,98 Euro – 36,70 Euro)

Daraus ergibt sich folgende Rentensteigerung:

550,00 Euro – 469,17 Euro = 80,83 Euro x 12 = 969,96 Euro

969,96 Euro: 34.071 Euro = 0,0285 Entgeldpunkte

0,0285 x 28,14 = 0,80 Euro brutto

Durch den Beitragsmehraufwand für 2013 in Höhe von insgesamt 183,36 Euro ergibt sich eine Rentensteigerung von monatlich 0,80 Euro brutto bei unterstellter abschlagsfreier Rente. Ansonsten würde sich die ermittelte Rentenerhöhung entsprechend vermindern.

5 Versichertenrenten

Versichertenrenten sind Renten, welche aus der eigenen Versicherung bezahlt werden. Hierzu gehören die Renten wegen verminderter Erwerbsfähigkeit, die Altersrenten und die Erziehungsrente. § 99 Abs. 1 SGB VI regelt den Beginn von Renten aus eigener Versicherung. Gemäß § 99 Abs. 1 Satz 1 SGB VI werden sämtliche *Versichertenrenten* von dem Kalendermonat an geleistet, zu dessen Beginn die Anspruchsvoraussetzungen für die jeweilige Rente erfüllt sind. Dies gilt jedoch nur dann, wenn der Rentenantrag rechtzeitig, d.h. bis zum Ende des dritten Kalendermonats nach Ablauf des Monats, in dem die Anspruchsvoraussetzungen erfüllt sind, gestellt wird. Erfolgt die Antragstellung nach Ablauf dieser Frist, beginnt eine Rente aus eigener Versicherung am Ersten des Antragsmonats (§ 99 Abs. 1 Satz 2 SGB VI). Nach § 101 Abs. 1 SGB VI werden befristete Renten nicht vor Beginn des siebten Kalendermonats nach dem Eintritt der Erwerbsminderung geleistet. Die Feststellung des Rentenbeginns erfolgt auch bei befristeten Renten (vgl. § 102 SGB VI) unter Anwendung von § 99 Abs. 1 SGB VI. Liegt der ermittelte Leistungsbeginn vor dem Beginn des siebten Kalendermonats nach Eintritt der Erwerbsminderung, beginnt die Rente mit dem Ersten des siebten Kalendermonats, ansonsten mit dem nach § 99 Abs. 1 Satz 2 SGB VI ermittelten Rentenbeginn.

5.1 Renten wegen verminderter Erwerbsfähigkeit

Das Recht der Renten wegen verminderter Erwerbsfähigkeit wurde zum 01.01.2001 neu geregelt. Die jahrzehntelang angebotenen Renten wegen Berufsunfähigkeit und Renten wegen Erwerbsunfähigkeit wurden zum 01.01.2001 durch die Renten wegen teilweiser Erwerbsminderung und die Renten wegen voller Erwerbsminderung ersetzt. Jährlich werden etwa 350.000 Anträge auf Erwerbsminderungsrente gestellt.

Nach § 33 Abs.3 SGB VI gibt es folgende Renten wegen verminderter Erwerbsfähigkeit:

Rente wegen teilweiser Erwerbsminderung (vgl. § 43 Abs. 1 SGB VI),

Rente wegen voller Erwerbsminderung (vgl. § 43 Abs. 2 SGB VI),

Renten für Bergleute (vgl. § 45 SGB VI),

sowie nach den Vorschriften des 5. Kapitels des SGB VI,

die Rente wegen Berufsunfähigkeit und
die Rente wegen Erwerbsunfähigkeit.

Entsprechend § 33 Abs. 5 in Verbindung mit § 240 SGB VI gehört hierzu auch die Rente wegen teilweiser Erwerbsminderung bei Berufsunfähigkeit.

Die Berufs- und Erwerbsunfähigkeitsrenten werden in diesem Buch nicht näher erläutert, da es sich hierbei ausnahmslos um sogenannte Bestandsfälle mit einem Rentenbeginn vor dem 01.01.2001 handelt.

Auf die Rente für Bergleute (vgl. § 45 SGB VI) und sonstige knappschaftliche Besonderheiten wird in diesem Buch wegen des zu geringen Adressatenkreises **nicht** eingegangen.

5.1.1 Allgemeines

Die heute im Leistungskatalog der gesetzlichen Rentenversicherung angebotenen Erwerbsminderungsrenten sind in den §§ 43, 45, 240 und 241 SGB VI geregelt.

Die Rente wegen teilweiser Erwerbsminderung und voller Erwerbsminderung unterscheiden sind insbesondere hinsichtlich des Grades der Leistungseinschränkung, welche für beide Rentenarten zentrale Anspruchsvoraussetzung ist. Während bei der Rente wegen voller Erwerbsminderung von einem Leistungsvermögen auf dem allgemeinen Arbeitsmarkt von unter drei Stunden täglich ausgegangen wird, genügt bei der Rente wegen teilweiser Erwerbsminderung ein Leistungsvermögen unterhalb von sechs Stunden täglich auf dem allgemeinen Arbeitsfeld. Die unterschiedlichen Sicherungsziele (Unterhaltsersatz bzw. Unterhaltszuschussfunktion) kommen auch in der unterschiedlichen Rentenhöhe zum Ausdruck, denn die Rente wegen teilweiser Erwerbsminderung ist lediglich halb so hoch wie die Rente wegen voller Erwerbsminderung.

5.1.2 Rente wegen teilweiser Erwerbsminderung

Versicherte haben bis zum Erreichen der Regelaltersgrenze einen Anspruch auf Rente wegen teilweiser Erwerbsminderung, wenn sie

teilweise erwerbsgemindert sind,

in den letzten fünf Jahren vor Eintritt der teilweisen Erwerbsminderung drei Jahre Pflichtbeitragszeiten haben und

vor Eintritt der teilweisen Erwerbsminderung die allgemeine Wartezeit erfüllt haben.

	Rente wegen teilweiser Erwerbsminderung - § 43 Abs. 1 SGB VI -
1	Nichterreichen der Regelaltersgrenze
2	Eintritt der *teilweisen* Erwerbsminderung
3	Erfüllung der allgemeinen Wartezeit nach § 50 Abs. 1 SGB VI oder vorzeitige Wartezeiterfüllung nach § 53 SGB VI
4	3 Jahre Pflichtbeiträge in den letzten 5 Jahren vor der Erwerbsminderung oder Tatbestand für eine vorzeitige Wartezeiterfüllung nach § 43 Abs. 5 SGB VI oder Anwartschaftserhaltung nach der Sonderregelung des § 241 SGB VI

Abbildung 24: Rente wegen teilweiser Erwerbsminderung

5.1.2.1 Erreichen der Regelaltersgrenze

Seit dem 01.01.1992 ist es nicht mehr möglich, eine Rente wegen verminderter Erwerbsfähigkeit über den Kalendermonat des Erreichens der Regelaltersgrenze hinaus zu erhalten.
Diesbezüglich wird auf die Ausführungen unter 5.2.1. verwiesen.

Nach § 115 Abs. 3 SGB VI wird die Erwerbsminderungsrente von Amts wegen dann von einer Regelaltersrente abgelöst, sofern der Rentner nichts anderes bestimmt.

Fallbeispiel 1:

Rentner A, geb. am 17.06.1947 bezieht eine Rente wegen teilweiser Erwerbsminderung ab 01.03.2001 auf Dauer.

LÖSUNG:

In diesem Fall kann die Erwerbsminderungsrente längstens bis zum 31.07.2012 gezahlt werden und wird dann ab 01.08.2012 von einer Regelaltersrente abgelöst, sofern der Rentner nichts anderes bestimmt.

5.1.2.2 Begriff der teilweisen Erwerbsminderung

Nach § 43 Abs. 1 SGB VI liegt eine teilweise Erwerbsminderung vor, wenn der Versicherte wegen Krankheit oder Behinderung auf nicht absehbare Zeit außer Stande ist, unter den üblichen Bedingungen des allgemeinen Arbeitsmarktes mindestens sechs Stunden täglich erwerbstätig zu sein. Unter dem Begriff „auf nicht absehbare Zeit" ist ein Zeitraum von mindestens sechs Monaten zu verstehen. Für die Beurteilung der Einschränkung des Leistungsvermögens sind ausnahmslos gesundheitliche Gründe (Krankheit oder Behinderung) maßgebend. Andere leistungsmindernde Ursachen (wie z. B. hohes Lebensalter) werden dagegen hier nicht berücksichtigt.

5.1.2.3 Wartezeit

Ein Anspruch auf die Rente wegen teilweiser Erwerbsminderung besteht nur, wenn vor Eintritt der Erwerbsminderung die allgemeine Wartezeit von fünf Jahren erfüllt ist (§ 43 Abs. 1 Nr. 3 SGB VI). Die allgemeine Wartezeit ist eine Mindestversicherungszeit, die vor Eintritt des jeweiligen Leistungsfalles erfüllt sein muss. Es müssen für fünf Jahre Beiträge (Pflichtbeiträge oder freiwillige Beiträge) oder Ersatzzeiten (§ 250 SGB VI) vorliegen. Auch die Zeiten nach § 52 SGB VI (Versorgungsausgleich, Minijob und Rentensplitting) zählen hier mit. Die Wartezeit kann aber auch nach § 53 – z. B. durch einen Arbeitsunfall – vorzeitig erfüllt werden.

HINWEIS:
Berufsanfänger, welche in einem versicherungspflichtigen Lehrverhältnis stehen, sind nicht erst nach fünf Jahren, sondern bereits ab dem 2. Tag des 12. Ausbildungsmonats gegen das Risiko der Erwerbsminderung abgesichert. Bei einem eingetretenen Arbeitsunfall bzw. Wegeunfall besteht diese Absicherung sogar schon vom ersten Ausbildungstag an.

5.1.2.4 36 Pflichtbeitragsmonate vor Eintritt der teilweisen Erwerbsminderung

Der Anspruch auf die Rente wegen teilweiser Erwerbsminderung bis zum Erreichen der Regelaltersgrenze besteht nur, wenn in den letzten fünf Jahren vor Eintritt der teilweisen Erwerbsminderung mindestens drei Jahre mit Pflichtbeitragszeiten belegt sind.

Zu den geforderten Pflichtbeiträgen zählen nicht nur Pflichtbeiträge aus einer abhängigen Beschäftigung (§ 1 SGB VI) oder selbständigen Tätigkeit (§ 2 SGB VI) sondern z.B. auch Pflichtbeiträge nach §§ 3 und 4 SGB VI (vgl. § 55 Abs. 2 SGB VI) z.B. Pflichtbeiträge für Kindererziehung oder Krankengeldbezug.

Fallbeispiel 2:

Teilweise Erwerbsminderung liegt vor seit 15.12.2007.

Auszug aus Versicherungsverlauf:

01.01.2004 bis 31.12.2004		Pflichtbeiträge aus Beschäftigung
01.04.2005 bis 31.12.2005		Pflichtbeiträge als Selbständiger
01.01.2006 bis 15.12.2007		Pflichtbeiträge als Arbeitslosengeld II-Bezieher

LÖSUNG:

Der Fünfjahreszeitraum beginnt am 15.12.2002 und endet am 14.12.2007. Darin sind 45 (12 + 9 + 24) Pflichtbeiträge enthalten.

Nach § 43 Abs. 4 SGB VI verlängert sich der Fünf-Jahres-Zeitraum u. a. um Anrechnungszeiten und Zeiten des Bezugs einer Rente wegen verminderter Erwerbsfähigkeit, Berücksichtigungszeiten wegen Kindererziehung und wegen Pflege (bis 31.03.1995), die nicht auch Pflichtbeitragzeiten sind (vgl. Abb. 25).

In Fällen, in welchen die teilweise Erwerbsminderung aufgrund eines Tatbestandes eingetreten ist, durch den die allgemeine Wartezeit nach § 53 SGB VI vorzeitig erfüllt wäre, sind nach § 43 Abs. 5 SGB VI keine Pflichtbeiträge für 36 Kalendermonate während des gegebenenfalls verlängerten Fünf-Jahres-Zeitraumes erforderlich.

Zu diesen Tatbeständen gehören:

Verminderte Erwerbsfähigkeit aufgrund

a) eines Arbeitsunfalls/einer Berufskrankheit,

b) einer Wehrdienstbeschädigung,

c) einer Zivildienstbeschädigung,

d) eines Gewahrsams oder

der Eintritt der Erwerbsminderung innerhalb von sechs Jahren nach Beendigung einer Ausbildung.

	Verlängerungszeiten bei Erwerbsminderungsrenten nach § 43 Abs. 4 SGB VI
1	**Anrechnungszeiten** (siehe §§ 58, 252, 252a SGB VI)
2	Zeiten des **Bezuges einer Rente** wegen verminderter Erwerbsfähigkeit (in der allgemeinen Rentenversicherung Renten wegen Berufsunfähigkeit/Erwerbsunfähigkeit vor 01.01.2001 und Renten wegen voller oder teilweiser Erwerbsminderung ab 01.01.2001)
3	**Berücksichtigungszeiten** (siehe §§ 57, 249b SGB VI); das sind unter den Voraussetzungen der §§ 57 und 249b SGB VI: a) Kindererziehungszeiten bis zum vollendeten 10. Lebensjahr und b) Pflegezeiten ab 01.01.1992 bis 31.03.1995
4	Zeiten, die nur deshalb keine Anrechnungszeiten sind, weil durch sie eine versicherte Beschäftigung oder selbständige Tätigkeit nicht unterbrochen ist, wenn in den letzten sechs Kalendermonaten vor Beginn dieser Zeiten wenigstens ein Pflichtbeitrag oder eine Zeit nach Nr. 1 bis 3 liegt
5	Zeiten einer **schulischen Ausbildung** nach Vollendung des 17. Lebensjahres bis zu sieben Jahren, gemindert um Anrechnungszeiten wegen schulischer Ausbildung
6	**Ersatzzeiten** im Sinne des § 250 SGB VI (§ 241 Abs. 1 SGB VI)
7	**Bezug von Knappschaftsausgleichsleistung** vor 1992 (§ 241 Abs. 1 SGB VI)

Abbildung 25: Verlängerungszeiten bei EM-Renten nach § 43 Abs. 4 SGB VI

5.1.2.5 Sonderregelung

Eine Pflichtbeitragszeit von 36 Kalendermonaten vor Eintritt der teilweisen Erwerbsminderung ist nicht erforderlich, wenn vor dem 01.01.1984 die Wartezeit von fünf Jahren erfüllt war und von da an jeder Kalendermonat bis zum Kalendermonat vor Eintritt der teilweisen Erwerbsminderung mit den in § 241 Abs. 2 Nr. 1 bis 6 SGB VI genannten Anwartschaftserhaltungszeiten belegt oder wenn die teilweise Erwerbsminderung vor dem 01.01.1984 eingetreten ist.

Anwartschaftserhaltungszeiten im Sinne von § 241 Abs. 2 Nr. 1 bis 6 SGB VI sind u. a.:

-

Beitragszeiten (auch freiwillige Beiträge),

beitragsfreie Zeiten,

Berücksichtigungszeiten,

Zeiten des Bezugs einer Rente wegen verminderter Erwerbsfähigkeit,

Zeiten des gewöhnlichen Aufenthalts im Beitrittsgebiet vor dem 01.01.1992.

Für Kalendermonate, für die eine Beitragszahlung noch zulässig ist, ist eine Belegung mit Anwartschaftserhaltungszeiten nicht erforderlich. Wenn die Erwerbsminderung in der Zeit vom 01.01. bis 31.03. eines Jahres eintritt, ist für diesen Zeitraum und für das Vorjahr eine Belegung mit Anwartschaftserhaltungszeiten nicht erforderlich. Tritt die Erwerbsminderung in der Zeit vom 01.04. bis 31.12. eines Jahres ein, muss das Vorjahr mit Anwartschaftserhaltungszeiten belegt sein.

5.1.2.6 Hinzuverdienst / Flexirente (siehe auch 5.2.8.)

Die teilweise Erwerbsminderungsrente besitzt Unterhaltszuschussfunktion, d.h. man soll sein restliches Leistungsvermögen nutzen und in vorgegebenen Grenzen hinzuverdienen.

Die Rente wird je nach Verdienst in voller oder verminderter Höhe geleistet. Die individuellen Hinzuverdienstgrenzen werden errechnet aus folgender Formel:

bis 30.06.2017:

Vollrente: 0,23 X
½-Teilrente: 0,28 X

mtl. Bezugsgröße oder mtl. Bezugsgröße x aktueller Rentenwert (Ost) : aktueller Rentenwert X Entgeltpunkte der letzten drei Kalenderjahre vor Eintritt der teilweisen Erwerbsminderung (mindestens 1,5 Entgeltpunkte) = Zulässiger Hinzuverdienst

ab 01.07.2017 (Flexi-Rente):

Untere Hinzuverdienstgrenze = Wert, bis zu dem die Rente nicht gemindert wird.

0,81 X jährliche Bezugsgröße X Entgeltpunkte „Best of 15" vor Eintritt der EM; mindestens 0,5 EP = Untere Hinzuverdienstgrenze

Liegt das Einkommen über der unteren Hinzuverdienstgrenze wird der „übersteigende Teil“ zu 40% auf die Rente angerechnet.

Obere Hinzuverdienstgrenze = Wert, über dem der Hinzuverdienst vollständig angerechnet wird.

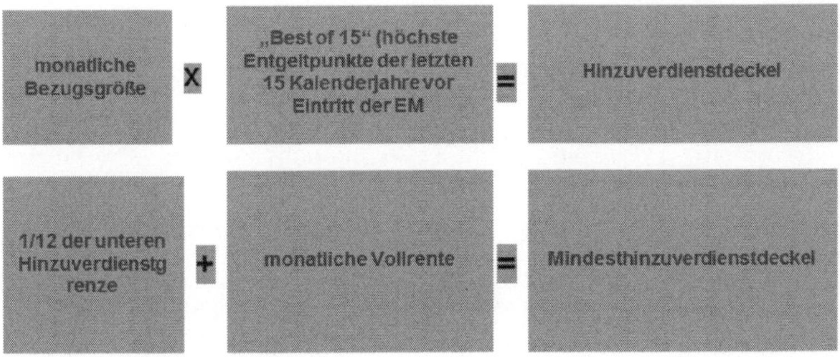

5.1.2.7 Rentenabschlag

Beginnt die Rente wegen Erwerbsminderung vor dem 63. Lebensjahr, dann müssen seit 01.01.2001 Abschläge (§ 77 SGB VI) in Kauf genommen werden. Für jeden Monat früherer Inanspruchnahme 0,3 Prozent; insgesamt höchstens 10,8 Prozent (ab 60. Lebensjahr).

Der Rentenabschlag beträgt bei Rentenbeginn im Alter von

Jahre/Monate		Prozent	Jahre/Monate		Prozent	Jahre/Monate		Prozent
60 und jünger		10,8	61		7,2	62		3,6
60	1	10,5	61	1	6,9	62	1	3,3
60	2	10,2	61	2	6,6	62	2	3,0
60	3	9,9	61	3	6,3	62	3	2,7
60	4	9,6	61	4	6,0	62	4	2,4
60	5	9,3	61	5	5,7	62	5	2,1
60	6	9,0	61	6	5,4	62	6	1,8
60	7	8,7	61	7	5,1	62	7	1,5
60	8	8,4	61	8	4,8	62	8	1,2
60	9	8,1	61	9	4,5	62	9	0,9
60	10	7,8	61	10	4,2	62	10	0,6
60	11	7,5	61	11	3,9	62	11	0,3
						63		0

Diese Altersgrenze wird seit 2012 schrittweise angehoben und ab 2024 wird dann eine abschlagsfreie Erwerbsminderungsrente erst mit 65 Jahren beginnen. Die Höchstgrenze von 10,8 Prozent (62. bis 65. Lebensjahr) bleibt weiterhin erhalten. In der Zeit von 2012 bis 2024 findet eine Erhöhung schrittweise nach § 264d SGB VI statt.

Beginnt eine Rente wegen verminderter Erwerbsfähigkeit vor dem 1. Januar 2024, ist bei der Ermittlung des Zugangsfaktors anstelle der Vollendung des 65. Lebensjahres und des 62. Lebensjahres jeweils das in der nachfolgenden Tabelle aufgeführte Lebensalter maßgebend:

Bei Beginn der Rente oder bei Tod des Versicherten im		**tritt an die Stelle des Lebensalters**			
		65 Jahre das Lebensalter		**62 Jahre das Lebensalter**	
Jahr	***Monat***	***Jahre***	***Monate***	***Jahre***	***Monate***
vor 2012		63	0	60	0
2012	Januar	63	1	60	1
2012	Februar	63	2	60	2
2012	März	63	3	60	3
2012	April	63	4	60	4
2012	Mai	63	5	60	5
2012	Juni - Dezember	63	6	60	6
2013		63	7	60	7
2014		63	8	60	8
2015		63	9	60	9
2016		63	10	60	10
2017		63	11	60	11
2018		64	0	61	0
2019		64	2	61	2
2020		64	4	61	4
2021		64	6	61	6
2022		64	8	61	8
2023		64	10	61	10

Ausnahme:

Bei 35 Jahren Pflichtbeiträgen (ohne Zeit der Arbeitslosigkeit) und Berücksichtigungszeiten bleibt es ab 2012 bei dem heute geltenden Lebensalter von

63 Jahren. Ab Rentenbeginn 2024 sind 40 entsprechende Jahre erforderlich (§ 77 Abs. 4 SGB VI).

5.1.3 Rente wegen voller Erwerbsminderung

Versicherte haben bis zum Erreichen der Regelaltersgrenze einen Anspruch auf Rente wegen voller Erwerbsminderung, wenn sie

1. voll erwerbsgemindert sind,

2. in den letzten fünf Jahren vor Eintritt der vollen Erwerbsminderung drei Jahre Pflichtbeitragszeiten haben und

3. vor Eintritt der vollen Erwerbsminderung die allgemeine Wartezeit erfüllt haben.

5.1.3.1 Vollendung des 65. Lebensjahres bzw. Erreichen der Regelaltersgrenze

Seit dem 01.01.1992 ist es nicht mehr möglich, eine Rente wegen verminderter Erwerbsfähigkeit über den Kalendermonat des Erreichens der Regelaltersgrenze hinaus zu erhalten.
Diesbezüglich wird auf die Ausführungen unter 5.2.1. verwiesen.

Nach § 115 Abs. 3 SGB VI wird die Erwerbsminderungsrente von Amts wegen dann von einer Regelaltersrente abgelöst, sofern der Rentner nicht anderes bestimmt.

Fallbeispiel 3:

Rentner A, geb. am 17.06.1947 bezieht eine Rente wegen voller Erwerbsminderung ab 01.03.2001 auf Dauer.

LÖSUNG:

In diesem Fall kann die Erwerbsminderungsrente längstens bis zum 31.07.2012 gezahlt werden und wird dann ab 01.08.2012 von einer Regelaltersrente abgelöst, sofern der Rentner nichts anderes bestimmt.

5.1.3.2 Begriff der vollen Erwerbsminderung

Für das Vorliegen einer vollen Erwerbsminderung ist nicht nur die gesundheitsbedingte Einschränkung des Leistungsvermögens des Versicherten maßgebend (abstrakte Betrachtungsweise), sondern es ist auch die jeweilige Arbeitsmarktlage zu berücksichtigen (konkrete Betrachtungsweise).

Voll erwerbsgemindert ist nach § 43 Abs. 2 Satz 2 SGB VI der Versicherte, dessen Leistungsvermögen unter den üblichen Bedingungen des allgemeinen Arbeitsmarktes gesundheitsbedingt auf unter drei Stunden täglich herabgesunken ist (abstrakte Betrachtungsweise). Im Gegensatz zur früheren Erwerbsunfähigkeitsrente ist es unerheblich, ob der Versicherte mit seinem verbliebenen Leistungsvermögen noch in der Lage ist, Einkünfte oberhalb der Geringfügigkeitsgrenze zu erzielen; ebenso sind Selbständige nicht mehr von der Rente wegen voller Erwerbsminderung ausgeschlossen.

Gemäß § 43 Abs. 3 SGB VI ist die jeweilige Arbeitsmarktlage bei einem Leistungsvermögen von mindestens sechs Stunden täglich auf dem allgemeinen Arbeitsmarkt nicht zu berücksichtigen. Im Umkehrschluss ergibt sich aus der Regelung des § 43 Abs. 3 zweiter Halbsatz SGB VI, dass bei einem Leistungsvermögen von weniger als sechs Stunden täglich die jeweilige Arbeitsmarktlage zu berücksichtigen ist. Obwohl eigentlich (medizinisch) nur teilweise erwerbsgemindert, sind daher Versicherte mit einem Leistungsvermögen von drei bis unter sechs Stunden täglich voll erwerbsgemindert, wenn von einem verschlossenen Arbeitsmarkt ausgegangen wird. In diesem Zusammenhang wenden sich die Rentenversicherungsträger häufig an die bisherigen Arbeitgeber und prüfen, ob ein gesetzlicher, tariflicher oder einzelvertraglicher Anspruch auf eine Teilzeitarbeit besteht.

In solchen Fällen bestehen gleichzeitig (vgl. § 89 Abs. 1 SGB VI) sowohl ein Anspruch auf Rente wegen teilweiser Erwerbsminderung (gesundheitsbedingt) als auch auf Rente wegen voller Erwerbsminderung (arbeitsmarktbedingt). Sofern im Sinne des § 102 Abs. 2 SGB VI unwahrscheinlich ist, dass die Erwerbsminderung behoben werden kann, ist die Rente wegen teilweiser Erwerbsminderung auf Dauer und die wegen voller Erwerbsminderung befristet zu leisten.

Fallbeispiel 4:

Die 40jährige Versicherte L. stellt am 16.01.2017 einen Antrag auf Erwerbsminderungsrente. Die versicherungsrechtlichen Voraussetzungen liegen vor, seit Monaten besteht durchgehend Arbeitsunfähigkeit und das Leistungsvermögen beträgt seit 15.10.2016 drei bis unter sechs Stunden auf dem allgemeinen Arbeitsmarkt ohne Aussicht auf Besserung. Der aktuelle Arbeitgeber kann keinen Teilzeitarbeitsplatz anbieten.

LÖSUNG:

Es besteht ab 01.11.2016 ein Anspruch auf Rente wegen teilweiser Erwerbsminderung auf Dauer und ab 01.05.2017 (längstens bis 30.04.2020) ein Anspruch auf Rente wegen voller Erwerbsminderung auf Zeit.

5.1.3.3 Wartezeit

5.1.3.3.1 Allgemeine Wartezeit

Ein Anspruch auf die Rente wegen voller Erwerbsminderung besteht nur, wenn vor Eintritt der Erwerbsminderung die allgemeine Wartezeit von fünf Jahren erfüllt ist (§ 43 Abs. 2 Nr. 3 SGB VI). Die allgemeine Wartezeit ist eine Mindestversicherungszeit, die vor Eintritt des jeweiligen Leistungsfalles erfüllt sein muss. Es müssen für fünf Jahre Beiträge (Pflichtbeiträge oder freiwillige Beiträge) oder Ersatzzeiten (§ 250 SGB VI) vorliegen. Auch die Zeiten nach § 52 SGB VI (Versorgungsausgleich, Minijob und Rentensplitting) zählen hier mit. Die Wartezeit kann aber auch nach § 53 – z. B. durch einen Arbeitsunfall – vorzeitig erfüllt werden.

	Rente wegen voller Erwerbsminderung - § 43 Abs. 2 SGB VI -
1	Nichterreichen der Regelaltersgrenze
2	Eintritt der *vollen* Erwerbsminderung
3	Erfüllung der allgemeinen Wartezeit nach § 50 Abs. 1 SGB VI oder vorzeitige Wartezeiterfüllung nach § 53 SGB VI
4	3 Jahre Pflichtbeiträge in den letzten 5 Jahren vor der Erwerbsminderung oder Tatbestand für eine vorzeitige Wartezeiterfüllung nach § 43 Abs. 5 SGB VI oder Anwartschaftserhaltung nach der Sonderregelung des § 241 SGB VI

Abbildung 26: Rente wegen voller Erwerbsminderung (Teil 1)

5.1.3.3.2 Wartezeit von 20 Jahren

Versicherte, welche bereits vor Erfüllung der allgemeinen Wartezeit voll erwerbsgemindert waren (z.B. Behinderung ab Geburt) und seit dem ununterbrochen sind, haben einen Anspruch auf eine volle Erwerbsminderungsrente nach § 43 Abs. 6 SGB VI, wenn sie die Wartezeit von 20 Jahren erfüllt haben.

Diese Rente erhalten insbesondere Beschäftigte in einer Werkstätte für behinderte Menschen.

Die bei der Erwerbsminderungsrente grundsätzlich geforderten 36 Pflichtbeiträge in den letzten fünf Jahren sind bei dieser Rentenart nicht notwendig. Selbst eine Erfüllung der 240 Monaten ausnahmslos mit freiwilligen Beiträgen (frühestens ab vollendetem 16. Lebensjahr nach § 7 SGB VI) wäre möglich.

Rente wegen voller Erwerbsminderung - § 43 Abs. 6 SGB VI -	
1	Nichterreichen der Regelaltersgrenze
2	Eintritt der vollen Erwerbsminderung vor Erfüllung der allgemeinen Wartezeit und ununterbrochenes Fortbestehen
3	Erfüllung der 20-jährigen Wartezeit nach § 50 Abs. 2 SGB VI

Abbildung 27: Rente wegen voller Erwerbsminderung (Teil 2)

5.1.3.4 36 Pflichtbeiträge vor Eintritt der vollen Erwerbsminderung

Der Anspruch auf die Rente wegen voller Erwerbsminderung bis zum Erreichen der Regelaltersgrenze besteht nur, wenn in den letzten fünf Jahren vor Eintritt der vollen Erwerbsminderung mindestens drei Jahre mit Pflichtbeitragszeiten belegt sind.

Zu den geforderten Pflichtbeiträgen zählen nicht nur Pflichtbeiträge aus einer abhängigen Beschäftigung (§ 1 SGB VI) oder selbständigen Tätigkeit (§ 2 SGB VI) sondern z.B. auch Pflichtbeiträge nach §§ 3 und 4 SGB VI (vgl. § 55 Abs. 2 SGB VI) z.B. Pflichtbeiträge für Kindererziehung oder Krankengeldbezug.

Fallbeispiel 5:

Volle Erwerbsminderung liegt vor seit 15.12.2007.

Auszug aus Versicherungsverlauf:

01.01.2004 bis 31.12.2004	Pflichtbeiträge aus Beschäftigung
01.04.2005 bis 31.12.2005	Pflichtbeiträge als Selbständiger
01.01.2006 bis 15.12.2007	Pflichtbeiträge als Arbeitslosengeld II-Bezieher

LÖSUNG:

Der Fünfjahreszeitraum beginnt am 15.12.2002 und endet am 14.12.2007. Darin sind 45 (12 + 9 + 24) Pflichtbeiträge enthalten.

Nach § 43 Abs. 4 SGB VI verlängert sich der Fünf-Jahres-Zeitraum u. a. um Anrechnungszeiten und Zeiten des Bezugs einer Rente wegen voller Erwerbsfähigkeit, Berücksichtigungszeiten wegen Kindererziehung und wegen Pflege (bis 31.03.1995), die nicht auch Pflichtbeitragzeiten sind (vgl. Abb. 7).

In Fällen, in welchen die volle Erwerbsminderung aufgrund eines Tatbestandes eingetreten ist, durch den die allgemeine Wartezeit nach § 53 SGB VI vorzeitig erfüllt wäre, sind nach § 43 Abs. 5 SGB VI keine Pflichtbeiträge für 36 Kalendermonate während des gegebenenfalls verlängerten Fünf-Jahres-Zeitraumes erforderlich.

Zu diesen Tatbeständen gehören:

Verminderte Erwerbsfähigkeit aufgrund

eines Arbeitsunfalls/einer Berufskrankheit,

einer Wehrdienstbeschädigung,

einer Zivildienstbeschädigung,

eines Gewahrsams oder

der Eintritt der Erwerbsminderung innerhalb von sechs Jahren nach Beendigung einer Ausbildung.

5.1.3.5 Sonderregelung

Eine Pflichtbeitragszeit von 36 Kalendermonaten vor Eintritt der vollen Erwerbsminderung ist nicht erforderlich, wenn vor dem 01.01.1984 die Wartezeit von fünf Jahren erfüllt war und von da an jeder Kalendermonat bis zum Kalendermonat vor Eintritt der vollen Erwerbsminderung mit den in § 241 Abs. 2 Nr. 1 bis 6 SGB VI genannten Anwartschaftserhaltungszeiten belegt oder wenn die volle Erwerbsminderung vor dem 01.01.1984 eingetreten ist.

Anwartschaftserhaltungszeiten im Sinne von § 241 Abs. 2 Nr. 1 bis 6 SGB VI sind u. a.:

Beitragszeiten (auch freiwillige Beiträge),

beitragsfreie Zeiten,

Berücksichtigungszeiten,

Zeiten des Bezugs einer Rente wegen verminderter Erwerbsfähigkeit,

Zeiten des gewöhnlichen Aufenthalts im Beitrittsgebiet vor dem 01.01.1992.

Für Kalendermonate, für die eine Beitragszahlung noch zulässig ist, ist eine Belegung mit Anwartschaftserhaltungszeiten nicht erforderlich. Wenn die Erwerbsminderung in der Zeit vom 01.01. bis 31.03. eines Jahres eintritt, ist für diesen Zeitraum und für das Vorjahr eine Belegung mit Anwartschaftserhaltungszeiten nicht erforderlich. Tritt die Erwerbsminderung in der Zeit vom 01.04. bis 31.12. eines Jahres ein, muss das Vorjahr mit Anwartschaftserhaltungszeiten belegt sein.

5.1.3.6 Hinzuverdienst / Flexirente (siehe auch 5.2.8.)

Die volle Erwerbsminderungsrente besitzt Unterhaltsersatzfunktion, d.h. in der Regel kann und muss der Rentner hier nichts hinzuverdienen. Der Empfänger einer vollen Erwerbsminderungsrente darf deshalb nur sehr begrenzt hinzuverdienen.

Die Rente wird je nach Verdienst in voller oder in verminderter Höhe geleistet.
Die individuellen Grenzen werden errechnet aus folgender Formel:

bis 30.06.2017:

¾-Teilrente:	0,17	X	mtl. Bezugsgröße oder mtl. Bezugsgröße x aktueller Rentenwert (Ost) : aktueller Rentenwert	X	Entgeltpunkte der letzten drei Kalenderjahre vor Eintritt der vollen Erwerbsminderung (mindestens 1,5 Entgeltpunkte)	=	Zulässiger Hinzuverdienst
	0,23	X					
¼-Teilrente:	0,28	X					

ab 01.07.2017 (Flexi-Rente):

Untere Hinzuverdienstgrenze = Wert, bis zu dem die Rente nicht gemindert wird = 6.300 Euro.

Liegt das Einkommen über der unteren Hinzuverdienstgrenze wird der „übersteigende Teil" zu 40% auf die Rente angerechnet.

Obere Hinzuverdienstgrenze = Wert, über dem der Hinzuverdienst vollständig angerechnet wird.

monatliche Bezugsgröße **X** „Best of 15" (höchste Entgeltpunkte der letzten 15 Kalenderjahre vor Eintritt der EM **=** Hinzuverdienstdeckel

1/12 von 6.300 Euro **+** monatliche Vollrente **=** Mindesthinzuverdienstdeckel

5.1.3.7 Rentenabschlag

Beginnt die Rente wegen Erwerbsminderung vor dem 63. Lebensjahr, dann müssen seit 01.01.2001 Abschläge (§ 77 SGB VI) in Kauf genommen werden. Für jeden Monat früherer Inanspruchnahme 0,3 Prozent; insgesamt höchstens 10,8 Prozent (ab 60. Lebensjahr).

Der Rentenabschlag beträgt bei Rentenbeginn im Alter von

Jahre/Monate		Prozent	Jahre/Monate		Prozent	Jahre/Monate		Prozent
60 und jünger		10,8	61		7,2	62		3,6
60	1	10,5	61	1	6,9	62	1	3,3
60	2	10,2	61	2	6,6	62	2	3,0
60	3	9,9	61	3	6,3	62	3	2,7
60	4	9,6	61	4	6,0	62	4	2,4
60	5	9,3	61	5	5,7	62	5	2,1
60	6	9,0	61	6	5,4	62	6	1,8
60	7	8,7	61	7	5,1	62	7	1,5
60	8	8,4	61	8	4,8	62	8	1,2
60	9	8,1	61	9	4,5	62	9	0,9
60	10	7,8	61	10	4,2	62	10	0,6
60	11	7,5	61	11	3,9	62	11	0,3
						63		0

Diese Altersgrenze wird seit 2012 schrittweise angehoben und ab 2024 wird dann eine abschlagsfreie Erwerbsminderungsrente erst mit 65 Jahren beginnen. Die Höchstgrenze von 10,8 Prozent (62. bis 65. Lebensjahr) bleibt weiterhin erhalten. In der Zeit von 2012 bis 2024 findet eine Erhöhung schrittweise nach § 264d SGB VI statt.

Beginnt eine Rente wegen verminderter Erwerbsfähigkeit vor dem 1. Januar 2024, ist bei der Ermittlung des Zugangsfaktors anstelle der Vollendung des 65. Lebensjahres und des 62. Lebensjahres jeweils das in der nachfolgenden Tabelle aufgeführte Lebensalter maßgebend:

Bei Beginn der Rente oder bei Tod des Versicherten im		tritt an die Stelle des Lebensalters			
		65 Jahre das Lebensalter		62 Jahre das Lebensalter	
Jahr	*Monat*	*Jahre*	*Monate*	*Jahre*	*Monate*
vor 2012		63	0	60	0
2012	Januar	63	1	60	1
2012	Februar	63	2	60	2
2012	März	63	3	60	3
2012	April	63	4	60	4
2012	Mai	63	5	60	5
2012	Juni - Dezember	63	6	60	6
2013		63	7	60	7
2014		63	8	60	8
2015		63	9	60	9
2016		63	10	60	10
2017		63	11	60	11
2018		64	0	61	0
2019		64	2	61	2
2020		64	4	61	4
2021		64	6	61	6
2022		64	8	61	8
2023		64	10	61	10

Ausnahme:

Bei 35 Jahren Pflichtbeiträgen (ohne Zeit der Arbeitslosigkeit) und Berücksichtigungszeiten bleibt es auch ab 2012 bei dem geltenden Lebensalter von 63 Jahren. Ab Rentenbeginn 2024 sind 40 entsprechende Jahre erforderlich (§ 77 Abs. 4 SGB VI).

Fallbeispiel 6:

Frau M., geboren am 11.02.1973 hat am **15.08.2007** einen Antrag auf Rente wegen verminderter Erwerbsfähigkeit gestellt.

Laut ärztlichem Gutachten besteht ein Leistungsvermögen von **fünf** Stunden täglich auf dem allgemeinen Arbeitsmarkt seit Antragstellung.
Es ist unwahrscheinlich, dass die Minderung der Erwerbsfähigkeit behoben werden kann.

Lebenslauf bzw. Versicherungsverlauf:

- Schulausbildung bis 28.02.1990
- Versicherungspflichtige Lehre als Floristin vom 01.03.1990 bis 28.02.1993 (36 Monate)
- Pflichtbeschäftigung als Floristin vom 01.03.1993 bis 29.02.1996 (36 Monate)
- Geburt des ersten Kindes am 05.03.1996
- Geburt des zweiten Kindes am 11.07.2002
- Seit 01.03.1996 ist die Versicherte ausschließlich Mutter und Hausfrau.

LÖSUNG:

1. Voraussetzung: *Vollendung des 65. (bzw. 67.) Lebensjahres am* ***10.02.2038 (bzw. 10.02.2040).***

2. Voraussetzung: *Teilweise Erwerbsminderung ab 15.08.2007* ***auf Dauer*** *und* ***volle*** *Erwerbsminderung ab 15.08.2007* ***auf Zeit*** *(es wird von einem verschlossenen Teilzeitarbeitsmarkt ausgegangen).*

3. Voraussetzung: *Die allgemeine Wartezeit ist mit 144 Monaten (36+36+36+36) erfüllt.*

Hinweis: *Darüber hinaus kommen bei unterstellten 25 Jahren rentenrechtlichen Zeiten noch 9 Kalendermonate Beitragszeiten nach §§ 70 Abs. 3a Buchst b i.V.m. 55 Abs. 1 Satz 3 SGB VI hinzu (07/2002 und 08/2005 bis 03/2006).*

4. Voraussetzung: *In den letzten fünf Jahren vor Eintritt der Erwerbsminderung =* ***15.08.2002 - 14.08.2007*** *liegen* ***36*** *Pflichtbeiträge.*

Die Rente wegen teilweiser Erwerbsminderung beginnt am 01.09.2007 und wird in der Regel bis zum Erreichen der Regelaltersgrenze (67. Lebensjahr) geleistet.

*Die Rente wegen voller Erwerbsminderung beginnt am **01.03.2008** und wird befristet auf den **28.02.2011**.*

5.1.4 Rente wegen teilweiser Erwerbsminderung bei Berufsunfähigkeit

Versicherte, die vor dem 02.01.1961 geboren sind, haben bis zum Erreichen der Regelaltersgrenze einen Anspruch auf Rente wegen teilweiser Erwerbsminderung bei Berufsunfähigkeit, wenn sie

1. berufsunfähig sind,
2. in den letzten fünf Jahren vor Eintritt der Berufsunfähigkeit drei Jahre Pflichtbeitragszeiten haben und
3. vor Eintritt der Berufsunfähigkeit die allgemeine Wartezeit erfüllt haben.

5.1.4.1 Geboren vor dem 02.01.1961 und Regelaltersgrenze noch nicht erreicht

Bis Ende 2000 stand Berufsunfähigen eine gesetzliche Berufsunfähigkeitsrente zu. Lediglich besonders qualifizierte Arbeitnehmer standen unter diesem Schutz. Seit der Rentenreform 2001 ist dieser Berufsschutz für alle Personen, die nach dem 1. Januar 1961 geboren sind, abgeschafft.

Seit dem 01.01.1992 ist es nicht mehr möglich, eine Rente wegen verminderter Erwerbsfähigkeit über den Kalendermonat des Erreichens der Regelaltersgrenze hinaus zu erhalten.

Nach § 115 Abs. 3 SGB VI wird die Erwerbsminderungsrente von Amts wegen dann von einer Regelaltersrente abgelöst, sofern der Rentner nicht anderes bestimmt.

Fallbeispiel 7:

Rentner A, geb. am 17.06.1957 bezieht eine Rente wegen teilweiser Erwerbsminderung bei Berufsunfähigkeit ab 01.03.2011 auf Dauer.

LÖSUNG:

In diesem Fall kann die Erwerbsminderungsrente längstens bis zum 31.05.2023 gezahlt werden und wird dann ab 01.06.2023 von einer Regelaltersrente abgelöst, sofern der Rentner nichts anderes bestimmt.

5.1.4.2 Begriff der Berufsunfähigkeit

Berufsunfähig sind Versicherte, deren Erwerbsfähigkeit wegen Krankheit oder Behinderung im Vergleich zur Erwerbsfähigkeit von körperlich, geistig und seelisch gesunden Versicherten mit ähnlicher Ausbildung und gleichwertigen Kenntnissen und Fähigkeiten auf weniger als sechs Stunden gesunken ist. Der Kreis der Tätigkeiten, nach denen die Erwerbsfähigkeit von Versicherten zu beurteilen ist, umfasst alle Tätigkeiten, die ihren Kräften und Fähigkeiten entsprechen und ihnen unter Berücksichtigung der Dauer und des Umfangs ihrer Ausbildung sowie ihres bisherigen Berufs und der besonderen Anforderungen ihrer bisherigen Berufstätigkeit zugemutet werden können.

Zumutbar ist stets eine Tätigkeit, für die die Versicherten durch Leistungen zur Teilhabe am Arbeitsleben mit Erfolg ausgebildet oder umgeschult worden sind. Berufsunfähig ist nicht, wer eine zumutbare Tätigkeit mindestens sechs Stunden täglich ausüben kann; dabei ist die jeweilige Arbeitsmarktlage nicht zu berücksichtigen (§ 240 Abs. 2 SGB VI).

5.1.4.3 Wartezeit

Ein Anspruch auf die Rente wegen teilweiser Erwerbsminderung bei Berufsunfähigkeit besteht nur, wenn vor Eintritt der Erwerbsminderung die allgemeine Wartezeit von fünf Jahren erfüllt ist (§ 43 Abs. 1 Nr. 3 SGB VI). Die allgemeine Wartezeit ist eine Mindestversicherungszeit, die vor Eintritt des jeweiligen Leistungsfalles erfüllt sein muss. Es müssen für fünf Jahre Beiträge (Pflichtbeiträge oder freiwillige Beiträge) oder Ersatzzeiten (§ 250 SGB VI) vorliegen. Auch die Zeiten nach § 52 SGB VI (Versorgungsausgleich, Minijob und Rentensplitting) zählen hier mit. Die Wartezeit kann aber auch nach § 53 – z. B. durch einen Arbeitsunfall – vorzeitig erfüllt werden.

	Rente wegen teilweiser Erwerbsminderung bei Berufsunfähigkeit - § 240 Abs. 1 SGB VI -
1	Nichterreichen der Regelaltersgrenze
2	Eintritt der Berufsunfähigkeit
3	Erfüllung der allgemeinen Wartezeit nach § 50 Abs. 1 SGB VI oder vorzeitige Wartezeiterfüllung nach § 53 SGB VI
4	3 Jahre Pflichtbeiträge in den letzten 5 Jahren vor der Erwerbsminderung oder Tatbestand für eine vorzeitige Wartezeiterfüllung nach § 43 Abs. 5 SGB VI oder Anwartschaftserhaltung nach der Sonderregelung des § 241 SGB VI

Abbildung 28: Rente wegen teilweiser Erwerbsminderung bei Berufsunfähigkeit

5.1.4.4 36 Pflichtbeitragsmonate vor Eintritt der Berufsunfähigkeit

Der Anspruch auf die Rente wegen teilweiser Erwerbsminderung bei Berufsunfähigkeit bleibt bis zum Erreichen der Regelaltersgrenze nur bestehen, wenn in den letzten fünf Jahren vor Eintritt der Berufsunfähigkeit mindestens drei Jahre mit Pflichtbeitragszeiten belegt sind.

Zu den geforderten Pflichtbeiträgen zählen nicht nur Pflichtbeiträge aus einer abhängigen Beschäftigung (§ 1 SGB VI) oder selbständigen Tätigkeit (§ 2 SGB VI) sondern z.B. auch Pflichtbeiträge nach §§ 3 und 4 SGB VI (vgl. § 55 Abs. 2 SGB VI), z.B. Pflichtbeiträge für Kindererziehung oder Krankengeldbezug.

Fallbeispiel 8:

Berufsunfähigkeit liegt vor seit 15.12.2007

Auszug aus Versicherungsverlauf:

01.01.2004	bis	31.12.2004	Pflichtbeiträge aus Beschäftigung
01.04.2005	bis	31.12.2005	Pflichtbeiträge als Selbständiger
01.01.2006	bis	15.12.2007	Pflichtbeiträge als Arbeitslosengeld II-Bezieher

LÖSUNG:

Der Fünfjahreszeitraum beginnt am 15.12.2002 und endet am 14.12.2007. Darin sind 45 (= 12+9+24) Pflichtbeiträge enthalten.

Nach § 43 Abs. 4 SGB VI verlängert sich der Fünfjahreszeitraum u.a. um Anrechnungszeiten und Zeiten des Bezugs einer Rente wegen verminderter Erwerbsfähigkeit, Berücksichtigungszeiten wegen Kindererziehung und wegen Pflege (bis 31.03.1995), die nicht auch Pflichtbeitragszeiten sind (vgl. Abb. 25).

In Fällen, in welchen die Berufsunfähigkeit aufgrund eines Tatbestandes eingetreten ist, durch den die allgemeine Wartezeit nach § 53 SGB VI vorzeitig erfüllt wäre, sind nach § 43 Abs. 5 SGB VI keine Pflichtbeiträge für 36 Kalendermonate während des gegebenenfalls verlängerten Fünfjahreszeitraumes erforderlich.

Zu diesen Tatbeständen gehören:

Berufsunfähigkeit aufgrund

a) eines Arbeitsunfalls/einer Berufskrankheit,

b) einer Wehrdienstbeschädigung,

c) einer Zivildienstbeschädigung,

d) eines Gewahrsams oder

der Eintritt der Erwerbsminderung innerhalb von sechs Jahren nach Beendigung einer Ausbildung.

5.1.4.5 Sonderregelung

Eine Pflichtbeitragszeit von 36 Kalendermonaten vor Eintritt der Berufsunfähigkeit ist nicht erforderlich, wenn vor dem 01.01.1984 die Wartezeit von fünf Jahren erfüllt war und von da an jeder Kalendermonat bis zum Kalendermonat vor Eintritt der Berufsunfähigkeit mit den in § 241 Abs. 2 Nr. 1 bis 6 SGB VI genannten Anwartschaftserhaltungszeiten belegt oder wenn die Berufsunfähigkeit vor dem 01.01.1984 eingetreten ist.

Anwartschaftserhaltungszeiten im Sinne von § 241 Abs. 2 Nr. 1 bis 6 SGB VI sind u. a.:

Beitragszeiten (auch freiwillige Beiträge),

beitragsfreie Zeiten,

Berücksichtigungszeiten,

Zeiten des Bezugs einer Rente wegen verminderter Erwerbsfähigkeit

Zeiten des gewöhnlichen Aufenthalts im Beitrittsgebiet vor dem 01.01.1992.

Für Kalendermonate, für die eine Beitragszahlung noch zulässig ist, ist eine Belegung mit Anwartschaftserhaltungszeiten nicht erforderlich. Wenn die Erwerbsminderung in der Zeit vom 01.01. bis 31.03. eines Jahres eintritt, ist für diesen Zeitraum und für das Vorjahr eine Belegung mit Anwartschaftserhaltungszeiten nicht erforderlich. Tritt die Erwerbsminderung in der Zeit vom 01.04. bis 31.12. eines Jahres ein, muss das Vorjahr mit Anwartschaftserhaltungszeiten belegt sein.

5.1.4.6 Hinzuverdienst / Flexirente (siehe auch 5.2.8.)

Die teilweise Erwerbsminderungsrente bei Berufsunfähigkeit besitzt Unterhaltszuschussfunktion, d.h. man soll sein restliches Leistungsvermögen nutzen und in vorgegebenen Grenzen hinzuverdienen.

Die Rente wird je nach Verdienst in voller oder verminderter Höhe geleistet. Die individuellen Hinzuverdienstgrenzen werden errechnet aus folgender Formel:

bis 30.06.2017:

Vollrente: 0,23 X
½-Teilrente: 0,28 X
mtl. Bezugsgröße oder mtl. Bezugsgröße x aktueller Rentenwert (Ost) : aktueller Rentenwert
X
Entgeltpunkte der letzten drei Kalenderjahre vor Eintritt der teilweisen Erwerbsminderung (mindestens 1,5 Entgeltpunkte)
=
Zulässiger Hinzuverdienst

ab 01.07.2017 (Flexi-Rente):

Untere Hinzuverdienstgrenze = Wert, bis zu dem die Rente nicht gemindert wird.

0,81 X jährliche Bezugsgröße X Entgeltpunkte „Best of 15" vor Eintritt der EM; mindestens 0,5 EP = Untere Hinzuverdienstgrenze

Liegt das Einkommen über der unteren Hinzuverdienstgrenze wird der „übersteigende Teil" zu 40% auf die Rente angerechnet.

Obere Hinzuverdienstgrenze = Wert, über dem der Hinzuverdienst vollständig angerechnet wird.

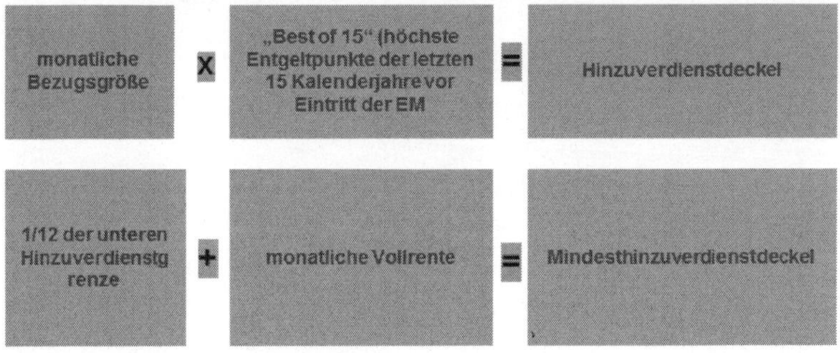

5.1.4.7 Rentenabschlag

Beginnt die Rente wegen Berufsunfähigkeit vor dem 63. Lebensjahr, dann müssen seit 01.01.2001 Abschläge (§ 77 SGB VI) in Kauf genommen werden. Für jeden Monat früherer Inanspruchnahme 0,3 Prozent; insgesamt höchstens 10,8 Prozent (ab 60. Lebensjahr).

Der Rentenabschlag beträgt bei Rentenbeginn im Alter von

Jahre/Monate		Prozent	Jahre/Monate		Prozent	Jahre/Monate		Prozent
60 und jünger		10,8	61		7,2	62		3,6
60	1	10,5	61	1	6,9	62	1	3,3
60	2	10,2	61	2	6,6	62	2	3,0
60	3	9,9	61	3	6,3	62	3	2,7
60	4	9,6	61	4	6,0	62	4	2,4
60	5	9,3	61	5	5,7	62	5	2,1
60	6	9,0	61	6	5,4	62	6	1,8
60	7	8,7	61	7	5,1	62	7	1,5
60	8	8,4	61	8	4,8	62	8	1,2
60	9	8,1	61	9	4,5	62	9	0,9
60	10	7,8	61	10	4,2	62	10	0,6
60	11	7,5	61	11	3,9	62	11	0,3
						63		0

Diese Altersgrenze wird seit 2012 stufenweise angehoben und ab 2024 wird dann eine abschlagsfreie Erwerbsminderungsrente erst mit 65 Jahren beginnen. Die Höchstgrenze von 10,8 Prozent (62. bis 65. Lebensjahr) bleibt weiterhin erhalten. In der Zeit von 2012 bis 2024 findet eine Erhöhung schrittweise nach § 264d SGB VI statt.

Beginnt eine Rente wegen Berufsunfähigkeit vor dem 1. Januar 2024, ist bei der Ermittlung des Zugangsfaktors anstelle der Vollendung des 65. Lebensjahres und des 62. Lebensjahres jeweils das in der nachfolgenden Tabelle aufgeführte Lebensalter maßgebend:

Bei Beginn der Rente oder bei Tod des Versicherten im		**tritt an die Stelle des Lebensalters**			
		65 Jahre das Lebensalter		**62 Jahre das Lebensalter**	
Jahr	***Monat***	***Jahre***	***Monate***	***Jahre***	***Monate***
vor 2012		63	0	60	0
2012	Januar	63	1	60	1
2012	Februar	63	2	60	2
2012	März	63	3	60	3
2012	April	63	4	60	4
2012	Mai	63	5	60	5
2012	Juni - Dezember	63	6	60	6
2013		63	7	60	7
2014		63	8	60	8
2015		63	9	60	9
2016		63	10	60	10
2017		63	11	60	11
2018		64	0	61	0
2019		64	2	61	2
2020		64	4	61	4
2021		64	6	61	6
2022		64	8	61	8
2023		64	10	61	10

Ausnahme:

Bei 35 Jahren Pflichtbeiträgen (ohne Zeit der Arbeitslosigkeit) und Berücksichtigungszeiten bleibt es ab 2012 bei dem heute geltenden Lebensalter von 63 Jahren. Ab Rentenbeginn 2024 sind 40 entsprechende Jahre erforderlich (§ 77 Abs. 4 SGB VI).

Fallbeispiel 9:

Die Versicherte, geboren am 06.03.1960, hat vom 01.01.1976 bis 31.12.1982 Pflichtbeiträge zur gesetzlichen Rentenversicherung entrichtet. Sowohl am 06.04.1983 als auch am 06.04.1993 und 06.04.2003 hat sie ein Kind zur Welt gebracht und kümmert sich seither ausschließlich um ihre Familie.

Bis wann liegt hier der Erwerbsminderungsschutz vor und was ist ggf. anzuraten?

LÖSUNG:

Die allgemeine Wartezeit vor 01.01.1984 ist erfüllt. Ab Januar 1984 bis zum 05.04.2013 (Vollendung des 10. Lebensjahres des jüngsten Kindes) liegen durchgehend Anwartschaftserhaltungszeiten (= Kinderberücksichtigungszeit bzw. Kindererziehungszeit) vor.

Sollte die Versicherte keiner versicherungspflichtigen Beschäftigung nachgehen, so wäre ihr zu empfehlen, ab Mai 2013 ohne Unterbrechung freiwillige Beiträge monatlich zu entrichten, um den Erwerbsminderungsschutz weiterhin aufrecht zu erhalten (spätestens am 31.03.2014).

Fallbeispiel 10:

Der Versicherte, geboren am 02.05.1960, hat bis Juni 1980 das Gymnasium besucht und war vom 01.08.1980 bis 31.12.2012 als Schreiner versicherungspflichtig beschäftigt gewesen (Lehre vom 01.08.1980 bis 31.07.1983).

Der Versicherte hat sich ab 01.01.2013 als Vermögensberater selbständig gemacht.

Wie kann er sich nun in der gesetzlichen Rentenversicherung gegen das Risiko der Erwerbsminderung absichern?

LÖSUNG:

Der Versicherte hat die erforderliche Wartezeit von 60 Monaten vor 01.01.1984 nicht erfüllt (nur 41 Monate). Somit hätte die Zahlung von freiwilligen Beiträgen für ihn keine Auswirkung auf die Anwartschaftserhaltung für eine Erwerbsminderungsrente. Freiwillige Beiträge hätten „lediglich“ eine Steigerung der später einmal zu bewilligenden Altersrente zur Folge.

Dem Versicherten wäre somit zu empfehlen, Versicherungspflicht aufgrund der selbständigen Tätigkeit zu beantragen, um den Erwerbsminderungsschutz aufrecht zu erhalten. Zu beachten wären in diesem Fall die Unwiderruflichkeit einer Versicherungspflicht auf Antrag und der relativ hohe Beitrag, der monatlich bezahlt werden müsste (halber Regelbeitrag ab 01.01.2013 mtl. 254,68 Euro, ab 01.01.2017 der volle Regelbeitrag nach § 165 SGB VI).

5.2 Renten wegen Alters

Die gesetzliche Rentenversicherung bietet seit vielen Jahren nicht nur die weitläufig bekannte Regelaltersrente an, sondern eine Vielzahl von verschiedenen Altersrenten umfasst das Leistungsangebot.

Im Einzelnen sind dies:

- die Regelaltersrente,
- die Altersrente für besonders langjährige Versicherte,
- die Altersrente für langjährig Versicherte,
- die Altersrente für schwerbehinderte Menschen,
- die Altersrente wegen Arbeitslosigkeit oder nach Altersteilzeitarbeit,
- die Altersrente für Frauen und
- die Altersrente für langjährig unter Tage beschäftigte Bergleute.

5.2.1 Die Regelaltersrente (§§ 35, 235 SGB VI)

In §§ 35 und 235 SGB VI sind die Voraussetzungen für die Gewährung der Regelaltersrente enthalten. Durch den Begriff „Regelaltersrente" soll verdeutlicht werden, dass es sich bei diesem Anspruch um die üblicherweise zu erbringende Leistung handelt. Diese Rente wird unter den einfachsten Bedingungen und ohne jegliche Hinzuverdienstbeschränkungen gewährt.

Versicherte haben Anspruch auf Regelaltersrente, wenn sie

1. die Regelaltersgrenze erreicht und
2. die allgemeine Wartezeit erfüllt haben.

	Regelaltersrente - §§ 35 und 235 SGB VI -
1	Erreichen der Regelaltersgrenze
2	Erfüllung der allgemeinen Wartezeit nach § 50 Abs. 1 SGB VI oder vorzeitige Wartezeiterfüllung nach § 53 SGB VI

Abbildung 29: Regelaltersrente

5.2.1.1 Erreichen der Regelaltersgrenze

Die Vollendung eines bestimmten Lebensjahres richtet sich nach § 26 SGB X in Verbindung mit §§ 187 und 188 BGB. Danach ist ein Lebensjahr mit Ablauf des Kalendertages vor dem betreffenden Geburtstag vollendet.

Jahrzehntelang lag die Regelaltersgrenze bei 65 und „erst“ mit dem 2007 verabschiedeten RV-Altersgrenzenanpassungsgesetz wird diese Grenze stufenweise auf 67 angehoben.

5.2.1.1.1 Geboren vor dem 01.01.1947

Alle Personen, welche vor dem 01.01.1947 geboren sind, werden von der Neuregelung nicht tangiert und erreichen die Regelaltersgrenze weiterhin mit 65 (§ 235 SGB VI).

Fallbeispiel 11:

4. Der Versicherte ist geboren am 05.03.1944.

LÖSUNG:

Er erreichte seine Regelaltersgrenze mit 65 und vollendete sein 65. Lebensjahr am 04.03.2009.

5.2.1.1.2 Geboren im Zeitraum 01.01.1947 bis 31.12.1954

Bei allen Personen, die in den Jahren 1947 bis einschließlich 1954 geboren wurden, wird die Regelaltersgrenze pro Kalenderjahr um jeweils einen Monat angehoben.

Versicherte Geburtsjahr	Anhebung um Monate	auf Alter	
		Jahr	Monat
1947	1	65	1
1948	2	65	2
1949	3	65	3
1950	4	65	4
1951	5	65	5
1952	6	65	6
1953	7	65	7
1954	8	65	8

Ausnahme:

Wer jedoch bereits vor dem 01.01.2007 verbindlich Altersteilzeit vereinbart oder Anpassungsgeld für entlassene Arbeitnehmer des Bergbaus bezogen hat, erreicht seine Regelaltersgrenze weiterhin mit 65.

Fallbeispiel 12:

Der Versicherte ist geboren am 01.04.1952.

LÖSUNG:

Er erreicht seine Regelaltersgrenze mit 65 Jahren und 6 Monaten und kann daher die Regelaltersrente ab 01.10.2017 erhalten.

*Sollte er vor 01.01.2007 verbindlich Altersteilzeit vereinbart haben, dann wäre der Bezug seiner Regelaltersrente bereits ab 01.**04**.2017 möglich (65. Lebensjahr).*

5.2.1.1.3 Geboren im Zeitraum 01.01.1955 bis 31.12.1963

Bei allen Personen, die in den Jahren 1955 bis einschließlich 1963 geboren wurden, wird die Regelaltersgrenze pro Kalenderjahr um jeweils einen und ab Jahrgang 1959 um jeweils zwei Monate angehoben.

Ausnahmen, z.B. wegen Altersteilzeitarbeit, sind nicht möglich.

Versicherte Geburtsjahr	Anhebung um Monate	auf Alter	
		Jahr	Monat
1955	9	65	9
1956	10	65	10
1957	11	65	11
1958	12	66	0
1959	14	66	2
1960	16	66	4
1961	18	66	6
1962	20	66	8
1963	22	66	10

Fallbeispiel 13:

Der Versicherte ist geboren am 20.02.1962.

LÖSUNG:

Er erreicht die Regelaltersgrenze mit 66 Jahren und acht Monaten und kann daher die Regelaltersrente ab 01.11.2028 erhalten.

5.2.1.1.4 Geboren ab 01.01.1964

Alle Personen, die nach dem 31.12.1963 geboren sind, können nur noch ab dem 67. Lebensjahr ihre Regelaltersrente erhalten. Ein früherer Rentenbeginn ist auch mit Abschlägen **nicht** möglich.

Fallbeispiel 14:

Der Versicherte ist am 06.03.1966 geboren.

LÖSUNG:

Er erreicht die Regelaltersgrenze mit 67 Jahren und kann daher die Regelaltersrente ab 01.04.2033 erhalten.

5.2.1.2 Wartezeit

Die allgemeine Wartezeit ist eine Mindestversicherungszeit, die vor Eintritt des jeweiligen Leistungsfalles erfüllt sein muss.

Es werden fünf Jahre Beiträge (Pflichtbeiträge oder freiwillige Beiträge) oder Ersatzzeiten (§ 250 SGB VI) gefordert. Auch die Zeiten nach § 52 SGB VI (Versorgungsausgleich, Minijob und Rentensplitting) zählen hier mit.

Die allgemeine Wartezeit für die Regelaltersrente gilt nach § 50 Abs. 1 Satz 2 Nr. 1 SGB VI als erfüllt, wenn der Versicherte bis zur Altersgrenze eine Rente wegen verminderter Erwerbsfähigkeit oder eine Erziehungsrente bezogen hat. Die allgemeine Wartezeit für die Regelaltersrente gilt ferner als erfüllt, wenn der Versicherte vermindert erwerbsfähig geworden ist und die besonderen Voraussetzungen des § 53 SGB VI gegeben sind.

5.2.1.3 Antragstellung und Rentenbeginn

In § 99 Abs. 1 SGB VI ist für alle Versichertenrenten (Rente wegen verminderter Erwerbsfähigkeit, Altersrenten) und die Erziehungsrente der Rentenbeginn einheitlich geregelt. Die Rente wird demnach von dem Kalendermonat an geleistet, zu dessen Beginn die Anspruchsvoraussetzungen erfüllt sind, wenn der Rentenantrag innerhalb von drei Kalendermonaten nach Ablauf des Kalendermonats gestellt wird, in dem die Anspruchsvoraussetzungen erfüllt sind. Bei einer späteren Antragstellung beginnt die Rente mit dem Antragsmonat.

Eine Ausnahme vom Antragsprinzip gilt bei der Regelaltersrente, wenn zum Erreichen der Regelaltersgrenze eine Rente wegen verminderter Erwerbsfähigkeit oder eine Erziehungsrente bezogen wurde. In diesen Fällen ist nach § 115 Abs. 3 SGB VI nach dem Erreichen der Regelaltersgrenze von Amts wegen die Regelaltersrente zu leisten, es sei denn, der Versicherte bestimmt einen späteren Beginn der Regelaltersrente (ein Anspruch auf Erwerbsminderungsrente über die Regelaltersgrenze hinaus besteht dann jedoch nicht).

5.2.1.4 Beginn der Regelaltersrente nach erreichter Regelaltersgrenze

Die Versicherten haben die Möglichkeit, auch nach erreichter Regelaltersgrenze ihren bisher erworbenen Rentenanspruch zu erhöhen.

Wer die ihm zustehende Regelaltersrente vorerst nicht in Anspruch nimmt, erhält – auch ohne weitere Beitragszahlung – als Ausgleich einen Zuschlag zu seiner späteren Altersrente. Dieser Zuschlag beträgt für jeden Kalendermonat der Nichtinanspruchnahme der Regelaltersrente 0,5 Prozent der Rente, das sind z.B. für ein Jahr 6 Prozent, für drei Jahre 18 Prozent.

Fallbeispiel 15 für den „Rentenverzicht":

Erhöhter Zugangsfaktor (§ 77 Abs. 2 Nr. 2 SGB VI)

Versicherter ist Jahrgang 1942 und erreicht Regelaltersgrenze mit 65. Inanspruchnahme der Regelaltersrente von den 67 Lebensjahren an.

Bis Vollendung des 65. Lebensjahres	35 EGPT
weitere Entgeltpunkte bis 67. Lebensjahr	2 EGPT
	37 EGPT

Zugangsfaktor (für 37 Entgeltpunkte)
1 + (24 x 0,005 =) 0,12 = 1,12

Persönliche Entgeltpunkte
37 x 1,12 = 41,44

weitere Berechnungsfaktoren:

Rentenartfaktor - Renten wegen Alters - 1,0 (§ 67 SGB VI)

Aktueller Rentenwert (West) ab 01.07.2007 bis 30.06.2008 mtl. 26,27 Euro

Berechnung der monatlichen Rente:
41,44 x 1,0 x 26,27Euro = 1.088,63 Euro

Vergleich (bei Inanspruchnahme vom 65. Lebensjahr an):
35,00 x 1,0 x 26,27 = 919,45 Euro

Erhöhung 169,18 Euro

Durch die Nichtinanspruchnahme für 24 Monate und zwei weitere Entgeltpunkte erreicht der Versicherte eine monatliche Rentenerhöhung von 169,18 Euro brutto.

5.2.1.5 Ausschluss von „Rentenwechsel“

Seit 01.08.2004 (Rentenversicherungsnachhaltigkeitsgesetz) ist es nach § 34 Abs. 4 SGB VI nicht mehr möglich, von einer Altersrente in eine andere Altersrente (z.B. Regelaltersrente) zu wechseln.

Unabhängig davon ist es natürlich weiterhin möglich, gleichzeitig mehrere Arten von Altersrenten zu beantragen.

Alle Altersrentenansprüche können nach § 89 SGB VI als eigenständige Rentenansprüche nebeneinander bestehen. Zur Auszahlung kommt jedoch nur die jeweils höchste Altersrente. Bei gleich hohen Renten ergibt sich die zu beachtende Rangfolge aus § 89 Abs. 1 Satz 2 SGB VI.

5.2.1.6 Hinzuverdienst

Bei der Regelaltersgrenze bestehen keinerlei Hinzuverdienstgrenzen. Dies gilt auch für alle anderen Altersrenten nach erreichter Regelaltersgrenze.

5.2.1.7 Fallbeispiel

Frau Feierabend, geboren am 14.08.1943, hat am 25.08.2008 einen Antrag auf Regelaltersrente zum frühestmöglichen Rentenbeginn gestellt.

Frau Feierabend hat folgende rentenrechtliche Zeiten zurückgelegt:

20 Monate	Pflichtbeiträge aus einer versicherten Beschäftigung
5 Monate	freiwillige Beiträge
24 Monate	Kindererziehungszeiten
13 Monate	Anrechnungszeiten
156 Monate	Berücksichtigungszeiten
11 Monate	aus durchgeführtem Versorgungsausgleich

Hat Frau Feierabend einen Anspruch auf Regelaltersrente?
Gegebenenfalls ab wann?

Lösung:

Gemäß § 235 SGB VI besteht Anspruch auf Regelaltersrente, wenn

- *die Regelaltersgrenze erreicht ist und*
- *die allgemeine Wartezeit erfüllt ist.*

Jahrgänge bis einschließlich 1946 erreichen die Regelaltersgrenze mit 65 Jahren. Nach § 26 SGB X in Verbindung mit §§ 187 Abs. 2, 188 Abs. 2 BGB vollendet Frau Feierabend das 65. Lebensjahr am 13.08.2008.

Weiterhin ist zu prüfen, ob die allgemeine Wartezeit erfüllt ist.

Bei Frau Feierabend sind auf die allgemeine Wartezeit folgende Zeiten anrechenbar:

20 Monate	*Pflichtbeitragszeiten*
5 Monate	*mit freiwilligen Beiträgen*
24 Monate	*Kindererziehungszeiten (Pflichtbeitragszeiten)*
11 Monate	*aus durchgeführtem Versorgungsausgleich*

60 Monate, die auf die allgemeine Wartezeit anzurechnen sind

Somit hat Frau Feierabend die allgemeine Wartezeit von fünf Jahren (= 60 Monate) erfüllt

Frühestmöglicher Rentenbeginn ist somit nach § 99 Abs. 1 SGB VI der 01.09.2008.

5.2.2 Die Altersrente für besonders langjährig Versicherte (§ 38 SGB VI)

Versicherte mit einer besonders hohen Zahl an Berufsjahren sollen in Zukunft weiterhin mit 65 Jahren abschlagsfrei in Rente gehen können. Dies hat den Gesetzgeber 2007 bewogen, im RV-Altersgrenzenanpassungsgesetz ab 01.01.2012 durch den § 38 SGB VI eine neue Rentenart, die Altersrente für besonders langjährig Versicherte, einzuführen. Am Datum des Inkrafttretens zum 01.01.2012 erkennt man unschwer den Zusammenhang mit dem Heraufsetzen der Regelaltersgrenze von 65 auf 67 (ab Jahrgang 1947).

Mit dem Rentenpaket 2014 hat der Gesetzgeber die Voraussetzungen für diese Altersrente deutlich verbessert. Neben der vorübergehenden Absenkung des Lebensalters auf 63 sind die bei der Wartezeit von 45 Jahren anrechenbaren Zeiten für weitere Beitragszeiten und Entgeltersatzleistungen geöffnet worden.

	Altersrente für besonders langjährig Versicherte - § 38 SGB VI - § 236b SGB VI
1	Vollendung des 63./65. Lebensjahres
2	Erfüllung der Wartezeit von 45 Jahren nach § 51 Abs. 3a SGB VI
3	Einhalten der Hinzuverdienstgrenzen nach § 34 SGB VI

Abbildung 30: Altersrente für besonders langjährig Versicherte

5.2.2.1 Vollendung des 63./65. Lebensjahres

Die Vollendung des maßgebenden. Lebensjahres richtet sich nach § 26 SGB X in Verbindung mit §§ 187 Abs. 2, 188 Abs. 2 BGB. Die Nr. 5.2.1.1 zu §§ 35, 235 SGB VI (Regelaltersrente) gilt entsprechend.

5.2.2.2 Wartezeit (Rechtsstand ab 01.07.2014)

Auf die Wartezeit von 45 Jahren werden nach dem ab dem 01.07.2014 geltenden Recht angerechnet:

1. Pflichtbeiträge für eine versicherte Beschäftigung oder Tätigkeit – einschließlich der Pflichtbeiträge für sonstige Versicherte (Kindererziehungszeiten, Pflege oder Wehr- und Zivildienst) – *wie nach bisherigem Recht* –

2. Berücksichtigungszeiten wegen Pflege oder Kindererziehung bis zum 10. Lebensjahr des Kindes. Zeiten in denen Berücksichtigungszeiten mit Kindererziehungszeiten zusammentreffen, werden nur einmal angerechnet – *wie nach bisherigem Recht* –

3. Wartezeitmonate aus Zuschlägen an Entgeltpunkten für Arbeitsentgelt aus geringfügiger nicht versicherungspflichtiger Beschäftigung – *wie nach bisherigem Recht* –

4. Ersatzzeiten – *wie nach bisherigem Recht* –

	Neu anrechenbar ab 01.07.2014:
5.	Freiwillige Beiträge, wenn mindestens 18 Jahre Pflichtbeiträge für eine versicherungspflichtige Beschäftigung oder Tätigkeit vorhanden sind. Ausnahme: Keine Berücksichtigung in den letzten zwei Jahren vor Rentenbeginn, wenn eine Anrechnungszeit wegen Arbeitslosigkeit vorliegt.
6.	Pflichtbeitrags- oder Anrechnungszeit mit Leistungsbezug aus • der gesetzlichen Arbeitslosenversicherung (Arbeitslosengeld 1) Ausnahme: keine Berücksichtigung in den letzten zwei Jahren vor Rentenbeginn (rollierender Stichtag) aber: Anrechnung gesichert, wenn die Arbeitslosigkeit durch Insolvenz oder vollständige Geschäftsaufgabe verursacht wurde • der gesetzlichen Krankenversicherung (Krankengeld) und gesetzlichen Unfallversicherung (Verletztengeld) • sowie Übergangsgeld aus der Sozialversicherung Generell **nicht anrechenbar** auf die Wartezeit für die Altersrente für besonders langjährig Versicherte sind Pflichtbeiträge/Anrechnungszeiten für • Arbeitslosengeld 2 (Hartz IV) • Arbeitslosenhilfe • und sämtliche Anrechnungszeiten im Sinne der §§ 58, 252, 252a SGB VI ohne Entgeltersatzleistung sowie Beitragsmonate aus Versorgungsausgleich bzw. Rentensplitting.

Versicherte, die vor dem 01.01.1953 geboren sind, haben frühestens Anspruch auf diese Altersrente nach Vollendung des 63. Lebensjahres. Für Versicherte, die nach dem 31. Dezember 1952 geboren sind, wird die Altersgrenze von 63 Jahren wie folgt angehoben (§ 236b Abs. 2 SGB VI):

Versicherte Geburtsjahr	Anhebung um Monate	auf Alter	
		Jahr	Monat
1953	2	63	2
1954	4	63	4
1955	6	63	6
1956	8	63	8
1957	10	63	10
1958	12	64	0
1959	14	64	2
1960	16	64	4
1961	18	64	6
1962	20	64	8
1963	22	64	10

Beispiel 1:

Versicherter geboren 02.05.1951
Wartezeit: 541 Monate Pflichtbeiträge
Vollendung des 63. Lebensjahres: 01.05.2014

Lösung:

Die Wartezeit von 45 Jahren für besonders langjährig Versicherte (540 Monate Pflichtbeiträge) ist erfüllt.
Der Versicherte kann ab 01.07.2014 abschlagsfrei in Rente gehen.

Beispiel 2:

Versicherter geboren am 13.06.1952

Wartezeit: - 500 Monate an Pflichtbeiträgen
- 49 Monate an freiwilligen Beiträgen

Vollendung des 63. Lebensjahres: 12.06.2015

Lösung:

Die Wartezeit von 45 Jahren ist erfüllt. Die freiwilligen Beiträge werden ebenfalls berücksichtigt, da mindestens 18 Jahre an Pflichtbeiträgen aus einer abhängigen Beschäftigung oder selbständigen Tätigkeit vorhanden sind.
Der Versicherte kann ab 01.07.2015 abschlagsfrei in Rente gehen.

Beispiel 3:

Versicherter geboren am 21.09.1956
Wartezeit: - 510 Monate Pflichtbeiträge (bis 30.09.2019)
- 10 Monate Krankengeldbezug (1978)
- 12 Monate Arbeitslosengeldbezug (1984/1985)
- = 532 Monate.

Beratung über Rentenanspruch für besonders langjährig Versicherte am 15.01.2015.

Lösung:

Der künftige Leistungsfall wird eintreten
= mit Vollendung des 63. Lebensjahres: 20.09.2019
+ 8 Monate Aufstockung = 20.05.2020

Die Wartezeitprognose erfasst derzeit insgesamt 532 Monate (einschließlich Leistungsbezug aus Lohnersatzleistungen). Zum 30.09.2019 wäre die Wartezeit noch nicht erfüllt. Falls jedoch bis zur Erfüllung der Anspruchsvoraussetzungen im Mai 2020 noch weitere mindestens acht Pflichtbeitragsmonate geleistet werden, kann der Versicherte ab 01.06.2020 abschlagsfrei in Rente gehen.

Hinweis:

Wartezeit mit ausländischen Pflichtbeitragszeiten

Soweit es sich um Pflichtbeitragszeiten in der Europäischen Union (EU), im Europäischen Wirtschaftsraum (EWR) und der Schweiz handelt, werden sowohl die Pflichtbeitragszeiten als auch die Zeiten des Bezuges von Entgeltersatzleistungen der Arbeitsförderung, Leistungen bei Krankheit und Übergangsgeld bei der Ermittlung der Wartezeit für die Rente bei besonders langjährig Versicherten berücksichtigt.

Glaubhaftmachung des Lohnersatzleistungsbezuges:

Nach § 244 Abs. 3 SGB VI können entsprechende Leistungsbezüge glaubhaft gemacht werden, wenn ein Nachweis nicht möglich ist. Die Möglichkeit der Glaubhaftmachung kommt insoweit nur subsidiär in Betracht.

Ein Leistungsbezug ist glaubhaft, wenn überwiegend wahrscheinlich ist, dass die Anspruchsvoraussetzungen nach den jeweiligen Rechtsvorschriften der geltend gemachten Entgeltersatzleistung erfüllt gewesen sein können. Dies geschieht zum Beispiel bei glaubhaft gemachtem Arbeitslosengeldbezug unter Berücksichtigung der Prüfhilfen der Bundesanstalt für Arbeit/Bundesarbeitsagentur. Eine eidesstattliche Versicherung wird nur dann zulässig sein, wenn besondere Gründe für das Vorhandensein des Bestehens eines Leistungsanspruches vorgebracht werden. Ansonsten erfolgt die Glaubhaftmachung durch Überprüfung der objektiven Sachverhalte.

Beispiel zur Glaubhaftmachung:

Versicherter Ernst Maier, geb. am 25.09.1952.
Auf die Wartezeit von 45 Jahren sind 524 Monate an Pflichtbeiträgen anrechenbar.
Herr Maier erbringt den Nachweis der Arbeitslosigkeit vom 01.07.1981 bis zum 31.12.1982.

Nachdem vor der Arbeitslosmeldung eine Beschäftigungsdauer von 36 Monaten gelegen hat, beträgt die Anspruchsdauer auf Arbeitslosengeld zum damaligen Zeitraum 12 Monate. Deshalb ist ein Leistungsbezug vom 01.07.1981 bis 30.06.1982 nachgewiesen. Für den Bezugszeitraum vom 01.07.1982 bis 31.12.1982 muss es sich um Arbeitslosenhilfe gehandelt haben, die nach § 51 Abs. 3 a Nr. 3 Buchstabe a SGB VI von der Anrechnung ausgeschlossen ist.

Herr Maier erreicht insgesamt nur 536 anrechenbare Monate an Pflichtbeiträgen und Lohnersatzleistungen zur Erfüllung der Wartezeit für besonders langjährig Versicherte. Die noch fehlenden vier Monate an Pflichtbeiträgen sind durch Verlängerung des Arbeitsverhältnisses bis zum 31.01.2016 zu erbringen.

In diesem Fall besteht ab 01.02.2016 Anspruch auf eine abschlagsfreie Altersrente.

5.2.2.3 Hinzuverdienst / Flexirente (siehe auch 5.2.8.)

5.2.2.4 Antragstellung und Rentenbeginn

Auf die Ausführungen in 5.2.1.3 erster Absatz wird verwiesen.

Diese Rentenart kann nach der Neuregelung frühestens mit 63 Jahren beginnen. Sollten die 45 Jahre erst nach dem 63. Lebensjahr erfüllt werden, kann die Rente auch erst später beginnen.

Fallbeispiel 16:

Andrea F. ist geboren am 05.03.1955 und erfüllt die 45-jährige Wartezeit erst im Juni 2019. Nach § 236 b SGB VI wird ihre Altersgrenze auf 63 Jahre und 6 Monate = 04.09.2018 festgesetzt.

LÖSUNG:

Der frühestmögliche Rentenbeginn ist hier der 01.07.2019, da die Wartezeit erst im Juni 2019 erfüllt wird.

5.2.2.5 Fallbeispiel

Die Versicherte Susanne T., geboren am 20.02.1952, hat bis zur Vollendung ihres 63. Lebensjahres folgende rentenrechtliche Zeiten zurückgelegt:

- Pflichtbeiträge aus versicherungspflichtiger Beschäftigung 401 Monate
- Pflichtbeiträge wegen Krankengeldbezug 12 Monate
- Pflichtbeiträge wegen Arbeitslosengeldbezug 10 Monate
- Pflichtbeiträge wegen Kindererziehung (1 Kind, geb. 04/1984) 24 Monate
- anteilige Berücksichtigungszeiten wegen Kindererziehung (außerhalb der Kindererziehungszeit) 97 Monate

Kann Sie mit 63 Jahren abschlagsfreie Altersrente erhalten?

LÖSUNG:

Die Regelaltersrente kommt in diesem Fall erst ab 65 Jahren und sechs Monaten in Betracht nach § 235 SGB VI. Ein Anspruch auf die abschlagsfreie „Altersrente für besonders langjährig Versicherte" (§ 236 b SGB VI) besteht mit Vollendung des 63. Lebensjahres, sofern die Wartezeit von 45 Jahren aus Pflichtbeitragszeiten, Berücksichtigungszeiten und die Zeiten mit Entgeltersatzleistungen erfüllt ist.

Die Versicherte hat aus diesen Zeiten insgesamt 544 Monate zurückgelegt; somit sind mindestens 45 Jahre (540 Monate) nachgewiesen. Für ihre Altersrente für besonders langjährig Versicherte bleibt deshalb das 63. Lebensjahr das maßgebende Lebensalter. Unter Beachtung der rechtzeitigen Antragstellung kann die abschlagsfreie Altersrente für besonders langjährig Versicherte am 01.03.2015 beginnen.

Hinweis:

In diesem Fall ist die Kindererziehungszeit für das im April 1984 geborene Kind nach § 249 Abs. 1 SGB VI von 12 auf 24 Kalendermonate angehoben worden. Dies wirkt sich auf die Zahl der auf die Wartezeit von 45 Jahren anrechenbaren Zeiten jedoch nicht aus, da nunmehr die Berücksichtigungszeit wegen Kindererziehung um 12 Monate geringer ausfällt.

5.2.3 Altersrente für langjährig Versicherte (§§ 36, 236 SGB VI)

Die Bezeichnung „Altersrente für langjährig Versicherte“ weist auf das Erfordernis einer langen Versicherungsdauer als Anspruchsvoraussetzung hin. Der Versicherte muss bis auf wenige Ausnahmen (vgl. 5.2.3.4.4) das 63. Lebensjahr vollendet und die Wartezeit von 35 Jahren erfüllt haben.

Versicherte haben Anspruch auf Altersrente für langjährig Versicherte, wenn sie

1. das 63. Lebensjahr vollendet,
2. die Wartezeit von 35 Jahren erfüllt haben und
3. die Hinzuverdienstgrenzen einhalten.

	Altersrente für langjährig Versicherte - §§ 36, 236 SGB VI -
1	Vollendung des 63. Lebensjahres
2	Erfüllung der Wartezeit von 35 Jahren nach § 50 Abs. 4 SGB VI
3	Einhalten der Hinzuverdienstgrenzen nach § 34 SGB VI

Abbildung 31: Altersrente für langjährig Versicherte

5.2.3.1 Vollendung des 63. Lebensjahres

Die Vollendung des 63. Lebensjahres richtet sich nach § 26 SGB X in Verbindung mit §§ 187 Abs. 2, 188 Abs. 2 BGB. Die Nr. 5.2.1.1 zu §§ 35, 235 SGB VI (Regelaltersrente) gilt entsprechend.

5.2.3.2 Wartezeit

Die Erfüllung der Wartezeit von 35 Jahren ist Voraussetzung für einen Anspruch auf Altersrente für langjährig Versicherte (§ 50 Abs. 4 SGB VI). Diese Wartezeit umfasst alle Kalendermonate mit rentenrechtlichen Zeiten (§§ 51 Abs. 3, 54 SGB VI).

Im Gegensatz beispielsweise zur allgemeinen Wartezeit werden hier nicht nur die Beitrags- und Ersatzzeiten sondern auch die Berücksichtigungszeiten und Anrechnungszeiten mitgezählt.

Darüber hinaus werden nach § 52 SGB VI auch Zeiten aus einem Versorgungsausgleich, aus einem Rentensplitting unter Ehegatten oder eingetragenen Lebenspartnern und aus Minijobs berücksichtigt.

5.2.3.3 Hinzuverdienst / Flexirente (siehe auch 5.2.8.)

5.2.3.4 Rentenbeginn und Rentenabschlag

Abhängig vom Geburtsjahr sind die unterschiedlichsten Altersgrenzen und die damit verbundenen Rentenabschläge (§ 77 SGB VI) zu beachten.

5.2.3.4.1 Geboren vor dem 01.01.1949

Bei Versicherten, die vor dem 01.01.1949 geboren sind, liegt die Altersgrenze bei 65 Jahren (§ 236 Abs. 2 Satz 1 SGB VI) und es besteht die Möglichkeit, diese Altersrente frühestens ab dem 63. Lebensjahr, dann aber mit entsprechendem Abschlag (höchstens 7,2 Prozent), zu beziehen.

5.2.3.4.2 Geboren im Zeitraum 01.01.1949 bis 31.12.1963

Versicherte, welche zwischen 1949 und 1963 geboren sind, erfahren eine stufenweise Anhebung der Altersgrenze von 65 auf 67 Jahren (§ 236 Abs. 2 Satz 2 SGB VI).

Die ersten drei Anhebungsschritte erfolgen in Monatsschritten. Danach erhöht sich die Altersgrenze für im Januar 1949 Geborene auf 65 Jahre und einen Monat, im Februar 1949 Geborene auf 65 Jahre und zwei Monate und im März 1949 Geborene auf 65 Jahre und drei Monate. Damit liegt für die im März bis Dezember 1949 Geborenen die Altersgrenze bei der Altersrente für langjährig Versicherte und die Regelaltersgrenze einheitlich bei 65 Jahren und drei Monaten. Die weiteren Anhebungsschritte der Altersgrenze für die Altersrente für langjährig Versicherte erfolgen – parallel zur Anhebung der Regelaltersgrenze (vgl. 5.2.1.1) – zunächst in Stufen von einem Monat pro Jahrgang (Altersgrenze auf 66 Jahre) und dann zwei Monate pro Jahrgang (Altersgrenze von 66 auf 67 Jahre).

Der anfangs beschleunigten Anhebung in Monatschritten für die von Januar 1949 bis März 1949 Geborenen liegen folgende Überlegungen zugrunde: Die Anhebung der Altersgrenzen soll aus Gründen des Vertrauensschutzes erst ab dem Jahr 2012 wirken. Da die Geburtsjahrgänge 1947 bis 1948 bereits vor dem Jahr 2012 die Altersgrenze für den vorzeitigen Bezug der Altersrente für langjährig Versicherte erreichen, sollen auch sie nicht von der Anhebung der Altersgrenze von 65 Jahren bei dieser Altersrente betroffen sein. Die für zwei Jahrgänge unterlassene parallele Anhebung soll nachgeholt werden. Würde diese Altersgrenze für ab 1949 Geborene in gleichen Stufen wie die Regelaltersgrenze angehoben werden, würde für alle Übergangsjahrgänge die Altersgrenze für einen abschlagsfreien Bezug der Altersrente für langjährig Versicherte – und damit auch das Referenzalter für die Berechnung der Abschläge bei vorzeitigem Bezug – von der Regelaltersgrenze abweichen. Durch die anfangs beschleunigte Anhebung wird sichergestellt, dass diese Abweichung bereits für im März 1949 Geborene und Jüngere nicht mehr auftritt.

Weiterhin besteht die Möglichkeit, diese Altersrente ab 63 vorzeitig in Anspruch zu nehmen, dann aber mit entsprechendem erhöhten Abschlag (höchstens 14,4 Prozent).

Anhebung der Altersgrenze auf 67

Versicherte Geburtsmonat/ Geburtsjahr	Verlängerung der Lebensarbeitszeit um ... Monate	Künftiger normaler Rentenbeginn		Abschlag bei Rentenbeginn mit 63 in Prozent
		Jahr	Monat	
Januar 1949	1	65	1	7,5
Februar 1949	2	65	2	7,8
März bis Dezember 1949	3	65	3	8,1
1950	4	65	4	8,4
1951	5	65	5	8,7
1952	6	65	6	9,0
1953	7	65	7	9,3
1954	8	65	8	9,6
1955	9	65	9	9,9
1956	10	65	10	10,2
1957	11	65	11	10,5
1958	12	66	0	10,8
1959	14	66	2	11,4
1960	16	66	4	12,0
1961	18	66	6	12,6
1962	20	66	8	13,2
1963	22	66	10	13,8
ab 1964	24	67	0	14,4

5.2.3.4.3 Geboren ab 01.01.1964

Nach § 36 SGB VI liegt die Altersgrenze für diesen Personenkreis bei 67. Es besteht weiterhin die Möglichkeit, diese Altersrente ab 63 vorzeitig in Anspruch zu nehmen; allerdings mit einem Abschlag bis zu 14,4 Prozent.

5.2.3.4.4 Ausnahmefall

Für Versicherte, die

1. vor dem 1. Januar 1955 geboren sind und vor dem 01.01.2007 Altersteilzeit im Sinne der §§ 2 und 3 Abs. 3 Nr. 1 des Altersteilzeitgesetzes vereinbart haben oder

2. Anpassungsgeld für entlassene Arbeitnehmer des Bergbaus bezogen haben,

wird die Altersgrenze von 65 Jahren **nicht** angehoben (§ 236 Abs. 2 Satz 3 SGB VI).

Für bestimmte Geburtsjahrgänge (1948 bis 1954) dieser Fallgruppe besteht aufgrund Vertrauensschutzregelung sogar die Möglichkeit, diese Rentenart vor dem vollendeten 63. Lebensjahr zu beziehen (§ 236 Abs. 3 SGB VI). Der daraus resultierende Abschlag kann bis zu 10,8 Prozent betragen.

Senken der Altersgrenze auf 62

Versicherte Geburtsmonat / Geburtsjahr	Vorzeitige Inanspruchnahme frühestens ab		Abschlag bei frühestmöglichem Rentenbeginn in Prozent
	Jahre	Monate	
Januar bis Februar 1948	62	11	7,5
März bis April 1948	62	10	7,8
Mai bis Juni 1948	62	9	8,1
Juli bis August 1948	62	8	8,4
September bis Oktober 1948	62	7	8,7
November bis Dezember 1948	62	6	9,0
Januar bis Februar 1949	62	5	9,3
März bis April 1949	62	4	9,6
Mai bis Juni 1949	62	3	9,9
Juli bis August 1949	62	2	10,2
September bis Oktober 1949	62	1	10,5
November bis Dezember 1949	62	0	10,8
Januar 1950 bis Dezember 1954	62	0	10,8

5.2.3.4.5 Fallbeispiel

Die Versicherte Karla B., geboren am 05.09.1952, hat die 35jährige Wartezeit erfüllt. Sie möchte mit Vollendung des 63. Lebensjahres Altersrente für langjährig Versicherte in Anspruch nehmen.

a) Ist dies weiterhin möglich und welcher Abschlag von ihrer Rente kommt in Abzug?
b) Annahme: Frau B. hat am 26.11.2006 eine Altersteilzeitvereinbarung für die Zeit vom 01.10.2008 bis 30.09.2014 mit ihrem Arbeitgeber geschlossen. Kann die Altersrente für langjährig Versicherte bereits ab dem 62. Lebensjahr beginnen, wenn ja, mit welchen Abschlägen?

LÖSUNG A):

Die Altersgrenze für den Bezug einer abschlagsfreien „Altersrente für langjährig Versicherte" wird auf das 67. Lebensjahr angehoben (§ 36 SGB VI). Eine vorzeitige Inanspruchnahme ab dem 63. Lebensjahr mit einem Abschlag von 0,3 Prozent pro vorzeitigem Monat des Rentenbeginns ist möglich. Für Personen, die von Januar bis Dezember 1952 geboren sind, wird die Altersgrenze nur um sechs Monate angehoben. Bei einer vorzeitigen Inanspruchnahme ab dem 63. Lebensjahr (ab 01.10.2015) beträgt der Abschlag somit 9 Prozent (30 x 0,3 Prozent).

***LÖSUNG** b):*

Hier „greift" die Vertrauensschutzregelung für Versicherte, die vor dem 01.01.1955 geboren sind und eine Altersteilzeit vor dem 01.01.2007 verbindlich beantragt haben (§ 236 SGB VI). Bei diesen Versicherten ist der früheste Beginn der Altersrente die Vollendung des 62. Lebensjahres. Nachdem sie diese Voraussetzungen erfüllt, hat Frau B. ab dem 62. Lebensjahr Anspruch auf Altersrente für langjährig Versicherte. Der Rentenabschlag beläuft sich auf 10,8 Prozent.

> ***Hinweis:***
> *Falls die Versicherte die Altersteilzeit erst am 09.02.2007 verbindlich vereinbart hat, kann sie frühestens mit 63 Jahren, d.h. ab 01.10.2015 mit einem Abschlag von 9 Prozent in Rente gehen (vgl. a).*

5.2.4 Die Altersrente für schwerbehinderte Menschen (§§ 37, 236 a SGB VI)

In §§ 37 und 236a SGB VI sind die Voraussetzungen für die Gewährung der Altersrente für schwerbehinderte Menschen enthalten. Schwerbehinderte Menschen haben es auf dem Arbeitsmarkt besonders schwer einen geeigneten Arbeitsplatz zu finden. Des Weiteren verhindert die gesundheitliche Situation oft eine Beschäftigung bis zur Regelaltersgrenze. Deshalb kann diese Altersrentenart früher abschlagsfrei bezogen werden.

Versicherte haben Anspruch auf Altersrente für schwerbehinderte Menschen, wenn sie

1. das 60. bzw. 62. Lebensjahr vollendet (vgl. 5.2.4.5),
2. bei Rentenbeginn schwerbehindert (bzw. berufs- und erwerbsunfähig),
3. die Wartezeit von 35 Jahren erfüllt haben und
4. die Hinzuverdienstgrenzen einhalten.

	Altersrente für schwerbehinderte Menschen - §§ 37, 236a SGB VI -
1	Vollendung des 60. bzw. 62. Lebensjahres
2	Schwerbehinderung bei Rentenbeginn
3	Erfüllung der Wartezeit von 35 Jahren nach § 50 Abs. 4 SGB VI
4	Einhalten der Hinzuverdienstgrenzen nach § 34 SGB VI

Abbildung 32: Altersrente für schwerbehinderte Menschen

5.2.4.1 Vollendung des 60. bzw. 62. Lebensjahres

Die Vollendung des 60. bzw. 62. Lebensjahres richtet sich nach § 26 SGB X in Verbindung mit §§ 187 Abs. 2, 188 Abs. 2 BGB. Die Nr. 5.2.1.1 zu §§ 35, 235 SGB VI (Regelaltersrente) gilt entsprechend. Hinsichtlich der einzelnen Fallgruppen wird auf 5.2.4.5 verwiesen.

5.2.4.2 Schwerbehinderung bei Rentenbeginn

Erforderlich ist eine anerkannte Schwerbehinderung im Sinne des § 2 Abs. 2 SGB IX.

Schwerbehindert im Sinne des § 2 Abs. 2 SGB IX sind Menschen, die körperlich, geistig oder seelisch behindert sind, deren Grad der Behinderung wenigstens 50 beträgt, sofern sie ihren Wohnsitz, ihren gewöhnlichen Aufenthalt oder ihre Beschäftigung auf einem Arbeitsplatz im Sinne des § 73 SGB IX rechtmäßig in Deutschland haben.

Die in § 2 Abs. 3 SGB IX genannten Personen, die den schwerbehinderten Menschen nach § 2 Abs. 2 SGB IX gleichgestellt sind, erfüllen die im Rentenrecht geforderte Voraussetzung *nicht*.

Die Schwerbehinderung wird durch den Schwerbehindertenausweis nachgewiesen, welcher vom Versorgungsamt auf Antrag gegebenenfalls ausgestellt wird. Alternativ wäre auch eine aktuelle Bescheinigung einer zuständigen Stelle (z.B. Berufsgenossenschaft), aus welcher sich ein Grad der Behinderung von mindestens 50 ergibt.

Die Anspruchsvoraussetzung der anerkannten Schwerbehinderung muss bei Beginn der Altersrente vorliegen; auf den Zeitpunkt der Vollendung des 60. oder eines späteren Lebensjahres kommt es insoweit nicht an. Wird diese Rente nach einer Unterbrechung neu beantragt, müssen die Anspruchsvoraussetzungen auch bei Beginn der neuen Rente vorliegen. Das Abstellen auf den Rentenbeginn hat auch zur Folge, dass bei verspäteter Antragstellung die Rente nicht nur später beginnt, sondern der Anspruch verloren gehen kann, wenn die beim frühestmöglichen Rentenbeginn vorhandenen Voraussetzungen bis dahin entfallen sind.

5.2.4.3 Wartezeit

Auf die Ausführungen in 5.2.3.2 wird verwiesen.

5.2.4.4 Hinzuverdienst / Flexirente (siehe auch 5.2.8.)

5.2.4.5 Rentenbeginn und Rentenabschlag

Abhängig vom Geburtsjahr sind die unterschiedlichsten Altersgrenzen, der jeweils frühestmögliche Rentenbeginn und die daraus resultierenden Rentenabschläge (§ 77 SGB VI) zu beachten.

5.2.4.5.1 Geboren vor dem 01.01.1951

Bei diesen Personen kann anstelle der geforderten Schwerbehinderung bei Rentenbeginn auch eine festgestellte Berufs- oder Erwerbsunfähigkeit nach dem am 31.12.2000 geltenden Recht bei Rentenbeginn in Frage kommen (§ 236a Abs. 3 SGB VI). Die Altersgrenze liegt bei 63 Jahren, aber es besteht die Möglichkeit diese Rentenart bereits ab 60 vorzeitig in Anspruch zu nehmen. Der daraus resultierende Rentenabschlag beträgt bis zu 10,8 Prozent (§ 236a Abs. 2 Satz 1 SGB VI).

5.2.4.5.2 Geboren im Zeitraum 01.01.1951 bis 31.12.1951

Eine Berufs- bzw. Erwerbsunfähigkeit führt nicht mehr zum Rentenanspruch. Die Altersgrenze liegt weiterhin bei 63 und es besteht auch hier die Möglichkeit bereits ab 60 (mit Abschlag bis zu 10,8 Prozent) diese Rentenart vorzeitig zu beziehen (§ 236a Abs. 2 Satz 1 SGB VI).

5.2.4.5.3 Geboren im Zeitraum 01.01.1952 bis 31.12.1963

Versicherte, welche zwischen 1952 und 1963 geboren sind, erfahren eine stufenweise Anhebung der Altersgrenze von 63 auf 65 Jahren (§ 236a Abs. 2 Satz 2 SGB VI).

Die Altersgrenze von 63 Jahren wird stufenweise für Versicherte angehoben, die nach dem 31. Dezember 1951 geboren sind. Die ersten sechs Anhebungsschritte erfolgen in Monatsschritten. Demnach erhöht sich die Altersgrenze für im Januar 1952 Geborene auf 63 Jahre und einen Monat, im Februar 1952 Geborene auf 63 Jahre und zwei Monate usw. Schließlich erhöht sich die Altersgrenze für im Juni bis Dezember 1952 Geborene auf 63 Jahre und sechs Monate. Für die im Juni bis Dezember 1952 Geborenen ist also die Altersgrenze für die Altersrente für schwerbehinderte Menschen um sechs Monate angehoben. Dies entspricht der Anhebung der Regelaltersgrenze um sechs Monate auf 65 Jahre und sechs Monate für 1952 Geborene. Die weiteren Anhebungsschritte der Altersgrenze für die Altersrente für schwerbehinderte Menschen erfolgen – parallel zur Anhebung der Regelaltersgrenze – zunächst in Stufen von einem Monat pro Jahrgang (Altersgrenze auf 64 Jahre) und dann zwei Monate pro Jahrgang (von Altersgrenze 64 auf 65 Jahre).

Die Altersgrenze für die vorzeitige Inanspruchnahme von 60 Jahren wird für nach dem 31. Dezember 1951 Geborene auf 62 Jahre in gleichen Stufen angehoben wie die Altersgrenze von 63 auf 65 Jahre.

Der maximale Abschlag von 10,8 Prozent bleibt somit unverändert.

Anhebung der Altersgrenze auf 65

Versicherte Geburtsmonat/ Geburtsjahr	Verlängerung der Lebensarbeitszeit um ... Monate	Künftiger normaler Rentenbeginn		Frühester vorzeitiger Rentenbeginn mit Abschlag von 10,8 Prozent	
		Jahr	Monat	Jahr	Monat
Januar 1952	1	63	1	60	1
Februar 1952	2	63	2	60	2
März 1952	3	63	3	60	3
April 1952	4	63	4	60	4
Mai 1952	5	63	5	60	5
Juni bis Dezember 1952	6	63	6	60	6
1953	7	63	7	60	7
1954	8	63	8	60	8
1955	9	63	9	60	9
1956	10	63	10	60	10
1957	11	63	11	60	11
1958	12	64	0	61	0
1959	14	64	2	61	2
1960	16	64	4	61	4
1961	18	64	6	61	6
1962	20	64	8	61	8
1963	22	64	10	61	10
ab 1964	24	65	0	62	0

5.2.4.5.4 Geboren ab 01.01.1964

Nach § 37 SGB VI liegt die Altersgrenze bei 65. Es besteht aber weiterhin die Möglichkeit, diese Altersrente ab 62 vorzeitig in Anspruch zu nehmen; allerdings mit einem Abschlag bis zu 10,8 Prozent.

5.2.4.5.5 Ausnahmefälle

I. Personen, welche vor dem 17.11.1950 geboren und bereits am 16.11.2000 schwerbehindert, berufs- oder erwerbsunfähig nach dem am 31.12.2000 geltenden Recht waren, können die Altersrente für schwerbehinderte Menschen bereits ab 60 abschlagsfrei beziehen. In der Praxis ist dies mittlerweile der einzigste Personenkreis, der ab 60 abschlagsfrei in die wohlverdiente Altersrente wechseln kann (§ 236a Abs. 4 SGB VI).

II. Für Versicherte, die am 01.01.2007 als schwerbehinderte Menschen anerkannt waren und entweder

a) vor dem 01.01.1955 geboren und vor dem 01.01.2007 Altersteilzeitarbeit im Sinne der §§ 2 und 3 Abs. 1 Nr. 1 des Altersteilzeitgesetzes vereinbart haben oder

b) Anpassungsgeld für entlassene Arbeitnehmer des Bergbaus bezogen haben

werden die Altersgrenzen nicht angehoben.

Es verbleibt bei diesem Personenkreis für den Anspruch auf die Altersrente für schwerbehinderte Menschen bei der Vollendung des 63. Lebensjahres und bei der vorzeitigen Inanspruchnahme mit Vollendung des 60. Lebensjahres. Der Rentenabschlag kann auch hier bis zu 10,8 Prozent betragen.

5.2.4.5.6 Fallbeispiel

Der Versicherte, geboren am 10.12.1954, hat 40 Jahre an rentenrechtlichen Zeiten zurückgelegt. Er verfügt seit 2002 über einen Schwerbehindertenausweis mit einem Grad der Behinderung von 60 vom Hundert.

a) Wann kann er die „Altersrente für schwerbehinderte Menschen" abschlagsfrei erhalten?
b) Annahme: Altersteilzeitvereinbarung vom 27.11.2006 für die Zeit vom 10.12.2009 bis 31.12.2014.

Wie sieht es dann mit der abschlagsfreien Altersrente für schwerbehinderte Menschen aus?

LÖSUNG A):

*Die Altersgrenze für den Bezug einer **abschlagsfreien Altersrente für schwerbehinderte Menschen** wird auf das 65. Lebensjahr angehoben. Die Inanspruchnahme ist ab dem 62. Lebensjahr - mit 0,3 Prozent Abschlag pro vorzeitigem Monat des Rentenbeginns - möglich. Für den Jahrgang 1954 beträgt die Anhebung acht Monate. Er erhält ab 01.09.2018 abschlagsfrei seine **„Altersrente für schwerbehinderte Menschen"** - unter der Voraussetzung, dass die Schwerbehinderung dann noch besteht und er die Hinzuverdienstgrenzen einhält. Falls er seine Altersrente z.B. bereits ab dem 01.01.2018* *in Anspruch nehmen möchte, beträgt der Abschlag 2,4 Prozent (8 x 0,3 Prozent).*

Hinweis:
Sollte die Schwerbehinderung bereits am 16.11.2000 bestanden haben, so würde dies an der Sachlage nichts ändern, da der Versicherte nicht vor dem 17.11.1950 geboren ist.

LÖSUNG B):

Im Rahmen der Vertrauensschutzregelungen verbleibt es für Versicherte, die vor dem 01.01.1955 geboren sind, am 01.01.2007 bereits schwerbehindert waren und eine Altersteilzeitarbeit vor 01.01.2007 vereinbart haben, bei einer „abschlagsfreien" Altersgrenze von 63 Jahren. Eine „abschlagsbehaftete" vorzeitige Inanspruchnahme ist weiterhin mit dem 60. Lebensjahr möglich (§ 236a Abs. 2 SGB VI). Falls die Altersrente für schwerbehinderte Menschen ab dem 60. Lebensjahr in Anspruch genommen wird (01.01.2015), beträgt der Abschlag 10,8 Prozent.

5.2.5 Die Altersrente wegen Arbeitslosigkeit oder nach Altersteilzeitarbeit (§ 237 SGB VI)

Diese Rentenart ist lediglich noch im hinteren Teil des SGB VI (§ 237 SGB VI) als Rentenart aufgeführt; im Gegensatz zu den bisher erläuterten Altersrentenarten fehlt hier eine entsprechende Vorschrift in den §§ 35 bis 42 SGB VI. Es handelt sich also hier um ein „Auslaufmodell", denn für Jahrgang 1952 und jünger ist diese Rentenart nicht mehr zugänglich (ohne Ausnahme). Bundesweit wurde diese Rente bisher etwa zwei Millionen Mal bewilligt.

Versicherte haben Anspruch auf diese Rente, wenn sie

1. vor dem 01.01.1952 geboren sind,
2. das 60. Lebensjahr vollendet
3. entweder bei Rentenbeginn arbeitslos waren und nach Vollendung eines Lebensalters von 58,5 Jahren insgesamt mindestens 52 Wochen arbeitslos waren oder Anpassungsgeld für entlassene Arbeitnehmer des Bergbaus bezogen haben oder die Arbeitszeit aufgrund von Altersteilzeitarbeit im Sinne der §§ 2 und 3 Abs. 1 Nr. 1 des Altersteilzeitgesetzes für mindestens 24 Kalendermonate vermindert haben,
4. in den letzten zehn Jahren vor dem Rentenbeginn mindestens acht Jahre Pflichtbeiträge für eine versicherte Beschäftigung oder Tätigkeit haben,
5. die Wartezeit von 15 Jahren erfüllt haben und
6. die Hinzuverdienstgrenzen einhalten.

	Altersrente wegen Arbeitslosigkeit oder nach Altersteilzeitarbeit - § 237 SGB VI -
1	Geboren vor 01.01.1952
2	Vollendung des 60. Lebensjahres
3	Arbeitslos bei Rentenbeginn und mindestens 52 Wochen arbeitslos ab 58,5 Jahren ***oder*** mindestens 24 Kalendermonate Altersteilzeitarbeit
4	Mindestens 8 Jahre Pflichtbeiträge in den letzten 10 Jahren vor Rentenbeginn
5	Erfüllung der Wartezeit von 15 Jahren (§ 243b Nr. 1 SGB VI)
6	Einhalten der Hinzuverdienstgrenzen nach § 34 SGB VI

Abbildung 33: Altersrente wegen Arbeitslosigkeit oder nach Altersteilzeitarbeit

5.2.5.1 Geboren vor dem 01.01.1952

Für alle Personen, welche nach dem 31.12.1951 geboren sind, ist diese Rentenart ausnahmslos **nicht** mehr zugänglich.

5.2.5.2 Vollendung des 60. Lebensjahres

Die Vollendung des 60. Lebensjahres richtet sich nach § 26 SGB X in Verbindung mit §§ 187 Abs. 2, 188 Abs. 2 BGB. Die Nr. 5.2.1.1 zu §§ 35, 235 SGB VI (Regelaltersrente) gilt entsprechend.

5.2.5.3 Arbeitslos bei Rentenbeginn und mindestens 52 Wochen arbeitslos ab 58,5 Jahren oder mindestens 24 Kalendermonate Altersteilzeitarbeit

5.2.5.3.1 Arbeitslos bei Rentenbeginn

Das Erfordernis der Arbeitslosigkeit muss nicht während des Rentenbezuges sondern lediglich bei Beginn der Rente (am ersten Tag) vorliegen. Hier genügt die objektive Arbeitslosigkeit im Sinne des § 138 Abs. 1 Nr. 1 und Abs. 3 SGB

III, d.h. der Versicherte ist entweder ohne Beschäftigung oder kurzzeitig (weniger als 15 Stunden wöchentlich) beschäftigt. Die subjektive Arbeitslosigkeit ist hier nicht notwendig, d.h. es könnte an diesem Tag beispielsweise auch eine Arbeitsunfähigkeit vorliegen.

5.2.5.3.2 52 Wochen arbeitslos ab 58,5 Jahren

Die 52 Wochen (= 364 Kalendertage) müssen nicht zusammenhängend verlaufen, sondern eine (mehrmalige) Unterbrechung beispielsweise durch Arbeitsaufnahme ist möglich.

Für die Ermittlung der 52 Wochen ist grundsätzlich der Tag der Meldung bei der zuständigen Agentur für Arbeit maßgebend. Samstage, Sonntage und Feiertage, welche von der Arbeitslosigkeit umrahmt werden, zählen mit.

Im Gegensatz zur „Arbeitslosigkeit bei Rentenbeginn“ (vgl. 5.2.5.3.1) muss der Versicherte hier subjektiv (arbeitsfähig und arbeitsbereit) und objektiv (keine Beschäftigung) arbeitslos sein. Somit zählen hier insbesondere Zeiten der Arbeitsunfähigkeit nicht mit, auch wenn nach § 146 SGB III das Arbeitslosengeld weitergezahlt wurde.

Anspruch auf diese Altersrente liegt auch vor, wenn der Versicherte während der Arbeitslosigkeit von 52 Wochen nur deshalb der Arbeitsvermittlung nicht zu Verfügung steht, weil er nicht arbeitsbereit ist und nicht alle Möglichkeiten nutzen will, um die Beschäftigungslosigkeit zu beenden oder nur deswegen nicht 52 Wochen arbeitslos war, weil er im Rahmen einer Arbeitsgelegenheit mit Entschädigung für Mehraufwendungen nach dem SGB II eine Tätigkeit von mindestens 15 Stunden wöchentlich ausgeübt hat (§ 237 Abs. 2 SGB VI).

Es handelt sich hier zum einen um die Personen, welche eine Erklärung nach § 428 SGB III a. F. abgegeben haben, als auch um die Arbeitslosengeld II-Bezieher, die einen sogenannten „Ein-Euro-Job“ ausüben.

Diese Zeiten werden jedoch vom 01.01.2008 an nur noch berücksichtigt, wenn die Arbeitslosigkeit vor dem 01.01.2008 begonnen hat und der Versicherte vor dem 02.01.1950 geboren ist.

5.2.5.3.3 24 Kalendermonate Altersteilzeitarbeit

Altersteilzeitarbeit ist eine Möglichkeit für ältere Arbeitnehmer, ihre Arbeitszeit im Einvernehmen mit dem Arbeitgeber zu verringern. Beim Bestehen einer tarifvertraglichen, betrieblichen oder individuellen Vereinbarung mit dem Arbeitgeber ist dies ab dem 55. Lebensjahr möglich. Innerhalb der letzten fünf Jahre vor Beginn der Altersteilzeit muss für mindestens 1.080 Kalendertage Versicherungspflicht nach dem SGB III vorgelegen haben.

Die Altersteilzeitarbeit muss nicht unbedingt in die Altersrente nach § 237 SGB VI münden, sondern kann auch im Hinblick auf eine andere Altersrente abgeschlossen werden.

Für die Berechtigung zum vorzeitigen Altersrentenbezug ist notwendig, dass für mindestens 24 Kalendermonate die bisherige Arbeitszeit auf der Grundlage einer Altersteilzeitvereinbarung im Sinne des Altersteilzeitgesetzes auf die Hälfte vermindert wird und der Arbeitgeber den halbierten Verdienst um *mindestens* 20 Prozent aufstockt und zusätzliche Rentenversicherungsbeiträge leistet. Bei der Gestaltung der Altersteilzeitarbeit bestehen vielfältige Möglichkeiten. Sowohl eine tägliche Reduzierung der Arbeitszeit als auch ein wöchentlicher, monatlicher oder jährlicher Wechsel ist denkbar. Die zumeist gewählte Variante ist das sogenannte „Blockmodell", wonach der Beschäftigte zunächst - bei halbem Gehalt plus Aufstockungsbetrag – bis zu fünf Jahre lang voll weiterarbeitet – und danach bei ununterbrochener Lohnzahlung in eine genauso lange Freizeitphase übergeht. Danach erfolgt der Wechsel in die „lang ersehnte" Rente. Für das Vorliegen von Altersteilzeitarbeit im Sinne des § 237 SGB VI kommt es nicht darauf an, ob der Arbeitgeber eine förderungswirksame Wiederbesetzung des durch Altersteilzeitarbeit freigewordenen Arbeitsplatzes vorgenommen hat.

5.2.5.4 In den letzten zehn Jahren vor Rentenbeginn mindestens acht Jahre Pflichtbeiträge

Der Zeitraum von zehn Jahren, in dem acht Jahre Pflichtbeiträge für eine versicherte Beschäftigung oder Tätigkeit vorhanden sein müssen, verlängert sich um Anrechnungszeiten, Berücksichtigungszeiten und Zeiten des Bezuges einer Rente aus eigener Versicherung, die nicht auch Pflichtbeitragszeiten aufgrund einer versicherten Beschäftigung oder Tätigkeit sind (§ 237 Abs. 1 SGB VI). Darüber hinaus verlängert er sich auch um Arbeitslosigkeitszeiten nach § 237 Abs. 2 Satz 1 SGB VI und Ersatzzeiten, soweit diese keine Pflichtbeiträge sind.

5.2.5.5 Wartezeit

Die Erfüllung der Wartezeit von 15 Jahren ist Voraussetzung für einen Anspruch auf die Altersrente wegen Arbeitslosigkeit oder nach Altersteilzeitarbeit (§ 243b Nr. 1 SGB VI).

Es müssen für 15 Jahre Beiträge (Pflichtbeiträge oder freiwillige Beiträge) oder Ersatzzeiten (§ 250 SGB VI) vorliegen. Auch die Zeiten nach § 52 SGB VI (Versorgungsausgleich, Minijob und Rentensplitting) zählen hier mit.

5.2.5.6 Hinzuverdienst / Flexirente (siehe auch 5.2.8.)

5.2.5.7 Rentenbeginn und Rentenabschlag

Die Altersgrenze wurde bereits vor Jahren (1997) auf 65 Jahre angehoben. Abhängig vom Geburtsjahr ist hier der frühestmögliche Rentenbeginn und der daraus resultierende Rentenabschlag zu beachten (§ 77 SGB VI).

5.2.5.7.1 Geboren vor dem 01.01.1946

Bei diesen Personen besteht die Möglichkeit, bereits ab 60 (mit Abschlag bis zu 18 Prozent) diese Rentenart vorzeitig zu beziehen (vgl. § 237 Abs. 3 SGB VI in Verbindung mit Anlage 19).

5.2.5.7.2 Geboren im Zeitraum 01.01.1946 bis 31.12.1948

Die Altersgrenze für die frühestmögliche Inanspruchnahme der Altersrente wegen Arbeitslosigkeit oder nach Altersteilzeitarbeit wird ab 2006 bis 2008 in Monatsschritten von 60 auf 63 Jahre angehoben. Betroffen sind 1946 geborene und jüngere Versicherte. Demnach können im Januar 1946 Geborene diese Altersrente frühestmöglich mit 60 Jahren und einem Monat beziehen, im Februar 1946 Geborene mit 60 Jahren und zwei Monaten usw.

Der maximale Rentenabschlag vermindert sich hierdurch stufenweise von 18 Prozent auf 7,2 Prozent.

Anhebung der vorzeitigen Inanspruchnahme

Versicherte Geburtsmonat / Geburtsjahr	Vorzeitige Inanspruchnahme ist möglich ab		Frühester vorzeitiger Rentenbeginn	Abschlag in Prozent
	Jahre	Monate		
Dezember 1941	60	0		18,0
Januar 1942 bis Dezember 1945	60	0		18,0
Januar 1946	60	1	März 2006	17,7
Februar 1946	60	2	Mai 2006	17,4
März 1946	60	3	Juli 2006	17,1
April 1946	60	4	September 2006	16,8
Mai 1946	60	5	November 2006	16,5
Juni 1946	60	6	Januar 2007	16,2
Juli 1946	60	7	März 2007	15,9
August 1946	60	8	Mai 2007	15,6
September 1946	60	9	Juli 2007	15,3
Oktober 1946	60	10	September 2007	15,0
November 1946	60	11	November 2007	14,7
Dezember 1946	61	0	Januar 2008	14,4
Januar 1947	61	1	März 2008	14,1
Februar 1947	61	2	Mai 2008	13,8
März 1947	61	3	Juli 2008	13,5
April 1947	61	4	September 2008	13,2
Mai 1947	61	5	November 2008	12,9
Juni 1947	61	6	Januar 2009	12,6
Juli 1947	61	7	März 2009	12,3
August 1947	61	8	Mai 2009	12,0
September 1947	61	9	Juli 2009	11,7
Oktober 1947	61	10	September 2009	11,4
November 1947	61	11	November 2009	11,1
Dezember 1947	62	0	Januar 2010	10,8
Januar 1948	62	1	März 2010	10,5
Februar 1948	62	2	Mai 2010	10,2
März 1948	62	3	Juli 2010	9,9
April 1948	62	4	September 2010	9,6
Mai 1948	62	5	November 2010	9,3

Juni 1948	62	6	Januar 2011	9,0
Juli 1948	62	7	März 2011	8,7
August 1948	62	8	Mai 2011	8,4
September 1948	62	9	Juli 2011	8,1
Oktober 1948	62	10	September 2011	7,8
November 1948	62	11	November 2011	7,5
Dezember 1948	63	0	Januar 2012	7,2

5.2.5.7.3 Geboren im Zeitraum 01.01.1949 bis 31.12.1951

Diese Personen können frühestens mit 63 Jahren diese Altersrente vorzeitig in Anspruch nehmen mit einem maximalen Abschlag von 7,2 Prozent. Versicherte, die nach dem 31.12.1951 geboren sind, haben keinen Anspruch mehr auf diese Rentenart (vgl. 5.2.5.1).

5.2.5.7.4 Ausnahmefälle

Die Altersgrenze von 60 Jahren für die vorzeitige Inanspruchnahme wird für Versicherte,

1. die am 1. Januar 2004 arbeitslos waren,

2. deren Arbeitsverhältnis aufgrund einer Kündigung oder Vereinbarung, die vor dem 1. Januar 2004 erfolgt ist, nach dem 31. Dezember 2003 beendet worden ist,

3. deren letztes Arbeitsverhältnis vor dem 1. Januar 2004 beendet worden ist und die am 1. Januar 2004 beschäftigungslos im Sinne des § 119 Abs. 1 Nr. 1 des Dritten Buches waren,

4. die vor dem 1. Januar 2004 Altersteilzeitarbeit im Sinne der §§ 2 und 3 Abs. 1 Nr. 1 des Altersteilzeitgesetzes vereinbart haben oder

5. die Anpassungsgeld für entlassene Arbeitnehmer des Bergbaus bezogen haben,

nicht angehoben. Einer vor dem 1. Januar 2004 abgeschlossenen Vereinbarung über die Beendigung des Arbeitsverhältnisses steht eine vor diesem Tag vereinbarte Befristung des Arbeitsverhältnisses oder Bewilligung einer befristeten arbeitsmarktpolitischen Maßnahme gleich. Ein bestehender Vertrauensschutz wird insbesondere durch die spätere Aufnahme eines Arbeitsverhältnisses oder den Eintritt in eine neue arbeitsmarktpolitische Maßnahme nicht berührt (§ 237 Abs. 5 SGB VI).

Für Versicherte, die am 1. Januar 2004 arbeitslos waren oder vor diesem Tag im Vertrauen auf das geltende Recht rechtsverbindlich über die Beendigung ihres Arbeitsverhältnisses disponiert haben (z.B. Aufhebungsvertrag oder Vertrag über Altersteilzeitarbeit), wird die Altersgrenze für die frühestmögliche Inanspruchnahme nicht angehoben.

Damit können nicht nur Versicherte der Jahrgänge 1945 aus Vertrauensschutzgründen weiterhin mit 60 Jahren die Altersrente wegen Arbeitslosigkeit oder nach Altersteilzeitarbeit in Anspruch nehmen. Es werden auch alle Versicherten geschützt, denen der Anspruch auf die Altersrente wegen Arbeitslosigkeit oder nach Altersteilzeitarbeit noch zustehen kann und bei denen am Stichtag die Beendigung des Beschäftigungsverhältnisses verbindlich feststand.

Mit der im Absatz 5 neu eingefügten Nr. 3 wird sichergestellt, dass auch für Versicherte Vertrauensschutz gilt, deren Arbeitsverhältnis aufgrund einer Kündigung oder Vereinbarung bereits vor dem 1. Januar 2004 endete, ohne dass genau am 1. Januar 2004 Arbeitslosigkeit vorlag.

Außerdem wird sichergestellt, dass Versicherte bis einschließlich Geburtsjahrgang 1951 weiterhin auf der Grundlage der Richtlinien über die Gewährung von Anpassungsgeld an Arbeitnehmer des Steinkohlenbergbaus aus einem Betrieb der Montanunion ausscheiden können.

Auf Erläuterungen zu den in § 237 Abs. 4 SGB VI enthaltenen weiteren Ausnahmen wird in diesem Buch mangels Bedeutung in der Praxis verzichtet (Personen beziehen bereits Rente bzw. Besonderheit für Knappschaft-Bahn-See).

5.2.5.7.5 Fallbeispiel 1

Der Versicherte ist am 12.01.1947 geboren. Er hat folgende rentenrechtliche Zeiten zurückgelegt:

- 01.03.1964 bis 30.06.1986 Pflichtbeiträge (268 Kalendermonate)
- 01.07.1986 bis 30.04.1996 freiwillige Beiträge (118 Kalendermonate)
- 01.05.1996 bis 31.08.2006 Pflichtbeiträge (124 Kalendermonate)
- 01.09.2006 bis auf weiteres Arbeitslosigkeit mit Leistungsbezug von der Bundesagentur für Arbeit

Aufgabenstellung:

Stellen Sie bitte fest, ob die Anspruchsvoraussetzungen für eine Altersrente wegen Arbeitslosigkeit oder nach Altersteilzeitarbeit vorliegen und legen Sie gegebenenfalls den Leistungsfall sowie den frühestmöglichen Rentenbeginn (gegebenenfalls mit Rentenabschlägen) fest.

Hinweis:
Die Hinzuverdienstgrenzen werden eingehalten.
*Altersteilzeitarbeit wird **nicht** ausgeübt.*
*Ein Sachverhalt nach § 237 Abs. 5 SGB VI liegt **nicht** vor.*

LÖSUNG ZU FALLBEISPIEL 1:

Er ist am 12.01.1947 und somit vor dem 01.01.1952 geboren und vollendete das 60. Lebensjahr am 11.01.2007 (§ 26 SGB X in Verbindung mit § 187 Abs., 2, § 188 Abs. 2 BGB).

Der Versicherte hat nach dem vollendeten 58. Lebensjahr und sechs Monaten, also ab 11.07.2005, folgende Zeiten der Arbeitslosigkeit mit Leistungsbezug zurückgelegt, die auf die 52 Wochen hinzuzurechnen sind:

Arbeitslosigkeit mit Leistungsbezug
vom 01.09.2006 bis laufend (30.09.2007) = 395 Tage Arbeitslosigkeit

Somit ist diese Voraussetzung erfüllt.

Altersteilzeitarbeit wird laut Sachverhalt nicht ausgeübt.

Weiterhin müsste er in den letzten zehn Jahren 96 Pflichtbeiträge aufgrund einer versicherten Beschäftigung oder Tätigkeit entrichtet haben. Der Zehn-Jahreszeitraum beginnt am 01.03.1998 und endet am 29.02.2008 (vgl. Anlage 19 und § 237 Abs. 5 SGB VI gilt nicht). Soweit ein Anspruch auf Rente eine bestimmte Anzahl von Pflichtbeiträgen für eine versicherte Beschäftigung oder Tätigkeit voraussetzt, zählen hierzu gemäß § 55 Abs. 2 SGB VI auch Pflichtbeiträge, für die aus den nach §§ 3 oder 4 SGB VI genannten Gründen Beiträge gezahlt worden sind, folglich Zeiten des Arbeitslosengeldbezuges.

Somit wurden im Zeitraum vom 01.03.1998 bis 29.02.2008 insgesamt 120 Monate Pflichtbeiträge für eine versicherte Beschäftigung oder Tätigkeit zurückgelegt (falls Bezug von Arbeitslosengeld oder Arbeitslosengeld II bis 29.02.2008).

Auf die Wartezeit von 15 Jahren werden gemäß § 244 Abs. 2 SGB VI in Verbindung mit § 55 Abs. 1 SGB VI Beitragszeiten und Ersatzzeiten angerechnet. Auf die Wartezeit sind folgende Zeiten anzurechnen:

- *01.03.1964 bis 30.06.1986 Pflichtbeiträge* | *268 Monate*
- *01.07.1986 bis 30.04.1996 freiwillige Beiträge* | *118 Monate*
- *01.05.1996 bis 31.08.2006 Pflichtbeiträge* | *124 Monate*
- *01.09.2006 bis 29.02.2008 Pflichtbeiträge aufgrund Arbeitslosengeldbezuges* | *18 Monate*

insgesamt | *528 Monate*

Die Wartezeit von 15 Jahren (180 Monaten) ist somit erfüllt.

Laut Aufgabenstellung werden die Hinzuverdienstgrenzen eingehalten.

Damit werden sämtliche Anspruchsvoraussetzungen zum 29.02.2008 erfüllt sein. Er kann somit bei fristgerechter Rentenantragstellung gemäß § 99 Abs. 1 SGB VI die Altersrente wegen Arbeitslosigkeit ab dem 01.03.2008 beanspruchen.

Gemäß § 237 Abs. 3 SGB VI ist die Altersgrenze von 60 Jahren für nach dem 31.12.1936 geborene Versicherte anzuheben. Die Anhebung der Altersgrenzen bestimmt sich nach Anlage 19 zum SGB VI. Hiernach ist die Altersgrenze für den Geburtsmonat Januar 1947 um 47 Monate anzuheben.

Der früheste Rentenbeginn ohne Rentenabschläge wäre demnach der 01.02.2012.

Er hat laut Sachverhalt keinen Vertrauensschutz gemäß § 237 Abs. 5 SGB VI, mit der Folge, dass er zwar die Altersrente wegen Arbeitslosigkeit und Vollendung des 60. Lebensjahres gemäß § 237 Abs. 1 und Abs. 3 SGB VI ab 01.03.2008 beanspruchen kann, er muss jedoch Rentenabschläge von 14,1 Prozent in Kauf nehmen (§ 77 Abs. 2 Nr. 2 Buchstabe a SGB VI).

5.2.5.7.6 Fallbeispiel 2

Der Versicherte Peter D., geb. am 17.04.1945, ist seit seinem 16. Lebensjahr durchgehend rentenversicherungspflichtig beschäftigt.

An seinem 60. Geburtstag hat er mit seinem Arbeitgeber für den Zeitraum 01.10.2005 bis 30.09.2007 eine Altersteilzeitvereinbarung (01.10.2005 bis 30.09.2006: Arbeitsphase und 01.10.2006 bis 30.09.2007: Freistellungsphase) getroffen.

Herr D. hat seine Altersteilzeit auch wie vereinbart angetreten und beabsichtigt ab 01.10.2007 seine wohlverdiente Altersrente zu genießen.

Aufgabenstellung:

Frage 1:
Mit welchem Abschlag musste der Versicherte ab 01.10.2007 rechnen?

Frage 2:
Im Sommer 2006 hatte Herr D. nach einem langen Sozialgerichtsverfahren tatsächlich seinen „heiß begehrten Schwerbehindertenausweis" (M.d.E. = 50 Prozent ab 11.04.2005) erhalten. Hat dies Auswirkungen auf seinen in Frage 1 ermittelten Abschlag, ggf. in welcher Höhe?

An den Entscheidungen bezüglich Altersteilzeitarbeit und Rentenbeginn hatte sich nichts geändert.

LÖSUNG ZU FALLBEISPIEL 2:

Zu Frage 1:

Unter Beachtung der vorliegenden Fakten (u.a. Alter, Geschlecht) kommt in diesem Fall nur die Altersrente wegen Arbeitslosigkeit oder nach Altersteilzeitarbeit in Betracht.

Die in § 237 Abs. 1 SGB VI geforderten Voraussetzungen liegen hier eindeutig vor und bei unterstellter rechtzeitiger Antragstellung kann diese Altersrente auch ab 01.10.2007 bewilligt werden. Die Altersgrenze liegt nach § 237 Abs. 3 SGB VI in Verbindung mit Anlage 19 beim 65. Lebensjahr, d.h. die oben angegebene Rente könnte ohne Abschlag erst ab 01.05.2010 bewilligt werden.

Durch den gewünschten Rentenbeginn 01.10.2007 entsteht somit ein Abschlag in Höhe von 9,3 Prozent (01.10.2007 bis 30.04.2010 = 31 Monate x 0,3 Prozent) auf Dauer.

Zu Frage 2:

Nach Erhalt des Schwerbehindertenausweises kommt zusätzlich zur Altersrente nach § 237 SGB VI auch die Altersrente für schwerbehinderte Menschen nach § 236a SGB VI in Betracht.

Die dort geforderten Voraussetzungen liegen hier auch eindeutig vor. Nach § 236a SGB VI in Verbindung mit Anlage 22 wird hier die Altersgrenze von 60 Jahren um 36 Monate auf 63 Jahre angehoben. Herr D. könnte somit diese Rente bereits ab 01.05.2008 abschlagsfrei erhalten.

Durch den gewünschten Rentenbeginn 01.10.2007 entsteht somit ein Abschlag in Höhe von 2,1 Prozent (01.10.2007 bis 30.04.2008 = 7 Monate x 0,3 Prozent).

Fazit:
Durch den Schwerbehindertenausweis verringert sich sein lebenslanger Rentenabschlag um 7,2 Prozent.

5.2.6 Die Altersrente für Frauen (§ 237a SGB VI)

Diese besondere Altersrentenart für Frauen ist, wie die Altersrente wegen Arbeitslosigkeit oder nach Altersteilzeitarbeit, nur noch im hinteren Teil des SGB VI (§ 237a SGB VI) aufgeführt. Auch hier handelt es sich um ein „Auslaufmodell“, denn alle Frauen ab Jahrgang 1952 können diese Altersrentenart *nicht* beziehen.

Versicherte haben Anspruch auf diese Rente, wenn sie

1. vor dem 01.01.1952 geboren sind,
2. das 60. Lebensjahr vollendet haben,
3. nach Vollendung des 40. Lebensjahres mehr als zehn Jahre Pflichtbeiträge für eine versicherte Beschäftigung oder Tätigkeit haben,
4. die Wartezeit von 15 Jahren erfüllt haben und
5. die Hinzuverdienstgrenzen einhalten.

	Altersrente für Frauen - § 237a SGB VI -
1	Geboren vor 01.01.1952
2	Vollendung des 60. Lebensjahres
3	Mehr als zehn Jahre Pflichtbeiträge nach vollendetem 40. Lebensjahr
4	Erfüllung der Wartezeit von 15 Jahren (§ 243b Nr. 2 SGB VI)
5	Einhalten der Hinzuverdienstgrenzen nach § 34 SGB VI

Abbildung 34: Altersrente für Frauen

5.2.6.1 Geboren vor dem 01.01.1952

Alle Frauen, die nach dem 31.12.1951 geboren sind, können diese Altersrente *nicht* beziehen.

5.2.6.2 Vollendung des 60. Lebensjahres

Die Vollendung des 60. Lebensjahres richtet sich nach § 26 SGB X in Verbindung mit §§ 187 Abs. 2, 188 Abs. 2 BGB.

Die Nr. 5.2.1.1 zu §§ 35, 235 SGB VI (Regelaltersgrenze) gilt entsprechend.

5.2.6.3 Mindestens zehn Jahre Pflichtbeiträge nach vollendetem 40. Lebensjahr

Nach dem vollendeten 40. Lebensjahr müssen mehr als zehn Jahre (= mindestens 121 Kalendermonate) Pflichtbeiträge liegen, wobei Teilmonate als volle Monate zählen (§ 122 Abs. 1 SGB VI). Bei der Prüfung dieser Voraussetzungen ist auf die Zeit nach Vollendung des 40. Lebensjahres abzustellen, d.h. der maßgebende Zeitraum beginnt an dem Tag, der der Vollendung des 40. Lebensjahres folgt, also an dem Tag, der seiner Benennung nach dem Geburtstag entspricht. Demnach zählt bei einer am Ersten eines Monats Geborenen der Monat der Vollendung des 40. Lebensjahres nicht mit.

Fallbeispiel:

Geburtstag 01.06.1950

Vollendung des 40. Lebensjahres 31.05.1990

Zu zählen sind die Pflichtbeiträge, die nach Vollendung des 40. Lebensjahres liegen, also ab 01.06.1990. Pflichtbeitragszeiten bis einschließlich 31.05.1990 bleiben unberücksichtigt.

Bei der Prüfung der mehr als zehn Jahre Pflichtbeitragszeiten sind Zeiten, für die nach Bundesrecht Pflichtbeiträge gezahlt worden sind, sowie Zeiten, die als Pflichtbeiträge nach besonderen Vorschriften als gezahlt gelten (z.B. Kindererziehungszeiten), zu berücksichtigen. Dagegen können im Rahmen eines Versorgungsausgleichs übertragene/begründete Rentenanwartschaften bzw. aus Rentensplitting nicht als Pflichtbeiträge gewertet werden, selbst wenn sie ganz oder teilweise aus einer Pflichtbeitragsentrichtung des Ehegatten stammen.

5.2.6.4 Wartezeit

Die Erfüllung der Wartezeit von 15 Jahren ist Voraussetzung für einen Anspruch auf die Altersrente für Frauen (§ 243b Nr. 2 SGB VI).
s müssen für 15 Jahre Beiträge (Pflichtbeiträge oder freiwillige Beiträge) oder Ersatzzeiten (§ 250 SGB VI) vorliegen. Auch die Zeiten nach § 52 SGB VI (Versorgungsausgleich, Minijob und Rentensplitting) zählen hier mit.

5.2.6.5 Hinzuverdienst / Flexirente (siehe 5.2.8.)

5.2.6.6 Rentenbeginn und Rentenabschlag

Die Altersgrenze wurde bereits vor Jahren (2000) stufenweise auf 65 Jahre angehoben (§ 237a Abs. 2 SGB VI).

Bei allen Frauen, die geboren sind im Zeitraum vom 01.12.1944 bis 31.12.1951, beträgt die Altersgrenze 65 Jahre. Ein Rentenbezug bereits ab dem 60. Lebensjahr (mit Abschlag bis zu 18 Prozent) ist möglich.

Anhebung der Altersgrenze auf 65

Geburtsmonat/ Geburtsjahr	Verlängerung der Lebensarbeitszeit um ... Monate	Künftiger normaler Rentenbeginn	Abschlag bei Rentenbeginn mit 60 in Prozent
Juni 1943	42	Januar 2007	12,6
Juli 1943	43	März 2007	12,9
August 1943	44	Mai 2007	13,2
September 1943	45	Juli 2007	13,5
Oktober 1943	46	September 2007	13,8
November 1943	47	November 2007	14,1
Dezember 1943	48	Januar 2008	14,4
Januar 1944	49	März 2008	14,7
Februar 1944	50	Mai 2008	15,0
März 1944	51	Juli 2008	15,3
April 1944	52	September 2008	15,6
Mai 1944	53	November 2008	15,9
Juni 1944	54	Januar 2009	16,2
Juli 1944	55	März 2009	16,5
August 1944	56	Mai 2009	16,8
September 1944	57	Juli 2009	17,1
Oktober 1944	58	September 2009	17,4
November 1944	59	November 2009	17,7
Dezember 1944	60	Januar 2010	18,0
ab Januar 1945 bis Dezember 1951	60	Monat nach Vollendung 65. Lebensjahr	18,0

5.2.6.6.1 Fallbeispiel

Frau Schütz, geboren am 05.08.1948, hat folgende rentenrechtlichen Zeiten zurückgelegt:

vom 01.04.1964 bis 03.03.1967	36 Monate	Pflichtbeiträge für eine versicherter Beschäftigung
vom 04.03.1967 bis 10.06.1967		Anrechnungszeit wegen Schwangerschaft/Mutterschutz
vom 15.04.1967 bis 14.04.1977		Berücksichtigungszeiten wegen Kindererziehung
vom 01.05.1967 bis 30.04.1968	12 Monate	Kindererziehungszeit
vom 01.05.1968 bis 31.03.1985	203 Monate	Pflichtbeiträge für eine versicherte Beschäftigung
vom 01.05.1995 bis 30.04.2000	60 Monate	Pflichtbeiträge für eine versicherte Beschäftigung
vom 01.05.2000 bis 30.06.2000	2 Monate	Pflichtbeiträge wegen des Bezugs von Arbeitslosengeld
vom 01.07.2000 bis 30.11.2007	89 Monate	Pflichtbeiträge für eine versicherte Beschäftigung
ab 01.12.2007 bis laufend		Pflichtbeiträge für eine versicherte Beschäftigung

Frau Schütz spricht im November 2007 bei der Deutschen Rentenversicherung vor und bittet um Beantwortung folgender Fragen:

1. Ab wann könnte sie frühestens die Altersrente für Frauen erhalten?
2. Ab wann könnte sie diese Altersrente ungekürzt erhalten?

Hinweise:

Die Versicherte übt ihre versicherungspflichtige Beschäftigung bis zum Rentenbeginn aus.

Im Monat vor Beginn der Altersrente gibt die Versicherte ihre Beschäftigung auf.

LÖSUNG:

Zu 1.:

Nach § 237a Abs. 1 SGB VI erhalten Frauen unter bestimmten Voraussetzungen Altersrente:

- *Sie ist vor dem 01.01.1952 geboren.*
- *Nach § 26 SGB X in Verbindung mit §§ 187, 188 BGB vollendet sie ihr 60. Lebensjahr am 04.08.2008.*
- *Sie hat am 04.08.1988 ihr 40. Lebensjahr vollendet. Nach diesem Zeitpunkt hat sie im November 2007 151 Monate mit Pflichtbeiträgen für eine versicherte Beschäftigung oder Tätigkeit.*
- *Außerdem muss sie die Wartezeit von 15 Jahren erfüllen. Nach § 244 Abs. 2 SGB VI werden auf diese Wartezeit Kalendermonate mit Beitrags- und Ersatzzeiten angerechnet. Bis zum 30.11.2007 wurden bereits 402 Beitragsmonate zurückgelegt.*
- *Weiterhin muss die nach § 34 SGB VI geltende Hinzuverdienstgrenze eingehalten werden.*

Nachdem die Voraussetzungen dieser Altersrente frühestens im August 2008 erfüllt werden können, könnte diese Altersrente bei rechtzeitiger Antragstellung nach § 99 Abs. 1 SGB VI ab dem 01.09.2008 gewährt werden.

Zu 2.:

Sie kann ab 01.09.2013 abschlagsfrei (65 Jahre) bzw. ab 01.09.2008 mit einem Abschlag in Höhe von 18 Prozent die Altersrente für Frauen erhalten.

5.2.7 Die Altersrente für langjährig unter Tage beschäftigte Bergleute (§§ 40, 238 SGB VI)

– nicht behandelt, da knappschaftliche Besonderheit –

5.2.8 Hinzuverdienst / Flexirente

Anspruch auf eine Rente wegen Alters besteht vor dem vollendeten 65. Lebensjahr bzw. vor dem Erreichen der Regelaltersgrenze nur dann, wenn die betreffende Hinzuverdienstgrenze eingehalten wird (vgl. § 34 SGB VI).

Beim unzulässigen Überschreiten der höchsten Hinzuverdienstgrenze entfällt im Gegensatz zur Erwerbsminderungsrente (vgl. § 96a SGB VI) nicht nur der Zahlungs- sondern darüber hinaus der Rentenanspruch. Sobald der Hinzuverdienst sich vermindert, ist deshalb ein neuer Rentenantrag zu stellen.

Die Einhaltung der Hinzuverdienstgrenzen nach § 34 SGB VI ist demnach zu prüfen für

a) die Entstehung des Anspruchs (negative Anspruchsvoraussetzung)

   und

b) die Fortdauer des Anspruchs.

Die Grenzen des § 34 SGB VI sind für den Bezug der Altersrenten bis zum 65. Lebensjahr bzw. Erreichen der Regelaltersgrenze zu prüfen. Sie gelten einheitlich für alle Altersrenten nach dem SGB VI.

5.2.8.1 Hinzuverdienst bei Vollrente

Für Bezieher einer Vollrente wegen Alters, die die Regelaltersgrenze noch nicht erreicht haben, regeln ab 01.07.2017 die Vorschriften des Flexi-Rentengesetzes eine stufenlose Anrechnung von Hinzuverdienst auf die Rente. Die Möglichkeit, vor Erreichen der Regelaltersgrenze eine Teilzeitarbeit durch eine Teilrente zu ergänzen, wird verbessert. Teilrente und Hinzuverdienst werden flexibel und individuell miteinander kombinierbar. Hinzuverdienst wird im Rahmen einer Jahresbetrachtung stufenlos bei der Rente berücksichtigt.
Wer eine vorgezogene Vollrente wegen Alters bezieht und weiterarbeitet, erhöht dadurch künftig regelmäßig den Rentenanspruch. Auch Vollrentnerinnen und Vollrentner sind fortan in der gesetzlichen Rentenversicherung versicherungspflichtig, bis sie die Regelaltersgrenze erreichen.
Um einen Anreiz für eine Beschäftigung auch nach Erreichen der Regelaltersgrenze zu setzen, wird die Möglichkeit geschaffen, auf die dann bestehende Versicherungsfreiheit zu verzichten. Die Beschäftigten können so weitere Entgeltpunkte in der gesetzlichen Rentenversicherung erwerben und ihren Rentenanspruch noch erhöhen.
Als Hinzuverdienst berücksichtigt werden wie bisher Arbeitsentgelt, Arbeitseinkommen und vergleichbares Einkommen. Entscheidend ist - wie schon nach der bisherigen Rechtsauslegung - ausschließlich, dass Einkünfte im Sinne von § 14 oder § 15 SGB IV beziehungsweise vergleichbares Einkommen nach Rentenbeginn vorliegt.

5.2.8.2 Hinzuverdienst bei Teilrente

Ein Anspruch auf eine Teilrente besteht, wenn der Hinzuverdienst die Hinzuverdienstgrenze von ***6 300 Euro im Kalenderjahr*** überschreitet. Die Höhe der Teilrente bestimmt sich dabei wie folgt: Im ersten Schritt wird geprüft, ob der jährliche Hinzuverdienst die jährliche Hinzuverdienstgrenze von 6 300 Euro übersteigt. Ist dies der Fall, wird ein Zwölftel des übersteigenden Betrages zu 40 Prozent auf die Vollrente angerechnet.

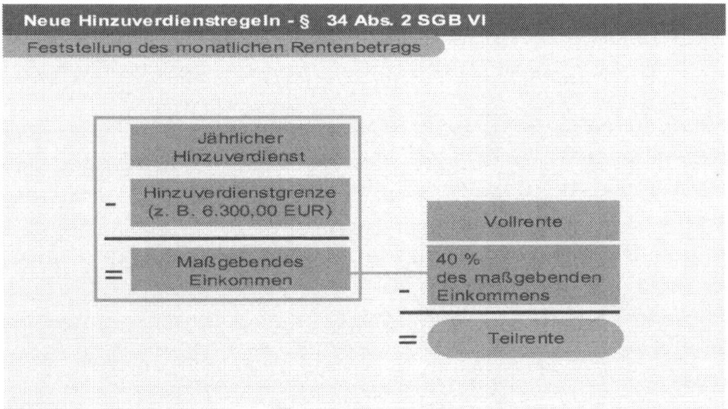

Übersteigt in einem weiteren Prüfschritt die Summe aus dem sich nach der 40-Prozent-Anrechnung nach Satz 2 ergebenden Rentenbetrag und einem Zwölftel des jährlichen Hinzuverdienstes den Hinzuverdienstdeckel (Absatz 3a), wird der übersteigende Betrag in voller Höhe auf den nach Satz 2 verbleibenden Rentenbetrag angerechnet. Damit wird erreicht, dass die Versicherten grundsätzlich nur ein Einkommen aus (Teil-)Rente und Hinzuverdienst bis zur Höhe des früheren Einkommens erzielen können. Erst wenn der anzurechnende Hinzuverdienst die Höhe der Vollrente erreicht, besteht kein Anspruch mehr auf die Rente.

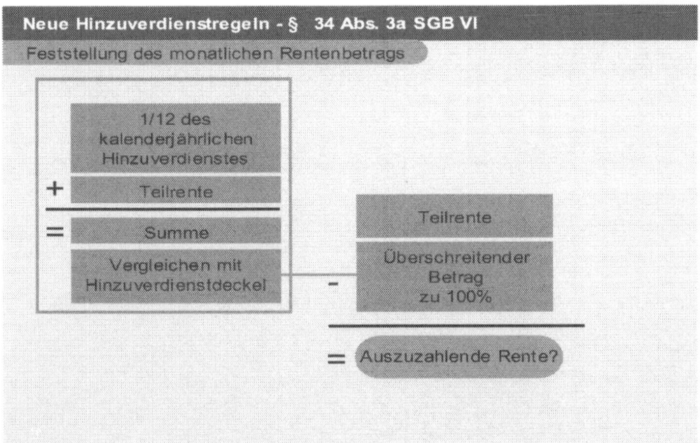

§ 34 Absatz 3a SGB VI enthält die Berechnung des Hinzuverdienstdeckels, der durch das Abstellen auf die monatliche Bezugsgröße (§ 18 SGB IV) dynamisch ist. Maßgebend ist das Kalenderjahr mit den höchsten Entgeltpunkten aus den letzten 15 Kalenderjahren vor dem Beginn der ersten Rente wegen Alters **(Best of 15).** Mit diesem

verlängerten Zeitraum wird der Erwerbsbiografie derjenigen Versicherten Rechnung getragen, die in den letzten Jahren vor Rentenbeginn beispielsweise arbeitslos waren oder ihre Erwerbstätigkeit reduziert und damit ein geringeres Einkommen versichert hatten als in der davor liegenden Zeit. Zugunsten der Versicherten beträgt die Höhe des Hinzuverdienstdeckels mindestens die Summe aus einem Zwölftel von 6 300 Euro und dem Betrag der monatlichen Vollrente.
Hiermit wird vermieden, dass es bei einem Überschreiten der Hinzuverdienstgrenze zu einem geringeren Gesamteinkommen kommt als bei der Einhaltung der Hinzuverdienstgrenze.
Dies ist in den Fällen von Bedeutung, in denen in den letzten 15 Kalenderjahren vor Beginn der ersten Rente wegen Alters nur wenige oder keine Entgeltpunkte erzielt wurden. Satz 3 legt fest, dass die Höhe des Hinzuverdienstdeckels ausschließlich zum 1. Juli eines Jahres mit den dann aktuellen Rechengrößen neu berechnet wird.

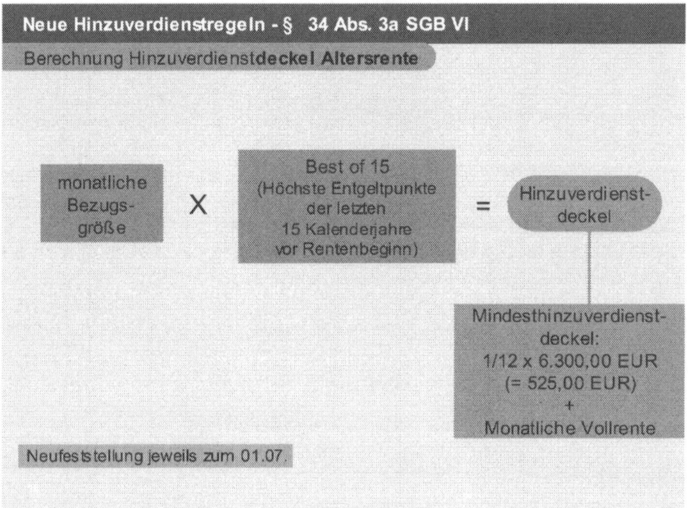

Nach **§ 34 Absatz 3c SGB VI** ist der voraussichtliche kalenderjährliche Hinzuverdienst zu berücksichtigen. Dieser ist vom Träger der Rentenversicherung im Wege einer vorausschauenden Betrachtung festzustellen **(Prognose).** Grundlagen für die Prognose können neben den Angaben der Versicherten je nach Gestaltung des Einzelfalls zum Beispiel Arbeitsverträge, Arbeitgeberbescheinigungen oder - im Falle von Arbeitseinkommen (steuerrechtlicher Gewinn) - Bescheinigungen des Steuerberaters oder der letzte Einkommensteuerbescheid des zeitnahesten Kalenderjahres sein.
Die Prognose ist bei Rentenbeginn, bei Änderung des berücksichtigten Hinzuverdienstes nach Absatz 3e - auch aufgrund von Hinzutritt oder Wegfall von Hinzuverdienst - und bei erstmaliger Anwendung von § 34 neuer Fassung auf Renten mit laufendem Hinzuverdienst zu treffen. Sie gilt grundsätzlich bis zum 30. Juni des folgenden Kalenderjahres kalenderjahresübergreifende Prognose). Da zu Beginn des neuen Kalenderjahres die Hinzuverdienstgrenze von 6 300 Euro wiederum in voller Hohe „zur Verfügung steht“, kann sich je nach Fallgestaltung ab 1. Januar ein veränderter Rentenanspruch ergeben als im Dezember davor.

Jeweils zum 1. Juli der folgenden Kalenderjahre soll der voraussichtliche kalenderjährliche Hinzuverdienst neu bestimmt werden, wenn sich eine Änderung, die den Rentenanspruch betrifft, ergibt. Ist davon auszugehen, dass sich der Hinzuverdienst nicht oder ohne Auswirkungen auf den Rentenanspruch verändert hat, muss keine neue Prognose erfolgen. Die zum 1. Juli erstellte Prognose gilt wiederum bis zum 30. Juni des folgenden Kalenderjahres. Damit sollen – vorbehaltlich der Neuberechnung nach Absatz 3e - unterjährige Neuberechnungen aufgrund von Hinzuverdienständerungen und der damit verbundene Verwaltungsaufwand vermieden werden. Diesem Ziel dient auch die Regelung in Satz 3, nach der eine neue Prognose zum 1. Juli nicht durchzuführen ist, wenn in dem Kalenderjahr bereits eine Prognose erfolgt ist, zum Beispiel zu Rentenbeginn oder bei Hinzuverdienständerungen nach Absatz 3e.

Zum Zeitpunkt der Prognose ist zu prüfen, ob die Hinzuverdienstgrenze des jeweiligen Kalenderjahres insgesamt eingehalten wird, das heißt, auch ein bis dahin im Kalenderjahr bereits berücksichtigter Hinzuverdienst ist zu beachten. Ist zum Beispiel bis zum 30. Juni ein monatlicher Hinzuverdienst von 800 Euro berücksichtigt worden und wird ab 1. Juli ein Hinzuverdienst von 400 Euro monatlich prognostiziert, so kann ab diesem Zeitpunkt weiterhin nur eine - allerdings höhere - Teilrente gezahlt werden, da mit dem Gesamthinzuverdienst von 7 200 Euro die kalenderjährliche Hinzuverdienstgrenze von 6 300 Euro überschritten wird. Liegen zum Zeitpunkt der Prognose Erkenntnisse darüber vor, dass in den vergangenen Kalendermonaten des laufenden Kalenderjahres tatsächlich ein anderer Hinzuverdienst erzielt wurde als bisher berücksichtigt, so sind diese Erkenntnisse bei der Feststellung der Rente aufgrund einer neuen Prognose zu berücksichtigen. Eine rückwirkende Korrektur der bisher im laufenden Kalenderjahr gezahlten Rente erfolgt anlässlich beziehungsweise zum Zeitpunkt einer Prognose nicht. Eine rückwirkende Überprüfung des Hinzuverdienstes und eine gegebenenfalls daraus folgende Korrektur bisher gezahlter Rentenbeträge findet nach Absatz 3d außer im Jahr des Erreichens der Regelaltersgrenze ausschließlich zum 1. Juli für das davor liegende Kalenderjahr statt. Das gilt auch, wenn nach Absatz 3e ein Hinzutritt oder Wegfall von Hinzuverdienst berücksichtigt wird.

§ 34 Absatz 3d SGB VI regelt die rückwirkende Überprüfung des berücksichtigten Hinzuverdienstes und die daraus folgende eventuelle rückwirkende Neuberechnung der Rente für das abgelaufene Kalenderjahr **(Spitzabrechnung).** Diese soll, beginnend mit dem Kalenderjahr, das dem Jahr der erstmaligen Hinzuverdienstberücksichtigung folgt, jeweils zum 1. Juli stattfinden. Der tatsächliche Hinzuverdienst des vorigen Kalenderjahres ist zu ermitteln und nach den Absätzen 2, 3 und 3a ist festzustellen, ob sich danach rückwirkend eine den Rentenanspruch betreffende Veränderung ergibt. Ist das nicht der Fall, bleibt es bei der bisherigen Rentenberechnung. Ergibt sich ein veränderter Rentenanspruch, sind bisherige abweichende Bescheide aufzuheben.

§ 34 Absatz 3e SGB VI räumt den Versicherten die Möglichkeit ein, Hinzuverdienständerungen auf Antrag berücksichtigen zu lassen und eine neue abweichende Prognose des Hinzuverdienstes zu veranlassen. Ist der neue voraussichtliche kalenderjährliche Hinzuverdienst um mindestens zehn Prozent niedriger als der nach Absatz 3c prognostizierte und ergibt sich eine Änderung, die den Rentenanspruch betrifft, soll der Rentenanspruch an den niedrigeren Hinzuverdienst angepasst werden können. Hiermit sollen übermäßige Belastungen der Versicherten vermieden werden. Dies gilt auch, wenn der Hinzuverdienst ganz wegfällt. Der höhere Rentenanspruch wird dann nach § 100 Absatz 1 mit dem Beginn des folgenden Monats gezahlt. Auch ein um mindestens zehn Prozent erhöhter oder (erstmals oder erneut) hinzutretender Hinzuverdienst soll auf Antrag berücksichtigt werden können. Damit sollen aus der Überprüfung nach Absatz 3d resultierende Rückforderungen an die Versicherten gering gehalten werden. In diesen Fällen ist die niedrigere Rente jedoch nur für die Zukunft zu leisten. Unterjährige Rückforderungen sollen nicht erfolgen. Auch bei der Feststellung der Rente aufgrund der neuen Prognose nach Absatz 3e ist immer der Hinzuverdienst des gesamten jeweiligen Kalenderjahres zu berücksichtigen.

Nach § 34 Absatz 3f sind die bisherigen Bescheide aufzuheben, wenn sich bei der Berücksichtigung von Hinzuverdienst nach den Absätzen 3c bis 3e eine Änderung, die den Rentenanspruch betrifft, ergibt. Dies ist der Fall, wenn sich statt der bisherigen Teilrente eine andere Teilrente oder eine Vollrente, statt der bisherigen Vollrente eine Teilrente oder statt des bisherigen Rentenanspruchs kein Rentenanspruch ergibt. . Die Bescheide sind von dem Zeitpunkt an aufzuheben, ab dem sich der veränderte Rentenanspruch nach den Absätzen 3c bis 3e ergibt. Der Rentenanspruch ist dann in zutreffender Höhe rückwirkend festzustellen.
Soweit die Bescheide aufgehoben wurden, sind zu viel erbrachte Rentenleistungen (Überzahlungen) von den Versicherten an den Träger der Rentenversicherung zu erstatten. Dabei ist unter Wirtschaftlichkeitsaspekten zu beachten, dass die Rückforderung von Bagatellbeträgen unterbleibt. Zu wenig an die Versicherten erbrachte Rentenleistungen sind an die Versicherten auszuzahlen.
Die §§ 24, 44, 45 und 48 des Zehnten Buches Sozialgesetzbuch gelten nicht. Es soll der Zustand hergestellt werden, der bestanden hätte, wenn das tatsächlich zu berücksichtigende Einkommen bereits bei der Bescheiderteilung bekannt gewesen wäre.

§ 34 Absatz 3g SGB VI: Überzahlungsbeträge von bis zu 200 Euro werden unmittelbar von der laufenden Rente abgezogen, wenn die Rentnerinnen und Rentner damit einverstanden sind. Sie sollen durch diese Regelung davon entlastet werden, kleinere Beträge an den Rentenversicherungsträger überweisen zu müssen. Durch Satz 2 wird gewährleistet, dass die Rentnerinnen und Rentner über das Recht, das einmal erklärte Einverständnis zu diesem Verfahren jederzeit zu widerrufen, zeitlich aktuell aufgeklärt werden.

Nach dem unveränderten **§ 42 Absatz 1 SGB VI** können Versicherte eine Rente wegen Alters in voller Höhe (Vollrente) oder als Teilrente in Anspruch nehmen. Absatz 2 bestimmt bisher, dass die Teilrente (nur) ein Drittel, die Hälfte oder zwei Drittel der erreichten Vollrente beträgt. Diese Einschränkung entfällt zukünftig.
Absatz 2 legt nunmehr fest, dass die Teilrente in ihrer Höhe grundsätzlich frei gewählt werden kann. Damit wird den individuellen Bedürfnissen der Versicherten nach einer selbstbestimmten Kombination von Erwerbstätigkeit und Rentenbezug stärker als bisher Rechnung getragen. Eine unabhängig vom Hinzuverdienst gewählte Teilrente muss jedoch mindestens in Höhe von 10 Prozent der Vollrente in Anspruch genommen werden. Damit soll ein unverhältnismäßiger Verwaltungsaufwand vermieden werden.
Satz 2 stellt klar, dass die Teilrente nur insoweit frei gewählt werden kann, als sich nach § 34 Absatz 3 keine niedrigere Teilrente ergibt. Eine frei gewählte Teilrente kann jedoch niedriger sein als die Teilrente, die sich aus der Anrechnung von Hinzuverdienst nach § 34 Absatz 3 ergeben würde. In Folge einer Anrechnung nach § 34 Ab-

satz 3 kann sich eine Teilrente ergeben, die weniger als 10 Prozent der Vollrente beträgt.
(Zusammengestellt auf Basis der Begründung und Kommentierung zum Flexi-Rentengesetz vom 08.12.2016)

Mit den folgenden Fallbeispielen sollen die wesentlichsten Neuerungen durch das Flexi-Rentengesetz dargestellt werden.

5.3. Praxisbeispiele

Beispiel A:

Beginn der vorzeitigen Altersrente nach ***§ 236 SGB VI*** am **01.08.2017 i. H. v. 1260,00 €.**
Weiterarbeit im bisherigen Umfang bis 31.12.2017. Hinzuverdienstdeckel: 1,16 Entgeltpunkte monatlich (Best of 15). Bezugsgröße aus 2017 = monatlich 2975 €

Verdienst im Kalenderjahr 2017: 43.920,00 €; ab Rentenbeginn werden monatlich 3.660.- € hinzuverdient.
Ab 01.01.2018 verringert sich der monatliche Hinzuverdienst auf kalenderjährlich 15.300.- € und monatlich 1.275.- €.

Antrag auf Neuberechnung der Altersrente wird am 17.01.2018 gestellt.

Frage Nr. 1:
In welchem Umfang und ab welchem Zeitpunkt erfolgt die Anrechnung von Hinzuverdienst auf die vorzeitige Altersrente?

Frage Nr. 2:
Wie würde die Berechnung ausgesehen haben, wenn der Hinzuverdienst von monatlich 3660.- € auch nach dem 31.12.2017 gegolten hätte?

Frage Nr. 3:
Wie erfolgt die Prognose zum 01.07.2018?

Beispiel A: Lösungsvorschlag

Frage Nr. 1:
In welchem Umfang und ab welchem Zeitpunkt erfolgt die Anrechnung von Hinzuverdienst auf die vorzeitige Altersrente?

Der Hinzuverdienst beträgt ab 01.08.2017 monatlich 3.660 € X 5 Monate = 18.300 €.
18.300 – 6.300 = 12.000 X 40 % : 12 = **400.-€**
Altersrente i. H. v. 1260.- € minus 400.- € = 860.- € Teilrente.
Der Hinzuverdienstdeckel errechnet sich aus 2.975 € X 1,16 = ***3.451 €.***
Ein Zwölftel des zugrundzulegenden jährlichen Verdienstes von 18.300 € = 1.525 + Teilrente von 860 = 2.385 € bleibt unterhalb des oberen Deckels in Höhe von 3451 €..

Der Mindesthinzuverdienstdeckel beträgt 1.260 € + 525 € = 1.785 €.

Damit verbleibt es **ab 01.08.2017** bei einer Teilrente von **860 €.**

Durch die Reduzierung des Hinzuverdienstes ab 01.01.2018 auf monatlich 1.275 € ist folgende neue Rechnung anzustellen:

15.300 – 6.300 (Kalenderjahr 2018) = 9.000 X 40 % : 12 = **300.- €**

Ab **01.01.2018** wird eine Teilrente i. H. v. **960 €** geleistet.
Der Hinzuverdienstdeckel von 3.451 € wird durch 960 + 1275 (1/12 des kalenderjährlichen Verdienstes) = 2235 € nicht erreicht.
Die Teilrente ist ab 01.01.2018 neu zu berechnen, der bisherige Bescheid aufzuheben und durch einen neuen Bescheid zu ersetzen. Die Nachzahlung der noch nicht erbrachten Rente ab 01.01.2018 ist vorzunehmen.

Frage Nr. 2
Wie würde die Berechnung ausgesehen haben, wenn der Hinzuverdienst von monatlich 3660.- € auch nach dem 31.12.2017 gegolten hätte?

Der kalenderjährliche Hinzuverdienst hätte weiterhin 43.920 € betragen.
43.920 – 6.300 = 37.620 X 40 % : 12 = 1.254 €
Altersrente i. H. v. 1.260 € minus 1.254 € = **6 € Teilrente**.
Teilrente 6 € + 3.660 € (1/12 HZVD) = 3.666 €. Da sich der Hinzuverdienstdeckel auf monatlich 3.451 € beläuft und damit der Grenzbetrag um 215 € überschritten wird, stünde ab 01.01.2018 kein Rentenanspruch mehr zu.

Frage Nr. 3:
Wie erfolgt die Prognose zum 01.07.2018?

Für die Prognose nach § 34 Abs. 3c SGB VI ist weiterhin ein kalenderjährlicher Arbeitsverdienst nach Maßgabe des ersten Halbjahres 2018 zugrunde zu legen. Eine neue Prognose zum 01.07.2018 wird nicht erstellt.

Beispiel B:

Ein Versicherte wendet sich am 15.09.2017 an einen Rentenberater und bittet um folgende persönliche Beratung: „ Nach meiner Renteninformation erfülle ich die Voraussetzungen für die Altersrente für langjährige (aber nicht die Wartezeit für besonders langjährige) Versicherte. Voraussichtliche Rentenhöhe: 1400.- €. Nach Vollendung meines 64. Lebensjahres am 24.09.2017 möchte ich ab 01.12.2017 meine Altersrente mit Abschlag beziehen. Meine Beschäftigung, in der ich monatliche 3000.- € verdiene, gebe ich zum 30.11.2017 auf. ***Kann ich meine Rente auch schon früher in Anspruch nehmen?“***
„Außerdem soll ich vom 01. März bis 31. Mai 2018 noch an einem speziellen Projektauftrag meiner Firma mitwirken. Die Firma hat mir einen befristeten Vertrag mit einem monatlichem Verdienst von 2000.- € angeboten. Ist das rentenschädlich?“.

Frage Nr. 1:
Wie müsste eine umfassende und unter Berücksichtigung des Flexi-Rentengesetzes gestaltete Beratung zur Anrechnung von Hinzuverdienst auf die vorzeitige Altersrente sowie dem frühestmöglichen Rentenbeginn erfolgen?

Frage Nr. 2:
Wie wirkt sich der prognostizierte Arbeitsverdienst 2018 auf die Altersrente aus?

Beispiel B: Lösungsvorschlag

Zu Frage Nr. 1:
Wie müsste eine umfassende und unter Berücksichtigung des Flexi-Rentengesetzes gestaltete Beratung zur Anrechnung von Hinzuverdienst auf die vorzeitige Altersrente sowie dem frühestmöglichen Rentenbeginn erfolgen?
Nachdem die Anspruchsvoraussetzungen für die Altersrente für langjährig Versicherte erfüllt sind, gibt es zwei Varianten:

Variante 1: Es verbleibt beim gewünschten Rentenbeginn am 01.12.2017 unter Anrechnung der Beitragszeiten bis zum 30.11.2017.

Variante 2: Da der Versicherte im Kalenderjahr des Rentenbeginns 6.300 € anrechnungsfrei hinzuverdienen darf, besteht die Möglichkeit, den Rentenbeginn auf den 01.10.2017 vorzuverlegen.
Dabei sind aber folgende Wirkungen zu beachten:
- Folge der Vorverlegung sind dauerhaft höhere Abschläge vom Zugangsfaktor (5,4 % anstelle von 4,8 %),
- der Arbeitgeber muss zustimmen,
- gegebenenfalls ist eine erhöhte Steuerbelastung zu beachten

Bei Variante 2 bis zur Regelaltersgrenze 2 X 1400 € mehr Rente, aber Verrechnung mit geringerem Zugangsfaktor von 0,6 %.

Theoretisch besteht die Möglichkeit, den Rentenbeginn noch soweit zurückzuverlegen, dass ein Rentenantrag im August 2017 sich noch innerhalb der Antragsfrist von 3 Kalendermonaten bewegen würde. Dies führt aber dann zwangsläufig zu einer Teilrente ..

Zu Frage Nr. 2:
Wie wirkt sich der prognostizierte Arbeitsverdienst 2018 auf die Altersrente aus?

Nachdem auch 2018 eine kalenderjährliche anrechnungsfreie Hinzuverdienstgrenze von 6.300 € zu berücksichtigen ist, wirkt sich diese Beschäftigung nicht auf die Höhe der Zahlung der Altersrente aus.

Beispiel C:

Ist bei einem unterjährigen Wechsel der Rentenart (z. B. Erwerbsminderungsrente in Altersrente oder teilweise Erwerbsminderungsrente in volle Erwerbsminderungsrente) für die jeweilige Rente die kalenderjährliche Hinzuverdienstgrenze in voller Höhe zu berücksichtigen?

Antwort:

Nein!

Beispiel:

Bis zum 30.04. wird eine Rente wegen voller Erwerbsminderung bezogen, ab 01.05. eine Altersrente für schwerbehinderte Menschen. Der Freibetrag von 6.300 € ist sowohl bei der Erwerbsminderungsrente als auch bei der Altersrente nur **einmal** im Kalenderjahr anzusetzen. Anders würde es sich verhalten, wenn auf eine Rente auf Zeit z. B. eine Altersrente folgt.

Beispiel D:

Ist nach Wegfall des Hinzuverdienstes auf Antrag die Vollrente zu zahlen, auch wenn in den Vormonaten des jeweiligen Kalenderjahres die Jahreshinzuverdienstgrenze bereits überschritten wurde?

Antwort:

Nein.

Nach Wegfall des Hinzuverdienstes ist auf Antrag die sich gegebenenfalls ändernde Teilrente zu zahlen. Sofern in den davor liegenden Kalendermonaten des jeweiligen Kalenderjahres sehr viel verdient wurde, besteht gegebenenfalls weiterhin kein (Zahlungs-) Anspruch.

Beispiel:

Jährlicher Hinzuverdienst laut Prognose 12.000 EUR (= 1.000 EUR monatlich). Der obere Hinzuverdienstdeckel wird eingehalten.

monatliche Rente 900 EUR, ab Oktober **kein Hinzuverdienst** mehr

Rente bis September

12.000 EUR ./. 6.300 EUR = 5.700 EUR

5.700 EUR : 12 = 475 EUR, davon 40 % = 190 EUR

Rente 900 EUR - 190 EUR = 710 EUR

Rente ab Oktober

aufgrund des Wegfalls tatsächlicher Hinzuverdienst im Kalenderjahr 9.000 EUR

9.000 EUR ./. 6.300 EUR = 2.700 EUR

2.700 EUR : 12 = 225 EUR, davon 40 % = 90 EUR

Rente 900 EUR - 90 EUR = 810 EUR

Rente ab Januar des Folgejahres

Vollrente!

Übergangsrecht für Teilrentenbezieher am 30.06.2017

Durch Übergangsregelungen sollen Verschlechterungen bei Bestandsteilrenten vermieden werden .Ein am 30.6.2017 bestehender Anspruch auf Teilrente besteht daher weiter, wenn das neue Hinzuverdienstrecht ungünstiger ist. Der bisherige Anspruch auf Teilrente besteht jedoch nicht unbegrenzt weiter, sondern nur solange, bis a)die am 30.6.2017 maßgebende Hinzuverdienstgrenze überschritten wird oder

b) sich nach dem ab dem 1.7.2017 geltenden neuen Hinzuverdienstrecht eine gleich hohe oder höhere Rente errechnet. Ob die am 30.6.2017 maßgebende Hinzuverdienstgrenze überschritten wird, beurteilt sich nach „altem“ Recht.

5.4 Erziehungsrente (§ 47 SGB VI)

Die Erziehungsrente ist eine Rente aus eigener Versicherung, die nach einer Ehescheidung beim Tod des früheren Ehegatten gezahlt wird. Sie wird allerdings nicht wie eine Hinterbliebenenrente aus der Versicherung des Verstorbenen, sondern aus der eigenen Versicherung des überlebenden Ehegatten gezahlt (vgl. 6.9).

6 Ansprüche auf Renten wegen Todes

6.1 Allgemeines

In § 33 Abs. 4 SGB VI werden die einzelnen Renten wegen Todes aufgeführt. Hierzu gehören

als Hinterbliebenenrenten

- die kleine Witwenrente oder Witwerrente
- die große Witwenrente oder Witwerrente und
- die Halb- oder Vollwaisenrente.

Hinterbliebenenrenten sollen den durch den Tod des Ehegatten oder des Lebenspartners bei einer eingetragenen Lebenspartnerschaft bzw. eines unterhaltspflichtigen Elternteils entstandenen Unterhaltsverlust ausgleichen und damit die wirtschaftliche Existenz der Hinterbliebenen sichern.

als Versichertenrente

- die Erziehungsrente.

Die Erziehungsrente – eine Rente wegen Todes aus der eigenen Versicherung des Anspruchsberechtigten – soll einen durch den Tod des geschiedenen Ehegatten weggefallenen Unterhaltsanspruch wegen Kindererziehung ersetzen.

6.1.1 Erweiterung der Anspruchsberechtigten um die Partner einer eingetragenen Lebenspartnerschaft

Seit 01.01.2005 wird die Hinterbliebenensicherung der gesetzlichen Rentenversicherung auch auf die Partner einer eingetragenen gleichgeschlechtlichen Lebensgemeinschaft übertragen. Beispielhaft wird aus § 46 Abs. 4 SGB VI in der Fassung ab 01.01.2005 zitiert:

> „Für einen Anspruch auf Witwenrente oder Witwerrente gelten als Heirat auch die Begründung einer Lebenspartnerschaft, als Ehe auch eine Lebenspartnerschaft, als Witwe und Witwer auch ein überlebender Lebenspartner und als Ehegatte auch ein Lebenspartner. Der Auflösung oder Nichtigkeit einer erneuten Ehe entspricht die Aufhebung oder Auflösung einer erneuten Lebenspartnerschaft.“ *Wenn im weiteren Text zu Kapitel 6. von Witwe oder Witwer die Rede ist, sind damit auch „Lebenspartner“ oder „Lebenspartnerschaft“ im erwähnten Sinne gemeint.*

6.2 Überblick über die Anspruchsvoraussetzungen auf die Renten wegen Todes

Rentenart	Witwen-/ Witwerrente	Waisenrente	Erziehungsrente
Persönliche Anspruchsvoraussetzungen	- Tod des Versicherten - Rechtsgültige Ehe zum Todeszeitpunkt	- Tod des Versicherten, - Kindstatus in Bezug zum Verstorbenen - Halb- oder Vollwaise (ein oder beide unterhaltspflichtigen Elternteile verstorben?) - Alter / Ausbildung und ggf. besondere Voraussetzungen	- Tod des (früheren) Ehegatten - Scheidung nach dem 30.06.1977 oder Rentensplitting - Erziehung eines eigenen Kindes oder eines Kindes des geschiedenen Ehegatten oder Sorge für ein behindertes Kind
Wartezeiterfüllung	- Allgemeine Wartezeit von 5 Jahren oder Wartezeitfiktion	- Allgemeine Wartezeit von 5 Jahren oder Wartezeitfiktion	- Allgemeine Wartezeit von 5 Jahren oder Wartezeitfiktion (im Konto des Leistungsberechtigten)
Ausschlussgründe	- Versorgungsehe - Wiederheirat - Rentensplitting	- Keine Ausbildung und keine besonderen Voraussetzungen nach dem 18. Lebensjahr erfüllt - Vollendung des 27. Lebensjahres	- Wiederheirat - Erreichen der Regelaltersgrenze (vgl. 5.2.1.1.) (anschließend Regelaltersrente)

Abbildung 35: Anspruchsvoraussetzungen auf Renten wegen Todes

6.3 Witwen- und Witwerrenten

6.3.1 Persönliche Anspruchsvoraussetzungen

6.3.1.1 Rechtsgültigkeit der Ehe

Witwen- oder Witwerrente werden auf Antrag geleistet, wenn die/der Hinterbliebene mit den verstorbenen Versicherten in einer rechtsgültigen Ehe verheiratet war und der Verstorbene die allgemeine Wartezeit von fünf Jahren erfüllt hat. Wenn bis zum Tod bereits Versichertenrente bezogen wurde, gilt diese Wartezeit als erfüllt. In diesen Fällen spricht man vom Vorliegen der Wartezeitfiktion. Anspruch auf Witwen-/Witwerrente besteht nur, solange sich die Hinterbliebenen nicht wieder verheiratet haben.

Der Tod des Versicherten wird durch einen amtlichen Nachweis bestätigt. Bei der Rentenantragstellung ist neben der Sterbeurkunde regelmäßig auch eine Heiratsurkunde vorzulegen, aus der neben dem Heiratsdatum auch das Geburtsdatum der Witwe bzw. des Witwers hervorgeht. Dies wird benötigt, um sowohl die Voraussetzungen für die große Witwen-/Witwerrente prüfen zu können als auch zu entscheiden, ob das alte oder neue Recht Anwendung findet.

Während im Inland die Ehe vor einem Standesbeamten geschlossen sein muss, gilt bei Eheschließungen im Ausland grundsätzlich das Recht des Ortes der Eheschließung. Aus einer einfachen Lebensgemeinschaft kann kein Anspruch auf Witwen-/Witwerrente entstehen. Etwas anderes gilt bei einer eingetragenen gleichgeschlechtlichen Lebensgemeinschaft im Sinne des Lebenspartnerschaftsgesetzes. Hier wird auch der Nachweis durch den Eintrag beim Standesamt geführt. Die Ehe bzw. die eingetragene Lebenspartnerschaft bestehen bis zum Eintritt der Rechtskraft einer gerichtlichen Entscheidung über die Scheidung, Aufhebung oder Nichtigkeit der Ehe bzw. der Lebenspartnerschaft.

Fallbeispiel:

Ehescheidung durch Urteil des Familiengerichtes 14.03.2007
Rechtskraft des Urteils 25.04.2007
Tod des Versicherten
a) 21.04.2007
b) 22.05.2007

Lösung:

Zu a):
Zum Zeitpunkt des Todes liegt der Witwen-/Witwerstatus vor, da das Scheidungsurteil noch nicht rechtskräftig ist. Soweit die weiteren anspruchsrechtlichen Voraussetzungen vorliegen, wird Hinterbliebenenrente gewährt.
Zu b):
Der Todeszeitpunkt des Versicherten war nach der Rechtskraft des Scheidungsurteils. Einen Status als Witwe bzw. Witwer gibt es nicht mehr; ebenso keinen Anspruch auf Hinterbliebenenrente. In diesem Fall wird nun ein Versorgungsausgleich durchgeführt.

6.3.1.2 Erfüllung der Wartezeit (§§ 50 und 51 SGB VI)

Der Verstorbene muss die allgemeine Wartezeit von fünf Jahren erfüllt haben. Dazu zählen Beitragszeiten, Ersatzzeiten, Zeiten aus Versorgungsausgleich, Zeiten aus Rentensplitting und Zeiten aus einer geringfügigen versicherungsfreien Beschäftigung nach dem zu ermittelnden zeitlichen Umfang.
Beim Versorgungsausgleich erfolgt die Berechnung der Wartezeitmonate, in dem die übertragenen Entgeltpunkte durch den Wert 0,0313 dividiert werden. Um die Wartezeit allein aus den im Versorgungsgleich übertragenen oder begründeten Rentenanwartschaften zu erfüllen, werden mindestens 1,8468 Entgeltpunkte benötigt. Dasselbe gilt, wenn in der Versicherung des/der Verstorbenen bei einer vorangegangenen Ehe ein Rentensplitting durchgeführt worden ist.

Fallbeispiel:

Der Verstorbene hat folgende Zeiten in der gesetzlichen Rentenversicherung zurückgelegt:

- Beitragszeiten = 12 Monate
- Versorgungsausgleich: 1,5620 Entgeltpunkte aus der ersten Ehe = 50 Monate (§ 52 Abs. 1 SGB VI)

Lösung:

Die allgemeine Wartezeit von fünf Jahren (60 Kalendermonate) ist erfüllt.

6.3.1.3 Vorzeitige Wartezeiterfüllung (§ 53 SGB VI)

Unabhängig von einer vorliegenden tatsächlichen Wartezeiterfüllung, ist die Wartezeit nach § 53 Abs. 1 SGB VI vorzeitig erfüllt, wenn der Versicherte wegen

- eines Arbeitsunfalles oder einer Berufskrankheit,

- einer Wehr- oder Zivildienstbeschädigung oder
- eines Gewahrsams (§ 1 Häftlingshilfegesetz)

verstorben ist.

Falls der Tod aufgrund eines Arbeitsunfalls oder einer Berufskrankheit eingetreten ist, findet die Vorschrift allerdings nur Anwendung, wenn die/der Verstorbene entweder bei Eintritt des Ereignisses versicherungspflichtig war oder in den letzten zwei Jahren davor mindestens ein Jahr mit Pflichtbeiträgen für eine versicherte Beschäftigung oder Tätigkeit nachweisen kann.

Fallbeispiel:

Der Versicherte hat nach seinem Studium, das am 30.06.2007 endete, eine versicherungspflichtige Beschäftigung am 01.09.2007 aufgenommen und seither ausgeübt. Am 10.10.2008 verunglückt er auf dem Weg zur Arbeit tödlich.

LÖSUNG:

Die allgemeine Wartezeit für die Hinterbliebenenrente ist nicht erfüllt. Es sind lediglich 14 Beitragsmonate vorhanden. Da es sich bei dem Wegeunfall um einen Arbeitsunfall handelt und zu diesem Zeitpunkt Versicherungspflicht in der Rentenversicherung bestand, ist die Wartezeit vorzeitig erfüllt.

Die allgemeine Wartezeit ist auch dann vorzeitig erfüllt, wenn Versicherte nach § 53 Abs. 2 SGB VI vor Ablauf von sechs Jahren nach Beendigung einer Ausbildung aufgrund einer Erkrankung oder eines Privatunfalls verstorben sind und in den letzten zwei Jahren vorher mindestens ein Jahr Pflichtbeiträge für eine versicherte Beschäftigung oder Tätigkeit geleistet haben.

Fallbeispiel:

Beschäftigung mit Pflichtbeiträgen ab 01.10.2006
Tod des Versicherten (privater Autounfall) 19.02.2008
Abschluss der Schulausbildung: 30.06.2004

LÖSUNG:

Für die allgemeine Wartezeit sind lediglich Beitragszeiten vom 01.10.2006 bis 19.02.2008 = 17 Monate vorhanden. Die Wartezeit ist jedoch vorzeitig erfüllt, da der Tod innerhalb von sechs Jahren nach dem Ende einer Ausbildung eintrat und der Versicherte in den letzten zwei Jahren vor seinem Tod mindestens 12 Kalendermonate mit Pflichtbeiträgen für eine versicherte Beschäftigung oder Tätigkeit entrichtet hat.

6.3.2 Ausschluss des Anspruchs auf Witwen- bzw. Witwerrente („Versorgungsehe“, Rentensplitting)

Der Anspruch auf Witwen- bzw. Witwerrente ist seit 01.01.2002 ausgeschlossen, wenn eine Versorgungsehe vorliegt oder ein Rentensplitting durchgeführt wurde. Betroffen hiervon sind aber nur Leistungsfälle, die unter das neue Hinterbliebenenrentenrecht fallen.

6.3.2.1 Prüfung einer „Versorgungsehe“ (§ 46 Abs. 2 a SGB VI)

Eine Versorgungsehe liegt vor, wenn die Ehe bei Tod des Versicherten nicht mindestens ein Jahr gedauert hat, „es sei denn, dass nach den besonderen Umständen des Falles die Annahme nicht gerechtfertigt ist, dass es der alleinige oder überwiegende Zweck der Heirat war, einen Anspruch auf Hinterbliebenenversorgung zu begründen.“
Dies bedeutet, dass eine schwere Erkrankung, die bereits bei Eheschließung bekannt war, den Ausschluss des Rentenanspruchs beim Tod des Versicherten vor Ablauf des ersten Ehejahres begründet, aber eine während des ersten Ehejahres festgestellte Erkrankung oder ein Unfall bzw. ein Gewaltverbrechen diese Annahme nicht rechtfertigen können. Folgende weiteren „besonderen Umstände“ sprechen gegen eine „Versorgungsehe“:

- Vorhandensein gemeinsamer leiblicher und noch nicht volljähriger Kinder oder Sorge für ein behindertes Kind bzw. Bestehen einer Schwangerschaft
- Erziehung eines minderjährigen Kindes des Verstorbenen
- Pflegetätigkeit, wenn bei Eheschließung der Tod auf absehbare Zeit nicht zu erwarten war.

Fallbeispiel:

Geburtsdatum des Versicherten: 19.05.1950
Eheschließung: 18.05.2007
Tod des Versicherten: 02.11.2007
a): nach längerer bereits 2005 bestehenden schweren Erkrankung,
b): durch einen plötzlichen Herzinfarkt

Lösung:

Zu a):
Der Anspruch auf Witwen-/Witwerrente ist ausgeschlossen, weil die Ehe nicht mindestens ein Jahr angedauert hat. Nachdem die schwere Erkrankung bereits bei der Eheschließung festgestellt war, ist eine Versorgungsehe zu unterstellen.

Zu b):
Auch hier war die Ehedauer kürzer als ein Jahr. Es liegen aber Gründe vor, die der Annahme einer „Versorgungsehe" widersprechen. Der Tod trat aufgrund eines nicht voraussehbaren Ereignisses ein. Somit erfolgt kein Rentenausschluss.

6.3.2.2 Entscheidung für das Rentensplitting (§ 46 Abs. 2 b SGB VI)

Falls sich die Ehepartner oder die überlebende Witwe für das neue Rentensplitting entschieden haben, und der Bescheid über die Durchführung unanfechtbar geworden ist, entfällt eine Witwen-/Witwerrente.

Fallbeispiel:

Eheschließung am 10.01.2002
Wirksame Erklärung zum Rentensplitting (§ 120 a SGB VI): 09.05.2007
Bindungswirkung der Erklärung: 19.08.2007
Tod des Versicherten (kein Rentner)
a): 02.08.2007
b): 14.12.2007

LÖSUNG:

Zu a):
Der Tod ist vor der Bindungswirkung der Erklärung eingetreten. Damit besteht ein Witwenrentenanspruch vom 02.08. bis 31.08.2007. Ab 01.09.2007 wird das Rentensplitting wirksam.

Zu b):
Ein Anspruch auf Witwen-/Witwerrente ist ausgeschlossen, da das Rentensplitting bestandskräftig durchgeführt wurde. Nachdem das Rentensplitting bereits zu Lebzeiten beider Ehegatten stattfand, kann ein Anspruch auf eine Witwen- bzw. Witwerrente nicht entstehen.

6.3.3 Anspruch auf kleine Witwen(r)rente (§ 46 Abs. 1 SGB VI)

Nach dem Tod des Ehegatten erhalten die/der unverheiratete Witwe/Witwer eine kleine Witwen-/Witwerrente, wenn die versicherungsrechtlichen Voraussetzungen erfüllt sind.

Die kleine Witwenrente beträgt nach § 67 Nr. 5 SGB VI

- bis zum Ende des dritten Kalendermonates nach Ablauf des Sterbemonats (sog. Sterbevierteljahr) 100 Prozent der Versichertenrente und
- anschließend 25 Prozent der Versichertenrente.

Falls es sich um einen Todesfall handelt, der vom bis zum 31.12.2001 geltenden alten Hinterbliebenenrentenrecht erfasst wird, erfolgt die Zahlung der kleinen Witwenrente zeitlich unbegrenzt. Das alte Recht gilt weiterhin bei Eintritt des Todes vor dem 01.01.2002 oder darüber hinaus bei Ehen, die vor dem 01.01.2002 geschlossen wurden und bei denen mindestens ein Ehegatte vor dem 02.01.1962 geboren ist (§ 242 a Abs. 1 SGB VI).

Trifft dies nicht zu und ist somit das neue Hinterbliebenenrentenrecht anzuwenden, besteht der Anspruch auf die kleine Witwenrente längstes für 24 Kalendermonate nach Ablauf des Monats, in dem der Versicherte verstorben ist (§ 46 Abs. 1 Satz 2 SGB VI).

kleine Witwen- / Witwerrente (§ 46 Abs. 1 SGB VI)

persönliche Voraussetzungen	+	Wartezeit	+	Antrag
- Tod d. Versicherten - Witwen- bzw. Witwereigenschaft - kein Rentensplitting - keine Wiederheirat - keine Versorgungsehe		5 Jahre - Beitragszeiten - Ersatzzeiten - Zeiten nach § 52 SGB VI *oder* Rentenbezug d. Versicherten oder vorzeitige Wartezeiterfüllung nach § 53 SGB VI		

Anspruch für höchstens 24 Kalendermonate nach dem Todesmonat* — § 46 Abs. 1 S. 2 SGB VI !

* bei „Altehen“ unbegrenzter Bezug § 242a Abs. 1 SGB VI

Abbildung 36: Anspruch auf kleine Witwen-/Witwerrente

Fallbeispiel:

	a)	b)
Versicherter geboren:	28.01.1962	28.01.1962
Versicherter gestorben:	12.02.2008	01.02.2008
Witwe geboren am:	15.09.1969	15.09.1969
Rentenantragstellung:	05.04.2008	05.04.2008

Die Witwe erzieht keine Kinder. Bis zu seinem Tode war der Versicherte noch kein Rentenbezieher.

LÖSUNG:

Anspruch auf kleine Witwenrente besteht längstens für den Zeitraum

a)	*b)*
12.02.2008 – 28.02.2010	*01.02.2008 – 28.02.2010*

Da in beiden Fällen keine Versichertenrente bezogen worden ist, beginnt die kleine Witwenrente mit dem Todestag. Bei dem Fall unter b) werden damit faktisch 25 Monate an Rentenzahlung erreicht.

Falls der Bezieher einer kleinen Witwen-/Witwerrente vor Ablauf des 24. Kalendermonates wieder heiratet, fällt seine Hinterbliebenenrente zum Ablauf des Monats der Wiederheirat weg. Die auf Antrag festgestellte Witwen-/Witwerrentenabfindung erstreckt sich aber nur noch auf den Zeitraum bis zum Ende des 24. Kalendermonates § 107 Abs. 1 Satz 3 SGB VI). Wer also z. B. schon für 14 Monate die kleine Witwenrente überwiesen bekommen hat, erhält die Abfindung nur noch für die restlichen 10 Monate (s. Fallbeispiele unter Nr. 6.6.).

6.3.4 Anspruch auf große Witwen(r)rente (§§ 46 Abs. 2 SGB VI, 242 a SGB VI)

Der Anspruch auf große Witwenrente oder große Witwerrente ist von folgenden weiteren Voraussetzungen abhängig:

- Erziehung eines eigenen Kindes oder eines Kindes des versicherten Ehegatten bis zu dessen 18. Lebensjahr,
- Vollendung des 47. (45.) Lebensjahres der Witwe oder des Witwers oder
- Vorliegen einer Erwerbsminderung.

Die Altersgrenze für die große Witwenrente wird bei Tod des Versicherten von 2012 bis 2029 schrittweise auf das 47. Lebensjahr angehoben.
Kinder sind auch Stiefkinder und Pflegekinder sowie Enkel und Geschwister, die in den Haushalt der Witwe oder des Witwers aufgenommen sind. Bei Enkeln und Geschwistern genügt auch die überwiegende Unterhaltszahlung durch Witwe oder Witwer.

Der Erziehung steht die in häuslicher Gemeinschaft ausgeübte Sorge für ein behindertes Kind (auch über das 18. Lebensjahr hinaus) gleich.

Die große Witwenrente beträgt nach § 67 Nr. 6 SGB VI i. V. m. § 255 Abs. 1 SGB VI

- bis zum Ende des dritten Kalendermonates nach Ablauf des Sterbemonats 100 Prozent der Versichertenrente und

- anschließend 60 bzw. 55 Prozent der Versichertenrente.

Der Wert mit 60 v. H. bezieht sich auf die Fälle nach dem alten Hinterbliebenenrentenrecht, während das neue Recht ab 01.01.2002 den Vomhundertsatz für die großen Witwen-/Witwerrenten auf 55 v. H. verringert hat. Dafür werden dort Zuschläge für die Kindererziehung zusätzlich angerechnet (s. 6.3.5.).

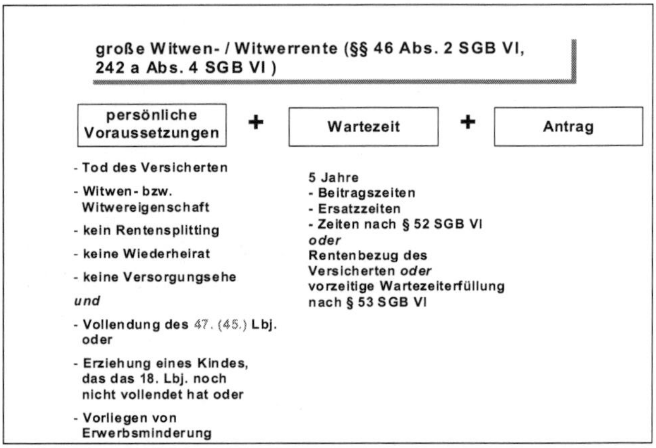

Abbildung 37: Anspruch auf große Witwen-/Witwerrente

Fallbeispiel:

Witwe, geb.: 24.01.1980
Es werden keine Kinder erzogen, eine Erwerbsminderung liegt nicht vor.
Ehegatte geb.: 15.10.1963
Heirat im Jahr 2001
Ehegatte verstorben: 11.02.2007
Kein Rentenbezug

Fragen:

a) Wie lange besteht Anspruch auf kleine Witwenrente?

b) Ab wann besteht Anspruch auf große Witwenrente?

LÖSUNG:

Zu a):
Die Witwe hat Anspruch auf eine kleine Witwenrente vom 11.02.2007 bis 28.02.2009. Anschließend besteht bis zur Vollendung des 45. Lebensjahres kein Anspruch auf Witwenrente.

Zu b):
Ab Vollendung des 45. Lebensjahres besteht Anspruch auf eine große Witwenrente (§ 242 a SGB VI) und zwar unbefristet. Dies wäre auch möglich, wenn vor Vollendung des 45. Lebensjahres ein waisenrentenberechtigtes Kind geboren und erzogen würde oder Erwerbsminderung eintritt.

Anspruch auf große Witwenrente besteht erst ab dem Folgemonat der Vollendung des 45. Lebensjahres der Witwe. Wenn die Witwe rechtzeitig einen neuen Rentenantrag stellt, besteht ab 01.02.2025 Anspruch auf große Witwenrente (hier: 23.01.2025).

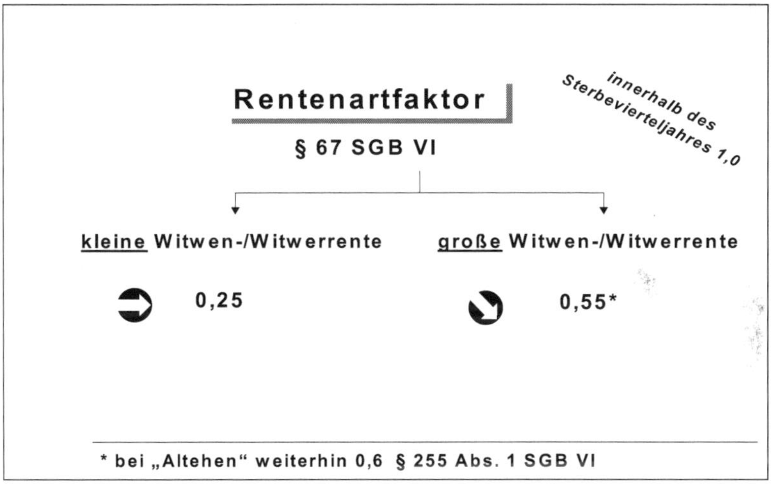

Abbildung 38: Rentenartfaktor bei Berechnung einer Witwen-/Witwerrente

Fallbeispiel:

Versicherter geb.: 1961
Tod des Versicherten: 10.11.2007
Witwe, geb. 21.03.1965
Sorge für das schwerstbehinderte Kind Daniel, geb. 02.08.1984

LÖSUNG:

Die Witwe erhält die große Witwenente nach § 46 Abs. 2 SGB VI. Sie vollendet zwar ihr 45. Lebensjahr erst am 20.03.2010, doch befindet sich in ihrem Haushalt ein behindertes Kind, das außerstande ist, sich selbst zu unterhalten. Daniel ist zum Zeitpunkt des Todes seines Vaters bereits 23 Jahre alt. Da es hier aber nicht auf die Erziehung eines Kindes ankommt, die praktisch mit dessen Volljährigkeit endet, sondern die Sorge für dieses Kind – auch nach seinem 18. Lebensjahr – im Vordergrund steht, sind die Voraussetzungen für die große Witwenrente erfüllt.

6.3.5 Zuschlag zur Witwen- bzw. Witwerrente (§ 78 a VI)

Die Erziehung von Kindern ist bei den Todesfällen nach dem 31.12.2001, die unter das neue Hinterbliebenenrentenrecht fallen, Grundlage für die Erhöhung der kleinen und großen Witwen-/Witwerrente um einen Zuschlag an persönlichen Entgeltpunkten. Bei der großen Witwen- oder Witwerrente soll dieser Zuschlag die Absenkung des Versorgungssatzes von 60 Prozent auf 55 Prozent der Versichertenrente ausgleichen. Bereits die Erziehung von zwei Kindern führt zu einer höheren Witwen- bzw. Witwerrente nach neuem Recht im Vergleich zu den Bestandsfällen. Je Kind werden der Berechnung die Monate mit Berücksichtigungszeit nach Ablauf des Kalendermonats der Geburt bis zum 3. Lebensjahr des Kindes – maximal 36 Monate – zugrunde gelegt. Diese Berücksichtigungszeiten müssen dem Versicherungskonto der Witwe/des Witwers zugeordnet sein. Beim ersten Kind beträgt der Zuschlag 0,1010 Entgeltpunkte pro Monat der Berücksichtigungszeit, für das zweite und jedes weitere Kind 0,0505 Entgeltpunkte. Diese Werte entsprechen beim ersten Kind dem Doppelten des aktuellen Rentenwertes (ab 01.07.2013: 56,28 € monatlich) und bei jedem weiteren Kind (derzeit 28,14 € monatlich). Allerdings ist die Höchstbetragsregelung (§ 88 a SGB VI) zu beachten. Die Witwen-/Witwerrenten dürfen den Monatsbetrag der Rente wegen voller Erwerbsminderung oder der Vollrente wegen Alters nicht überschreiten. Ansonsten ist der Zuschlag an persönlichen Entgeltpunkten bei Witwen- und Witwerrenten entsprechend zu verringern.

Während des Sterbeüberbrückungszeitraumes (Rentenartfaktor 1,0) wird der Zuschlag an persönlichen Entgeltpunkten für die Berücksichtigungszeiten nicht berechnet.

Fallbeispiel:

Es besteht jeweils Anspruch auf große Witwen-/Witwerrente. Für die Ehefrau sind Berücksichtigungszeiten wegen Kindererziehung in ihrem Versicherungskonto vorhanden:

- für das erste Kind, geb. 04.10.1987 vom 04.10.1987 bis 03.10.1997
- für das zweite Kind, geb. 09.09.1991 vom 09.09.1991 bis 08.09.2001.

a) Tod des Ehemannes
b) Tod der Ehefrau

LÖSUNG:

Zu a):
Der Witwe werden an Berücksichtigungszeiten wegen Erziehung eines Kindes nach Ablauf des Monats der Geburt bis zum vollendeten 3. Lebensjahr des Kindes zugeordnet:

- *für das erste Kind 36 Kalendermonate*
- *für das zweite Kind 36 Kalendermonate.*

Der Zuschlag nach § 78 a SGB VI zur großen Witwenrente berechnet sich wie folgt:

- *für das erste Kind 36 Kalendermonate x 0,1010 Entgeltpunkte (EP) = 3,6360 persönliche Entgeltpunkte*
- *für das zweite Kind 36 Kalendermonate x 0,0505 EP = 1,8180 persönliche Entgeltpunkte.*

Diese persönlichen Entgeltpunkte werden den aus dem Versicherungskonto des verstorbenen Versicherten ermittelten persönlichen Entgeltpunkten aus allen seinen Zeiten zugeschlagen.

Zu b):
Der Witwer erhält keinen Witwerrentenzuschlag nach § 78 a SGB VI, da ihm nicht die Berücksichtigungszeit für die Erziehung der Kinder zugeordnet wurde. Sie wirken sich dennoch indirekt bei seiner Witwerrente aus, da die Berücksichtigungszeiten im Versicherungskonto der Verstorbenen in die Hinterbliebenenrentenberechnung mit eingehen.

Bei Kindern, die vor dem Tod des Versicherten oder innerhalb von 300 Tagen nach diesem Zeitpunkt geboren sind, werden ebenfalls 36 Kalendermonate für den Zuschlag zugrunde gelegt und zwar unabhängig davon, ob der überlebende Ehegatte die Kindererziehung auch tatsächlich bis zum 3. Lebensjahr des Kindes ausgeübt hat.

Stammt das Kind aber nicht vom verstorbenen Versicherten, weil es außerhalb der 300 Tagesfrist, gerechnet vom Tod des Versicherten an, geboren ist, wird der Zuschlag erst vom Beginn des Kalendermonats an gewährt, der auf den Monat folgt, in dem das Kind das 3. Lebensjahr vollendet. In diesem Fall muss der überlebende Ehegatte die Erhöhung seiner Witwen-/Witwerrente um einen Zuschlag separat beantragen.

Nach § 264 b Abs. 2 SGB VI erhöht sie sich nicht um einen Zuschlag an persönlichen Entgeltpunkten, wenn der Ehegatte vor dem 01.01.2002 verstorben ist oder die Ehe vor diesem Zeitpunkt geschlossen wurde und mindestens ein Ehegatte vor dem 02.01.1962 geboren ist.

6.3.6 Zugangsfaktor bei der Berechnung der Witwen- bzw. Witwerrente

Vor- und Nachteile einer unterschiedlichen Rentenbezugsdauer werden über einen Zugangsfaktor ausgeglichen. Der Zugangsfaktor richtet sich nach dem Alter des Versicherten bei dessen Tod. Er bestimmt, in welchem Umfang Entgeltpunkte bei der Ermittlung des Monatsbetrages der Rente als persönliche Entgeltpunkte zu berücksichtigen sind (§§ 77 SGB VI, 264 c SGB VI). Der Zugangsfaktor beträgt danach für Entgeltpunkte, die noch nie Grundlage persönlicher Entgeltpunkte waren, bei Hinterbliebenenrenten 1,0, wenn die Rente vom Ablauf des Kalendermonats der Vollendung des 65. Lebensjahres des Versicherten an beansprucht wird. Für jeden Kalendermonat, der sich vom Ablauf des Sterbemonats bis zum Ablauf des Kalendermonats der Vollendung des 65. Lebensjahres ergibt, ermäßigt sich der Zugangsfaktor um 0,003. Ist der Versicherte vor Vollendung des 62. Lebensjahres verstorben, bleibt für die Bestimmung des Zugangsfaktors der Zeitpunkt maßgebend, zu dem der Versicherte sein 62. Lebensjahr vollenden würde. Dadurch kann sich höchstens ein auf 0,892 (- 10,8 Prozent) geminderter Zugangsfaktor ergeben.
Dies gilt auch für die Berechnung der Waisenrenten.

Fallbeispiel:

Versicherter, geb. 18.03.1944
Vollendung des 60. Lebensjahres: 17.03.2004
Vollendung des 63. Lebensjahres: 17.03.2007
Tod des Versicherten: 15.09.2006 (kein Rentenbezug)

LÖSUNG:

Verminderungszeitraum für den Zugangsfaktor vom 01.10.2006 bis 31.03.2007
Beginn der Witwenrente 15.09.2006
Zugangsfaktor (1 – 6 x 0,003 = 0,018) → = 0,982

Ist der Versicherte vor dem 01.01.2024 verstorben, wird anstelle des 65. und 62. Lebensjahres das in der Übergangsvorschrift genannte Alter berücksichtigt.

Fallbeispiel:

Versicherter, geb. 21.04.1951
Vollendung des 62. Lebensjahres: 20.04.2013
Vollendung des 65. Lebensjahres: 20.04.2016

Tod des Versicherten am 14.01.2014
Anspruch auf große Witwenrente ab 14.01.2014.

LÖSUNG:

Nach § 264 c SGB VI tritt an die Stelle
- des 62. Lebensjahres → 60 Jahre und 8 Monate
- des 65. Lebensjahres → 63 Jahre und 8 Monate.

Der Verminderungszeitraum für den Zugangsfaktor erstreckt sich vom 01.02.2014 (Ablauf des Todesmonats des Versicherten) bis 31.12.2014. Damit ist der Zugangsfaktor um (11 x 0,003) 0,33 zu vermindern und beträgt 0,967.

6.3.7 Beginn der Witwen- bzw. Witwerrente (§ 99 Abs. 2 SGB VI)

Diese Vorschrift regelt nicht nur den Beginn der Witwen-/Witwerrente, sondern aller Hinterbliebenenrenten. Eine Ausnahme bilden lediglich die Witwen- und Witwerrenten an vor dem 01.07.1977 geschiedene Ehegatten; sie beginnen gemäß § 268 SGB VI immer mit Ablauf des Antragsmonats.

Die Hinterbliebenenrente wird von dem Kalendermonat an geleistet, zu dessen Beginn die Anspruchsvoraussetzungen für die Rente erfüllt sind. Soweit der/die Verstorbene im Zeitpunkt des Todes keinen Rentenanspruch hatte, beginnt die Rente bereits mit dem Todestag. Voraussetzung dafür ist aber, dass der Rentenantrag bis zum Ablauf des 13. Kalendermonats nach Erfüllung der Anspruchsvoraussetzungen gestellt wird. Der Gesetzgeber hat festgelegt, dass die Hinterbliebenenrente nicht für mehr als 12 Kalendermonate vor dem Monat, in dem die Rente beantragt wird, geleistet werden darf.

Fallbeispiel:

Tod des Versicherten: 20.02.2012

a) Der Versicherte bezieht eine Rente wegen Erwerbsminderung.
b) Der Versicherte erhält keine Versichertenrente.
Antrag auf Witwen-/Witwerrente: 13.05.2012.

Lösung:

Zu a):
Die Versichertenrente des Verstorbenen fällt Ende Februar 2012 weg. Die Witwenrente beginnt am 01.03.2012.

Zu b):
Die Witwenrente beginnt mit dem Todestag am 20.02.2012.

Fallbeispiel:

Tod des Versicherten: 14.01.2012
Der Versicherte bezieht keine Versichertenrente.
Antrag auf Witwenrente: 09.05.2013

Lösung:

Die Witwe hat den Rentenantrag erst nach Ablauf des 12. Kalendermonats nach dem Todesmonat gestellt. Sie kann die Witwenrente längstens für 12 Kalendermonate vor der Antragstellung erhalten. Rentenbeginn somit: 01.05.2012. Leider verliert die Witwe in diesem Fall die Bezüge für die ihr ursprünglich zustehende Sterbeüberbrückungszeit vom 14.01.2012 bis 30.04.2012.

6.3.8 Achtung! Wichtige Änderungen beim Hinterbliebenenrentenrecht

Mit dem Altersvermögens-Ergänzungsgesetz (AVmEG) trat am 01.01.2002 eine Reform des Hinterbliebenenrentenrechts in Kraft, deren Wirkungsbreite vor allem auf jüngere bzw. nachwachsende Generationen abzielt. Diese Reform gilt für alle ab 01.01.2002 geschlossenen Ehen oder für die (am 01.01.2002) bestehenden Ehen, wenn beide Partner am 01.01.2002 jünger als 40 Jahre waren.

Die wichtigsten Regelungen der Reform betreffen folgende Neuregelungen:

- Ausschluss der Witwen-/Witwerrente bei Vorliegen einer „Versorgungsehe" oder bindender Entscheidung über ein „Rentensplitting unter Ehegatten" (siehe 6.3.2.)
- Beschränkung der kleinen Witwenrenten-/Witwerrente auf 24 Kalendermonate (siehe 6.3.3.)
- Höhe der großen Witwen-/Witwerrente nur noch 55 Prozent (anstelle bisher 60 Prozent) der Rente des/der Verstorbenen (siehe 6.3.4.)
- Einführung eines rentenerhöhenden Witwen-/Witwerrentenzuschlags, sofern die/der Hinterbliebene Kinder erzogen hat (siehe 6.3.5.)

- Wahlmöglichkeit zur Durchführung eines „Rentensplitting unter Ehegatten" (siehe 7.2.)
- Einbeziehung weiterer Vermögenseinkünfte in den Katalog der auf die Hinterbliebenenrenten anzurechnenden Einkommen (siehe 6.10).

6.3.8.1 Zukünftige Anhebung der Altersgrenze für die große Witwen-/Witwerrente

Mit dem Altersgrenzenanpassungsgesetz wird auch die Altersgrenze für die Gewährung einer „großen" Witwen-/Witwerrente vom 45. Lebensjahr schrittweise auf das 47. Lebensjahr angehoben. Bei Tod des Versicherten nach dem 31.12.2011 erfolgt die Erhöhung der Altersgrenze von 45 Jahren bei den Sterbejahrgängen 2012 bis 2028 in der Weise, dass zunächst bei Tod in den Jahren von 2012 bis 2023 eine Anhebung um einen Monat und ab dem Sterbejahrgang 2024 eine Anhebung um jeweils zwei Monate vorgenommen wird (§ 242 a SGB VI). Für alle Todesfälle ab dem Jahr 2029 ist die große Witwen-/Witwerrente „altersbedingt" dann erst nach dem vollendeten 47. Lebensjahr zu gewähren.

6.4 Waisenrente (§ 48 SGB VI)

6.4.1 Welche Anspruchsvoraussetzungen müssen vorliegen?

Kinder haben nach dem Tod eines Elternteils Anspruch auf Halbwaisenrente, wenn sie noch einen unterhaltspflichtigen Elternteil besitzen. Ist kein unterhaltspflichtiger Elternteil mehr vorhanden, besteht Anspruch auf Vollwaisenrente. Der verstorbene Elternteil muss die allgemeine Wartezeit erfüllt haben. Im Übrigen gelten hier ebenfalls die Bestimmungen über die vorzeitige Wartezeiterfüllung (§ 53 SGB VI).

Kinder sind in erster Linie alle leiblichen (eheliche und nichteheliche) Kinder sowie die angenommen Kinder (Adoptivkinder). Weitere Voraussetzungen müssen bei den gleichgestellten Stiefkindern und Pflegekindern sowie den Enkeln und Geschwistern erfüllt werden.

Das Lebenspartnerschaftsgesetz in der ab 01.01.2005 geltenden Fassung lässt die Adoption eines Kindes des Lebenspartners zu (sog. Stiefkind Adoption). Hat der Versicherte das Kind des Lebenspartners adoptiert, besteht bei Erfüllung der entsprechenden Voraussetzungen ein Anspruch auf Waisenrente nach § 48 SGB VI. Falls keine Stiefkind Adoption erfolgt ist, ist das Kind des Lebenspartners, in Angleichung an die Verhältnisse einer rechtsgültigen Ehe, im Verhältnis zum Versicherten ein Stiefkind. Anspruch auf Waisenrente besteht in diesem Fall aber nur, wenn das Kind zum Zeitpunkt des Todes in den Haushalt des Versicherten aufgenommen war.

	Waisenrente - § 48 SGB VI, §§ 304, 314 SGB VI
1	Status einer Halb- oder einer Vollwaise (Tod eines oder beider unterhaltspflichtigen Elternteile)
2	Erfüllung der Wartezeit von 5 Jahren im Konto des Verstorbenen nach § 50 Abs. 1 SGB VI
3	Waisenrente bis zum 18. Lebensjahr, darüber hinaus bis zum 27. Lebensjahr u. a. bei Schul- oder Berufsausbildung sowie bei mangelnder Fähigkeit zum Selbstunterhalt bei Vorliegen einer Behinderung

Abbildung 39: Waisenrente

Der Anspruch auf Halb- oder Vollwaisenrente besteht längstens bis zur Vollendung des 18. Lebensjahres des berechtigten Kindes. Er verlängert sich vom 18. Lebensjahr bis zum 27. Lebensjahr, wenn die Waise

- sich in Schul- oder Berufsausbildung befindet oder ein sog. Übergangszeitraum von höchstens vier Kalendermonaten zwischen zwei Ausbildungsabschnitten oder einem Ausbildungsabschnitt und der Ableistung des gesetzlichen Wehr- oder Zivildienstes bzw. eines freiwilligen sozialen oder ökologischen Jahres vorliegt,
- für die Dauer der Ableistung eines freiwilligen sozialen oder ökologischen Jahres oder,
- körperlich, geistig oder seelisch behindert ist und sich deshalb nicht selbst unterhalten kann.

Die Waisenrente wird auch für den Zeitraum über das 27. Lebensjahr hinaus bezahlt, um den eine Schul- oder Berufsausbildung durch Wehrpflicht oder Zivildienst unterbrochen oder verzögert wurde.

Waisenrenten werden auf Antrag festgestellt. Üblicherweise werden Witwen- und Waisenrentenanträge von den Hinterbliebenen gleichzeitig gestellt. Die Halbwaisenrente berechnet sich nach § 67 SGB VI aus 10 Prozent (Rentenartfaktor 0,1), die Vollwaisenrente aus 20 Prozent (Rentenartfaktor 0,2) der Vollrente des Versicherten zuzüglich eines Zuschlages an persönlichen Entgeltpunkten (§ 78 SGB VI).

Die Heirat einer Halb- oder Vollwaise ändert nichts an deren Status und dem Rentenanspruch. Die durch die Heirat eingetretenen unterhaltsrechtlichen Beziehungen sind für den Anspruch auf Halb- oder Vollwaisenrente unmaßgeblich. Eine früher im Gesetz vorhandene „Heiratsklausel" wurde durch Beschluss des Bundesverfassungsgerichtes vom 27.05.1970 für verfassungswidrig erklärt (AZ.: 1 BVL 22/63).

6.4.2 Status einer Halb- oder einer Vollwaise

Bei der Feststellung, ob noch ein unterhaltsverpflichteter Elternteil vorhanden ist, kommt es darauf an, wie viele „Elternteile" das Kind hat. Dabei kommen als Elternteile nur leibliche Eltern und Adoptiveltern in Betracht. Der Vater eines nichtehelichen Kindes ist dabei ebenfalls ein leiblicher Elternteil. Sind die leiblichen Eltern eines Kindes gestorben und lebt dieses im Haushalt der zweiten Ehefrau seines Vaters – also seiner Stiefmutter – hat es auch dann Anspruch auf Vollwaisenrente, wenn die Stiefmutter dem Kind tatsächlich Unterhalt leistet. Diese Zahlungen haben – mangels einer gesetzlichen Grundlage – nicht die Qualität eines Unterhaltsanspruches gegen die Eltern bzw. gegen einen Elternteil. Daher stehen sie einem Vollwaisenrentenanspruch nicht entgegen (s. auch Urteil des Bundessozialgerichtes AZ.: 12 RJ 180/65).

6.4.3 Anspruchsberechtigte Kinder

6.4.3.1 Leibliche Kinder

Anspruchsberechtigt sind Kinder im Sinne des Bürgerlichen Gesetzbuches (BGB) und zwar leibliche Kinder und Adoptivkinder. Nach dem Kindschaftsrechtsreformgesetz von 1997 gibt es keine rechtlichen Unterschiede mehr zwischen ehelichen und nicht ehelichen Kindern; beide sind leibliche Kinder.

Mutter eines Kindes ist die Frau, die es geboren hat (§ 1591 BGB). Vater eines Kindes ist der Mann, der zum Zeitpunkt der Geburt mit der Mutter des Kindes verheiratet ist, der die Vaterschaft anerkannt hat oder dessen Vaterschaft gerichtlich festgestellt worden ist (§ 1592 BGB). Kraft Gesetzes ist davon auszugehen, dass der Ehemann der Mutter auch der Vater des Kindes ist. Diese Feststellung gilt auch dann, wenn die Ehe durch den Tod des Mannes aufgelöst worden ist und das Kind innerhalb von 300 Tagen nach Auflösung der Ehe geboren wird (§ 1593 Satz 1 BGB).

Fallbeispiel:

Der Versicherte ist am 17.08.2005 verstorben. Er hinterlässt eine Witwe, die am 17.09.2005 ein Kind zur Welt bringt.

LÖSUNG:

Der Versicherte, der bei Geburt des Kindes nicht mehr lebt, ist der Vater des Kindes. Hier gilt die Vaterschaftsvermutung, da das Kind innerhalb von 300 Tagen nach Auflösung der Ehe geboren ist.

Durch die Adoption erfolgt eine Neugestaltung der familienrechtlichen Verhältnisse des Kindes sowohl zum Annehmenden als auch zu den leiblichen Eltern. Nach dem neuen Adoptionsrecht, das ab 01.01.1977 gilt, erlangt ein Minderjähriger durch die Adoption die rechtliche Stellung eines Kindes des Annehmenden. Die verwandtschaftlichen Beziehungen zu den leiblichen Eltern werden gelöst. Damit kann ein Anspruch auf Waisenrente aus der Versicherung der leiblichen Elternteile nicht mehr entstehen, falls die Adoption vor deren Tod erfolgte. Bereits bestehende Waisenrentenansprüche aus der Versicherung der leiblichen Eltern werden durch die Adoption allerdings nicht berührt (§ 48 Abs. 6 SGB VI). Auch ein Volljähriger erlangt durch die Adoption ebenfalls die rechtliche Stellung eines Kindes des Annehmenden. Hier werden jedoch die verwandtschaftlichen Beziehungen zu den leiblichen Eltern nicht gelöst. Das Adoptivkind ist somit sowohl Kind seiner leiblichen Eltern wie auch Kind des Annehmenden. Daraus folgt, dass auch nach der Adoption ein Anspruch auf Waisenrente aus der Versicherung der leiblichen Eltern entstehen kann.

Fallbeispiel:

Adoption am 19.05.1995
Das Kind ist zum Zeitpunkt der Adoption minderjährig.
Tod des leiblichen Vaters am 25.03.2000.

LÖSUNG:

Es besteht kein Anspruch auf Waisenrente aus der Versicherung des leiblichen Vaters. Mit der Annahme des Kindes ist das familienrechtliche Verhältnis zum leiblichen Vater erloschen.

Fallbeispiel:

Adoption am 12.07.2007
Das Kind ist zum Zeitpunkt der Adoption volljährig.
Tod des leiblichen Vaters am 15.11.2007.

Lösung:

Der Anspruch auf Halbwaisenrente aus der Versicherung des leiblichen Vaters ist begründet (unter den sonstigen Voraussetzungen). Bei der Annahme Volljähriger wird das familienrechtliche Verhältnis zum leiblichen Vater nicht berührt.

6.4.3.2 Sonstige waisenrentenberechtigte Personen

Neben den leiblichen und Adoptivkindern der verstorbenen Versicherten sind nach § 48 Abs. 3 SGB VI auch

- Stiefkinder,
- Pflegekinder,
- Enkel und Geschwister

unter bestimmten Voraussetzungen waisenrentenberechtigt.

Stiefkinder:

Eine Definition des Begriffs Stiefkind gibt es im Familienrecht nicht; hier ist allein auf den allgemeinen Sprachgebrauch zurückzugreifen. Danach handelt es sich bei Stiefkindern um die vom Ehepartner in die Ehe eingebrachten Kinder. Auch nach Auflösung der Ehe ändert sich am Stiefkindverhältnis nichts. Stiefkinder sind dann waisenrentenberechtigt, wenn sie gemäß § 48 Abs. 3 Nr. 1 SGB VI in den Haushalt der verstorbenen Versicherten aufgenommen wurden. Haushaltsaufnahme im Sinne des Sozialrechts bedeutet, dass ein enges Erziehungs- und Betreuungsverhältnis bestanden hat. Hierzu gehören u. a. die Versorgung, Erziehung und Beaufsichtigung des Kindes.

Fallbeispiel:

Eheschließung zwischen Klaus A und Erika B am 09.09.2006.

Erika B bringt in die Ehe ein Kind aus erster Ehe (Torsten, geb. 05.03.1999) mit ein.
Tod des Ehemannes/Stiefvater des Kindes Klaus A am 05.02.2008.

Lösung:

Das Kind Torsten ist ab 05.02.2008 Halbwaise, da es sich im Verhältnis zum Verstorbenen um einen in den Haushalt aufgenommenes Stiefkind handelt.

Pflegekinder:

Bei den Pflegekindern handelt es sich um Personen, die mit dem Berechtigten durch ein auf längere Dauer angelegtes Pflegeverhältnis mit häuslicher Gemeinschaft wie Kinder mit Eltern zusammenleben. Dies ist die Grundlage für das bereits genannte Aufsichts-, Betreuungs- und Erziehungsverhältnis. Ein Pflegekindschaftsverhältnis ist bei sog. Tagesmüttern und Elternhilfseinrichtungen (z. B. Betreibern einer privaten Kinderkrippe) zu verneinen. In diesen Fällen besteht weiterhin ein unmittelbares Erziehungs- und Betreuungsverhältnis durch die Eltern bei Zahlung einer Gebühr an die die Aufsicht des Kindes zeitweise wahrnehmende Stelle.

Enkel und Geschwister:

Enkel und Geschwister des/der verstorbenen Versicherten sind waisenrentenberechtigt, wenn sie am Todestag entweder im Haushalt aufgenommen waren oder der überwiegende Lebensunterhalt durch die/den Verstorbene(n) bestritten wurde.

Keine Enkel im Sinne des § 48 Abs. 3 Nr. 2 SGB VI sind die Stiefenkel und Urenkel. Diese Personen können die Voraussetzungen für einen Waisenrentenanspruch nur über ein Pflegekindschaftsverhältnis erfüllen. Bezüglich der Haushaltsaufnahme gelten die gleichen Voraussetzungen wie bei Stiefkindern und Pflegekindern. Dies bedeutet, dass in der Person der Großeltern dann kein Waisenrentenanspruch entstehen kann, wenn die Eltern weiterhin den maßgebenden Einfluss auf die Erziehung des Kindes ausüben und es sich nur während der Arbeitszeit der Eltern in Obhut der Großeltern befindet.

6.4.4 Anspruchszeitraum bis zum 18. Lebensjahr

Nach § 48 Abs. 4 Nr. 1 SGB VI besteht bis zur Vollendung des 18. Lebensjahres ein Anspruch auf Waisenrente. Weitere persönliche Voraussetzungen sind nicht zu erfüllen. Die Rentenzahlung endet nach § 100 Abs. 3 SGB VI mit Ablauf des Kalendermonates, in dem das 18. Lebensjahr vollendet wird. Verstirbt das Kind vor Vollendung des 18. Lebensjahres, endet die Waisenrente mit Ablauf des Todesmonats.

6.4.5 Verlängerung bis zur Vollendung des 27. Lebensjahres

Der Anspruch auf Halb- oder Vollwaisenrente nach dem 18. Lebensjahr besteht längstens bis zur Vollendung des 27. Lebensjahres, wenn die Waise

- sich in Schul- oder Berufsausbildung befindet oder
- sich in einer Übergangszeit von höchstens vier Kalendermonaten befindet, die zwischen zwei Ausbildungsabschnitten oder zwischen einem Ausbil-

dungsabschnitt und der Ableistung des gesetzlichen Wehr- oder Zivildienstes oder der Ableistung eines freiwilligen sozialen Jahres liegt oder

- einen freiwilligen Dienst im Sinne des § 32 Absatz 4 Satz 1 Nummer 2 Buchstabe d des Einkommensteuergesetzes leistet oder
- wegen körperlicher, geistiger oder seelischer Behinderung außerstande ist, sich selbst zu unterhalten.

Schul- und Berufsausbildung

Eine Schul- oder Berufsausbildung gemäß § 48 SGB VI liegt nur vor, wenn die Ausbildung einen tatsächlichen zeitlichen Aufwand von wöchentlich mehr als 20 Stunden erfordert.

Schulausbildung ist die Ausbildung an allgemeinbildenden öffentlichen oder privaten Schulen, Fachschulen, Fachhochschulen oder Hochschulen.

Fallbeispiel:

Waise, geb. 09.06.1983
Schulausbildung (Abitur) bis zum 19.06.2002
Hochschulstudium vom 01.10.2002 bis 31.03.2008.

Wie lange wird die Waisenrente geleistet?

LÖSUNG:

Die Waisenrente wird über das 18. Lebensjahr hinaus (Juni 2001) bis zum 31.03.2008 gewährt. Bei allgemeinbildenden Schulen endet das Schuljahr einheitlich am 31.07. eines Jahres, und zwar unabhängig vom tatsächlichen Unterrichtsende oder den Ferien. Auch während der Übergangszeit bis zum Beginn der Hochschulausbildung vom 01.08. bis 30.09.2002 besteht durchgehend Anspruch auf Waisenrente.

Die Berufsausbildung endet mit dem Zeitpunkt der festgelegten Ausbildungsdauer. Wird die Ausbildung tatsächlich verkürzt und evtl. mit dem Prüfungstag beendet, ist dieser Zeitpunkt maßgebend. Zur Berufsausbildung gehören auch Praktikantenzeiten, die nicht Bestandteil eines Studiums sind.

Unterbrechung der Ausbildung durch Krankheit oder Schwangerschaft

Das Ausbildungsverhältnis besteht auch trotz einer Erkrankung fort, wenn damit gerechnet werden kann, dass die Ausbildung fortgesetzt wird. Dies gilt auch für die Dauer der Schutzfristen nach dem Mutterschutzgesetz. Falls Elternzeit beansprucht wird, entfällt aber der Anspruch auf Waisenrente. Die Elternzeit ist ein gesetzlich geregelter Anspruch an den Arbeitgeber auf unbezahlte Freistellung zur Betreuung und Erziehung eines Kindes. Nur berufstätige Frauen und

Männer, die ihr Kind selbst betreuen und erziehen, haben einen Rechtsanspruch auf Elternzeit, die früher als Erziehungsurlaub bezeichnet wurde.

Gesundheitliche Ursachen

Falls eine Waise außerstande ist, aus gesundheitlichen Gründen den eigenen Unterhalt zu finanzieren, erhält sie bis zur Vollendung ihres 27. Lebensjahres weiterhin Waisenrente.

6.4.6 Weitere Verlängerung durch Grundwehrdienst und Zivildienst

Die für den Anspruch auf Waisenrente maßgebende Altersbegrenzung bei Unterbrechung oder Verzögerung der Schulausbildung oder Berufsausbildung durch den gesetzlichen Wehrdienst, Zivildienst oder einen gleichgestellten Dienst erhöht sich um die Zeit dieser Dienstleistung. Der Anspruchszeitraum, der mit der Vollendung des 27. Lebensjahres endet, wird um die Dauer des gesetzlichen Pflichtdienstes verlängert, soweit in dieser Zeit die anspruchsbegründende Ausbildung vorhanden ist.

Fallbeispiel:

Geburtsdatum der Waise: 14.11.1983
Schulausbildung bis 15.07.2004
Zivildienst vom 01.11.2004 bis 31.07.2005
Schulausbildung vom 01.10.2005 bis 30.09.2011

Bis zu welchem Zeitraum wird Waisenrente gezahlt?

LÖSUNG:

Das 27. Lebensjahr wird am 13.11.2010 vollendet. Der Anspruchszeitraum auf Waisenrente kann grundsätzlich über diesen Zeitpunkt hinaus um die Dauer des gesetzlichen Zivildienstes – 9 Monate – verlängert werden. Es ergibt sich somit ein maximaler Verlängerungszeitraum bis zum 31. August 2011. Im vorliegenden Fall wird die Waisenrente damit bereits vor Ende der Schulausbildung (30.09.2011) eingestellt.

6.4.7 Beginn der Waisenrente

Es gelten dieselben Rentenbeginn-Vorschriften (§ 99 Abs. 2 SGB VI) wie bei den Witwen- bzw. Witwerrenten. Auch Waisenrenten können nicht länger als 12 Kalendermonate vor dem Monat der Antragstellung rückwirkend geleistet werden. Nach dem Tode des Versicherten geborene Kinder erwerben den Anspruch auf Waisenrente frühestens ab dem Tag der Geburt.

Fallbeispiel:

Tod des Versicherten am 17.11.2006 (kein Rentenbezug)
Waise 1, geboren am 15.01.1995
Waise 2, geboren am 21.02.2007
Rentenantrag: 20.04.2007
Beginn der Waisenrenten ?

LÖSUNG:

Die Waisenrente der Waise 1 beginnt mit dem Todestag des Versicherten am 17.11.2006.
Waise 2 erhält ab Geburt (21.02.2007) Hinterbliebenenrente.

6.5 Hinterbliebenenrente wegen Verschollenheit

Ehegatten, geschiedene Ehegatten oder Elternteile, die verschollen sind, gelten als verstorben, wenn die Umstände ihren Tod wahrscheinlich machen und seit einem Jahr Nachrichten über ihr Leben nicht eingegangen sind. Der Träger der Rentenversicherung kann nach **§ 49 SGB VI** von den Berechtigten die Versicherung an Eides Statt verlangen, dass ihnen weitere als die angezeigten Nachrichten über den Verschollenen nicht bekannt sind. Die Träger der Rentenversicherung sind berechtigt, den für die Rentenleistung nach den Umständen mutmaßlichen Todestag festzustellen. Dieser bleibt auch bei gerichtlicher Feststellung oder Beurkundung eines abweichenden Todesdatums maßgeblich. Ob eine eidesstattliche Erklärung verlangt wird, hängt von den Umständen des Einzelfalles ab.

Fallbeispiel:

Der Versicherte wird seit 19.07.2014 (Windsurfing ohne Wiederkehr an der französischen Atlantikküste) vermisst. Seit über einem Jahr sind von dem Vermissten keinerlei Nachrichten über sein Leben eingegangen.

LÖSUNG:

Die Deutsche Rentenversicherung ist berechtigt, als für die Rentenleistung mutmaßlichen Todestag den 19.07.2014 festzustellen. Abzuwarten ist jedoch ein 12 Monatszeitraum bis Juli 2015.

6.6 Witwen- bzw. Witwerrentenabfindung (§ 107 SGB VI)

Die Rentenabfindung ist eine Regelleistung der gesetzlichen Rentenversicherung. Die Abfindung wird gemäß § 107 SGB VI auf Antrag gewährt. Eine spezielle Antragsfrist ist nicht vorgesehen. Wird der Antrag aber nicht innerhalb von vier Kalenderjahren nach Ablauf des Kalenderjahres der Wiederheirat gestellt, verjährt der Anspruch nach § 45 SGB I. Die Verjährung wird durch den Rentenversicherungsträger im Wege der Einrede geltend gemacht.

Witwen- oder Witwerrenten werden bei der **ersten Wiederheirat** der Berechtigten mit dem 24-fachen Monatsbetrag abgefunden. Bei kleinen Witwenrenten oder kleinen Witwerrenten nach neuem Hinterbliebenenrentenrecht vermindert sich das 24-fache des abzufindenden Monatsbetrages um die Anzahl an Kalendermonaten, für die eine kleine Witwenrente oder kleine Witwerrente geleistet wurde (vgl. Fallbeispiel S. 165). Diese Anrechnung erfolgt nicht, wenn der vorletzte Ehegatte vor dem 01.01.2002 verstorben ist. Dies gilt auch, wenn mindestens ein Ehegatte in der vorletzten Ehe vor dem 02.01.1962 geboren ist und diese Ehe vor dem 01.01.2002 geschlossen wurde (§ 269 b SGB VI).

Als Monatsbetrag bei der Rentenabfindung ist der Durchschnitt der für die letzten 12 Kalendermonate geleisteten Witwenrente oder Witwerrente heranzuziehen. Erfolgt die Wiederheirat nach dem Ablauf des 15. Kalendermonats nach dem Tod des Versicherten, sind für die Ermittlung des Durchschnittsbetrages die Rentenbeträge maßgebend, auf die in den letzten 12 Kalendermonaten (bis einschließlich des Monats der Wiederheirat) Anspruch bestanden hat. Bei dem 12-Kalendermonatszeitraum verbleibt es auch dann, wenn zeitweise – z. B. wegen der Einkommensanrechnung nach § 97 SGB VI oder wegen eines verspäteten Rentenantrages – kein Anspruch auf Rentenzahlung bestanden hat. Die Kalendermonate ohne Rentenzahlbeträge gehen mit einem Nullbetrag in die Durchschnittsberechnung ein.

Fallbeispiel:

Wiederheirat 05.05.2005
Ende der großen Witwenrente am 31.05.2005
Die große Witwenrente beträgt vor Abzug des Eigenanteils zur Krankenversicherung der Rentner und des Beitrags zur Pflegeversicherung
vom 01.07.2002 bis 30.06.2003 550,00 € monatlich
ab 01.07.2003 555,78 € monatlich.

LÖSUNG:

Die letzten 12 Kalendermonate umfassen die Zeit vom 01.06.2004 bis 31.05.2005.
Innerhalb dieses Zeitraumes wurde gezahlt:
vom 01.06.2004 bis 31.05.2005 12 x 555,78 € = 6.669,36 €.

Der Monatsbetrag beträgt somit unverändert 555,78 €. Die Abfindungssumme im Umfang von 24 Monatsbeträgen beläuft sich auf 13.338,72 €.

Erfolgt die Wiederheirat vor Ablauf des dritten auf den Sterbemonat folgenden Monats wird keine Durchschnittsberechnung vorgenommen. Monatsbetrag ist der Betrag der Witwen- bzw. Witwerrente, der ohne die Wiederheirat für den vierten auf den Sterbemonat folgenden Kalendermonat zu leisten gewesen wäre. Alle Tatbestände, die sich ab dem vierten Kalendermonat rentenerhöhend oder rentenmindernd ausgewirkt hätten, sind zu berücksichtigen.

Fallbeispiel:

Heirat des Versicherten: 01.03.2002
Versicherter gestorben: 12.02.2008 (kein Rentenbezug)
Witwe geboren am: 15.09.1969
Rentenantragstellung: 07.04.2008
Wiederheirat: 19.12.2008
Antrag auf Witwenrentenabfindung: 12.01.2009

LÖSUNG:

Anspruch auf kleine Witwenrente besteht für den Zeitraum vom 12.02.2008 bis 28.02.2010.

Die Witwenrentenabfindung umfasst deshalb nur den Zeitraum vom 01.01.2009 bis 28.02.2010.

Die Zahlung einer Rentenabfindung schließt die Durchführung eines Rentensplittings unter Ehegatten bzw. unter eingetragenen Lebenspartnern aus (§ 120 a Abs. 5 SGB VI).

Ein Anspruch auf eine Rentenabfindung besteht auch, wenn der Berechtigte seinen ständigen Aufenthalt im Ausland hat und bis zur Wiederheirat eine Rentenleistung zu erbringen war. Unter diesen Voraussetzungen kann die Abfindung auch ins Ausland geleistet werden.

6.7 Witwen- und Witwerrente an vor dem 01.07.1977 geschiedene Ehegatten (§ 243 SGB VI)

Diese Hinterbliebenenrente ist ein Überbleibsel des alten nach dem Verschuldensprinzip orientierten Scheidungsrechts in der Bundesrepublik Deutschland, das am 30.06.1977 außer Kraft gesetzt wurde. Es gilt aber weiterhin für alle Ehescheidungen, die bis zu diesem Zeitpunkt rechtskräftig geworden sind.

Unter § 243 Abs. 1 und 2 SGB VI sind die Anspruchsvoraussetzungen für eine kleine bzw. große Geschiedenen-Witwen- bzw. Witwerrente aufgeführt. Dazu gehören:

- Tod des/der früheren Ehepartners(in) und Scheidung vor dem 01.07.1977
- keine Wiederheirat des/der Antragsteller(in) und Erfüllung der allgemeinen Wartezeit von 5 Jahren
- im letzten Jahr vor dem Tode erfolgte Unterhaltszahlung durch den Verstorbenen oder Bestehen eines Unterhaltsanspruchs im letzten wirtschaftlichen Dauerzustand.

Eine tatsächliche Unterhaltszahlung im letzten Jahr vor dem Tode des Versicherten hat nur dann anspruchsrechtliche Wirkung, wenn der Unterhalt von wirtschaftlicher Bedeutung war. Dies ist der Fall, wenn seine Höhe 25 Prozent des örtlich notwendigen Mindestbedarfs zum Lebensunterhalt erreicht. Dabei wird auf den örtlich notwendigen Mindestbedarf des geschiedenen Ehegatten abgestellt. Bei einem Eckregelsatz von derzeit 382,00 € (2013) betragen 25 Prozent hiervon mindestens 95,50 € an notwendiger Unterhaltsleistung.
Falls im letzten Jahr vor dem Tode kein (ausreichender) Unterhalt gezahlt wurde, ist zu prüfen, ob eine Unterhaltsverpflichtung in Höhe des Mindestbedarfs nach den seinerzeitigen Vorschriften des Ehegesetzes (§ 58 bis 61 Ehegesetz) bestanden hat.
Bei **Todesfällen ab 01.01.2012** wird die bisherige Altersgrenze für die Gewährung einer Witwen- bzw. Witwerrente nach **§ 243 SGB VI *ohne vorherigen Unterhaltsanspruch*** (§ 243 **Abs. 3** SGB VI) von bisher 60 Jahren (§ 243 Abs. 3 S. 1 Nr. 3 Buchstabe e SGB VI) stufenweise auf 62 Jahre (§ 243 Abs. 3 S. 2 SGB VI) angehoben. Unter dieser Vorschrift werden Fälle erfasst, die wegen ausreichenden eigenen Einkommens keinen Unterhaltsanspruch hatten.

Fallbeispiel:

Versicherter X. verstirbt am 10.01.2008. Er hinterlässt eine Ehefrau aus einer rechtsgültig bestehenden zweiten Ehe. Diese Ehefrau besitzt einen Anspruch auf große Witwenrente.
Die frühere geschiedene und heute noch unverheiratete Frau Z. (Geburtsjahrgang 1954) stellt ebenfalls Antrag auf Hinterbliebenenrente. Nach der Scheidung (10.12.1976) hat der frühere Ehemann an Frau Z. freiwillig Unterhalt gezahlt. Im letzten Jahr vor seinem Tode (vom 01.01.2007 bis 31.12.2007) betrug er monatlich 100,00 €.

LÖSUNG:

Neben der Witwenrente für die zweite Ehefrau besteht Anspruch auf Geschiedenen-Witwenrente, da im letzten Jahr vor dem Tode Unterhalt in Höhe von mindestens 25 Prozent des örtlichen Mindestbedarfs gezahlt wurde. Beide Hinterbliebenenrenten werden nach dem Anteil der jeweiligen Ehezeit an der Gesamtehedauer aufgeteilt (§ 91 SB VI).

6.8 Witwenrente und Witwerrente nach dem vorletzten Ehegatten (§§ 46 Abs.3/90 SGB VI)

Auf eine Witwen- oder Witwerrente nach dem vorletzten Ehegatten **nach § 90 SGB VI** werden für denselben Zeitraum bestehende Ansprüche auf Witwen- oder Witwerrente, auf Versorgung, auf Unterhalt oder auf sonstige Renten nach dem letzten Ehegatten angerechnet. Dabei werden die Vorschriften über die Einkommensanrechnung auf Renten wegen Todes nicht berücksichtigt. Eine bei der Wiederheirat gezahlte Rentenabfindung wird in angemessenen Teilbeträgen einbehalten, soweit sich der Abfindungszeitraum mit dem zum frühestmöglichen Zeitpunkt beginnenden Wiederaufleben der Hinterbliebenenrente vom vorletzten Ehegatten überschneidet.

Das Wiederaufleben soll der Witwe oder dem Witwer eine Hinterbliebenenversorgung mindestens in Höhe der Leistungen vom vorletzten Ehegatten/Lebenspartner garantieren. Auf die wiederaufgelebte Witwen- bzw. Witwerrente sind die neu erworbenen Ansprüche nach dem letzten Ehegatten/Ehepartner in der Höhe, in der sie nach Abzug etwaiger gesetzlicher Abgaben (z. B. Steuern) zustehen, anzurechnen. Zwischen den anzurechnenden Ansprüchen und der Witwen- bzw. Witwerrente nach dem vorletzten Ehegatten/Lebenspartner muss Zeitgleichheit bestehen. Die Erziehungsrente und die auf einen Versorgungsausgleich entfallenden Rentenanteile einer eigenen Rente werden nicht angerechnet, weil es sich hierbei nicht um Renten nach dem letzten Ehegatten/Lebenspartner handelt.

Fallbeispiel:

Witwenrente in Höhe von 500,00 € mtl. fällt aufgrund Wiederheirat am 21.03.2000 zum 31.03.2000 weg (§ 100 Abs. 3 SGSB VI).
Eine Witwenrentenabfindung für 24 Kalendermonate nach § 107 SGB VI hat die Witwe am 12.05.2000 erhalten. Die Auflösung der Ehe durch Tod des zweiten Ehemannes erfolgte am 19.09.2016.
Witwenrente vom zweiten Ehemann ab 19.09.2016 in Höhe von monatlich 350,00 €. Die Witwe beantragt das Wiederaufleben der Witwenrente aus der Versicherung des ersten Ehemannes am 05.10.2016.

Lösung:

Das Wiederaufleben der Witwenrente aus der Versicherung des vorletzten Ehegatten erfolgt zum 01.10.2016. Da die Witwenrentenabfindung im Umfang von 24 Kalendermonaten für die Zeit vom 01.04.2000 bis 31.03.2002 bereits verbraucht ist, ergibt sich bei der Feststellung der Höhe der für ein Wiederaufleben in Betracht kommenden Witwenrente aus der Versicherung des vorletzten Ehegatten lediglich die Anrechnung der Witwenrente aus der Versicherung des letzten Ehemannes.

Damit steht der Witwe ein Wiederauflebens-Anspruch in Höhe von monatlich 150,00 € zuzüglich der zwischenzeitlich erfolgten Rentenanpassungen zu.

6.9 Erziehungsrente

Die Erziehungsrente ist eine wenig bekannte Leistung der gesetzlichen Rentenversicherung. Sie ist zwar eine Rente wegen Todes und doch eine Versichertenrente. Grundlage dieser Rente nach § 47 SGB VI, die für die Dauer der Erziehung eines Kindes bis zu dessen 18. Lebensjahr oder ohne Altersbegrenzung bei Sorge für ein behindertes Kind erfolgt, sind folgende Voraussetzungen:

- Nichtvollendung des 65. Lebensjahres bzw. Nichterreichen der Regelaltersgrenze
- Ehescheidung nach dem 30.06.1977 oder Durchführung eines seit 2002 möglichen Rentensplittings,
- Tod des (früheren) Ehegatten,
- Erfüllung der allgemeinen Wartezeit von fünf Jahren – ggf. vorzeitig – durch den Antragsteller,
- keine Wiederheirat des anspruchsberechtigten Antragstellers,
- Erziehung eines eigenen Kindes oder eines Kindes des früheren (verstorbenen) Ehepartners oder Sorge für ein behindertes Kind.

Was die Höhe der Rente betrifft, entspricht die Erziehungsrente exakt der Rente wegen voller Erwerbsminderung. Ab Vollendung des 65. Lebensjahres oder nach dem 31.12.2011 mit der ab diesem Zeitpunkt geltenden Regelaltersgrenze entsteht ein Anspruch auf Regelaltersrente. Im Übrigen gelten alle anderen Berechnungsvorschriften, die auch bei der Ermittlung der Hinterbliebenenrente beachtlich sind; so z. B. der Abschlag vom Zugangsfaktor bei Rentenansprüchen vor Vollendung des 65. Lebensjahres und die Regelungen zur Einkommensanrechnung neben dem Rentenbezug. Die Feststellung einer Verminderung des Zugangsfaktors ist hier ebenfalls auf das 62. Lebensjahr begrenzt. Darüber hinaus gilt die Übergangsvorschrift des § 264 d SGB VI entsprechend.

Fallbeispiel:

Früherer Ehemann verstorben: 11.09.2007
Ehescheidung erfolgt: 08.11.1999
Erziehung des ehelichen Kindes Max, geb. 21.04.1997

Weitere Voraussetzungen (keine Wiederheirat, allgemeine Wartezeit erfüllt) sind vorhanden.
Antrag auf Erziehungsrente: 07.12.2007

LÖSUNG:

Die Antragstellerin erfüllt alle Voraussetzungen für eine Erziehungsrente. Da der Antrag rechtzeitig gestellt wurde (Frist vom 11.09.2007 bis 31.12.2007) beginnt die Erziehungsrente am 01.10.2007. Wäre der Antrag erst nach Ablauf von drei Kalendermonaten nach dem Tod des Versicherten gestellt worden, würde die Erziehungsrente erst am Ersten des Antragsmonats beginnen. Die Erziehungsrente wird längstens bis zur Vollendung des 18.Lebensjahres des Kindes, also hier bis Ende April 2015 geleistet.

6.10 Einkommensanrechnung auf Renten wegen Todes

Die Einkommensanrechnung auf Renten wegen Todes gemäß § 97 SGB VI wurde mit dem Hinterbliebenen- und Erziehungszeitengesetz ab 01.01.1986 eingeführt. Anlass war die Gleichstellung von Männern und Frauen durch Schaffung einer unbedingten Witwen- und Witwerrente, zu der der Gesetzgeber durch die Rechtsprechung des Bundesverfassungsgerichtes verpflichtet wurde. Bis zu diesem Zeitpunkt war die Gewährung einer Witwerrente für den überlebenden Ehemann an die Voraussetzung gebunden, dass die Verstorbene im letzten wirtschaftlichen Dauerzustand den Unterhalt der Familie überwiegend bestritten hatte.

Um die Mehrkosten aus den zusätzlich entstehenden Hinterbliebenenrentenansprüchen für Männer aufzufangen, wurde korrelativ die Einkommensanrechnung bei den Renten wegen Todes begründet. Bei Waisenrenten erfolgt ab 01.07.2015 keine Einkommensanrechnung mehr.

Was bedeutet Einkommensanrechnung?

Darunter ist zu verstehen, dass selbst erworbenes Netto-Erwerbseinkommen bzw. Erwerbsersatzeinkommen – soweit es einen gesetzlich festgelegten Freibetrag überschreitet – zu 40 Prozent auf die Hinterbliebenenrente angerechnet wird.

Folgende Rentenleistungen sind davon betroffen:

- Witwen-/Witwerrenten (§ 46 SGB VI)
- Rente an den geschiedenen Ehegatten (§ 243 SGB VI)
- Erziehungsrente (§ 47 SGB VI)

Bei Todesfällen bis zum 31.12.1995 durfte die Einkommensanrechnung aus Gründen des Vertrauensschutzes nur in einem fünfjährigen Übergangszeitraum in vollem Umfang wirksam werden. Im ersten Rentenbezugsjahr gab es danach keine Einkommensanrechnung, im zweiten Jahr wurden 10 Prozent, im dritten Jahr 20 Prozent, im vierten Jahr 30 Prozent und erst ab dem fünften Jahr die vollen 40 Prozent der den Freibetrag übersteigenden Einkommensbeträge an der Rente wegen Todes angerechnet.

Ab 01.01.2002 hat die letzte große Hinterbliebenenrentenreform bei Eheschließungen nach dem 31.12.2001 und bei Eheschließungen vor dem 01.01.2002, wenn beide Ehepartner am 01.01.2002 jünger als 40 Jahre alt waren, die Einkommensanrechnung auf sämtliche Einkommensarten – also auch auf Vermögenseinkommen – erweitert.

Die Einkommensanrechnung erfolgt bei Witwen- und Witwerrenten *nicht*, solange der *Rentenartfaktor 1,0* beträgt. Dadurch wird erreicht, dass Witwe und Witwer die ihnen für das Sterbevierteljahr zustehende Vorschussleistung stets ungekürzt erhalten.

Die Einkommensanrechnung verstößt nicht gegen das Grundgesetz. Dies hat das Bundesverfassungsgericht in seiner Entscheidung: 1 BVR 1318/86 festgelegt. Da Hinterbliebenenrenten lediglich Unterhaltsersatzfunktion haben, kann ihnen verfassungsrechtlich nicht derselbe Schutz zugestanden werden, wie Versichertenrenten, die als Lohnersatzleistungen einem anderen Sicherungsziel dienen. Die Vorschriften über die Einkommensanrechnung berühren deshalb weder die Bestimmungen über die Eigentumsgarantie des Artikel 14 Abs. 1 Grundgesetz, noch verletzen sie andere Normen des Verfassungsrechts.

6.10.1 Wie wird die Einkommensanrechnung durchgeführt?

Hierzu ein Fallbeispiel aus der Praxis:

Bezug einer Witwenrente ab 01.01.2012
(Ende des Sterbevierteljahres: 31.03.2012)
Höhe der Witwenrente vor der Einkommensanrechnung monatlich 910,53 €
Anrechenbares Netto-Einkommen monatlich 850,00 €
Freibetrag für die Einkommensanrechnung (2011/2012) monatlich 725,21 €

Ermittlung des den Freibeitrag übersteigenden Einkommensanteils:
Anrechenbares Netto-Einkommen 850,00 €
abzüglich Freibetrag 725,21 €
verbleibendes Einkommen 124,79 €
hiervon Anrechnung in Höhe von 40 Prozent = 49,92 €

Ermittlung des Zahlbetrages der Witwenrente nach Einkommensanrechnung	
Witwenrente vor Anrechnung	910,53 €
abzüglich Anrechnungsbetrag nach § 97 SGB VI	49,92 €
Witwenrente nach Anrechnung	860,61 €

6.10.2 Anrechenbare Einkommen

Soweit es sich um eine Hinterbliebenenrente nach dem Rechtsstand zum 31.12.2001 – auch im Rahmen des Vertrauensschutzes – handelt, werden ausschließlich Erwerbs- und Erwerbsersatzeinkommen angerechnet. Was darunter zu verstehen ist, zeigt die folgende Zusammenstellung. Die Anrechnung bei der Hinterbliebenenrente erfolgt jeweils mit den Nettobeträgen, wobei aber nach § 18 b SGB IV von den Bruttobeträgen allgemein verbindliche Abzüge festgelegt sind.

Die Tabelle enthält die wichtigsten Einkommensarten sowie den jeweiligen Prozentsatz zur Ermittlung des anzusetzenden Nettobetrages.

Art des Einkommens	**Abzüge**
Erwerbseinkommen:	
• Arbeitsentgelt (auch 450-Euro-Job mit Aufstockung)	40 Prozent
• 450-Euro-Job (Pauschalbeitrag durch Arbeitgeber, ohne Aufstockung) ab 01.07.2007:	0,0 Prozent
• Arbeitsentgelt (über 450 €) von Altersvollrentnern und Versorgungsbeziehern	30,5 Prozent
• Arbeitseinkommen (Selbständige)	39,8 Prozent
• Vorruhestandsgeld	40,0 Prozent
• Überbrückungsgelder u. ä. vom Arbeitgeber	40,0 Prozent
• Bezüge von Beamten u. ä., DO-Angestellten	27,5 Prozent
Kurzfristiges Erwerbsersatzeinkommen:	**Leistungsbeginn nach 2010**
• Krankengeld	Beitragsanteil zur BA + 10Prozent
• Krankentagegeld bei privat krankenversicherten Personen	--
• Arbeitslosen-, Unterhalts-, Konkursausfallgeld	--

• Verletztengeld	Beitragsanteil zur BA + 10Prozent
• Versorgungskrankengeld	--
• Mutterschaftsgeld	--
• Übergangsgeld	--
• Kurzarbeiter-, Winterausfallgeld (→Bemessungsentgelt, § 163 Abs. 6 SGB VI)	40,0 Prozent

Dauerhaftes Erwerbsersatzeinkommen:	
Versichertenrente aus der allgemeinen und knappschaftlichen RV Leistungsbeginn vor 2011	13,0 Prozent
Versichertenrente aus der allgemeinen und knappschaftlichen RV Leistungsbeginn nach 2010	14,0 Prozent
• Altersgelder der landwirtschaftlichen Alterskasse Leistungsbeginn vor 2011 = 13 Prozent, Leistungsbeginn nach 2010	14,0 Prozent
• Verletztenrente aus der gesetzlichen Unfallversicherung	--
• Rente aus einer berufsständischen Versorgung (z.B. Apotheker, Ärzte, Architekten, Notare, Rechtsanwälte) seit 01.07.2007: 27,5 Prozent	29,6 Prozent
• Ruhegehalt (Beamtenpension) und vergleichbare Abzüge (Richter, Soldaten, Kirche) sowie vergleichbare Bezüge aus der Versorgung der Abgeordneten 23,7 Prozent	25,0 Prozent
• Berufsschadensausgleich nach dem BVG und anderen Gesetzen	--

Betriebsrenten und private Lebensversicherungen bleiben bei der Einkommensanrechnung nach altem Recht unberücksichtigt.

Nach dem vom 01.01.2002 an geltenden Hinterbliebenenrentenrecht sind in den Fällen, in denen der Vertrauensschutz nicht greift, sämtliche steuerlich relevanten Einkünfte anzurechnen. Auf Waisenrenten ist diese Regelung anzuwenden, wenn die Waise nach dem 31.12.2001 geboren ist.

Folgende neuen dauerhaften Erwerbsersatzeinkommen und Vermögenseinkünfte sind in Fällen des neuen Hinterbliebenenrentenrechts zusätzlich zu berücksichtigen:

Art des Einkommens	**Abzüge**
Neue dauerhafte Erwerbsersatzeinkommen und Vermögenseinkünfte	
• Betriebsrente ohne nachgelagerte Besteuerung ab 01.07.2007:	17,5 Prozent

• Betriebsrente mit nachgelagerter Besteuerung ab 01.01.2011:	23,0 Prozent	
• Private Lebens- * oder Rentenversicherung, private Unfallversicherung, sonstige private Versorgungsrente mit dauerhafter regelmäßiger Auszahlung	12,7 Prozent	
• Einkünfte aus Vermietung und Verpachtung (sofern nicht Einkünfte aus selbständiger Tätigkeit, z. B. bei Landwirten)	25,0 Prozent	
• Kapitalvermögen (z.B. Zinsen, Aktiengewinne bei Abgeltungssteuer)	30,0 Prozent	
• Private Veräußerungsgeschäfte (mind. 512 € / Kalenderjahr), u.a. Verkauf von Grundstücken oder Immobilien	25,0 Prozent	[1]

---

* Abweichende Regelungen bestehen bei Kapital-Lebensversicherungen (Einmal-Auszahlungen)

[1] Bei Einmalzahlungen ist die Zahlung auf die dem Auszahlungsmonat folgenden 12 Monate aufzuteilen (z. B. Auszahlung 12.000 € am 14.05., damit vom 01.06. bis 31.05. je 1.000 € Brutto-Einkommen).

Leistungen aus einer „Riester-Rente“ sind **kein** zu berücksichtigendes Einkommen!

6.10.3 Freibetrag für die Einkommensanrechnung

Nach § 97 Abs. 2 SGB VI wird Einkommen von Berechtigten, das mit einer von dieser Vorschrift erfassten Rente zusammentrifft, auf diese Rente angerechnet, soweit es den Freibetrag übersteigt. Anrechenbar ist das Einkommen, das monatlich bei Witwen- bzw. Witwerrenten das 26,4-fache des „aktuellen Rentenwertes“ übersteigt. Bei gewöhnlichem Aufenthalt in den neuen Bundesländern gilt der jeweilige „aktuelle Rentenwert Ost“ (§ 228 a Abs. 3 SGB VI). Das nicht anrechenbare Einkommen erhöht sich um das 5,6-fache des aktuellen Rentenwertes für jedes Kind des Berechtigten, das Anspruch auf Waisenrente hat oder nur deshalb nicht hat, weil es nicht ein Kind des Verstorbenen ist.

Durch die Anbindung an den aktuellen Rentenwert bleibt der Freibetrag dynamisch, d. h., er verändert sich in dem Umfang, in dem der aktuelle Rentenwert einer Erhöhung unterliegt. Damit ist jeweils zum 01.07. eines Jahres im Zusammenhang mit der Rentenanpassung eine Überprüfung der Einkommensanrechnung vorzunehmen.

Für die Zeit vom 01.07.2017 bis 30.06.2018 gelten folgende Werte:

Rentenart	Faktor	Aktueller Rentenwert «West»	«Ost»	Freibetrag «West»	Freibetrag «Ost»
Witwen-, Witwer-, Erziehungsrente	26,4	31,03 €	29,69 €	819,19 €	783,82 €
Erhöhungsbetrag Kinder (je Kind)	5,6	31,03 €	29,69 €	173,77 €	166,26 €

6.10.4 Erstmaliges Zusammentreffen

Für die Prüfung, ob und in welcher Höhe eine Einkommensanrechnung nach § 97 SGB VI vorzunehmen ist, ist der Zeitpunkt des erstmaligen Zusammentreffens der Rente wegen Todes mit Einkommen im Sinne von § 18 a SGB IV maßgebend. Unerheblich ist dabei der Zeitpunkt der Feststellung des Einkommens (z. B. der Zahlung einer Versichertenrente für einen zurückliegenden Zeitraum) oder auch der Zeitraum, von dem sich die Einkommensanrechnung auswirkt.

Fallbeispiel:

Beginn der Rente wegen Todes: 01.03.2011
Der Berechtigte bezieht zu diesem Zeitpunkt kein anrechenbares Einkommen.
Beginn der Regelaltersrente: 01.11.2016
Bescheids Datum: 15.02.2017
Beginn der laufenden Rentenzahlung: 01.04.2017

Erstmaliges Zusammentreffen: 01.11.2016.

Bei der Ermittlung des auf die Rente wegen Todes anzurechnenden Einkommens wird das monatliche Einkommen des vorangehenden Kalenderjahres zugrunde gelegt. Diesem monatlichen Einkommen ist das laufende Einkommen gegenüber zu stellen. Dabei wird das laufende monatliche Einkommen dann berücksichtigt, wenn es um wenigstens 10 Prozent geringer ausfällt (§ 18 d SGB IV).

Fallbeispiel:

Einkommensanrechnung ab 01.10.2016
Das monatliche Einkommen ist aus dem Erwerbseinkommen des Kalenderjahres zu ermitteln, das dem Jahr 2016 vorausgeht.

Bruttoarbeitsentgelt für 2015 aus einem Beschäftigungsverhältnis:	23.445,00 €
abzüglich 40 Prozent	9.378,00 €
verbleiben jährlich	14.067,00 €

Das monatliche Einkommen aus dem Jahr 2015 beträgt somit 1.172,25 €.

Diesem monatlichen Einkommen ist das laufende Einkommen gegenüber zu stellen. Das laufende monatliche Einkommen für Oktober 2016 aus einem abhängigen Beschäftigungsverhältnis beträgt 2.200,00 €

abzüglich 40 Prozent	880,00 €
verbleiben monatlich	1.320,00 €

Das laufende monatliche Einkommen für Oktober 2016 in Höhe von 1.320,00 € ist nicht um wenigstens 10 Prozent geringer als das monatliche Einkommen aus dem Kalenderjahr 2015 in Höhe von 1.172,25 €.
Deshalb ist der Wert aus dem Vorjahr für die Einkommensanrechnung zugrunde zu legen. Hätte das monatliche Einkommen ab Oktober 2016 z. B. nur 800,00 € (netto) betragen, wäre dieser Wert um wenigstens 10 Prozent geringer gewesen, als das monatliche Vorjahreseinkommen. In diesem Fall hätten der Einkommensanrechnung nur 800,00 € monatlich zugrunde gelegt werden dürfen.

6.10.5 Änderungen in der Höhe des Anrechnungsbetrages / Verfahren bei der Rentenanpassung

Einkommensänderungen im Rahmen der Einkommensanrechnung sind regelmäßig erst vom Zeitpunkt der nächsten Rentenanpassung an zu berücksichtigen; dies gilt insbesondere für höhere laufende Einkommen.

Fallbeispiel:

Im Fall des unter 6.10.4 dargestellten Fallbeispiels zur Einkommensanrechnung würde das erhöhte Einkommen im Jahr 2016 in Höhe von 1.320,00 € monatlich frühestens ab 01.07.2017 bei der Einkommensanrechnung berücksichtigt werden können. Der Betrag in Höhe von 1.320,00 € monatlich ist aber nur dann zugrunde zu legen, wenn er sich für das gesamte Kalenderjahr 2016 durchschnittlich ergibt.

Veränderungen beim zu berücksichtigenden *laufenden Vermögenseinkommen* sollen nach dem erkennbaren Willen des Gesetzgebers nicht anders behandelt werden als Veränderungen beim Erwerbseinkommen.
Erhöhungen wirken sich also erst ab dem 01.07. aus. Minderungen des laufenden Vermögenseinkommens sind nach § 18 d Abs. 2 SGB IV erst zu berücksichtigen, wenn diese wenigstens 10 vom Hundert, bei mehreren Einkunftsarten gleichzeitig ggf. gemessen am Gesamteinkommen, betragen.
Von einem zu berücksichtigenden laufenden Vermögenseinkommen nach § 18 a Abs. 3 Nr. 1 SGB IV ist erst dann auszugehen, wenn und soweit durch dieses der Werbungskosten- und Sparer-Freibetrag überschritten wird. Tritt zu einem laufenden Vermögenseinkommen ein Erwerbs- oder dauerhaftes Erwerbsersatzeinkommen einkommenserhöhend hinzu, ist nur dann von einer Einkommensänderung im Sinne von § 18 d Abs. 1 erster Halbsatz SGB IV auszugehen, wenn zuvor zu berücksichtigendes Vermögenseinkommen vorhanden war. Ist dies nicht der Fall, liegt ein erstmaliges Zusammentreffen von Erwerbs- oder dauerhaftem Erwerbsersatzeinkommen mit einer Rente wegen Todes vor.

Für *einmalig gezahltes Vermögenseinkommen* ist mit Wirkung ab 01.01.2002 § 18 d Abs. 1 zweiter Halbsatz SGB IV in das Gesetz als Sonderregelung eingefügt worden. Danach ist einmalig gezahltes Vermögenseinkommen bereits vom Beginn des Kalendermonats an zu berücksichtigen, für den es als erzielt gilt. Dies ist der Beginn des Kalendermonats nach dem Monat der Auszahlung, da einmalig gezahltes Vermögenseinkommen nach § 18 b Abs. 1 Satz 4 SGB IV für die dem Monat der Zahlung folgenden zwölf Kalendermonate als erzielt gilt.
Nach der Gesetzesbegründung sollen durch diese Sonderregelung Manipulationen weitestgehend vermieden werden.

Als einmaliges Vermögenseinkommen kommen insbesondere die rechnungs- und außerrechnungsmäßigen Zinsen bei Fälligkeit der Versicherungssumme aus einer Kapitallebensversicherung, Kursgewinne aus dem Verkauf von Aktien innerhalb der Spekulationsfrist von einem Jahr sowie Zinsen aus Spareinlagen mit einer Anlagedauer von mehr als 12 Monaten in Betracht, wenn sie erst zum Ende der Anlagefrist in einer Summe fällig werden.

Wenn zum Beispiel neben einer Witwerrente, die nach Ablauf des Sterbevierteljahres ab 01.04.2006 mit dem Rentenartfaktor in Höhe von 0,55 geleistet wird, einmaliges Vermögenseinkommen in Höhe von 24.000,00 € (Auszahlung erfolgte bereits im Januar 2006) hinzutritt, ergibt sich für die Zeit vom 01.02.2006 bis zum 31.01.2007 ein zu berücksichtigender monatlicher Betrag von 2.000,00 Euro (24.000 € : 12). *In der Zeit vom 01.04.2006 bis zum 31.01.2007 trifft die Rente wegen Todes mit einmaligem Vermögenseinkommen zusammen. Bei der Einkommensanrechnung nach § 97 SGB VI sind für diesen Zeitraum monatlich 2.000,00 € zugrunde zu legen.*

7 Versorgungsausgleich und Rentensplitting

7.1 Versorgungsausgleich bei Scheidung

Bei rechtskräftiger Ehescheidung nach dem 30.06.1977 (hier ist bei Scheidungen das Zerrüttungsprinzip anzuwenden) bzw. Aufhebung einer eingetragenen Lebenspartnerschaft ab dem 01.01.2005 durch einen gerichtlichen Beschluss ist der öffentlich-rechtliche Versorgungsausgleich durchzuführen. Dies gilt ausnahmsweise nicht, wenn er durch Vereinbarung beider Ehegatten/Lebenspartner ausgeschlossen wurde. Hier kommt es zum schuldrechtlichen Versorgungsausgleich. Mit dem zwingend bei jeder Scheidung zu überprüfenden Versorgungsausgleich werden die während der Ehe erworbenen Ansprüche auf eine Altersversorgung ausgeglichen. Dem liegt der Gedanke zugrunde, dass derjenige Ehegatte, der während der Ehe den Haushalt geführt und die Kinder betreut hat und deshalb nicht oder nur in geringem Umfang berufstätig sein konnte, im Alter eine eigenständige soziale Absicherung haben soll. Versorgungsansprüche, die Ehepartner während ihrer Ehe erworben haben, werden beim Versorgungsausgleich als gemeinschaftliche Lebensleistung betrachtet. Der Versorgungsausgleich findet auch bei der Auflösung von eingetragenen Lebenspartnerschaften statt.
Hinweis: *Bei Ehescheidungen vor dem 01.07.1977 galt das Verschuldensprinzip. Hier ist im Todesfall ein Anspruch auf Witwen- und Witwerrente an geschiedene Ehegatten zu prüfen (§ 243 SGB VI). Ein Versorgungsausgleich kommt nicht in Betracht.*

Die Entscheidung, in welcher Höhe und Form Rentenanwartschaften ausgeglichen werden, trifft das Familiengericht. Die Anrechte zwischen den Ehegatten sind grundsätzlich hälftig aufzuteilen. Der bisherige Einmalausgleich wurde durch den sogenannten „Hin-und-Her-Ausgleich" ersetzt. **Einzubeziehen in den Versorgungsausgleich sind die Ansprüche aus der gesetzlichen Rentenversicherung, beamtenrechtliche Versorgungsansprüche, unverfallbare Betriebsrenten, Zusatzversorgungen, Ansprüche aus privaten Rentenversicherungen („Riester-Rente" / „Rürup-Rente") und Anwartschaften in den berufsständischen Versorgungen der Ärzte, Apotheker, Rechtsanwälte usw..**

Bei Lebensversicherungen ist zu unterscheiden, ob die Verträge in den Versorgungsausgleich oder in den Zugewinnausgleich fallen. Zum Versorgungsausgleich gehören nur solche Lebensversicherungen, bei deren Vertragsende zwingend eine Rente gezahlt wird, Verträge, die eine einmalige Kapitalzahlung vorsehen oder bei denen der Versicherte ein Wahlrecht zwischen Rente und Kapitalzahlung hat, unterliegen nicht dem Versorgungsausgleich, sondern sind im **Zugewinnausgleich** zu berücksichtigen.

Leistungen mit Entschädigungscharakter fallen nicht unter den Versorgungsgleich. Dies gilt z. B. für Renten aus der gesetzlichen Unfallversicherung, Leistungen nach dem Kindererziehungsleistungsgesetz, Renten nach dem Bundesversorgungsgesetz und nach dem Bundesentschädigungsgesetz sowie entsprechende Renten nach dem Lastenausgleichsgesetz.

Der neue Versorgungsausgleich

Durch das Gesetz zur Strukturreform des Versorgungsausgleichs (VAStrRefG) vom 03.04.2009 ist der Versorgungsausgleich grundlegend umgestaltet worden. Das Gesetz trat am **01.09.2009** in Kraft. Das Grundprinzip des Versorgungsausgleichs, der sogenannte Halbteilungsgrundsatz, bleibt auch im neuen Recht als der grundlegende Gedanke des Ausgleichs bestehen. Wesentlicher Grund für diese Novellierung war die Erkenntnis, dass der Versorgungsausgleich in seiner Fassung bis zum 31.08.2009 den Grundsatz der rechnerischen Halbteilung im Versorgungsfall zunehmend verfehlte.
Mit dem neu konstruierten Versorgungsausgleich (VA) werden die von den Ehegatten in der Ehezeit gemeinsam erworbenen Versorgungsanrechte hälftig geteilt (§ 1 VersAusglG). Im Unterschied zum bisherigen Recht erfolgt der Versorgungsausgleich allerdings nicht mehr insgesamt nur von dem ausgleichspflichtigen Ehepartner zum anderen Ehepartner, sondern es erfolgt jetzt ein Ausgleich der einzelnen Anrechte zwischen beiden Parteien systemintern, so dass es zu einem „Hin-und-Her-Ausgleich" kommen kann. Grundsätzlich wird künftig jedes in der Ehe aufgebaute Versorgungsanrecht gesondert im jeweiligen Versorgungssystem zwischen den Ehegatten intern geteilt (sog. in**terne Teilung** nach § 10 VersAusglG). Durch diese Teilung erhält der jeweils ausgleichsberechtigte Ehegatte einen eigenen Anspruch gegen den Versorgungsträger des jeweils ausgleichsverpflichteten Ehegatten. Jeder Ehegatte kann somit Ausgleichsberechtigter und / oder Ausgleichsverpflichteter sein. Die Teilung der Anrechte bezieht sich immer auf das jeweilige Versorgungsanrecht Das bisherige Prinzip der Verrechnung aller Anrechte mit dem Einmalausgleich über die gesetzliche Rentenversicherung wird hierdurch abgelöst. So können auch die Anrechte aus der betrieblichen und privaten Altersvorsorge schon bei der Scheidung vollständig geteilt werden. Nachträgliche Ausgleichs- und Abänderungsverfahren werden weitgehend entbehrlich.

Abweichend vom Grundsatz der internen Teilung kann ausnahmsweise eine **externe Teilung** (§ 14 VersAusglG) vorgenommen werden, wenn die ausgleichsberechtigte Person zustimmt oder bestimmte Wertgrenzen nicht überschritten sind. Die Teilung erfolgt dann nicht intern beim Versorgungsträger des ausgleichsverpflichteten Ehegatten, sondern extern durch zweckgebundene Abfindung und Einzahlung dieses Kapitalbetrages bei einem anderen „angemessenen“ Versorgungsträger.

Grundsätzlich ist die **externe Teilung der Anrechte** nachrangig gegenüber der internen Teilung (§ 9 Abs. 2 VersAusglG). Sie ist nur in den Fällen des § 14

Abs. 2 VersAusglG und § 16 Abs. 1 und 2 VersAusglG möglich. Diese Form der Teilung führt immer zu einer Begründung von Anrechten in einem *anderen* Versorgungssystem als demjenigen, bei dem das Anrecht erworben wurde. Ausgeglichen wird auch hier in Höhe des Ausgleichswerts (Hälfte des Ehezeit-Anteils).

Unter welchen Voraussetzungen eine externe Teilung durchgeführt werden kann, ist in den §§ 14 Abs. 2 bis 5 und 15 bis 17 VersAusglG geregelt. Ob eine externe Teilung von Anrechten erfolgt, ist im Zeitpunkt der Entscheidung über den Versorgungsausgleich durch das Familiengericht zu bestimmen. Die Einzelheiten zur Durchführung der externen Teilung richten sich grundsätzlich nach den Regelungen über das auszugleichende Anrecht und das zu begründende Anrecht für die jeweiligen Versorgungssysteme (§ 14 Abs. 3 i. V. m. § 10 Abs. 3 VersAusglG).

Beim Ausgleich von Versorgungsanrechten aus einem öffentlich-rechtlichen Dienst- und Amtsverhältnis der Länder und Kommunen erfolgt zumeist noch die externe Teilung durch Begründung von Anwartschaften in der gesetzlichen Rentenversicherung für die ausgleichsberechtigte Person (§ 16 Abs. 1 VersAusglG). Diese Regelung entspricht dem früheren Quasi-Splitting. Das Familiengericht benennt in seiner Entscheidung den Ausgleichswert in Form einer auf das Ende der Ehezeit bezogenen Monatsrente und ordnet gleichzeitig an, dass dieser Betrag vom Rentenversicherungsträger der ausgleichsberechtigten Person in Entgeltpunkte bzw. in Entgeltpunkte (Ost) bei Versorgungsanrechten im Beitrittsgebiet umzurechnen sind (§ 16 Abs. 3 VersAusglG). Im Gegensatz zu den anderen Fällen der externen Teilung muss der Träger der Beamtenversorgung keinen Kapitalbetrag an die Rentenversicherung für die dort zu begründenden Anrechte zahlen. Der Rentenversicherungsträger kann sich aber im Leistungsfall seine Mehraufwendungen, die ihm durch die externe Teilung entstehen, erstatten lassen (§ 225 SGB VI).

In den sonstigen Fällen der externen Teilung kann die ausgleichsberechtigte Person wählen, ob ein bereits bei einem Versorgungsträger bestehendes Anrecht ausgebaut oder ein neues Anrecht begründet werden soll (§ 15 Abs. 1 VersAusglG). Im Übrigen muss der Träger der Zielversorgung mit der Wahl einverstanden sein. Gewählt werden kann jedoch nach § 15 Abs. 2 VersAusglG nur eine Zielversorgung, die eine angemessene Versorgung gewährleistet. Dies ist gewährleistet, wenn durch die externe Teilung ein eigenständiges Anrecht für die ausgleichsberechtigte Person begründet wird, das hinsichtlich Dynamik und Risikoschutz dem Anrecht der ausgleichspflichtigen Person vergleichbar ist. Diese Anforderungen erfüllen Anrechte der gesetzlichen Rentenversicherung, Anrechte nach dem Betriebsrentengesetz und Anrechte aus einem nach § 5 Altersvorsorgeverträge-Zertifizierungsgesetz (AltZertG) zertifizierten Vertrag. Wird eine andere Zielversorgung durch die ausgleichsberechtigte Person gewählt, hat das Familiengericht die nach § 15 Abs. 2 VersAusglG geforderten Voraussetzungen zu prüfen.

Übt die ausgleichsberechtigte Person ihr Wahlrecht indes nicht aus, so erfolgt der externe Ausgleich grundsätzlich durch Begründung der Anrechte in der gesetzlichen Rentenversicherung (§ 15 Abs. 5 VersAusglG). Dies gilt jedoch nicht für Anrechte der betrieblichen Altersversorgung. Für diese Anrechte wurde eine **Versorgungsausgleichskasse** gegründet, die als Träger der Zielversorgung dient. Die Leistungen der Versorgungsausgleichskasse beruhen, wie bei Betriebsrenten üblich, auf Kapitaldeckung.

Der Versorgungsausgleich in der früheren Fassung ist nur noch anzuwenden gewesen, wenn das VA-Verfahren bis zum 31.08.2009 eingeleitet wurde und das Familiengericht bis August 2010 eine Entscheidung getroffen hat. Damit ist in allen Altfällen, die am 01. September 2010 noch nicht entschieden sind, immer das neue Recht anzuwenden.

Im folgenden Fallbeispiel werden die Unterschiede zwischen dem VA vor dem 01.09.2009 und seit diesem Zeitpunkt dargestellt.

Fallbeispiel – VA in der Zeit vom 01.07.1977 - 31.08.2009:

In der Ehezeit erworbene Versorgungsanrechte pro Monat

	Ehemann	Ehefrau
Rente aus der gesetzlichen Rentenversicherung	300,00 €	100,00 €
Beamtenversorgung	400,00 €	0,00 €
	700,00 €	100,00 €

Der Ehemann erwarb in der Ehezeit 600,00 € monatlich mehr an Versorgungsanrechten als seine Frau. Damit ist er ausgleichspflichtig. Er muss die Hälfte dieses Wertunterschiedes, also 300,00 € an seine Ehefrau abgeben. Für diesen Betrag werden für die frühere Ehefrau Rentenanwartschaften in der gesetzlichen Rentenversicherung begründet. Der Ausgleich der Beamtenversorgung erfolgte durch die Begründung von Anwartschaften in der gesetzlichen Rentenversicherung ohne Beitragszahlung durch den Ehemann (Quasisplitting).

Fallbeispiel (siehe oben) **– VA in der Zeit ab 01.09.2009 -:**

in der Ehezeit erworbene Versorgungsrechte (Halbteilungsgrundsatz nach § 1 Vers.Ausgl.Gesetz)

Rente aus der gesetzlichen Rentenversicherung (EP)	18	8
Ausgleich erfolgt durch		
Übertragung von 9 EP von Mann an Frau und	- 9	+ 9
von 4 EP von Frau an Mann.	+ 4	- 4
	= 13	= 13
Beamtenversorgung	400,00 €	0,00 €

Im Rahmen der internen Teilung erfolgt der Ausgleich innerhalb des Versorgungssystems. Dadurch wird die Beamtenversorgung des Mannes wie folgt aufgeteilt (die maßgebenden beamtenrechtlichen Versorgungsregelungen sehen vorliegend eine „interne“ Teilung vor):

200,00 € 200,00 €

Man spricht hier auch vom Hin-und-Her-Ausgleich.

Für Beamte der Länder und Gemeinden ist derzeit noch nicht in allen Bundesländern eine interne Teilung vorgesehen, so dass deren in der Ehe erworbenen Versorgungsanrechte extern geteilt werden. Das Familiengericht begründet den Ausgleichswert (Hälfte des Ehezeitanteils der Beamtenversorgung) zu Gunsten des anderen Ehepartners in der gesetzlichen Rentenversicherung. In seiner Entscheidung nennt das Familiengericht in diesen Fällen allerdings keine Entgeltpunkte, sondern einen monatlichen Rentenbetrag.

Die externe Teilung kann auch zwischen dem ausgleichsberechtigten Ehepartner und dem Versorgungsträger des ausgleichspflichtigen Ehepartners vereinbart werden, sofern das beim Versorgungsträger möglich ist. Dies kann für den ausgleichsberechtigten Ehepartner sinnvoll sein, weil er auf diese Weise z. B. anstelle der internen Teilung ein für ihn bereits bestehendes Versorgungsanrecht bei einem anderen Versorgungsträger aufstocken kann. Darüber hinaus kann ein Versorgungsträger auch ohne Zustimmung des ausgleichsberechtigten Ehepartners eine externe Teilung verlangen, wenn der Wert des auszugleichenden Anrechts bestimmte Höchstgrenzen nicht übersteigt, die vom Familiengericht zu beachten sind. Bei diesen Formen der externen Teilung hat der Versorgungsträger des ausgleichspflichtigen Ehepartners an den Versorgungsträger des ausgleichsberechtigten Ehepartners (Zielversorgung) einen Kapitalbetrag zu zahlen, den das Familiengericht festlegt.

Fallbeispiel mit Betriebsrente

Beate H. sollen 100,00 € aus der Betriebsrente ihres Mannes gutgeschrieben werden. Ohne die Gutschrift hätte sie keinen eigenen Anspruch auf Betriebsrente. Sie vereinbart daher mit dem Träger der Betriebsrente, dass die 100,00 € ihrer Riester-Rente gutgeschrieben werden sollen. Der Träger der Riester-Rente ist ebenfalls einverstanden. Aufgrund dieser Vereinbarung entscheidet das Familiengericht, dass für Beate H. durch externe Teilung Anrechte bei ihrer Riester-Rente gutgeschrieben werden. Gleichzeitig wird vom Gericht bestimmt, dass der Träger der Betriebsrente einen entsprechenden Kapitalbetrag in die Riester-Rente von Beate H. einzuzahlen hat.

7.1.1 Durchführung des Versorgungsausgleichs neuen Rechts

Das Familiengericht entscheidet darüber, wie der Versorgungsausgleich durchgeführt wird. In der gesetzlichen Rentenversicherung erfolgt die Umsetzung durch Zu- oder Abschläge bei den persönlichen Entgeltpunkten nach § 66 SGB VI. Das Verfahren hierzu ist in § 76 SGB VI geregelt.

Die Vorschrift des § 76 SGB VI enthielt bis zum 31.08.2009 im Absatz 2 Satz 3 eine Höchstbetragsregelung. Danach durften die zu übertragenden oder zu begründenden Rentenanwartschaften zusammen mit den eigenen Rentenanwartschaften des Versicherten einen bestimmten Betrag nicht übersteigen. Diese Regelung ist zum 01.09.2009 ersatzlos gestrichen worden.

7.1.2 Auskunft über den Ehezeitanteil

Jeder Versorgungsträger ist verpflichtet, die Berechnung der jeweiligen Anteile, die auf die Ehezeit entfallen, vorzunehmen. Welche Versorgungsträger hierfür in Betracht kommen, ergibt sich grundsätzlich aus den Angaben der Ehegatten. Im Anschluss daran ist der ermittelte Ehezeitanteil in Form der für das jeweilige Versorgungssystem maßgeblichen Bezugsgröße dem Familiengericht mitzuteilen und ggf. auf Anforderung näher zu erläutern.

Im Rahmen des § 109 Abs. 5 SGB VI erhalten auch die Versicherten selbst, deren Ehegatten oder deren geschiedene Ehegatten eine solche Auskunft. In einem ersten Schritt werden die Entgeltpunkte einer fiktiven Altersrente berechnet, wobei alle rentenrechtlichen Zeiten bis zum Ende der Ehezeit einbezogen werden. Im zweiten Schritt werden nur die Zeiten berücksichtigt, die in der Ehezeit zurückgelegt worden sind. Daraus ergibt sich der Ehezeitanteil der Rentenanwartschaft in Entgeltpunkten.

Die Ehezeit umfasst normalerweise den Zeitraum vom Tag der Eheschließung bis zur rechtskräftigen Scheidung. Da aber über den Versorgungsausgleich im Zusammenhang mit der Scheidung entschieden werden soll, war es notwendig, ein fiktives Ende der Ehezeit zu bestimmen. Die Ehezeit beginnt mit dem ersten Tag des Monats, in dem die Ehe geschlossen wurde, und sie endet mit dem letzten Tag des Monats vor der Zustellung des Scheidungsantrags an den Antragsgegner (gilt analog auch für die Bestimmung der Lebenspartnerschaftszeit).

Fallbeispiel:

Eheschließung: 19.01.2000
Eingang des Scheidungsantrages beim Familiengericht: 04.04.2017
Zustellung des Scheidungsantrages an den Antragsgegner: 18.04.2017
Rechtskräftige Scheidung: 04.09.2017
Die maßgebende Ehezeit beläuft sich auf den Zeitraum vom 01.01.2000 bis 31.03.2017.

7.1.3 Ermittlung des Ausgleichswertes

Neben der Berechnung des Ehezeitanteils in Form der jeweils maßgeblichen Bezugsgröße haben die Versorgungsträger dem Familiengericht auch einen Vorschlag für die Bestimmung des Ausgleichswertes zu unterbreiten (§ 5 Abs. 3 VersAusglG). Dieser beträgt die Hälfte des Wertes des jeweiligen Ehezeitanteils. Bei der gesetzlichen Rentenversicherung beträgt der Ausgleichswert genau die Hälfte des errechneten Ehezeitanteils. Dieser Wert wird dem Familiengericht in Entgeltpunkten mitgeteilt.

Fallbeispiel:

Karin G. hat folgende Rentenanwartschaft in der Ehezeit:
5,9027 Entgeltpunkte der allgemeinen Rentenversicherung (= monatliche Rentenanwartschaft: 183,16 €).

Der Ausgleichswert in der gesetzlichen Rentenversicherung beträgt die Hälfte des Ehezeitanteils.
5,9027 EP : 2 = 2,9514 EP x 31,03 € (aktueller Rentenwert) = 91,58 €.

7.1.4 Wartezeiterfüllung durch Versorgungsausgleich

Eine Rente aus der gesetzlichen Rentenversicherung kann nur gezahlt werden, wenn neben den übrigen Anspruchsvoraussetzungen eine bestimmte Wartezeit zurückgelegt ist. § 52 Abs. 1 SGB VI regelt, wie sich die Übertragung oder Begründung von Rentenanwartschaften in der gesetzlichen Rentenversicherung auf die Wartezeit auswirkt, wenn anlässlich einer Ehescheidung oder einer Aufhebung einer eingetragenen Lebenspartnerschaft der Versorgungsausgleich zu Gunsten eines Versicherten durchgeführt worden ist.

Die für die Gewährung einer Rente erforderliche Wartezeit kann von dem ausgleichsberechtigten Ehegatten oder Lebenspartner entweder allein aus den im Versorgungsausgleich erworbenen Rentenanwartschaften oder zusammen mit den aus eigener Versicherung erworbenen Jahren erfüllt werden. Der ausgleichspflichtige Ehegatte oder Lebenspartner behält seine Wartezeitmonate aus den von ihm selbst zurückgelegten Zeiten. Das bedeutet, dass der Abschlag an Entgeltpunkten für ihn versicherungsrechtlich keine Bedeutung erlangt.

Für die erforderliche allgemeine Wartezeit von fünf Jahren bei einer Rente wegen verminderter Erwerbsfähigkeit zählen die Monate aus dem Versorgungsausgleich jedoch nur, wenn die Erwerbsminderung nach dem Ende der Ehe/Lebenspartnerschaft eingetreten ist.

Die zusätzlichen Monate für die Wartezeit errechnen sich aus den Entgeltpunkten, die sich aus den übertragenen oder begründeten Rentenanwartschaften ergeben. Diese Entgeltpunkte werden durch die Zahl 0,0313 (in der knappschaftlichen Rentenversicherung 0,0234) geteilt. Die Anrechnung als Wartezeitmonate erfolgt aber nur insoweit, als die in die Ehezeit oder Lebenspartnerschaftszeit fallenden Kalendermonate nicht bereits auf die Wartezeit anzurechnen sind. Eine doppelte Anrechnung bleibt dadurch ausgeschlossen.

So sind z. B. bei festgestellten 10,9300 Entgeltpunkten 350 Monate (aufgerundet auf volle Monate) an Wartezeit zusätzlich zu berücksichtigen.
Betrug die Ehezeit 360 Kalendermonate und hat die ausgleichsberechtigte Person selbst 80 Kalendermonate zur Rentenversicherung zurückgelegt, können über die Gutschrift der Entgeltpunkte nur noch 270 Kalendermonate für die Wartezeit zusätzlich berücksichtigt werden.

Um die Wartezeit allein aus den im Versorgungsausgleich übertragenen oder begründeten Rentenanwartschaften zu erfüllen, sind erforderlich für die Wartezeit von

5 Jahren	1,8468 Entgeltpunkte,
15 Jahren	5,6028 Entgeltpunkte,
20 Jahren	7,4808 Entgeltpunkte,
35 Jahren	13,1148 Entgeltpunkte.

Bei der Umrechnung der durch den Versorgungsausgleich übertragenen oder begründeten Rentenanwartschaft in Monate werden sonstige Beitragszeiten begründet. Dabei handelt es sich nicht um Pflichtbeiträge, mit denen zusätzliche versicherungsrechtliche Voraussetzungen (wie z. B. bei einer Rente wegen verminderter Erwerbsfähigkeit „in den letzten 5 Jahren 3 Jahre Pflichtbeiträge für eine versicherte Beschäftigung oder Tätigkeit“) erfüllt werden.

Die Regelung über die Ermittlung der Wartezeitmonate gilt ebenso für das **Rentensplitting (s. Kapitel 7.2.)**.

7.1.5 Wie wirkt sich der Versorgungsausgleich auf die Rentenhöhe aus?

Für die Rentenberechnung wird die Gesamtzahl der Entgeltpunkte aus allen Zeiten ermittelt, die ein Anspruchsberechtigter bisher in der gesetzlichen Rentenversicherung zurückgelegt hat. Nach § 66 SGB VI (persönliche Entgeltpunkte) werden bei der Summe aller Entgeltpunkte die Zuschläge oder Abschläge aus einem durchgeführten Versorgungsausgleich oder Rentensplitting berücksichtigt. Die persönlichen Entgeltpunkte ergeben sich, in dem die Summe der Entgeltpunkte mit einem Zugangsfaktor vervielfältigt wird. Durch den Zugangsfaktor sollen Vor- oder Nachteile eines unterschiedlichen Renteneintritts Berücksichtigung finden (z. B. vorzeitige Inanspruchnahme einer Altersrente).

Während beim Ausgleichsberechtigten die Zuschläge an Entgeltpunkten zu einer Erhöhung der Rente führen, verursachen sie bei den Ausgleichsverpflichtenden dementsprechend durch Abschläge von den Entgeltpunkten eine Verringerung seines Rentenanspruchs.

Wem z. B. 15 Entgeltpunkte im Rahmen eines Versorgungsausgleiches (Ende der Ehezeit: Januar 2017) übertragen worden sind, und es nach Multiplikation mit dem Zugangsfaktor auch unverändert bei 15 persönlichen Entgeltpunkten verbleibt, der erhält daraus eine Rentensteigerung in Höhe von monatlich 456,75 € brutto. Dem „abgebenden" Versicherten wird dadurch seine Versichertenrente (bei einem Zugangsfaktor 1,0) um eben diese 456,75 € reduziert. Sollten die Entgeltpunkte einem ggf. geminderten oder erhöhten Zugangsfaktor unterliegen, teilen die Zuschläge oder Abschläge an Entgeltpunkten, die sich aus den im Versorgungsausgleich übertragenen oder begründeten Rentenanwartschaften ergeben, dasselbe Schicksal wie die übrigen bei der Rentenberechnung zu berücksichtigenden Entgeltpunkte.

Wann wirkt sich die Änderung durch den Versorgungsausgleich bei der Rente aus?

Sobald ein Versorgungsausgleich durchgeführt wurde, ist dem Versicherten nach Eintritt der Rechtskraft der Entscheidung des Familiengerichts eine Mitteilung über die Auswirkungen des Versorgungsausgleichs zu erteilen, Bezieht einer der Ehegatten laufend eine Rente, sind hinsichtlich des Zeitpunktes der Erhöhung bzw. Minderung der Rente bei Eingang der Entscheidung des Familiengerichts über den Versorgungsausgleich die Regelungen des § 101 Abs.3 SGB VI zu beachten,
Nach dieser Vorschrift ist für die laufende Rente der Versorgungsausgleich unter Anwendung des neuen Rechts regelmäßig bereits von dem Kalender-Monat an zu berücksichtigen, zu dessen Beginn die Entscheidung des Familiengerichts wirksam geworden ist (d. h. ab Folgemonat Rechtskraft). Wird eine Entscheidung am Ersten eines Monats rechtskräftig, ist sie ab Beginn dieses Monats wirksam. Für die Beurteilung, ob im Zeitpunkt der Rechtskraft ein Rentenanspruch besteht, ist der Zeitpunkt des Rentenbeginns maßgebend. Der Zeitpunkt der Rentenfeststellung ist nicht von Bedeutung. Wurde der Versorgungsausgleich vor Rentenbeginn durchgeführt, sind Zuschläge bzw. Abschläge an Entgeltpunkten vom Rentenbeginn an zu berücksichtigen.

Sofern die geschiedenen Ehegatten beide bereits eine Rente aus der gesetzlichen Rentenversicherung beziehen und diese rückwirkend um Zuschläge oder Abschläge an Entgeltpunkten zu verändern ist, <u>kann</u> der Rentenversicherungsträger von der sogenannten Schuldnerschutzregelung des § 30 VersAusglG

Gebrauch machen. Dadurch werden Überzahlungen der Rente auf Seiten der ausgleichsverpflichteten Person vermieden.

Bei Anwendung des § 30 VersAusglG werden die Renten der geschiedenen Ehegatten in unveränderter Hohe bis längstens zum Ende des Kalendermonats gezahlt (= Übergangszeit), der dem Monat folgt, in dem der Rentenversicherungsträger von der Rechtskraft der Entscheidung Kenntnis erlangt hat. Um dem Ziel dieser Schutzvorschrift des § 30 VersAusglG gerecht zu werden, richtet sich die Erhöhung der Rente bei der begünstigten Person nach dem zwischen den Rentenversicherungsträgern abgestimmten Zeitpunkt für die Minderung der Rente, sofern die Übergangszeit nicht überschritten wird. Deshalb ist ein gegenseitiges Benachrichtigungsverfahren zwischen den Versicherungsträgern der durch den Versorgungsausgleich belasteten und begünstigten Personen unbedingt erforderlich. Wird eine Wartezeit erst unter Berücksichtigung von Wartezeitmonaten aus dem Versorgungsausgleich nach § 52 Abs. 1 SGB VI erfüllt, richtet sich der Rentenbeginn nach § 99 SGB VI. Bei rechtzeitiger Antragstellung ist die Rente aus den eigenen rentenrechtlichen Zeiten vom Ablauf des Monats der Rechtskraft an zu zahlen. Für die übertragenen Anrechte kann sich ggf. ein späterer Erhöhungsbeginn unter Beachtung des § 30 VersAusglG ergeben, wenn auch die durch den Versorgungsausgleich belastete Person bereits eine Rente bezieht.
Hinweis: Soweit der VA nach dem bis zum 31.08.2009 geltenden Recht durchgeführt wurde, ist das „Rentnerprivileg" nach § 268a Abs. 2 SGB VI zu beachten. Danach wird die Rente des belasteten Ehepartners zunächst nicht gekürzt, solange der andere Ehepartner noch keine Rente erhält.

Fallbeispiel (neues Recht):

	Ehegatte 1	Ehegatte 2
beziehen beide bereits seit 01.2017 Versichertenrente		
interne Teilung bei der gesetzlichen Rentenversicherung		
2,0000 EP x 30,45 € =	+ 60,90 €	- 60,90 €
Wirksamkeit der Entscheidung über Wertausgleich bei Scheidung		17.07.2017
Kenntnisnahme über Wirksamkeit		26.07.2017
Beginn der Übergangszeit		01.07.2017
Ende der Übergangszeit		31.08.2017

Die für die Ehegatten 1 und 2 zuständigen Rentenversicherungsträger wenden § 30 VersAusglG an.

Ehegatte 2
Zahlung der Rente ohne Minderung aus dem VA bis zum 31.08.2017
Minderung um VA über 60,90 € ab 01.09.2017.

Ehegatte 1
Zahlung der Rente mit Zuschlag + 60,90€ ab 01.09.2017.

Für die Übergangszeit vom 01.07.2017 bis 31.08.2017 kann der Ehegatte 1 den entgangenen Rentenzahlbetrag vom Ehegatten 2 privatrechtlich einfordern (§§ 812 ff BGB).

7.1.6 Korrespondierender Kapitalwert

§ 5 Abs. 3 VersAusglG bestimmt, dass die Versorgungsträger zusätzlich zum Ausgleichswert dem Familiengericht den korrespondierenden Kapitalwert (§ 47 VersAusglG) zu berechnen und vorzuschlagen haben. Dieser Wert ist immer dann erforderlich, wenn der Ausgleichswert nicht in Form eines Kapitalwertes ermittelt wird. Der korrespondierende Kapitalwert entspricht in der gesetzlichen Rentenversicherung dem Betrag, der zum Ehezeitende aufzubringen wäre, um ein Anrecht in Höhe des Ausgleichswertes durch Beitragszahlung zu begründen. Stichtag für die Berechnung des korrespondierenden Kapitalwertes ist somit das Ende der Ehezeit.
Es handelt sich hier um einen Hilfswert, der von den Ehegatten bzw. Lebenspartnern nicht tatsächlich aufzubringen ist. Nur in Fällen einer externen Teilung kann es zu einem tatsächlichen Vermögenstransfer in Höhe des korrespondierenden Kapitalwertes kommen. Dies betrifft dann aber ausschließlich die beteiligten Versorgungsträger.

Der korrespondierende Kapitalwert aus dynamischen Anrechten ermittelt sich nach folgender Formel:

EP-Ausgleichwert x Umrechnungsfaktor für 2017 = 6938,2610 (s. Tabelle 2 zu § 187 SGB VI.)

Dieser Umrechnungsfaktor für die allgemeine Rentenversicherung ist nach folgender Formel ermittelt worden:

Umrechnungsfaktor = vorläufiges Durchschnittsentgelt x Beitragssatz : 100.
Der Umrechnungsfaktor der allgemeinen Rentenversicherung errechnet sich z. B. für 2017 aus nachstehenden Werten:

$$\frac{37.103{,}00\text{ €} \times 18{,}7}{100} = 6938{,}2610$$

In unserem Beispielfall multipliziert mit dem Ausgleichswert von 2,9514 Entgeltpunkten errechnet sich ein korrespondierender Kapitalwert in Höhe von 20.477,58 €.

7.1.7 Anpassungsregelungen

Härtefälle, die bisher im Gesetz zur Regelung von Härten im Versorgungsausgleich (VAHRG) geregelt waren, wurden mit dem Versorgungsausgleichsgesetz (§§ 32 bis 38 VersAusglG) als Anpassungsregelungen fortgeschrieben und erweitert, Die neuen Anpassungsregelungen gelten allerdings nur für die öffentlich-rechtlichen Versorgungsträger (Regelsicherungssysteme) und nicht für die ergänzende Altersvorsorge.

Es geht dabei z. B. um die Fälle, in denen der Ausgleichsberechtigte gestorben ist, bevor er aus den durch den Versorgungsausgleich erworbenen Ansprüchen Leistungen erhalten hat. Hier wird ein Anrecht der ausgleichspflichtigen Person auf Antrag nicht länger aufgrund des Versorgungsausgleichs gekürzt. Diese Anpassung wirkt sich aber nur für die ausgleichspflichtige Person selbst, nicht für ihre Hinterbliebenen aus. Dies bedeutet, dass bei Hinterbliebenenrenten des Ausgleichspflichtigen die Kürzung aus dem Versorgungsausgleich wieder zu berücksichtigen ist.

Eine Anpassung findet nur statt, wenn die ausgleichsberechtigte Person die Versorgung aus dem im Versorgungsausgleich (VA) erworbenen Anrecht nicht länger als 36 Monate bezogen hat. Dabei sind Leistungen an die Hinterbliebenen des Verstorbenen unschädlich und deshalb nicht mit zu berechnen.
Die Anpassung erfolgt ab Beginn des auf den Antragsmonat folgenden Monats.

Daneben gibt es noch bestimmte Sonderfälle, die auch nach verbindlicher Feststellung des VA nicht zur (vollständigen) Rentenkürzung führen. So wird z. B. eine Rente nicht gemindert, wenn der andere frühere Ehegatte einen Unterhaltsanspruch gegen den Ausgleichspflichtigen hat und er selbst noch keine Rente aus dem durch VA erworbenen Anrecht bezieht.

Auch eine spätere Abänderung des VA durch das Familiengericht ist möglich, wenn sich z. B. der Wert eines ausgeglichenen Anrechts aus rechtlichen oder tatsächlichen Gründen nach dem Ende der Ehezeit wesentlich verändert hat.

Dazu gehört auch die verbesserte Bewertung der Kindererziehung **(Mütterrente)**, die sich auf Anrechte auswirken, welche bei der Scheidung im Rahmen des Versorgungsausgleichs aufgeteilt wurden. Die Neuaufteilung der Anrechte erfolgt aber nur, wenn das Familiengericht die frühere Versorgungsausgleichsentscheidung abändert. Dadurch kann ein geschiedener Ehegatte an der „Mütterrente“ des anderen Ehegatten teilhaben. Hierbei ist aber zu beachten, dass sich eine Abänderung im Ergebnis auch zu Lasten des Antragsstellers auswirken kann, weil neben der „Mütterente“ eine Vielzahl von weiteren Fragen im Zusammenhang mit den in der Ehezeit erworbenen Anrechten zu bedenken ist. So werden z. B. bei Versorgungsausgleichsentscheidungen nach dem alten Recht bis 31.08.2009 sogar sämtliche bislang in den Versorgungsausgleich einbezogenen Anrechte neu bewertet und zwischen den Geschiedenen neu aufgeteilt. Ob die Voraussetzungen für ein Abänderungsverfahren eines Versorgungsausgleichs vorliegen, kann nur in jedem Einzelfall beurteilt werden. Eine ausführliche fachliche Beratung ist empfehlenswert.

Fallbeispiel:

Das Familiengericht hat am 14.09.2016 vom Versicherungskonto des Ehegatten 1 15 EP der gesetzlichen Rentenversicherung auf das Rentenversicherungskonto des Ehegatten 2 übertragen. Der Beschluss ist am 18.10.2016 rechtskräftig geworden und vermindert die Regelaltersrente, die Ehegatte 1 ab 01.12.2016 erhält. Ehegatte 2 bezieht seit 01.02.2016 ebenfalls Regelaltersrente einschließlich der übertragenen 15 EP. Dieser Ehegatte verstirbt am 29.01.2017. Am 17.02.2017 stellt Ehegatte 1 einen Antrag auf Anpassung seiner Altersrente.

Nachdem Ehegatte 2 als ausgleichsberechtigte Person am 29.01.2017 verstorben ist und aus den übertragenen Entgeltpunkten noch keine **36** Monate Rente gezahlt worden sind, wird die Regelaltersrente des Ehegatten 1 nicht mehr gemindert.
Die ungeminderte Rente wird ab 01.03.2017 geleistet (§§ 38 Abs. 2, 34 Abs. 3 VersAusglG).

7.1.8 Ausschluss eines Versorgungsausgleiches

Ein Versorgungsausgleich findet nicht statt:

- bei grober Unbilligkeit (§ 27 VersAusglG)

- bei einer Ehezeit von bis zu 3 Jahren (§ 3 Abs. 3 VersAusglG), Ausnahme: ein Ehegatte beantragt den Ausgleich und der Versorgungsausgleich scheint z. B. wegen Erfüllung der Wartezeit durch diesen Versorgungsausgleich geboten.

- bei Bagatellausgleich (§ 18 Abs. 3 VersAusglG). Der Wertunterschied bzw. Ausgleichswert ist gering, wenn er am Ende der Ehezeit bei einem Rentenbetrag als maßgebliche Bezugsgröße höchstens 1 %, in allen anderen Fällen als Kapitalwert höchstens 120 % der monatlichen Bezugsgröße nach § 18 Abs. 1 SGB IV beträgt. Die Bezugsgröße (West) für die Sozialversicherung ist im Jahr 2017 auf monatlich 2.975,00 € festgesetzt worden. 1 Prozent der monatlichen Bezugsgröße bei Rentenwerten = 29,75 €, 120 % der monatlichen Bezugsgröße bei Kapitalwerten = 3.570,00 €.

Darüber hinaus kann ein Versorgungsausgleich ausgeschlossen werden durch:

- Ehevertrag (1408 Abs. 2 BGB) und durch
- Vereinbarung der Ehegatten (§§ 6 – 8 VersAusglG).

Hinweis:

Versorgungsausgleich in den neuen Bundesländern

Seit 1992 wird der Versorgungsausgleich auch in den neuen Bundesländern durchgeführt. Hier galten aber spezielle Regelungen. Hatten beide Ehepartner die höheren Rentenanwartschaften entweder in den neuen oder in den alten Bundesländern erworben (hierbei kann es sein, dass der Ausgleichsverpflichtete seine Anwartschaften in den alten Bundesländern und der Ausgleichsberechtigte seine Anwartschaften in den neuen Bundesländern begründet hat oder umgekehrt), ordnete das Familiengericht bisher grundsätzlich die Aussetzung des Versorgungsausgleichs an. Dieses Ost-West-Moratorium (Aufschub) ist ab 01.09.2009 entfallen. Der Versorgungsausgleich ist nun auch möglich, wenn die Eheleute sowohl West-Anrechte als auch Ost-Anrechte erworben haben.

Gemäß § 50 VersAusglG hatten die Familiengerichte ausgesetzte Verfahren spätestens bis zum 01.09.2014 wieder aufzunehmen und die Entscheidung nach **neuem Recht** nachzuholen.

7.2 Rentensplitting unter Ehegatten

Kernstück der Reform des Hinterbliebenenrentenrechts ab 01.01.2002 ist das Rentensplitting nach §§ 120a ff SGB VI. Der Aufbau einer eigenständigen sozialen Sicherung für Frauen gehört zu den wichtigsten sozial- und familienpolitischen Initiativen der letzten Jahrzehnte. Dies war stets eingebettet in die Absicht, den veränderten gesellschaftlichen Rahmenbedingungen Rechnung zu tragen und beiden Partnern eine gesamtpartnerschaftliche Versorgung in der Rentenversicherung zu ermöglichen. Dieses Ziel wird durch die Zusammenrechnung der von beiden Ehegatten während der Ehezeit erworbenen Rentenanwartschaften und der jeweils hälftigen Aufteilung auf beide Partner erreicht.

Insoweit ist das Rentensplitting dem Grunde nach eine Kopie des Versorgungsausgleichs im Scheidungsrecht, allerdings mit dem Unterschied, dass er sich ausschließlich auf Rentenanwartschaften der gesetzlichen Rentenversicherung bezieht und weitere Versorgungsanwartschaften nicht ausgeglichen werden. Außerdem ist das Rentensplitting eine frei wählbare Entscheidung, die ein Ehepaar im Regelfall gemeinsam trifft.

7.2.1 Voraussetzungen für das Rentensplitting

Für das Rentensplitting können sich nur Ehepaare oder eingetragene Lebenspartner entscheiden, die ohnehin unter das neue Hinterbliebenenrentenrecht fallen. Dies sind Ehepaare, die

- nach dem 31.12.2001 geheiratet haben oder
- bei denen die Ehe bereits am 31.12.2001 bestand und beide Partner nach dem 01.01.1962 geboren sind.

Der Gesetzgeber will durch diese Regelung nur den Ehepaaren das Rentensplitting ermöglichen, für die auch die anderen Neuregelungen des Hinterbliebenenrentenrechts zum Tragen kommen.

Hinweis: Auch Lebenspartner können gemeinsam bestimmen, dass die von ihnen in der Lebenspartnerschaft erworbenen Ansprüche auf eine anpassungsfähige Rente zwischen ihnen aufgeteilt werden. Dabei gilt als Eheschließung die Begründung einer Lebenspartnerschaft, als Ehe eine Lebenspartnerschaft und als Ehegatte ein Lebenspartner für die Zeit ab 01.01.2005.

Anspruchsberechtigte für ein Rentensplitting müssen darüber hinaus versicherungsrechtliche Voraussetzungen erfüllen. Bis zum Zeitpunkt der Durchführung des Rentensplittings sind von jedem Ehegatten/Lebenspartner 25 Jahre an rentenrechtlichen Zeiten nachzuweisen.

Das Rentensplitting erfolgt zumeist nach einem abgeschlossenen Versicherungsleben. Dies ergibt sich aus der Regelung des § 120 a SGB VI, der die Grundsätze für das Rentensplitting unter Ehegatten festlegt. Danach besteht Anspruch auf Durchführung eines Rentensplittings, wenn

- erstmalig beide Ehegatten nach Ablauf des Monats, in dem die Regel-Altersgrenze erreicht wurde, Anspruch auf Leistungen einer Vollrente wegen Alters aus der gesetzlichen Rentenversicherung haben oder
- erstmalig nur ein Ehegatte nach Ablauf des Monats, in dem die Regel-Altersgrenze erreicht wurde, Anspruch auf die Vollrente wegen Alters hat und der andere Ehegatte die Regelaltersgrenze erreicht hat.

Das Rentensplitting wird aber auch dann durchgeführt, wenn ein Ehegatte nach dem 31.12.2001 verstirbt, bevor die o. g. Voraussetzungen vorliegen. In diesem Fall kann der überlebende Ehegatte das Rentensplitting unter Ehegatten allein herbeiführen, soweit zu Lebzeiten des Verstorbenen für die Ehegatten noch keine Möglichkeit zur Durchführung eines Rentensplittings bestanden hatte. Der Nachweis über „25 Jahre an rentenrechtlichen Zeiten“ ist in diesem Fall vom überlebenden Ehegatten allein zu erbringen. Da es bei frühen Todesfällen sehr wahrscheinlich ist, dass dieser noch keine 25 Jahre an rentenrechtlichen Zeiten zurückgelegt hat, werden bestimmte Zeiten bis zum Erreichen der Regelaltersgrenze fiktiv zusätzlich berücksichtigt.

7.2.2 Rentensplitting nach dem bis zum 31.12.2007 geltenden Recht

Bei Todesfällen bis zum 31.12.2007 hat es *keine Ausschlussfristen* für die Abgabe der Erklärung unter Lebenden gegeben. Bis dahin war die einzige zeitliche Befristung durch den Tod der Erstversterbenden gesetzt. Falls bis dahin eine Erklärung zum Rentensplitting unter Lebenden möglich gewesen wäre, ist sie allein durch den Überlebenden dann auch nicht mehr zulässig. Dies bedeutet, dass Ehepaare, die bereits Altersrentenbezieher sind oder bei denen der andere Ehegatte (der keine Altersrente erhält) das 65. Lebensjahr (= damals gültige Regelaltersgrenze) vollendet hat, zu Lebzeiten gemeinsam das Rentensplitting unter Ehegatten bestimmt haben müssen. Tun sie dies nicht, ist der überlebende Ehegatte hierzu nicht mehr allein berechtigt. Dies gilt auch für Splitting-Fälle ab 01.01.2008.

Ob ein Splitting vorteilhaft ist oder nicht, bedarf einer sehr umfassenden Prüfung und fachlichen Beratung durch die Rentenversicherungsträger. Zu berücksichtigen sind dabei die jetzige und die künftige Einkommenssituation der Paare, die Feststellung, ob waisenrentenberechtigte Kinder vorhanden sind und ob ggf. eine Erziehungsrente in Betracht kommen kann. Die sich daraus ableitenden Splittingbeträge, die den Ausgleich der Rentenanwartschaften während der Ehezeit bedingen, sind zu vergleichen mit der Höhe des Anspruchs auf Witwen- und Witwerrente unter Berücksichtigung der Vorschriften zur Einkommensanrechnung.

Ein spezieller Vorteil ergab sich bei Todesfällen bis 31.12.2007 für überlebende Ehegatten, die das Rentensplitting gegenüber dem zuständigen Rentenversicherungsträger alleine durchführen konnten. Ihre Erklärung war – da noch an keine bestimmte Frist gebunden – zu jedem späteren Zeitpunkt nach dem Tode des Ehegatten möglich. Dies galt natürlich auch dann, wenn zunächst aus der Versicherung des Verstorbenen eine Hinterbliebenenrente geleistet wurde und sich der überlebende Ehegatte erst später für das Rentensplitting entschied. Man konnte einfach abwarten, bis der Wechsel von der Hinterbliebenenrente zum Rentensplitting vorteilhaft war.

In diesem Fall endet die Hinterbliebenenrente mit der Rechtskraft des durchgeführten Rentensplittings. Darunter versteht man den Ablauf der Widerspruchsfrist nach einem Monat nach Bekanntgabe des Bescheides über das durchgeführte Rentensplitting. Dies gilt jetzt ebenso für die Fälle neuen Rechts (siehe 7.2.3.), die den Antrag auf Rentensplitting innerhalb von 12 Kalendermonaten nach Ablauf des Todesmonats stellen müssen.

7.2.3 Änderungen beim Rentensplitting für die Zeit ab 01.01.2008

Durch das Rentenversicherungs-Altersgrenzenanpassungsgesetz ist auch das Rentensplitting weiterentwickelt worden. Für Todesfälle ab dem 01.01.2008 führt § 120d Abs. 1 SGB VI eine Ausschlussfrist zur Abgabe der Erklärung durch den überlebenden Partner ein. Das Rentensplitting kann innerhalb von 12 Kalendermonaten nach Ablauf des Monats, in dem der Partner verstorben ist, beantragt werden. Die Frist wird durch ein Verfahren bei einem Rentenversicherungsträger unterbrochen und beginnt danach erneut zu laufen. Eine Wiedereinsetzung in den vorigen Stand ist ausgeschlossen. Dies bedeutet, dass mit einem Verfahren zur Feststellung der Hinterbliebenenrente die 12-Monatsfrist unterbrochen wird und nach bindender Feststellung über die Hinterbliebenenrente eine neue Fristenberechnung startet. Kein Anspruch auf Rentensplitting besteht, wenn der überlebende Ehegatte aus seiner Witwen(r)rente eine Rentenabfindung gemäß § 107 SGB VI aufgrund der Wiederheirat erhalten hat.

Durch die ausdrückliche Nichtanwendbarkeit der §§ 24 und 48 SGB X wurde darüber hinaus die Gefahr von Doppelzahlungen (Hinterbliebenenrente und Rentensplitting) beseitigt.

7.2.4 Zusammenfassung der Vor- und Nachteile des Rentensplittings

Vorteile des Rentensplittings sind

- Erwerb bzw. Erhöhung eines eigenständigen Versichertenrentenanspruchs durch den Splittingzuwachs (zusätzliche Wartezeitmonate und Entgelt-Punkte)
- keine Einkommensanrechnung auf die Versichertenrente
- Anspruch auf eine Erziehungsrente bei Vorliegen der Voraussetzungen nach § 47 Abs. 3 SGB VI für die Dauer der Erziehung eines Kindes. Hier ist aber die Einkommensanrechnung nach § 97 SGB VI zu beachten.
- kein Wegfall der Versichertenrente bei Wiederheirat.

Hinweis: Ein Rentensplitting ist ausgeschlossen, wenn eine Hinterbliebenenrentenabfindung bei Wiederheirat ausgezahlt worden ist.

Nachteile des Rentensplittings sind

- kein Anspruch auf die zumeist (deutlich) höhere Witwen-/Witwerrente
- Witwen-/Witwerrentenabfindung ausgeschlossen

- Verringerung des Zahlbetrages der Waisenrente, wenn überlebender Ehegatte durch das Rentensplitting begünstigt wird
- keine Rückkehr zur Hinterbliebenenrente möglich, wenn z. B. bei Wegfall des Vermögenseinkommens eine Einkommensanrechnung bei der Witwen- bzw. Witwerrente entfällt.
- künftige Einkommenssituation des Überlebenden nicht auf Dauer sicher abschätzbar.

Viele Ehepaare überlegen sich schon einige Zeit vor dem Erreichen der Altersgrenze für eine Leistung einer Vollrente wegen Alters bzw. vor Erreichens der Regelaltersgrenze, ob für sie ein Rentensplitting interessant sein könnte. Dabei treten die unterschiedlichsten Konstellationen auf, so dass es im Regelfall schwierig ist, sich für die eine oder andere Option zu entscheiden. Im folgenden Beispiel haben wir versucht, dieses Spannungsverhältnis darzustellen und die Folgen bei einer Wahl der Option Hinterbliebenenrente und der Option Rentensplitting vereinfacht zusammenzufassen:

Abwägungen eines Ehepaares / von Lebenspartnern bei einer Entscheidung zum Rentensplitting:

Einkommen des/r Hinterbliebenen vor Rentensplitting
(Grundlage bei der Rentenberechnung
der Versichertenrente: Rentenzugangsfaktor: 1,0
der Versicherten- und Hinterbliebenenrente: Rentenzugangsfaktor: 1,0)

Partner 1	**Partner 2**
Einkommen aus • Rentenanwartschaft aus der gesetzlichen Rentenversicherung (RV) i. H. v. monatlich 1.396 € (davon 70 v. H. innerhalb der Ehe = 31,5 Entgeltpunkte)	Einkommen aus • Rentenanwartschaft aus der gesetzlichen RV i. H. v. monatlich 1.296 € (davon 60 v. H. innerhalb der Ehe = 25,1 Entgeltpunkte) • Kapitaleinkünfte monatlich 1.000 €

A. Berechnung aus Sicht von **Partner 1** (wenn Partner 2 verstirbt)

OPTION: Hinterbliebenenrente	**OPTION: Rentensplitting**
Berechnung der Hinterbliebenenrente: 1.296 € x 55 % = 712 € Einkommensanrechnung: eigene Rente (-14%) 1.201 € Kapitaleinkünfte (vererbt) 1.000 € Summe 2.201 € Abzgl. Freibetrag ca. 819 € Rest 1.382 € x 40 % = 552 € (anrechenbares Einkommen) Zahlbare Hinterbliebenenrente mtl. 160 € + Versichertenrente mtl. 1.396 € + Kapitaleinkünfte (vererbt) mtl. 1.000 € Summe: 2.556 €	Rentensplitting: 31,5 (Partner 1) Rentensplitting: 25,1 (Partner 2) 56,6 : 2 = 28,3 EP Partner 1: 28,3 EP (- 3,2 EP) Partner 2: 28,3 EP (+ 3,2 EP) Splittingauswirkung bei Partner 1 - 99 € Versichertenrente 1.297 € Kapitaleinkünfte 1.000 € Summe 2.297 €

Empfehlung: KEIN RENTENSPLITTING !
Negative Auswirkungen !

B. Berechnung aus Sicht von **Partner 2** (wenn Partner 1 verstirbt)

OPTION: Hinterbliebenenrente	**OPTION: Rentensplitting**
Berechnung der Hinterbliebenenrente: 1.396 € x 55 % = 767 € Einkommensanrechnung: eigene Rente (-14%) 1.114 € Kapitaleinkünfte 1.000 € Summe 2.114 € Abzgl. Freibetrag ca. 819 € Rest 1.295 € x 40 % = 518 € (anrechenbares Einkommen) Zahlbare Hinterbliebenenrente 249 € Eigene Rente 1.296 € Kapitaleinkünfte 1.000 € Summe: 2.545 €	Rentensplittingzuwachs von Partner 1 zu Partner 2: 3,2 EP Erhöhung der eigenen Rente um 99 € = 1.395 € + Kapitaleinkünfte 1.000 € Summe: 2.395 €

Empfehlung: KEIN RENTENSPLITTING !

Auch im Fall B ist die herkömmliche Witwen-/Witwerrente – trotz hoher Einkommensanrechnung – die deutlich günstigere Lösung. Sobald die Kapitaleinkünfte verringert werden oder in Wegfall kommen, erhöht sich die Witwen - bzw. Witwerrente bis zum vollen Betrag von 767,00 Euro.

Ein Vergleich müsste hier wie folgt aussehen:

Witwen-/Witwerrente bis zu monatlich 767,00 € gegenüber einer Steigerung der Versichertenrente durch das Rentensplitting i. H. v. monatlich 99,00 €.

C. Im folgenden *Fallbeispiel* liegt ein Sachverhalt vor, bei dem auch noch nach Bewilligung der Hinterbliebenenrente das Rentensplitting in Betracht kommen kann.

Fallbeispiel:

Das Ehepaar Waldemar C. (geb. 1967) und Vanessa C. (geb. 1971) haben am 03.04.1998 geheiratet. Aus ihrer Ehe entstammt die gemeinsame Tochter Leonie, geb. 10.12.2003. Waldemar C. verunglückt am 05.07.2017 tödlich (privater Verkehrsunfall) – kein Rentenbezug.
In seinem Versicherungskonto befinden sich bis zum Leistungsfall 15,4454 Entgeltpunkte (EP). Weitere 14 EP werden für die anrechnungsfähige Zurechnungszeit bis zum 62. Lebensjahr berücksichtigt. Insgesamt sind deshalb 29,4454 EP vorhanden.
Während der Ehezeit vom 03.04.1998 bis zum 05.07.2017 sind folgende Entgeltpunkte aus der allgemeinen Rentenversicherung zurückgelegt worden:

Ehemann: 8,4215 Ehefrau: 2,4913

Der Unterschied beträgt 5,9302 EP. Bei einem Rentensplitting wäre die Hälfte des Wertunterschiedes – also 2,9651 – vom Ehemann an die Ehefrau zu übertragen.

Vanessa C. beantragt noch im Juli 2017 Witwen- und Waisenrente. Die DRV gewährt ihr ab 05.07.2017 große Witwenrente gemäß § 46 Abs.2 SGB VI und der Tochter Leonie Halbwaisenrente nach § 48 SGB VI. Für die Zeit vom 05.07.2017 bis zum 31.10.2017 wird die Witwenrente in Höhe der Versichertenrente des Verstorbenen gezahlt. Die mit dem Rentenartfaktor 0,55 ermittelte Witwenrente einschließlich eines Zuschlages an persönlichen Entgeltpunkten für die Berücksichtigungszeiten wegen Kindererziehung (0,1010 PEP X 36 KM) beträgt 502,53 € monatlich.

Vanessa C. übt seit 2 Jahren eine Berufstätigkeit aus, für die sie im Jahr 2016 ein Bruttoarbeitsentgelt in Höhe von 28.000,00 € bezogen hat. Ihr aktuelles

Bruttoarbeitsentgelt (August 2017) beträgt 2.500,00 €. Sonderzahlungen werden nicht geleistet. Zudem besitzt sie Kapitaleinkünfte von monatlich 260,00 €. Da der letzte Arbeitslohn nicht um mehr als 10 v. H. geringer ist als das monatliche Durchschnittsentgelt des Vorjahres, wird mit dem Wert des Jahres 2016 weitergerechnet.
Zunächst wird durch Pauschalabzug von 40 % (= 2333,33 – 933,33) das Nettoentgelt in Höhe von 1.400,00 € ermittelt. Bei den Kapitaleinkünften sind 25% abzuziehen; die Nettoeinkünfte belaufen sich somit auf monatlich 195,00 €.
Vom gesamten Nettoeinkommen von 1595.-€ werden jetzt die Freibeträge für die Witwe (rd. 819,00 €) und die Tochter Leonie (rd. 173,00 €) abgezogen. Der verbleibende Betrag in Höhe von 603,00 € wird zu 40 % (= 241,20 €) auf die Witwenrente angerechnet. Gezahlt wird somit eine Witwenrente in Höhe von 261,33 € monatlich.
Frau C. möchte ihre Berufstätigkeit auch nach dem Tod ihres Mannes unverändert fortsetzen.

Die Halbwaisenrente für Leonie beträgt zuzüglich des Zuschlages für die Waisenrente gemäß § 78 SGB VI monatlich 175,85 €.

Frau Vanessa C. beantragt aufgrund des Resultates der persönlichen Beratung beim Rentenversicherungsträger am 06.11.2017 das Rentensplitting unter Ehegatten durchzuführen. 25 Jahre an rentenrechtlichen Zeiten sind bei der Witwe vorhanden. Der Bescheid über den Vollzug des Rentensplittings wird am 14.11.2017 erteilt und gilt gemäß § 37 Abs.2 SGB X als am 17.11.2017 als zugestellt. Die Rechtskraft des Splittings tritt somit am 18.12.2017 ein.
Sind die durch das Splitting erwachsenden Rentenansprüche für die Hinterbliebenen insgesamt günstiger?

LÖSUNG:

Nach verbindlicher Durchführung des Rentensplittings ergibt sich für Frau C. ein Anspruch auf Erziehungsrente aus ihrem Versicherungskonto zuzüglich des Splittingzuwachses. Die Ermittlung der Entgeltpunkte für Frau C. ergibt inklusive der Entgeltpunkte für eine Zurechnungszeit = 29,1980 EP. Diese EP erhöhen sich um den Splittingzuwachs in Höhe von 2,9651 auf 32,1631 EP. Vervielfältigt mit dem Zugangsfaktor von 0,892 ergeben sich daraus 28,6895 persönliche Entgeltpunkte (PEP). Die Erziehungsrente beträgt 890,24 € monatlich.
Nachdem für die Erziehungsrente dieselbe Regelung wie bei der Witwenrente für die Einkommensanrechnung maßgebend ist, sind hier ebenfalls 241,20 € anzurechnen. Zahlbar als Erziehungsrente sind daher 649,04 € monatlich.

Bei der Waisenrente verringern sich durch das Splitting die im Konto des Vaters anrechenbaren Entgeltpunkte. Die monatliche Waisenrente sinkt dadurch um 6,95 € im Monat.

Bei der Beratung waren demnach folgende Rentenansprüche vergleichend gegenüberzustellen:

- *Hinterbliebenenrenten: Witwenrente nach Einkommensanrechnung 261,33 € + Waisenrente von 175,85 € = insgesamt 437,18 €, jeweils im Monat.*
- *Renten wegen Todes nach Rentensplitting: Erziehungsrente nach Einkommensanrechnung 649,04 € + Waisenrente von 168,90 € = 817,94 €, jeweils im Monat.*

Hinweis: Die Erziehungsrente wird längstens bis zur Vollendung des 18. Lebensjahres von Leonie und somit bis zum 31.12.2021 geleistet.

Der Vergleich beider Anspruchsgrundlagen ergibt, dass im vorliegenden Fall das Rentensplitting unter Ehegatten die finanziell günstigere Lösung darstellt. Der jährliche Rentenmehrbetrag beläuft sich auf 4.569,12 €!

Mit der verbindlichen Durchführung des Rentensplittings wird der Bescheid über die Gewährung der bisher bezogenen Witwenrente nach § 48 Abs. 1 SGB X mit Wirkung vom 01.01.2018 aufgehoben. Gleichzeitig wird die Waisenrente für die Zeit ab 01.01.2018 neu berechnet.

RENTENSPLITTING EMPFEHLENSWERT !

7.2.5 Änderung des einmal durchgeführten Rentensplittings

Wenn sich die Eheleute einmal für das Rentensplitting entschieden haben und dieses Rentensplitting wirksam durchgeführt wurde, ist dies verbindlich. Dies bedeutet, dass das durchgeführte Rentensplitting weder rückgängig gemacht noch abgeändert werden kann.

Es gibt jedoch an den Versorgungsausgleich bei Ehescheidungen angelehnte Anpassungsregelungen, die in bestimmten Fällen ein Rückgängigmachen des Rentensplittings ermöglichen.

Ist z. B. der durch das Rentensplitting begünstigte Ehegatte verstorben, hat der überlebende Ehegatte Anspruch auf das Rückgängigmachen des Rentensplittings, wenn ihm aus dem Rentensplitting nicht länger als 36 Monate Rentenleistungen erbracht wurden. Antragsberechtigt ist der überlebende Ehegatte. Die Anpassung wirkt ab dem ersten Tag des Monats, der auf den Monat der Antragstellung folgt.

Ferner besteht ein Anspruch auf Abänderung des einmal durchgeführten Rentensplittings unter Ehegatten (§ 120c SGB VI), wenn sich für die Eheleute eine Abweichung des Wertunterschiedes zu dem beim bereits durchgeführten Ren-

tensplitting zugrunde liegenden Wertunterschied ergibt. Allerdings muss es sich um eine wesentliche Abweichung an zu übertragenden Entgeltpunkten handeln, oder einer der Eheleute muss durch die Abänderung eine Wartezeit erfüllen können. Wesentlich ist eine Abweichung immer dann, wenn sie 10 Prozent der im Rahmen des Rentensplittings insgesamt übertragenen Entgeltpunkte – jedoch mindestens 0,5 Entgeltpunkte – übersteigt.
Für den Ehegatten, der einen Splittingzuwachs erhalten hat, entfällt durch die Abänderung eine bereits erfüllte Wartezeit nicht.
Antragsberechtigt sind neben den Ehegatten auch ihre Hinterbliebenen.

8 Das Wichtigste zur Rentenberechnung

8.1 Der Rentenbescheid nebst Anlagen

Versicherungsnummer Kennzeichen
_ 311267 .
Versicherungsnummer und Kennzeichen bei Zuschrift immer angeben

Deutsche Rentenversicherung

Es befreut Sie:

Telefon
Telefax

Telefonisch erreichen Sie uns am besten von 8:00 -12:00 Uhr

Sprechzeiten:
Mo-Do 8:00-16:00 Uhr, Fr 8:00-12:00 Uhr,
zusätzliche Beratung vor Ort:
Do bis 18:00 Uhr
Terminvergabe auch Online unter:
https://www.eservice-drv.de/eTermin

Anfahrt:

Frau
Muster Rentenbescheid

Datum
02.10.2017

Rentenbescheid

Sehr geehrte Frau Rentenbescheid,

auf Ihren Antrag vom 25.08.2017 erhalten Sie von uns
Rente wegen voller Erwerbsminderung. *1

Die Rente beginnt am 28.09.2017. Sie ist befristet und endet mit dem 31.08.2020.

Sie wird für die Zeit ab dem 01.10.2017 laufend monatlich gezahlt.
Die Rente für den jeweiligen Monat wird am Monatsende ausgezahlt. *2

Höhe der laufenden Zahlung			
Monatliche Rente ab dem 01.10.2017		901,21	EUR
Beitragsanteil des Rentners zur Krankenversicherung	-	65,79	EUR
Zusatzbeitrag zur Krankenkasse	-	13,52	EUR
Beitrag des Rentners zur Pflegeversicherung	-	22,98	EUR
monatlicher Zahlbetrag		**798,92**	**EUR**

Nachzahlung
Für die Zeit vom 28.09.2017 bis zum 30.09.2017 beträgt
die Nachzahlung 79,89 EUR

Zahlungsweg
Die monatliche Zahlung und die Nachzahlung werden auf das angegebene Konto überwiesen.

Ihre Rente wegen voller Erwerbsminderung

Sie haben Anspruch auf Rente wegen voller Erwerbsminderung auf Zeit. Der Rentenanspruch ist zeitlich begrenzt, weil es nach den medizinischen Untersuchungsbefunden nicht unwahrscheinlich ist, dass die volle Erwerbsminderung behoben werden kann. *3

Die Anspruchsvoraussetzungen sind ab dem 04.08.2017 erfüllt. *4

Beginn Ihrer Rente

Die Rente beginnt am 28.09.2017, weil ab diesem Zeitpunkt kein Anspruch auf Arbeitslosengeld, Krankengeld oder Krankentagegeld mehr besteht. *5

Ende Ihrer Rente

Die Rente endet mit dem 31.08.2020, ohne dass wir einen weiteren Bescheid erteilen. *3

Die Rente kann auf Antrag weitergezahlt werden, wenn eine Minderung der Erwerbsfähigkeit weiterhin vorliegt. Wir empfehlen Ihnen in diesem Fall, rechtzeitig - ungefähr 3 Monate vor dem Ende der Rente - einen Antrag auf Weiterzahlung der Rente zu stellen. Vorsorglich weisen wir darauf hin, dass die Rentenzahlung auch dann zum 31.08.2020 eingestellt wird, wenn wir bis dahin über den Antrag auf Weiterzahlung noch nicht entscheiden konnten.

Berechnung Ihrer Rente

Einzelheiten zur Höhe der Rente unter Berücksichtigung der Vorschriften über das Zusammentreffen mehrerer Ansprüche enthält die Anlage "Berechnung der Rente".

In dieser Rente ist ein Rentenabschlag (verminderter Zugangsfaktor) enthalten. Einzelheiten enthält die Anlage "Berechnung der persönlichen Entgeltpunkte".

Da Sie in der gesetzlichen Krankenversicherung pflichtversichert sind, haben Sie einen Krankenversicherungsbeitrag aus der Rente zu zahlen. Dieser bemisst sich zum einen nach dem allgemeinen Beitragssatz, der für alle gesetzlichen Krankenkassen gilt, und zum anderen nach dem individuellen Zusatzbeitragssatz, den Ihre Krankenkasse festgelegt hat. Der nach dem allgemeinen Beitragssatz bemessene Krankenversicherungsbeitrag ist von Ihnen und uns je zur Hälfte zu tragen. Der Zusatzbeitrag ist von Ihnen allein aufzubringen.

Die Beiträge führen wir an die gesetzliche Krankenversicherung ab.

Da Sie in der sozialen Pflegeversicherung pflichtversichert sind, haben Sie einen Pflegeversicherungsbeitrag aus der Rente zu zahlen, der von Ihnen allein aufzubringen ist. Diesen Beitrag führen wir an die soziale Pflegeversicherung ab.

Seite 03

Mehrere Rentenansprüche

Bestehen für denselben Zeitraum Ansprüche auf mehrere Renten aus eigener Versicherung, leisten wir nur die höchste Rente. Bei gleich hohen Renten gilt eine gesetzliche Rangfolge. *6
Die
Rente wegen teilweiser Erwerbsminderung
ist daher nicht zu zahlen.

Nachzahlung

Einzelheiten zur Berechnung der Nachzahlung enthält die Anlage "Berechnung der Rente".

Die Nachzahlung wird überwiesen. Ansprüche anderer Stellen auf Erstattung ihrer Leistungen aus der Nachzahlung sind uns bisher nicht bekannt geworden (zum Beispiel Krankenkasse, Agentur für Arbeit, Versorgungsamt oder ähnliche Stellen). Falls Sie für die Zeit vom 28.09.2017 bis zum 30.09.2017 von solchen Stellen Leistungen erhalten haben oder noch erhalten werden, bitten wir Sie, diesen Bescheid den entsprechenden Stellen unverzüglich vorzulegen.

Zahlung Ihrer Rente

Die Rente wird durch den Renten Service der Deutschen Post AG angewiesen.

Wir bitten Sie, Änderungen der Anschrift oder des Kontos, das Ausbleiben von Zahlungen und ähnliche Sachverhalte der

Deutschen Post AG
Niederlassung Renten Service
13497 Berlin

mitzuteilen.

Die Rente wird unter folgendem Zeichen gezahlt:

PANR Postrentennummer
311267

*7

Mitteilungspflichten und Mitwirkungspflichten

Darf ich neben der Rente arbeiten?
Bitte teilen Sie uns unverzüglich mit, wenn Sie eine Beschäftigung oder selbstständige Tätigkeit aufnehmen oder ausüben. Ihre Rente kann dann wegfallen. Dies gilt selbst dann, wenn Sie nichts verdienen oder sogar Verluste erwirtschaften.

Muss ich mitteilen, wenn ich neben der Rente hinzuverdiene?
Ja, Sie müssen uns den Hinzuverdienst mitteilen, den wir noch nicht kennen. Hinzuverdienst kann Ihre Rente mindern.

Welches Einkommen zählt als Hinzuverdienst?
Als Hinzuverdienst zählen folgende Arten von Einkommen:

- Brutto-Arbeitsentgelt,
- Arbeitseinkommen
  das ist der steuerrechtliche Gewinn, wie er sich aus dem Einkommensteuerbescheid ergibt. Dazu zählen Einkünfte aus Land- und Forstwirtschaft, aus Gewerbebetrieb oder aus selbstständiger Arbeit, auch wenn eine Tätigkeit tatsächlich nicht ausgeübt wird;
- vergleichbares Einkommen
  das sind zum Beispiel Entschädigungen für Abgeordnete oder Bezüge aus einem öffentlich-rechtlichen Amtsverhältnis;
- Verletztengeld oder Übergangsgeld aus der gesetzlichen Unfallversicherung.

Im Ausland erzieltes Einkommen zählt ebenfalls dazu. Mehrere Einkommen werden zusammengerechnet.

Verletztengeld oder Übergangsgeld aus der gesetzlichen Unfallversicherung zählen auch dann als Hinzuverdienst, wenn sie wegen der Anrechnung von Einkommen oder anderen Sozialleistungen nicht gezahlt werden. Dies ist zum Beispiel der Fall, soweit ein Verletztengeld aus der gesetzlichen Unfallversicherung teilweise nicht gezahlt wird, weil Arbeitsentgelt oder Arbeitseinkommen erzielt wurde.

Nicht als Hinzuverdienst zählen:
- das Pflegegeld, das Personen für die Pflege von Pflegebedürftigen erhalten,
- das Arbeitsentgelt, das behinderte Menschen von einer Werkstatt für behinderte Menschen erhalten.

Seite 05

Muss ich andere Leistungen neben der Rente mitteilen?
Sie sind verpflichtet, uns den Bezug und jede Veränderung folgender Leistungen mitzuteilen:

- Rente an Versicherte aus der gesetzlichen Unfallversicherung,
- Abfindung einer Rente an Versicherte aus der gesetzlichen Unfallversicherung,
- Leistungen nach § 10 Absatz 1 Entwicklungshelfer-Gesetz,
- Vorruhestandsgeld,
- andere Rente aus der gesetzlichen Rentenversicherung,
- vergleichbare Leistungen, wenn sie von einem Träger im Ausland erbracht werden.

Wird eine Rente aus der gesetzlichen Unfallversicherung beantragt oder ein Rentenverfahren eingeleitet, teilen Sie uns dies bitte ebenfalls mit. *8

Verlegung des gewöhnlichen Aufenthalts ins Ausland - muss ich das mitteilen?
Sie müssen uns unverzüglich mitteilen, wenn der gewöhnliche Aufenthalt ins Ausland verlegt wird.

Für die Dauer eines gewöhnlichen Aufenthalts im Ausland kann sich die Rentenhöhe vermindern oder der Rentenanspruch entfallen. Außerdem können sich bei der Krankenversicherung der Rentner oder dem Zuschuss zum Krankenversicherungsbeitrag und bei der Pflegeversicherung Nachteile ergeben.

Wir empfehlen Ihnen, uns möglichst frühzeitig zu informieren. Wir können dann schon vorher prüfen und Ihnen mitteilen, in welcher Höhe die Rente ins Ausland zu zahlen ist.

Welche Folgen hat es, wenn ich meine Mitteilungspflichten nicht rechtzeitig erfülle? *9
Wir werden den Bescheid ganz oder teilweise aufheben, sobald uns Tatsachen bekannt werden, die den Rentenanspruch oder die Rentenhöhe beeinflussen. Dies ist auch rückwirkend möglich.

Zuviel gezahlte Beträge müssen Sie zurückzahlen. Sie können größere Überzahlungen vermeiden, wenn Sie Ihre Mitteilungspflichten rechtzeitig erfüllen.

Weitere Hinweise

Kann Hinzuverdienst dazu führen, dass die Rente nur noch teilweise oder gar nicht geleistet wird? *10
Ja. Die Rente wird nur in voller Höhe geleistet, wenn Ihr Hinzuverdienst die kalenderjährliche Hinzuverdienstgrenze von 6.300,00 EUR nicht überschreitet. Darüber hinaus erzielter Hinzuverdienst führt dazu, dass die Rente nur noch teilweise oder gar nicht geleistet wird.

Kann es passieren, dass ich wegen Hinzuverdienst die Rente zurückzahlen muss?
Ja. Wir berechnen die Rente zunächst mit dem Hinzuverdienst, den Sie voraussichtlich haben werden. Später berechnen wir die Rente rückwirkend neu mit dem tatsächlichen Hinzuverdienst des zurückliegenden Kalenderjahres. Zuviel gezahlte Beträge müssen Sie zurückzahlen.

Wann wird neuer oder geänderter Hinzuverdienst bei der Berechnung der Rente berücksichtigt?
Zum 1. Juli jedes Jahres werden wir Ihren Hinzuverdienst für das zurückliegende Kalenderjahr überprüfen und die Rente rückwirkend neu berechnen mit dem tatsächlichen Hinzuverdienst. Daraus kann sich eine Nachzahlung für Sie ergeben. Zu viel gezahlte Beträge müssen Sie jedoch zurückzahlen.

Ab dem 1. Juli jedes Jahres wird auch der Hinzuverdienst, den Sie voraussichtlich haben werden, neu bestimmt. Sie können beantragen, dass wir einen neuen voraussichtlichen Hinzuverdienst schon vorher für die Zukunft berücksichtigen. Das ist möglich, wenn sich der Hinzuverdienst, den Sie voraussichtlich im Kalenderjahr haben werden, um mindestens 10 % geändert hat. Damit können Sie größere Nachzahlungen oder Überzahlungen vermeiden. Wir werden Ihre Rente zum 1. Januar auch ohne Ihren Antrag neu berechnen, wenn uns bekannt ist, dass der voraussichtliche Hinzuverdienst im neuen Kalenderjahr um wenigstens 10 % höher oder niedriger ist als der zuletzt berücksichtigte.

Wird meine Erwerbsminderung in Zukunft überprüft?
Der Anspruch auf diese Rente besteht, solange die maßgebliche Erwerbsminderung vorliegt. Wir sind daher verpflichtet, von Zeit zu Zeit oder bei einer Arbeitsaufnahme zu prüfen, ob die Voraussetzungen für die Rente noch vorliegen. Liegen diese nicht mehr vor, ist die Rente zu entziehen. Dies gilt auch für Renten ohne zeitliche Befristung. Die Nachprüfung erfolgt bei allen Versicherten unabhängig von dem bei der Rentenbewilligung festgestellten Gesundheitszustand.

Die Beitragssätze in der Krankenversicherung oder der Pflegeversicherung ändern sich. Was muss ich dazu wissen?
Ändert sich

- der allgemeine Beitragssatz in der gesetzlichen Krankenversicherung oder
- der Zusatzbeitragssatz Ihrer Krankenkasse oder
- der Beitragssatz zur sozialen Pflegeversicherung,

so wirkt sich dies auf die Höhe der aus Ihrer Rente zu zahlenden Beiträge zur Krankenversicherung oder Pflegeversicherung aus. Es ist beabsichtigt, Sie über die geänderte Höhe Ihres Anteils am Beitrag zur Krankenversicherung (KV), die neue Höhe des Zusatzbeitrags oder die geänderte Höhe Ihres Beitrags zur Pflegeversicherung (PV) auf dem Kontoauszug Ihrer Bank zu informieren.

Ab wann wirkt sich die Änderung eines Beitragssatzes auf die Beitragszahlung aus meiner Rente aus?
Ändert Ihre Krankenkasse den Zusatzbeitragssatz, wirkt sich dies erst nach 2 Monaten auf die Höhe des aus Ihrer Rente zu zahlenden Zusatzbeitrags aus.

Eine Änderung des allgemeinen Beitragssatzes in der gesetzlichen Krankenversicherung oder des Beitragssatzes zur sozialen Pflegeversicherung wirkt sich dagegen ohne zeitliche Verzögerung auf die Höhe der aus Ihrer Rente zu zahlenden Beiträge zur Krankenversicherung oder Pflegeversicherung aus.

Muss ich meine Rente versteuern? *11
Ein Teil Ihrer Rente gehört zu Ihrem steuerpflichtigen Einkommen, der verbleibende Betrag ist der steuerfreie Teil der Rente.

Ob Sie für den steuerpflichtigen Teil Ihrer Rente tatsächlich Steuern zahlen müssen, können wir nicht beurteilen. Das kann nur Ihr Finanzamt prüfen. Dort wird Ihre Einkommensteuer festgesetzt, nachdem Sie eine Einkommensteuererklärung abgegeben haben. Mit Fragen zur Steuerpflicht wenden Sie sich daher bitte an Ihr Finanzamt.

Bitte benachrichtigen Sie uns, wenn Sie für die Einkommensteuererklärung eine Bescheinigung über die Höhe Ihrer Rente benötigen. Diese stellen wir Ihnen auf Wunsch gern aus.

Die von uns gezahlten Renten melden wir jährlich der Zentralen Zulagenstelle für Altersvermögen. Von dort werden die Daten an die Finanzverwaltungen der einzelnen Bundesländer übermittelt. Zu diesen Meldungen sind wir gesetzlich verpflichtet. Trotz unserer Meldung müssen Sie prüfen, ob Sie eine Einkommensteuererklärung abzugeben haben.

Haben Sie noch Fragen zu diesem Bescheid?

Die Mitarbeiterinnen und Mitarbeiter der Regionalzentren, unserer Außenstellen, die örtlichen Versicherungsämter sowie die Versichertenberaterinnen und Versichertenberater bzw. die Stadt -und Gemeindeverwaltungen stehen Ihnen für weitere Auskünfte oder Erläuterungen gern und kostenlos zur Verfügung. Anschriften und weitere Informationen finden Sie im Internet unter www.deutsche-rentenversicherung.de

Inhaltsverzeichnis der Anlagen

Welche Anlagen enthält dieser Bescheid? *12
Bestandteil dieses Bescheids sind die Anlagen

- **Berechnung der Rente**
  Wir zeigen Ihnen, wie wir die Rente, die laufende Zahlung und die Nachzahlung berechnet haben.

- **Entscheidungen zu rentenrechtlichen Daten**
  In dieser Anlage informieren wir Sie über Entscheidungen, die sich auf das Versicherungskonto auswirken.

- **Versicherungsverlauf**
  Der Versicherungsverlauf enthält die Daten, die im Versicherungskonto gespeichert sind.

- **Entgeltpunkte für Beitragszeiten**
  Wir zeigen Ihnen, wie wir aus den Beitragszeiten Entgeltpunkte ermittelt haben.

- **Entgeltpunkte für beitragsfreie und beitragsgeminderte Zeiten**
  In dieser Anlage erfahren Sie, wie wir Entgeltpunkte für beitragsfreie Zeiten und für beitragsgeminderte Zeiten ermittelt haben.

- **Versorgungsausgleich**
  Wir zeigen Ihnen, wie sich der Versorgungsausgleich auf die Entgeltpunkte auswirkt.

- **Berechnung der persönlichen Entgeltpunkte**
  Die persönlichen Entgeltpunkte beeinflussen entscheidend die Höhe der Rente.

- **Rente und Hinzuverdienst**
  In dieser Anlage zeigen wir Ihnen, welche Grenzen Sie für einen Hinzuverdienst beachten sollten.

- **Zuschlag an Entgeltpunkten**
  Für bestimmte Zeiten gibt es einen Zuschlag an Entgeltpunkten.

Was ist diesem Bescheid außerdem beigefügt?

- **Ausweis für Rentnerinnen und Rentner**
  Mit diesem Ausweis erhalten Sie von manchen Stellen Vergünstigungen, zum Beispiel verbilligte Eintrittskarten.

Ihr Recht

Gegen diesen Bescheid können Sie innerhalb eines Monats nach seiner Bekanntgabe schriftlich Widerspruch erheben.

Den Widerspruch richten Sie bitte an die

Deutsche Rentenversicherung

oder

Versicherungsnummer	Kennzeichen	Seite	Datum
311267		09	02.10.2017

Deutsche Rentenversicherung

Sie können diese Stelle auch aufsuchen und Ihren Widerspruch schriftlich aufnehmen lassen.

Die Frist zur Erhebung des Widerspruchs gilt auch dann als gewahrt, wenn die Widerspruchsschrift bei einer anderen inländischen Behörde oder einem Versicherungsträger eingegangen ist.

Hinweis:

Im Rahmen des Widerspruchsverfahrens prüft zunächst die Stelle, die diesen Bescheid erlassen hat, ob dem Widerspruch abgeholfen werden kann.
Zur Beschleunigung des Widerspruchsverfahrens empfehlen wir Ihnen deshalb, den Widerspruch unmittelbar bei dieser Stelle (siehe Deckblatt, Anschrift rechts oben im Bescheid) einzulegen.

Mit freundlichen Grüßen

Deutsche Rentenversicherung

Anlage Ausweis für Rentnerinnen und Rentner

Mit diesem Ausweis erhalten Sie von manchen Stellen Vergünstigungen, zum Beispiel verbilligte Eintrittskarten.
Verwenden Sie den Ausweis bitte immer zusammen mit einem amtlichen Lichtbildausweis.

Ausweis für Rentnerinnen und Rentner

(nur gültig in Verbindung mit einem amtlichen Lichtbildausweis)
Pensioners' Card (only valid in combination with an identity card)
Carte de retraité (ne valable qu'en combinaison avec une carte d'identité)

311267

für: Rentenbescheid
Muster
geb. am 31.12.1967
gültig ab 28.09.2017

ausgestellt von:

Versicherungsnummer	Kennzeichen	Anlage	Seite	Datum
311267			01	02.10.2017

Berechnung der Rente

In dieser Anlage zeigen wir Ihnen, wie wir die Rente und die Nachzahlung berechnen.

Berechnung der Rente

*13

Grundlage der Berechnung sind die im Versicherungskonto gespeicherten Daten. Diese sind aufgeführt in der Anlage "Versicherungsverlauf". Die dort aufgeführten Daten werden bei der Ermittlung der Entgeltpunkte berücksichtigt.

Wie wir Entgeltpunkte ermitteln, erläutern wir in der Anlage "Berechnung der persönlichen Entgeltpunkte".

Aus den ermittelten Entgeltpunkten berechnen wir persönliche Entgeltpunkte. Hierbei berücksichtigen wir den Zugangsfaktor.

Einzelheiten dazu enthält die Anlage "Berechnung der persönlichen Entgeltpunkte".

Der Monatsbetrag der Rente ergibt sich, wenn
- die persönlichen Entgeltpunkte,
- der Rentenartfaktor und
- der aktuelle Rentenwert

miteinander vervielfältigt werden.

Die Rente wird aus folgenden Werten berechnet:

Die persönlichen Entgeltpunkte betragen	29,0433		
Der Rentenartfaktor für die Rente wegen voller Erwerbsminderung ist	1,0		
Der aktuelle Rentenwert beträgt monatlich	31,03 EUR		
Daraus ergibt sich eine Rente von		901,21 EUR	*14
Für die Zeit ab 28.09.2017			
- beträgt die monatliche Rente		901,21 EUR	
Beitrag zur gesetzlichen Krankenversicherung bei der Krankenkasse 14,60 % von 901,21 EUR	131,58 EUR		
Beitragsanteil des Rentenversicherungsträgers die Hälfte von 131,58 EUR	65,79 EUR		
Beitragsanteil des Rentners 131,58 EUR - 65,79 EUR		- 65,79 EUR	
Zusatzbeitrag zu dieser Krankenkasse 1,50 % von 901,21 EUR		- 13,52 EUR	
Pflegeversicherungsbeitrag 2,55 % (mit Nachweis der Elterneigenschaft) von 901,21 EUR		- 22,98 EUR	*15

Seite 02

Versicherungsnummer	Kennzeichen	Anlage	Seite	Datum
311267			02	02.10.2017

Berechnung der Rente

Monatlicher Zahlbetrag **798,92 EUR**

Berechnung der Nachzahlung

vom 28.09.2017 bis 30.09.2017 für 03 Tage	**+**	**79,89 EUR**
Nachzahlung insgesamt	**=**	**79,89 EUR**

Versicherungsnummer	Kennzeichen	Anlage	Seite	Datum
311267			01	02.10.2017

Versicherungsverlauf

Versicherungsverlauf (*16)
für Muster Rentenbescheid

In der nachfolgenden Aufstellung sind die im Versicherungskonto gespeicherten Daten aufgeführt, die zur Feststellung und Erbringung von Leistungen erheblich sind.

Allgemeine Rentenversicherung
- Rentenversicherung der Arbeiter -

	31.12.84-15.06.85		7 Mon.	Schulausbildung
	01.07.85-31.08.85		2 Mon.	Übergangszeit
SVN	05.09.85-31.12.85	2.420,00 DM	4 Mon.	Pflichtbeitragszeit berufliche Ausbildung
SVN	01.01.86-31.12.86	9.604,00 DM	12 Mon.	Pflichtbeitragszeit berufliche Ausbildung
SVN	01.01.87-31.12.87	11.610,00 DM	12 Mon.	Pflichtbeitragszeit berufliche Ausbildung
SVN	01.01.88-30.06.88	6.584,00 DM	6 Mon.	Pflichtbeitragszeit berufliche Ausbildung
SVN	01.07.88-15.11.88	12.900,00 DM	5 Mon.	Pflichtbeitragszeit
AFG	16.11.88-15.10.89		10 Mon.	Arbeitslosigkeit
SVN	26.10.89-31.12.89	3.614,00 DM	3 Mon.	Pflichtbeitragszeit
SVN	01.01.90-31.12.90	22.488,00 DM	12 Mon.	Pflichtbeitragszeit
SVN	01.01.91-11.06.91	14.804,00 DM	6 Mon.	Pflichtbeitragszeit
	12.06.91-30.06.91			Schwangerschaft/ Mutterschutz
	01.07.91-31.07.91		1 Mon.	Schwangerschaft/ Mutterschutz
	01.08.91-31.08.91		1 Mon.	Pflichtbeitragszeit für Kindererziehung (*17)
	01.08.91-31.08.91			Schwangerschaft/ Mutterschutz
	01.09.91-30.09.91		1 Mon.	Pflichtbeitragszeit für Kindererziehung
	01.09.91-18.09.91			Schwangerschaft/ Mutterschutz
	01.10.91-31.12.91		3 Mon.	Pflichtbeitragszeit für Kindererziehung
	01.01.92-31.07.92		7 Mon.	Pflichtbeitragszeit für Kindererziehung
	01.08.92-31.12.92		5 Mon.	Pflichtbeitragszeit für Kindererziehung
	01.01.93-31.07.93		7 Mon.	Pflichtbeitragszeit für Kindererziehung
SVN	14.10.95-31.10.95	1.152,69 DM	1 Mon.	Pflichtbeitragszeit
SVN	01.11.95-31.12.95	3.842,31 DM	2 Mon.	Pflichtbeitragszeit
SVN	01.01.96-31.12.96	32.186,00 DM	12 Mon.	Pflichtbeitragszeit
SVN	01.01.97-31.12.97	44.382,00 DM	12 Mon.	Pflichtbeitragszeit
SVN	01.01.98-31.05.98	19.627,27 DM	5 Mon.	Pflichtbeitragszeit
SVN	01.06.98-15.06.98	1.962,73 DM	1 Mon.	Pflichtbeitragszeit
AFG	16.06.98-30.06.98	1.506,54 DM		Pflichtbeitragszeit
AFG	01.07.98-31.12.98	18.078,46 DM	6 Mon.	Pflichtbeitragszeit
AFG	01.01.99-31.12.99	35.642,00 DM	12 Mon.	Pflichtbeitragszeit

Versicherungsnummer	Kennzeichen	Anlage	Seite	Datum
311267			02	02.10.2017

Versicherungsverlauf

AFG	01.01.00-31.01.00	2.993,33 DM	1 Mon.	Pflichtbeitragszeit
AFG	01.02.00-15.02.00	1.496,67 DM	1 Mon.	Pflichtbeitragszeit
BEVO	01.03.00-31.12.00	12.953,37 DM	10 Mon.	Freiwillige Beitragszeit
	Betrag aus	2.500,00 DM		Beitragswert
DEÜV	01.05.02-30.11.02	1.840,00 EUR		geringfügige nicht versicherungspflichtige Beschäftigung
	01.07.04-31.07.04		1 Mon.	Pflichtbeitragszeit für Kindererziehung *17
	01.08.04-31.08.04		1 Mon.	Pflichtbeitragszeit für Kindererziehung
	01.09.04-31.12.04		4 Mon.	Pflichtbeitragszeit für Kindererziehung

Allgemeine Rentenversicherung

	01.01.05-31.12.05		12 Mon.	Pflichtbeitragszeit für Kindererziehung
	01.01.06-31.12.06		12 Mon.	Pflichtbeitragszeit für Kindererziehung
	01.01.07-30.06.07		6 Mon.	Pflichtbeitragszeit für Kindererziehung
SVN	01.11.12-31.12.12	1.540,00 EUR	2 Mon.	Pflichtbeitragszeit
SVN	01.01.13-31.07.13	10.879,17 EUR	7 Mon.	Pflichtbeitragszeit
SVN	01.08.13-31.12.13	7.770,83 EUR	5 Mon.	Pflichtbeitragszeit
SVN	01.01.14-31.05.14	9.533,33 EUR	5 Mon.	Pflichtbeitragszeit
SVN	01.06.14-30.06.14	1.906,67 EUR	1 Mon.	Pflichtbeitragszeit
SVN	01.07.14-31.12.14	11.440,00 EUR	6 Mon.	Pflichtbeitragszeit
SVN	01.01.15-31.12.15	24.280,00 EUR	12 Mon.	Pflichtbeitragszeit
SVN	01.01.16-31.12.16	25.440,00 EUR	12 Mon.	Pflichtbeitragszeit
SVN	01.01.17-31.08.17	17.003,15 EUR	8 Mon.	Pflichtbeitragszeit
	04.08.17-30.12.29		148 Mon.	Zurechnungszeit

Im Versicherungskonto sind außerdem noch die folgenden rentenrechtlich bedeutsamen Zeiten gespeichert:

Berücksichtigungszeiten wegen Kindererziehung *17

24.07.91 - 23.07.01
10.06.04 - 09.06.14

Erläuterungen und Hinweise

DEÜV = Nach der Datenerfassungs- und -übermittlungsverordnung gemeldete Zeiten; hierüber hat der Arbeitgeber einen Nachweis erteilt.

SVN = Mit Belegen des Sozialversicherungsnachweis-Heftes oder der Datenerfassungsverordnung gemeldete Zeiten.

AFG = Von der Bundesagentur für Arbeit gemeldete Zeiten

BEVO = Beitragszeit aufgrund bargeldlos entrichteter Beiträge

Versicherungsnummer	Kennzeichen	Anlage	Seite	Datum
311267			03	02.10.2017

Versicherungsverlauf

Die Berücksichtigungszeiten werden für die Wartezeit von 35 und 45 Jahren mitgezählt, soweit während dieser Zeiten nicht bereits andere vorrangige rentenrechtliche Zeiten vorhanden sind.

Während der mit "geringfügige nicht versicherungspflichtige Beschäftigung" gekennzeichneten Zeiten wurde Arbeitsentgelt erzielt, für das ausschließlich der Arbeitgeber seinen Beitragsanteil getragen hat.

Soweit Monate mit mehreren beitragsfreien Zeiten belegt sind, wird nur eine Zeit zugrunde gelegt.

Bei den mit "Übergangszeit" gekennzeichneten Zeiten der schulischen Ausbildung handelt es sich um eine Zeit zwischen zwei Ausbildungsabschnitten.

Die mit "Zurechnungszeit" gekennzeichnete Zeit wird zu den vorhandenen rentenrechtlichen Zeiten hinzugerechnet. Für die Zurechnungszeit wurden keine Beiträge gezahlt. Dies wird mit der Zurechnungszeit ausgeglichen.

Versicherungsnummer	Kennzeichen	Anlage	Seite	Datum
311267			01	02.10.2017

Entscheidungen zu rentenrechtlichen Daten

In dieser Anlage informieren wir Sie über Entscheidungen, die sich auf das Versicherungskonto auswirken.

Einzelheiten zum Versicherungskonto enthält die nachfolgende Anlage "Versicherungsverlauf".

Berücksichtigung von Zeiten

*17

Für Kind Eins
geboren am 24.07.1991:

Die Zeit

vom 01.08.1991 bis zum 31.07.1992
vom 01.08.1992 bis zum 31.07.1993

wird als Kindererziehungszeit anerkannt.

Die Zeit

vom 24.07.1991 bis zum 23.07.2001

wird als Berücksichtigungszeit wegen Kindererziehung anerkannt.

Für Kind Zwei
geboren am 10.06.2004:

Die Zeit

vom 01.07.2004 bis zum 30.06.2007

wird als Kindererziehungszeit anerkannt.

Die Zeit

vom 10.06.2004 bis zum 09.06.2014

wird als Berücksichtigungszeit wegen Kindererziehung anerkannt.

Versicherungsnummer Kennzeichen Anlage Seite Datum
311267 . 01 02.10.2017

Zuschlag an Entgeltpunkten

Zuschlag an Entgeltpunkten

*18

Für Arbeitsentgelt aus geringfügiger nicht versicherungspflichtiger Beschäftigung, für das nur der Arbeitgeber seinen Beitragsanteil getragen hat, wird ein Zuschlag an Entgeltpunkten ermittelt.

Hierfür wird das erzielte Arbeitsentgelt durch den Durchschnittsverdienst aller Versicherten für dasselbe Kalenderjahr geteilt und mit dem Verhältnis vervielfältigt, das dem vom Arbeitgeber gezahlten Beitragssatzanteil und dem zum Zeitpunkt der Beschäftigung geltenden Beitragssatz entspricht.

Allgemeine Rentenversicherung

01.05.2002-30.11.2002 1.840,00 EUR : 28.626 EUR = 0,0643
0,0643 x 12 : 19,1 = 0,0404 Punkte

Zuschlag für Arbeitsentgelt aus geringfügiger nicht versicherungspflichtiger Beschäftigung 0,0404 Punkte

Monate für die Wartezeiten

*19

Die Anzahl der Monate, die für die Ermittlung der Wartezeiten aufgrund der geringfügigen nicht versicherungspflichtigen Beschäftigung anzurechnen sind, ist von den Entgeltpunkten abhängig, die für den Zuschlag maßgebend sind. Hierbei bleiben Entgeltpunkte für geringfügige nicht versicherungspflichtige Beschäftigungen unberücksichtigt, die in Kalendermonaten ausgeübt wurden, die bereits auf die Wartezeit anzurechnen sind.

Zur Ermittlung der für die Wartezeit zu berücksichtigenden Monate sind die errechneten Entgeltpunkte durch den Wert 0,0313 zu teilen.

Für die Wartezeit von 5, 15 und 20 Jahren sind 0,0404 Entgeltpunkte zu berücksichtigen.

Daraus ergeben sich 2 zusätzliche Monate.

Für die Wartezeit von 35 Jahren sind 0,0404 Entgeltpunkte zu berücksichtigen.

Daraus ergeben sich 2 zusätzliche Monate.

Für die Wartezeit von 45 Jahren sind 0,0404 Entgeltpunkte zu berücksichtigen.

Daraus ergeben sich 2 zusätzliche Monate.

Versicherungsnummer Kennzeichen Anlage Seite Datum
311267 01 02.10.2017

Entgeltpunkte für Beitragszeiten

Entgeltpunkte für Beitragszeiten

Für das während des Versicherungslebens durch Beiträge versicherte Einkommen sind Entgeltpunkte zu errechnen; ein versichertes Einkommen in Höhe des Durchschnittsverdienstes aller Versicherten eines Kalenderjahres ergibt einen Punkt. Pflichtbeitragszeiten für Zeiten einer beruflichen Ausbildung sind beitragsgeminderte Zeiten. *20 *21

Pflichtbeitragszeiten für Kindererziehung erhalten feste Werte, die dem Durchschnittsverdienst aller Versicherten entsprechen. Für Pflichtbeitragszeiten für Kindererziehung neben sonstigen Beitragszeiten werden Entgeltpunkte insgesamt nur bis zur jeweiligen Beitragsbemessungsgrenze berücksichtigt. *22

Pflichtbeitragszeiten ab 01.01.1992, die neben Berücksichtigungszeiten wegen Kindererziehung oder neben Kinderpflegezeiten liegen, erhalten bis zu einem Höchstwert zusätzliche Entgeltpunkte. *23

Allgemeine Rentenversicherung

Pflichtbeitragszeiten, berufliche Ausbildung,
beitragsgeminderte Zeit

05.09.85 - 30.09.85	542,41 DM	:	35.286 DM	=	0,0154 Punkte
01.10.85 - 31.12.85	1.877,59 DM	:	35.286 DM	=	0,0532 Punkte
01.01.86 - 31.12.86	9.604,00 DM	:	36.627 DM	=	0,2622 Punkte
01.01.87 - 31.12.87	11.610,00 DM	:	37.726 DM	=	0,3077 Punkte
01.01.88 - 30.06.88	6.584,00 DM	:	38.896 DM	=	0,1693 Punkte

Pflichtbeitragszeiten

01.07.88 - 31.08.88	5.733,33 DM	:	38.896 DM	=	0,1474 Punkte
01.09.88 - 31.10.88	5.733,34 DM	:	38.896 DM	=	0,1474 Punkte

Pflichtbeitragszeiten, beitragsgeminderte Zeit

01.11.88 - 15.11.88	1.433,33 DM	:	38.896 DM	=	0,0369 Punkte
26.10.89 - 31.10.89	328,55 DM	:	40.063 DM	=	0,0082 Punkte

Pflichtbeitragszeiten

01.11.89 - 31.12.89	3.285,45 DM	:	40.063 DM	=	0,0820 Punkte
01.01.90 - 31.12.90	22.488,00 DM	:	41.946 DM	=	0,5361 Punkte
01.01.91 - 31.05.91	13.792,55 DM	:	44.421 DM	=	0,3105 Punkte

Pflichtbeitragszeiten, beitragsgeminderte Zeit

01.06.91 - 11.06.91	1.011,45 DM	:	44.421 DM	=	0,0228 Punkte

Pflichtbeitragszeiten für Kindererziehung,
beitragsgeminderte Zeit
neben Berücksichtigungszeit

01.08.91 - 31.08.91	Wert 0,0833	=	0,0833 Punkte
01.09.91 - 30.09.91	Wert 0,0833	=	0,0833 Punkte

Versicherungsnummer	Kennzeichen	Anlage	Seite	Datum
311267			02	02.10.2017

Entgeltpunkte für Beitragszeiten

Pflichtbeitragszeiten für Kindererziehung
neben Berücksichtigungszeit
01.10.91 - 31.12.91 Wert 0,0833 x 3 Monate = 0,2499 Punkte
01.01.92 - 31.07.92 Wert 0,0833 x 7 Monate = 0,5831 Punkte
01.08.92 - 31.12.92 Wert 0,0833 x 5 Monate = 0,4165 Punkte
01.01.93 - 31.07.93 Wert 0,0833 x 7 Monate = 0,5831 Punkte

Pflichtbeitragszeiten
neben Berücksichtigungszeit
14.10.95 - 31.10.95 = 0,0342 Punkte *23
nachgewiesen 1.152,69 DM : 50.665 DM = 0,0228
Erhöhung um die Hälfte = 0,0114
01.11.95 - 31.12.95 = 0,1137 Punkte
nachgewiesen 3.842,31 DM : 50.665 DM = 0,0758
Erhöhung um die Hälfte = 0,0379
01.01.96 - 31.12.96 = 0,9342 Punkte
nachgewiesen 32.186,00 DM : 51.678 DM = 0,6228
Erhöhung um die Hälfte = 0,3114
01.01.97 - 31.12.97 = 0,9996 Punkte
nachgewiesen 44.382,00 DM : 52.143 DM = 0,8512
Erhöhung um die Hälfte, begrenzt = 0,1484
01.01.98 - 31.05.98 = 0,4165 Punkte
nachgewiesen 19.627,27 DM : 52.925 DM = 0,3709
Erhöhung um die Hälfte, begrenzt = 0,0456
01.06.98 - 30.06.98 = 0,0833 Punkte
nachgewiesen 1.962,73 DM : 52.925 DM = 0,0371
1.506,54 DM : 52.925 DM = 0,0285
Erhöhung um die Hälfte, begrenzt = 0,0177
01.07.98 - 31.12.98 = 0,4998 Punkte
nachgewiesen 18.078,46 DM : 52.925 DM = 0,3416
Erhöhung um die Hälfte, begrenzt = 0,1582
01.01.99 - 31.12.99 = 0,9992 Punkte
nachgewiesen 35.642,00 DM : 53.507 DM = 0,6661
Erhöhung um die Hälfte = 0,3331
01.01.00 - 31.01.00 = 0,0828 Punkte
nachgewiesen 2.993,33 DM : 54.256 DM = 0,0552
Erhöhung um die Hälfte = 0,0276
01.02.00 - 15.02.00 = 0,0414 Punkte
nachgewiesen 1.496,67 DM : 54.256 DM = 0,0276
Erhöhung um die Hälfte = 0,0138

Freiwillige Beitragszeiten
neben Berücksichtigungszeit
01.03.00 - 31.12.00 12.953,37 DM : 54.256 DM = 0,2387 Punkte

Pflichtbeitragszeiten für Kindererziehung
neben Berücksichtigungszeit
01.07.04 - 31.07.04 Wert 0,0833 = 0,0833 Punkte
01.08.04 - 31.08.04 Wert 0,0833 = 0,0833 Punkte
01.09.04 - 31.12.04 Wert 0,0833 x 4 Monate = 0,3332 Punkte
01.01.05 - 31.12.05 Wert 0,0833 x 12 Monate = 0,9996 Punkte
01.01.06 - 31.12.06 Wert 0,0833 x 12 Monate = 0,9996 Punkte
01.01.07 - 30.06.07 Wert 0,0833 x 6 Monate = 0,4998 Punkte

Entgeltpunkte für Beitragszeiten

Pflichtbeitragszeiten
neben Berücksichtigungszeit

01.11.12 - 31.12.12				= 0,0701 Punkte
nachgewiesen 1.540,00 EUR :	33.002 EUR =	0,0467		
Erhöhung um die Hälfte	=	0,0234		
01.01.13 - 31.07.13				= 0,4848 Punkte
nachgewiesen 10.879,17 EUR :	33.659 EUR =	0,3232		
Erhöhung um die Hälfte	=	0,1616		
01.08.13 - 31.12.13				= 0,3464 Punkte
nachgewiesen 7.770,83 EUR :	33.659 EUR =	0,2309		
Erhöhung um die Hälfte	=	0,1155		
01.01.14 - 31.05.14				= 0,4143 Punkte
nachgewiesen 9.533,33 EUR :	34.514 EUR =	0,2762		
Erhöhung um die Hälfte	=	0,1381		
01.06.14 - 30.06.14				= 0,0828 Punkte
nachgewiesen 1.906,67 EUR :	34.514 EUR =	0,0552		
Erhöhung um die Hälfte	=	0,0276		

Pflichtbeitragszeiten

01.07.14 - 31.12.14	11.440,00 EUR :	34.514 EUR	= 0,3315 Punkte
01.01.15 - 31.12.15	24.280,00 EUR :	35.363 EUR	= 0,6866 Punkte
01.01.16 - 31.12.16	25.440,00 EUR :	36.267 EUR	= 0,7015 Punkte
01.01.17 - 31.07.17	14.877,76 EUR :	37.103 EUR	= 0,4010 Punkte

Pflichtbeitragszeiten, beitragsgeminderte Zeit

01.08.17 - 31.08.17	2.125,39 EUR :	37.103 EUR	= 0,0573 Punkte

Entgeltpunkte insgesamt 15,1168

Davon entfallen auf

- alle vollwertigen Pflichtbeitragszeiten 13,7785 Entgeltpunkte für 191 Monate
- vollwertige Pflichtbeitragszeiten bis 31.12.1991 1,4733 Entgeltpunkte für 26 Monate

Versicherungsnummer	Kennzeichen	Anlage	Seite	Datum
311267			04	02.10.2017

Entgeltpunkte für Beitragszeiten

Mindestentgeltpunkte bei geringem Arbeitsentgelt

*24

Die Entgeltpunkte für Pflichtbeitragszeiten bis 31.12.1991, die nicht als beitragsgeminderte Zeiten gekennzeichnet sind und nicht während des Bezuges einer Rente aus eigener Versicherung liegen (vollwertige Pflichtbeitragszeiten), sind auf das 1,5fache des tatsächlichen Durchschnittswertes, höchstens jedoch auf 0,0625 monatlich anzuheben, wenn sich aus allen vollwertigen Pflichtbeitragszeiten ein Durchschnitt von weniger als 0,0625 Entgeltpunkten ergibt.

13,7785 Entgeltpunkte : 191 Monate = 0,0721 Punkte

Der Monatsdurchschnitt aus allen vollwertigen Pflichtbeitragszeiten erreicht den Wert 0,0625.
Zusätzliche Entgeltpunkte sind nicht zu ermitteln.

Summe der Entgeltpunkte für 241 Monate Beitragszeit 15,1168

Die Summe aller Entgeltpunkte enthält Entgeltpunkte für
Zeiten der Kindererziehung:

insgesamt 4,9980 Entgeltpunkte

Versicherungsnummer	Kennzeichen	Anlage	Seite	Datum
311267 A			01	02.10.2017

Entgeltpunkte für beitragsfreie und beitragsgeminderte Zeiten

Entgeltpunkte für beitragsfreie und beitragsgeminderte Zeiten *25

Beitragsfreie Zeiten erhalten den Durchschnittswert an Entgeltpunkten, der sich aus der Gesamtleistung an Beiträgen im belegungsfähigen Zeitraum ergibt. Dabei erhalten sie den höheren Durchschnittswert aus der Grundbewertung aus allen Beiträgen oder der Vergleichsbewertung aus ausschließlich vollwertigen Beiträgen. Vollwertige Beiträge sind Beitragszeiten, die nicht als beitragsgemindert gekennzeichnet sind.

Beitragsfreie Zeiten sind im Versicherungsverlauf daran zu erkennen, dass dem Kalendermonat kein Beitrag zugeordnet ist (z. B. krank/Gesundheitsmaßnahme, Fachschulausbildung, militärischer Dienst).

Beitragsgeminderte Zeiten erhalten mindestens die Entgeltpunkte, die sie als beitragsfreie Zeiten erhalten würden.

Grundbewertung

Die Summe der Entgeltpunkte für alle Beitragszeiten ist um Entgeltpunkte für Zeiten einer beruflichen Ausbildung zu erhöhen. Die ersten 36 Kalendermonate mit Pflichtbeiträgen für eine versicherte Beschäftigung oder selbständige Tätigkeit bis zur Vollendung des 25. Lebensjahres gelten stets als Zeiten einer beruflichen Ausbildung. *26

Jeder Kalendermonat mit Beitragszeiten einer beruflichen Ausbildung erhält 0,0833 Entgeltpunkte, es sei denn, dass er als Beitragszeit diesen Wert bereits erreicht hat.

Zeiten beruflicher Ausbildung

September	1985				1	Monat
Oktober	1985	-	Dezember	1985	3	Monate
Januar	1986	-	Dezember	1986	12	Monate
Januar	1987	-	Dezember	1987	12	Monate
Januar	1988	-	Juni	1988	6	Monate
Juli	1988	-	August	1988	2	Monate

maßgebender Wert			
0,0833 Entgeltpunkte x	36 Monate =	2,9988 Punkte	
berücksichtigte Entgeltpunkte	-	0,9552 Punkte	
Entgeltpunkte zusätzlich			= 2,0436 Punkte

Zusätzliche Entgeltpunkte für Zeiten beruflicher Ausbildung	= 2,0436 Punkte

Der Summe der Entgeltpunkte für alle Beitragszeiten sind Entgeltpunkte für Berücksichtigungszeiten hinzuzurechnen. Jeder Kalendermonat mit Berücksichtigungszeiten wegen Kindererziehung erhält dabei die Entgeltpunkte, die dieser Kalendermonat als Kindererziehungszeit erhalten würde.

Entgeltpunkte für beitragsfreie und beitragsgeminderte Zeiten

Auf die Erhöhung werden dabei zusätzliche oder gutgeschriebene Entgeltpunkte für Beitragszeiten angerechnet.

Ermittlung der Entgeltpunkte für Berücksichtigungszeiten wegen Kindererziehung: *26

Monate mit Berücksichtigungszeiten

August	1993 - Dezember	1993	5 Monate x 0,0833	=	0,4165	Punkte
Januar	1994 - Dezember	1994	12 Monate x 0,0833	=	0,9996	Punkte
Januar	1995 - September	1995	9 Monate x 0,0833	=	0,7497	Punkte
Januar	2001 - Juli	2001	7 Monate x 0,0833	=	0,5831	Punkte
Juni	2004		1 Monat	=	0,0833	Punkte
Juli	2007 - Dezember	2007	6 Monate x 0,0833	=	0,4998	Punkte
Januar	2008 - Dezember	2008	12 Monate x 0,0833	=	0,9996	Punkte
Januar	2009 - Dezember	2009	12 Monate x 0,0833	=	0,9996	Punkte
Januar	2010 - Dezember	2010	12 Monate x 0,0833	=	0,9996	Punkte
Januar	2011 - Dezember	2011	12 Monate x 0,0833	=	0,9996	Punkte
Januar	2012 - Oktober	2012	10 Monate x 0,0833	=	0,8330	Punkte

Monat mit Berücksichtigungszeit und mit beitragsfreier Zeit

Juli	1991	1 Monat	= 0,0833	Punkte

Entgeltpunkte für Berücksichtigungszeiten ergeben sich für folgende Zeiträume nicht, weil diese Kalendermonate als Beitragszeiten bereits den Wert für Kindererziehungszeiten erhalten haben.

August	1991	
September	1991	
Oktober	1991 - Dezember	1991
Januar	1992 - Juli	1992
August	1992 - Dezember	1992
Januar	1993 - Juli	1993
Juli	2004	
August	2004	
September	2004 - Dezember	2004
Januar	2005 - Dezember	2005
Januar	2006 - Dezember	2006
Januar	2007 - Juni	2007

Monate mit Berücksichtigungszeiten und mit vollwertigen Beitragszeiten

Oktober 1995		=	0,0719 Punkte
1 Monat x 0,0833 begrenzt	= 0,0719		
November 1995 - Dezember 1995		=	0,1287 Punkte
2 Monate x 0,0833 begrenzt	= 0,1287		
Januar 1996 - Dezember 1996		=	0,6882 Punkte
12 Monate x 0,0833 begrenzt	= 0,6882		
Januar 1997 - Dezember 1997		=	0,8512 Punkte
12 Monate x 0,0833 begrenzt	= 0,8512		

Versicherungsnummer	Kennzeichen	Anlage	Seite	Datum
311267			03	02.10.2017

Entgeltpunkte für beitragsfreie und beitragsgeminderte Zeiten

Januar 1998 - Mai 1998		= 0,3709 Punkte
5 Monate x 0,0833 begrenzt	= 0,3709	
Juni 1998		= 0,0656 Punkte
1 Monat x 0,0833 begrenzt	= 0,0656	
Juli 1998 - Dezember 1998		= 0,3416 Punkte
6 Monate x 0,0833 begrenzt	= 0,3416	
Januar 1999 - Dezember 1999		= 0,6665 Punkte
12 Monate x 0,0833 begrenzt	= 0,6665	
Januar 2000		= 0,0557 Punkte
1 Monat x 0,0833 begrenzt	= 0,0557	
Februar 2000		= 0,0695 Punkte
1 Monat x 0,0833 begrenzt	= 0,0695	
März 2000 - Dezember 2000	10 Monate x 0,0833	= 0,8330 Punkte
November 2012 - Dezember 2012		= 0,1432 Punkte
2 Monate x 0,0833 begrenzt	= 0,1432	
Januar 2013 - Juli 2013		= 0,4215 Punkte
7 Monate x 0,0833 begrenzt	= 0,4215	
August 2013 - Dezember 2013		= 0,3010 Punkte
5 Monate x 0,0833 begrenzt	= 0,3010	
Januar 2014 - Mai 2014		= 0,2784 Punkte
5 Monate x 0,0833 begrenzt	= 0,2784	
Juni 2014		= 0,0557 Punkte
1 Monat x 0,0833 begrenzt	= 0,0557	

Entgeltpunkte für Berücksichtigungszeiten 13,5893 Punkte

Davon entfallen auf

- Berücksichtigungszeiten neben beitragsfreien Zeiten 0,0833 Punkte für 1 Mon.

Zusätzliche Entgeltpunkte für Zeiten beruflicher Ausbildung 2,0436 Punkte

Summe der Entgeltpunkte für alle Beitragszeiten 15,1168 Punkte

Entgeltpunkte für die Grundbewertung = 30,7497 Punkte

Ermittlung der belegungsfähigen Kalendermonate

*26

Der belegungsfähige Gesamtzeitraum umfasst die Zeit vom 31.12.1984 (Vollendung des 17. Lebensjahres) bis zum 04.08.2017 (Eintritt der Erwerbsminderung), das sind 393 Mon.

hiervon sind als nicht belegungsfähige Kalendermonate abzusetzen:

beitragsfreie Zeiten, die nicht gleichzeitig Berücksichtigungszeiten sind, 19 Mon.

nicht belegungsfähige Kalendermonate 19 Mon.

verbleiben als belegungsfähige Kalendermonate 374 Mon.

Seite 04

Versicherungsnummer	Kennzeichen	Anlage	Seite	Datum
311267			04	02.10.2017

Entgeltpunkte für beitragsfreie und beitragsgeminderte Zeiten

Durchschnittswert für die Grundbewertung

30,7497 Punkte : 374 Monate = 0,0822 Punkte

Vergleichsbewertung *27

Für die Vergleichsbewertung sind die Entgeltpunkte aus ausschließlich vollwertigen Beiträgen und Berücksichtigungszeiten zu ermitteln.

Die Kalendermonate mit Pflichtbeitragszeiten und mit Zeiten einer beruflichen Ausbildung gelten hierbei als vollwertige Beitragszeiten, soweit sie nicht mit weiteren beitragsfreien Zeiten zusammentreffen und aus diesem Grund beitragsgemindert sind.

Summen aus der Grundbewertung abzüglich Entgeltpunkte und Monate für	30,7497 Punkte für 374 Monate
beitragsgeminderte Zeiten	0,2918 Punkte für 6 Monate
Berücksichtigungszeit, die auch beitragsfreie Zeit ist	0,0833 Punkte für 1 Monat
verbleiben	30,3746 Punkte für 367 Monate

Durchschnittswert für die erste Vergleichsbewertung

30,3746 Punkte : 367 Monate = 0,0828 Punkte

Bei Renten wegen verminderter Erwerbsfähigkeit werden zusätzlich die Entgeltpunkte für die letzten vier Jahre bis zum Eintritt der Minderung der Erwerbsfähigkeit nicht berücksichtigt, wenn sich dadurch ein höherer Durchschnittswert für die Vergleichsbewertung ergibt.

Der Durchschnittswert für die zweite Vergleichsbewertung ist ohne die Entgeltpunkte und die dazugehörigen Kalendermonate für die Zeit vom 01.08.2013 bis zum 31.08.2017 zu ermitteln.

Summen aus der ersten Vergleichsbewertung	30,3746 Punkte für 367 Monate
abzüglich Entgeltpunkte und Monate für	
Beitragszeiten	2,9641 Punkte für 48 Monate
abzüglich zusätzlicher Entgeltpunkte für	
Berücksichtigungszeiten, die auch Beitragszeiten sind	0,6351 Punkte
verbleiben	26,7754 Punkte für 319 Monate

Durchschnittswert für die zweite Vergleichsbewertung

26,7754 Punkte : 319 Monate = 0,0839 Punkte

Entgeltpunkte für beitragsfreie und beitragsgeminderte Zeiten

Der Durchschnittswert von 0,0839 aus der zweiten Vergleichsbewertung ist höher und als Durchschnittswert aus der Vergleichsbewertung zu berücksichtigen.

Wert für die Gesamtleistungsbewertung

Aus der Grundbewertung ergibt sich ein Durchschnittswert von 0,0822 Entgeltpunkten.

Aus der Vergleichsbewertung ergibt sich ein Durchschnittswert von 0,0839 Entgeltpunkten.

Der Durchschnittswert aus der Vergleichsbewertung ist höher.
Bei der weiteren Berechnung ist von diesem Wert auszugehen (Gesamtleistungswert).

Entgeltpunkte für beitragsfreie und beitragsgeminderte Zeiten

Bewertung beitragsfreier Zeiten *28

Die beitragsfreien Zeiten erhalten entweder den vollen oder einen begrenzten Gesamtleistungswert.

Die Anrechnungszeiten wegen Schul- oder Hochschulausbildung erhalten keine Entgeltpunkte.

Allgemeine Rentenversicherung

Der Gesamtleistungswert ist für folgende Zeiten in voller Höhe zu berücksichtigen:

Zurechnungszeit 148 Monate

01.09.2017 - 30.12.2029

maßgebender Wert
0,0839 Entgeltpunkte x 148 Monate = 12,4172 Punkte

Anrechnungszeit wegen Schwangerschaft 1 Monat

01.07.1991 - 31.07.1991

maßgebender Wert
0,0839 Entgeltpunkte x 1 Monat = 0,0839 Punkte

Der Gesamtleistungswert ist bei Rentenbeginn 2017 für folgende Zeiten in Höhe von 80 % zu berücksichtigen:

Anrechnungszeiten wegen Arbeitslosigkeit 10 Monate

01.12.1988 - 31.12.1988
01.01.1989 - 30.09.1989

maßgebender Wert
0,0839 x 80 : 100 = 0,0671
0,0671 Entgeltpunkte x 10 Monate = 0,6710 Punkte

Ein Gesamtleistungswert ist bei Rentenbeginn im Monat September 2017 für folgende Zeiten nicht zu berücksichtigen, weil sie nicht zu bewerten sind.

Anrechnungszeiten wegen Schul- oder Hochschulausbildung

31.12.1984 - 31.12.1984
01.01.1985 - 15.06.1985
01.07.1985 - 31.08.1985

Entgeltpunkte für beitragsfreie und beitragsgeminderte Zeiten

Summe der Entgeltpunkte für beitragsfreie Zeiten 13,1721
für 159 Monate

Entgeltpunkte für beitragsfreie und beitragsgeminderte Zeiten

Bewertung beitragsgeminderter Zeiten *29

Die Summe der Entgeltpunkte für beitragsgeminderte Zeiten ist so zu erhöhen, dass sie mindestens den Wert erreicht, der sich bei der Bewertung jeweils als beitragsfreie Anrechnungszeiten wegen Krankheit und Arbeitslosigkeit, als Anrechnungszeiten wegen Fachschulausbildung sowie der Teilnahme an einer berufsvorbereitenden Bildungsmaßnahme und als Zeiten einer beruflichen Ausbildung oder als sonstige beitragsfreie Zeiten ergeben würde.

Beitragsgemindert sind die im Versicherungsverlauf aufgeführten Kalendermonate, die sowohl mit Beitragszeiten als auch mit Anrechnungszeiten, einer Zurechnungszeit oder Ersatzzeiten belegt oder die als berufliche Ausbildung gekennzeichnet sind.

Es ist zu prüfen, ob zusätzliche Entgeltpunkte für beitragsgeminderte Zeiten anzurechnen sind.

Zeiten der beruflichen Ausbildung, Fachschulausbildung oder berufsvorbereitenden Bildungsmaßnahmen werden insgesamt für höchstens drei Jahre bewertet. Dabei werden vorrangig die beitragsfreien Zeiten der Fachschulausbildung oder der berufsvorbereitenden Bildungsmaßnahmen berücksichtigt.

Allgemeine Rentenversicherung

Der Gesamtleistungswert ist für folgende Zeiten in voller Höhe zu berücksichtigen:

Monat mit Beitragszeit
und mit Zurechnungszeit

August 2017 1 Monat

Monate mit Beitragszeiten
und mit Anrechnungszeiten
wegen Schwangerschaft 3 Monate

Juni 1991
August 1991
September 1991

maßgebender Wert 0,0839 Entgeltpunkte x	4 Monate	=	0,3356 Punkte
abzüglich der bereits für diese Zeiten berücksichtigten Entgeltpunkte		=	0,2467 Punkte
Zusätzliche Entgeltpunkte für diese beitragsgeminderten Zeiten			**0,0889 Punkte**

Versicherungsnummer	Kennzeichen	Anlage	Seite	Datum
311267			09	02.10.2017

Entgeltpunkte für beitragsfreie und beitragsgeminderte Zeiten

Der Gesamtleistungswert ist bei Rentenbeginn 2017 für folgende Zeiten in Höhe von 80 % zu berücksichtigen:

Monate mit Beitragszeiten und mit Anrechnungszeiten wegen Arbeitslosigkeit — 2 Monate

November 1988
Oktober 1989

maßgebender Wert
0,0839 x 80 : 100 = 0,0671
0,0671 Entgeltpunkte x 2 Monate = 0,1342 Punkte

abzüglich der bereits für diese Zeiten berücksichtigten Entgeltpunkte = 0,0451 Punkte

Zusätzliche Entgeltpunkte für diese beitragsgeminderten Zeiten — **0,0891 Punkte**

Der Gesamtleistungswert ist bei Rentenbeginn im Monat September 2017 für folgende Zeiten in Höhe von 75 %, höchstens mit 0,0625 Entgeltpunkten pro Monat zu berücksichtigen. *30

Monate mit Beitragszeiten für nachgewiesene berufliche Ausbildung — 34 Monate

September 1985
Oktober - Dezember 1985
Januar - Dezember 1986
Januar - Dezember 1987
Januar - Juni 1988

maßgebender Wert
0,0839 x 75 : 100 = 0,0629
höchstens 0,0625
0,0625 Entgeltpunkte x 34 Monate = 2,1250 Punkte

abzüglich der bereits für diese Zeiten berücksichtigten Entgeltpunkte = 0,8078 Punkte

Zusätzliche Entgeltpunkte für diese beitragsgeminderten Zeiten — **1,3172 Punkte**

Summe der zusätzlichen Entgeltpunkte für alle beitragsgeminderten Zeiten — **1,4952**

Versicherungsnummer	Kennzeichen	Anlage	Seite	Datum
311267			01	02.10.2017

Versorgungsausgleich

Versorgungsausgleich *31

Der zu Gunsten oder zu Lasten des Versicherungskontos durchgeführte Versorgungsausgleich ergibt Zuschläge oder Abschläge an Entgeltpunkten.

Für die Ehezeit vom 01.03.2004 bis 30.11.2010 sind Anrechte in der gesetzlichen Rentenversicherung übertragen worden.

Die Übertragung von Anrechten in der gesetzlichen Rentenversicherung erfolgt in Entgeltpunkten. Sind gleichartige Entgeltpunkte zu Gunsten und zu Lasten übertragen worden, vollzieht sich die Übertragung erst nach der Verrechnung der Entgeltpunkte.

Nach durchgeführtem Versorgungsausgleich sind folgende Zuschläge oder Abschläge zu berücksichtigen:

In der allgemeinen Rentenversicherung

Zu Gunsten sind übertragen	4,0515 Entgeltpunkte
Zu Lasten sind übertragen	1,3162 Entgeltpunkte
Nach Verrechnung ergeben sich zu Gunsten	2,7353 Entgeltpunkte
Der Zuschlag in der allgemeinen Rentenversicherung beträgt	2,7353 Entgeltpunkte

Versicherungsnummer Kennzeichen Anlage Seite Datum
311267 01 02.10.2017

Berechnung der persönlichen Entgeltpunkte

(*32)

Die persönlichen Entgeltpunkte beeinflussen entscheidend die Höhe der Rente. Für die persönlichen Entgeltpunkte ermitteln wir zunächst Entgeltpunkte aus den Daten in der Anlage "Versicherungsverlauf" und einen Zugangsfaktor.

Außerdem berücksichtigen wir den Versorgungsausgleich.

Wenn Entgeltpunkte und Zugangsfaktor miteinander vervielfacht werden, ergeben sich persönliche Entgeltpunkte:
Entgeltpunkte x Zugangsfaktor = Persönliche Entgeltpunkte

Die Berechnung der persönlichen Entgeltpunkte stellen wir im weiteren Verlauf dar. Zuvor erhalten Sie noch allgemeine Erläuterungen zur Ermittlung von Entgeltpunkten.

Ermittlung von Entgeltpunkten

- **Entgeltpunkte für Beitragszeiten** (*20)
  Entgeltpunkte für Beitragszeiten werden wie folgt ermittelt:
  Das versicherte Entgelt wird verglichen mit dem Durchschnittsentgelt aller Versicherten im selben Kalenderjahr.
  Wenn das versicherte Entgelt so hoch war wie das Durchschnittsentgelt aller Versicherten, ergeben sich 1,0000 Entgeltpunkte. Werden zum Beispiel für 15 Jahre mit Beitragszeiten jeweils 1,0000 Entgeltpunkte ermittelt, ergeben sich für den gesamten Zeitraum insgesamt 15,0000 Entgeltpunkte.
  War das versicherte Entgelt zum Beispiel halb so hoch wie das Durchschnittsentgelt aller Versicherten, ergeben sich pro Jahr 0,5000 Entgeltpunkte und aus 15 Jahren 7,5000 Entgeltpunkte.
  Wenn es so hoch war wie das 1,3-fache des Durchschnittsentgelts aller Versicherten, ergeben sich für ein Kalenderjahr 1,3000 Entgeltpunkte und aus 15 Jahren 19,5000 Entgeltpunkte.

  Die Anlage "Versicherungsverlauf" enthält Zeiten, die bezeichnet werden als "Pflichtbeitragszeit für Kindererziehung". Für diese Zeiten werden weitere Entgeltpunkte ermittelt.

- **Entgeltpunkte für beitragsfreie Zeiten** (*28)
  Für bestimmte beitragsfreie Zeiten gibt es Entgeltpunkte, obwohl hierfür keine Beiträge zur Rentenversicherung gezahlt wurden. Die Entgeltpunkte werden hierbei unter Berücksichtigung des Versicherungslebens ermittelt. Beitragsfreie Zeiten sind in der Anlage "Versicherungsverlauf" bezeichnet mit:

  - "Schwangerschaft/Mutterschutz"
  - "Arbeitslosigkeit", "Bezug von Unterhaltsgeld-AFG" oder "Bezug von Vorruhestandsgeld"
  - "Zurechnungszeit"

Versicherungsnummer	Kennzeichen	Anlage	Seite	Datum
311267			02	02.10.2017

Berechnung der persönlichen Entgeltpunkte

- **Zusätzliche Entgeltpunkte für beitragsgeminderte Zeiten** *29
  Für bestimmte Beitragszeiten ermitteln wir zusätzliche Entgeltpunkte. Solche Zeiten heißen "beitragsgeminderte Zeiten". Dabei kann es sich zum Beispiel um Zeiten einer beruflichen Ausbildung handeln oder um Beitragszeiten, die mit beitragsfreien Zeiten zusammentreffen. Diese zusätzlichen Entgeltpunkte gibt es, weil das versicherte Einkommen in beitragsgeminderten Zeiten bei den meisten Versicherten nur gering ist.

- **Zuschläge an Entgeltpunkten** *18

  Einen Zuschlag an Entgeltpunkten gibt es für Zeiten, die in der Anlage "Versicherungsverlauf" bezeichnet sind als "geringfügige nicht versicherungspflichtige Beschäftigung". Für diese Zeiten hat ausschließlich der Arbeitgeber Beiträge gezahlt.

Summe der Entgeltpunkte

An Entgeltpunkten sind zu berücksichtigen:

Entgeltpunkte für Beitragszeiten davon entfallen 4,9980 Entgeltpunkte auf Kindererziehungszeiten		15,1168 Punkte
Entgeltpunkte für beitragsfreie Zeiten	+	13,1721 Punkte
zusätzliche Entgeltpunkte für beitragsgeminderte Zeiten	+	1,4952 Punkte
insgesamt	=	29,7841 Punkte
Zuschlag aus einem durchgeführten Versorgungsausgleich für die Ehezeit vom 01.03.2004 bis 30.11.2010	+	2,7353 Punkte
Zuschlag für Arbeitsentgelt aus geringfügiger nicht versicherungspflichtiger Beschäftigung	+	0,0404 Punkte
Summe aller Entgeltpunkte	=	32,5598 Punkte

Die Rente wegen voller Erwerbsminderung ist in voller Höhe zu leisten. Die Entgeltpunkte sind daher in dieser Höhe zu berücksichtigen.

Zugangsfaktor

Der Zugangsfaktor beträgt 1,0.

Er vermindert sich ab 28.09.2017.

Die Verminderung ergibt sich aus der Anzahl der Kalendermonate für die Zeit vom 01.12.2028 bis 30.11.2031 vervielfältigt mit dem Faktor 0,003.

Versicherungsnummer	Kennzeichen	Anlage	Seite	Datum
311267			03	02.10.2017

Berechnung der persönlichen Entgeltpunkte

Die Verminderung beträgt für 36 Kalendermonate	0,108.	
Somit ergibt sich für 32,5598 Punkte ein Zugangsfaktor von	0,892.	
Die persönlichen Entgeltpunkte betragen 32,5598 x 0,892		29,0433
Davon entfallen auf Kindererziehungszeiten		4,4582

8.2 Erläuterungen des Rentenbescheides

Im Folgenden wird ein kompletter Rentenbescheid über eine Rente wegen Erwerbsminderung vom 02. Oktober 2017 vorgestellt und dieser schwerpunktmäßig erläutert. Dabei wird die Rentenberechnung in ihren Grundlagen erklärt.

(*1) vgl. 5.1.

(*2) Renten, die nach dem 31.03.2004 begonnen haben, werden i. d. R. nicht mehr im Voraus, sondern „nachschüssig“ ausgezahlt. Die Fälligkeit und Auszahlung der Renten sind in den §§ 118 und 272a SGB VI geregelt.

(*3) vgl. 5.1.3.2.
Renten wegen verminderter Erwerbsfähigkeit werden grundsätzlich auf Zeit geleistet. Die Befristung erfolgt für längstens drei Jahre nach Rentenbeginn (§ 102 Abs. 2 Satz 1 und 2 SGB VI). Das Rentenende bestimmt sich nach § 100 Abs. 3 Satz 1 SGB VI.

(*4) Datum des Eintritts der (vollen) Erwerbsminderung (= „Leistungsfall“).

(*5) Rentenbeginn nach §101 Abs. 1a SGB VI: abweichend von Absatz 1 können Renten wegen voller Erwerbsminderung, die allein aus medizinischen Gründen befristet werden, bereits vor Ablauf des siebten Kalendermonats beginnen, wenn durch die Feststellung der vollen Erwerbsminderung der Anspruch auf Arbeitslosengeld entfällt oder nach Feststellung der verminderten Erwerbsfähigkeit der Anspruch auf Krankengeld oder Krankentagegeld endet, weil die Höchstbezugsdauer erreicht ist. Mit dieser Regelung soll eine Sicherungslücke in der Sozialversicherung geschlossen werden, in der eine Nahtlosigkeit der Sozialleistungen in atypischen Fällen nicht gegeben ist.

(*6) vgl. 5.1.3.2. und § 89 SGB VI

(*7) vgl. 5.1.3.6. und § 96a SGB VI (= "Flexirente").

(*8) Wegen möglicher Anwendung § 93 SGB VI.

(*9) vgl. §§ 48, 50 SGB X.

(*10) vgl. 5.1.3.6. und § 96a SGB VI (= "Flexirente").

(*11) vgl. 9.

(*12) Ein Rentenbescheid kann maximal 21 Berechnungsanlagen umfassen.

Es sind dies im Einzelnen folgende Anlagen:

- "Berechnung der Rente"
- "Versicherungsverlauf", „Entscheidungen zu rentenrechtlichen Zeiten“
- "Entgeltpunkte für Beitragszeiten"
- "Entgeltpunkte für beitragsfreie und beitragsgeminderte Zeiten"
- "Versorgungsausgleich"
- "Berechnung der persönlichen Entgeltpunkte"
- "Zusammentreffen mehrerer Ansprüche"
- "Ermittlung des anzurechnenden Einkommens"
- "Höherversicherung"
- "Zeiten mit Tabellenwerten"
- "Berechnung der Zinsen"
- "Knappschaftliche Tätigkeiten"
- "Zusätzliche Entgeltpunkte für ständige Arbeiten unter Tage"
- "Entgeltpunkte für verdrängte deutsche freiwillige Beiträge"
- "Persönliche Entgeltpunkte für die Zeit ab 01.01.1992"
- "Rente im Beitrittsgebiet"
- "Übergangsrente"
- "Waisenrenten-Unterschiedsbetrag"
- "Hinzuverdienstgrenzen"
- "Zuschlag an Entgeltpunkten"
- "Rente und Hinzuverdienst".

*13 Die Grundsätze der Rentenberechnung nach den Rechtsvorschriften des ab 01.01.1992 im gesamten Bundesgebiet geltenden Sozialgesetzbuch Sechstes Buch (SGB VI) sind in § 63 Abs. 1 – 7 SGB VI zusammengefasst:

- Die Höhe einer Rente richtet sich vor allem nach der Höhe der während des gesamten Versicherungslebens durch Beiträge versicherten Arbeitsentgelte und Arbeitseinkommen.
- Dieses versicherte Arbeitsentgelt und Arbeitseinkommen wird in Entgeltpunkte umgerechnet. Ein Arbeitsentgelt oder Arbeitseinkommen in Höhe eines Durchschnittsentgelts für ein Kalenderjahr ergibt einen Entgeltpunkt. Hat ein Versicherter weniger verdient, sind die Entgeltpunkte geringer als 1,0, bei höherem Arbeitseinkommen größer als 1,0.
- Für beitragsfreie Zeiten werden Entgeltpunkte angerechnet, deren Summe von der Höhe der in der übrigen Zeit versicherten Arbeitsentgelte und Arbeitseinkommen abhängig (Gesamtleistungsbewertung) ist. Lücken im Versicherungsleben verringern die Entgeltpunkte für die beitragsfreien Zeiten.

- Das Sicherungsziel im Verhältnis zu einer Altersrente wird – je nach Rentenart – durch den Rentenartfaktor von 0,1 bis 1,0 bestimmt.
- Die Minderung der Rente bei vorzeitigem Rentenbeginn sowie die Erhöhung bei einem über die Regelaltersgrenze hinausgeschobenen Rentenbeginn erfolgt über den Zugangsfaktor. So werden Vorteile und Nachteile einer unterschiedlichen Rentenbezugsdauer ausgeglichen.
- Der Monatsbetrag einer Rente ergibt sich, indem die unter Berücksichtigung des Zugangsfaktors ermittelten persönlichen Entgeltpunkte mit dem Rentenartfaktor und dem aktuellen Rentenwert vervielfältigt werden.

*14 Der Monatsbetrag der Rente ergibt sich, wenn:

- die unter Berücksichtigung des Zugangsfaktors ermittelten persönlichen Entgeltpunkte,
- der Rentenartfaktor und
- der aktuelle Rentenwert

bei ihrem Rentenbeginn miteinander vervielfältigt werden. Also:

Zugangsfaktor x Entgeltpunkte = Persönliche Entgeltpunkte	x	Rentenartfaktor	x	Aktueller Rentenwert	=	Monatsbetrag der Rente

Der Monatsbetrag der Rente wird „Cent genau" bestimmt; § 123 Abs. 1 SGB VI.

Im vorliegenden Fall errechnet sich die monatliche Rente wegen Erwerbsminderung aus 29,0433 persönlichen Entgeltpunkten, multipliziert mit dem Rentenartfaktor 1,0 (gilt bei Renten wegen voller Erwerbsminderung und bei Altersvollrenten) und dem ab 01.07.2017 geltenden aktuellen Rentenwert von 31,03 €. Daraus ergibt sich eine Rente von monatlich 901,21 € (brutto).

Übergangsweise (d. h. solange sich das Lohn- und Gehaltsniveau im Beitrittsgebiet – also in den neuen Bundesländern – noch nicht endgültig an das der alten Bundesländer angeglichen hat) treten an die Stelle der Entgeltpunkte für die im Beitrittsgebiet zurückgelegten Zeiten Entgeltpunkte (Ost) und ein aktueller Rentenwert (Ost); §§ 254b, 254d, 255a SGB VI. Liegen der Rente neben persönlichen Entgeltpunkten auch persönliche Entgeltpunkte (Ost) zugrunde, sind zwei Monatsteilrenten zu ermitteln, die in Summe den Monatsbetrag der Rente ergeben; § 254b Abs. 2 SGB VI:

Zugangsfaktor x Entgeltpunkte = Persönliche Entgeltpunkte	x	Rentenartfaktor	x	Aktueller Rentenwert	=	Monatsteilbetrag der Rente
Zugangsfaktor x Entgeltpunkte = Persönliche Entgeltpunkte (Ost)	x	Rentenartfaktor	x	Aktueller Rentenwert (Ost)	=	Monatsteilbetrag der Rente
				SUMME	=	Monatsbetrag der Rente

Bis zum 01.07.2024 wird der aktuelle Rentenwert (Ost) endgültig auf das Niveau des aktuellen Rentenwertes angehoben (Rentenüberleitungs-Abschlussgesetz vom 17.07.2017). Ab dem 1. Juli 2018 wird der Rentenwert (Ost) dabei an den im Westen geltenden Rentenwert in sieben Schritten angeglichen: im ersten Schritt auf 95,8 Prozent des Westwertes, dann in den darauffolgenden Jahren um jeweils 0,7 Prozent. Zum 1. Juli 2024 beträgt demzufolge der Rentenwert (Ost) 100 Prozent des Rentenwerts West.

Der Rentenwert (Ost) soll im Verhältnis zum aktuellen Rentenwert betragen:

- zum 01.07.2018: 95,8 %
- zum 01.07.2019: 96,5 %
- zum 01.07.2020: 97,2 %
- zum 01.07.2021: 97,9 %
- zum 01.07.2022: 98,6 %
- zum 01.07.2023: 99,3 %
- zum 01.07.2024: 100 %.

Parallel dazu wird ab dem 1. Januar 2019 allerdings schrittweise auch die Bewertung der Arbeitsentgelte angepasst. Damit verringert sich nach und nach die Hochwertung der Verdienste in den neuen Bundesländern (§ 256a SGB VI i. V. m. Anlage 10 zum SGB VI), so dass zum 1. Januar 2025 diese Höherbewertung für neu erworbene Entgeltpunkte entfällt.

*15 Grundsätzlich bestehen für Rentner folgende Möglichkeiten der Krankenversicherung:

- in der gesetzlichen Krankenversicherung (SGB V):
  - die Pflichtversicherung (Krankenversicherung der Rentner KVdR),
  - die freiwillige Mitgliedschaft oder
  - die Familienversicherung,
- bei einem Versicherungsunternehmen die private Krankenversicherung.

In der KVdR wird pflichtversichert, wer eine Rente der gesetzlichen Rentenversicherung beantragt, einen Rentenanspruch hat und die sogenannte Vorversicherungszeit erfüllt (§ 5 Abs. 1 Nr. 11 SGB V).

Diese ist erfüllt, wenn seit der erstmaligen Aufnahme einer Erwerbstätigkeit bis zur Rentenantragstellung (Rahmenfrist) mindestens 9/10 der zweiten Hälfte dieses Zeitraums eine Mitgliedschaft (aufgrund einer Pflichtversicherung oder freiwilligen Versicherung) oder eine Familienversicherung in der gesetzlichen Krankenversicherung bestanden hat.

Was hat sich ab 01. August 2017 bei der KVdR geändert?
Bei Versicherten mit Kindern in der zweiten Hälfte des Arbeitslebens werden zu den tatsächlich vorhandenen Jahren in der GKV noch zusätzliche Jahre hinzugerechnet. In Paragraf 5 Absatz 2 des Sozialgesetzbuches V wird folgendes geregelt: "Auf die erforderliche Mitgliedszeit wird für jedes Kind, Stiefkind oder Pflegekind eine Zeit von drei Jahren angerechnet." Einer Mutter mit zwei Kindern werden nun also sechs Jahre zusätzlich für die KVdR zugebilligt. Das Gleiche gilt für den Vater dieser Kinder. Dabei ist es egal, wann das Kind geboren wurde. Normalerweise werden Kinder in der ersten Hälfte des Arbeitslebens geboren; sie verbessern aber die erforderliche 9/10 Regelung in der zweiten Hälfte des Arbeitslebens je Kind um 3 Jahre.

Beispiel:
Erika Musterfall (selbst kinderlos) war in den insgesamt 30 Jahren, die die zweite Hälfte ihres Arbeitslebens umfasst, nur 20 Jahre gesetzlich und 10 Jahre privat versichert. Damit erfüllte sie nach den bis zum 31. Juli 2017 geltenden Regeln die Voraussetzungen für die KVdR nicht. Da sie jedoch 2016 - vor ihrem Eintritt in den Ruhestand - einen Witwer mit drei Kindern geheiratet hat, sind ihr sozusagen drei Kinder zugewachsen. Dadurch kommt sie in der zweiten Hälfte ihres Arbeitslebens auf 20 + 9 = 29 Jahre mit gesetzlicher Versicherung. Schon mit 27,0 Jahren erreicht sie die geforderte 90-Prozent-Grenze. Damit kommt Erika Musterfall jetzt als Rentnerin in die KVdR.

Waisenrentner sind ab 1.1.2017 ohne Berücksichtigung einer Vorversicherungszeit in der Krankenversicherung pflichtversichert (§ 5 Abs. 1 Nr. 11b SGB V). Waren sie jedoch zuletzt vor der Stellung des Rentenantrags privat krankenversichert, ist die Pflichtversicherung ausgeschlossen.

Wer in der gesetzlichen Krankenversicherung versichert ist, für den besteht auch in der sozialen Pflegeversicherung eine Versicherung (§ 20 SGB XI).

Die Beiträge aus der Rente bestimmen sich nach der Höhe der monatlichen Rente i. S. v. § 64 SGB VI (§ 228 SGB V). Maßgebend ist der Betrag der Rente, der sich nach Anwendung aller Anrechnungsvorschriften ergibt. Sofern ein Berechtigter mehrere Renten erhält, ist jede einzelne Rente beitragspflichtig. Zur Beitragszahlung werden neben der Rente auch sämtliche weitere Einkünfte des Rentners wie z.B. Arbeitsentgelt aus einer versicherungspflichtigen Beschäftigung, Arbeitseinkommen oder Versorgungsbezüge herangezogen (§§ 226 ff SGB V).

Neben der Rentenhöhe beeinflusst auch der Beitragssatz die Höhe der Beiträge aus der Rente. Bei in der KVdR versicherungspflichtigen Rentnern gilt nach § 247 SGB V für die Bemessung der Krankenversicherungsbeiträge aus Renten der gesetzlichen Rentenversicherung der allgemeine Beitragssatz nach § 241 SGB V. Darüber hinaus können die gesetzlichen Krankenkassen einen kassenindividuellen Zusatzbeitrag erheben (§ 242 SGB V).

Nach § 249a SGB V werden die Beiträge zur Krankenversicherung der Rentner aus dem allgemeinen Beitragssatz je zur Hälfte vom Rentner und vom RV-Träger übernommen. Der Beitragsanteil aus dem Zusatzbeitrag (§ 242 SGB V) ist dagegen vom Rentner allein zu tragen (§ 249a SGB V).

Für ab 1.1.2017 versicherungspflichtige Waisen ist die Waisenrente bis zum Erreichen der Altersgrenze in der Familienversicherung, also in der Regel bis zur Vollendung des 25. Lebensjahres, in der gesetzlichen Krankenversicherung (§ 237 Satz 2 SGB V) beitragsfrei.

Im Beispielsfall ist die Versicherte gesetzlich pflichtversichert. Der allgemeine Beitragssatz beträgt derzeit 14,6 Prozent. Aus der Bruttorente von 901,21 € errechnet sich ein gesamter KV-Beitrag von 131,58 €; hiervon trägt der Rentenbezieher und der Rentenversicherungsträger jeweils die Hälfte von 65,79 €. Den kassenindividuellen Zusatzbeitrag in Höhe von 1,5 % (13,52 €) trägt die Rentnerin dagegen alleine.

Nach § 55 Abs. 1 SGB XI beträgt der Beitragssatz zur sozialen Pflegeversicherung seit dem 01.01.2017 2,55 Prozent. Hat der Rentner einen Anspruch auf Beihilfe oder Heilfürsorge ist der halbe Beitragssatz maßgebend.

Der Beitragssatz erhöht sich um einen Beitragszuschlag in Höhe von 0,25 % für kinderlose Mitglieder in der sozialen Pflegeversicherung, die das 23. Lebensjahr vollendet haben. Vom Beitragszuschlag befreit sind nur diejenigen Mitglieder, die ihre Elterneigenschaft nachweisen. Ausgenommen vom Beitragszuschlag sind vor dem 01.01.1940 geborene Versicherte, Wehr- und Zivildienstleistende sowie Bezieher von Arbeitslosengeld II.

Den Beitrag zur sozialen Pflegeversicherung, einschließlich eines ggf. zu berücksichtigenden Beitragszuschlages für Kinderlose, trägt der Rentner alleine (§ 59 Abs. 1 Satz 1 letzter Halbsatz SGB XI).

In der vorliegenden Rente errechnet sich der Pflegeversicherungsbeitrag von 2,55 Prozent = 22,98 € aus der Bruttorente von 901,21 €. Da die Elterneigenschaft nachgewiesen ist, entfällt der Beitragszuschlag in Höhe von 0,25 Prozent.

*16 vgl. 3.

*17 vgl. 3.1.1.1. und 3.3.1.

*18 vgl. 4.1.1.1.

*19 vgl. 4.1.1.1.

*20 vgl. § 70 Abs. 1 SGB VI

Das individuell erzielte rentenversicherungspflichtige Bruttoeinkommen (allgemein: beitragspflichtige Einnahmen) wird ins Verhältnis zum allgemeinen Durchschnittsverdienst (Anlage 1 zum SGB VI) gestellt. Je höher das persönliche rentenversicherungspflichtige Bruttoeinkommen, desto höher die erworbenen Entgeltpunkte und damit letztendlich auch die Rentenhöhe (= Lohn- bzw. Beitragsbezogenheit der Rente; vgl. auch § 63 Abs. 1 SGB VI).

*21 vgl. § 54 Abs. 3 Satz 2 SGB VI

Da das allgemeine Bruttoeinkommen eines Auszubildenden in der Regel geringer ist, als der Durchschnittsentgelt aller Versicherten, werden für eine Berufsausbildungszeit auch entsprechend originär nur geringe Entgeltpunkte erworben. Um hier eine Schlechterstellung von Auszubildenden zu vermeiden, gelten diese Zeiten generell als beitragsgeminderte Zeiten und können ggf. Zuschläge an Entgeltpunkten erhalten (vgl. Nr. 30 im Rentenbescheid).

*22 vgl. § 70 Abs. 2 SGB VI

Kindererziehungszeiten erhalten für jeden Kalendermonat 0,833 Entgeltpunkte. Treffen Kindererziehungszeiten mit sonstigen Beitragszeiten zusammen, werden die Entgeltpunkte der sonstigen Beitragszeiten ebenfalls um 0,0833 Entgeltpunkte je Kalendermonat erhöht, höchstens jedoch um die Entgeltpunkte bis zum Erreichen der Beitragsbemessungsgrenze (Anlage 2b zum SGB VI).

*23 vgl. § 70 Abs. 3a SGB VI

Für Kalendermonate, in denen Berücksichtigungszeiten wegen Kindererziehung mit entsprechenden Zeiten für ein anderes Kind zusammentreffen, werden nach § 70 Abs. 3a Buchst. b SGB VI Entgeltpunkte frühestens für Zeiten ab 01.01.1992 gutgeschrieben. Nach Satz 3 der genannten Vorschrift werden die gutgeschriebenen Entgeltpunkte zusammen mit den eventuell vorhandenen Entgeltpunkten für Beitragzeiten und Kindererziehungszeiten auf den
monatlichen Wert von 0,0833 begrenzt. Da die Kindererziehungszeiten bereits ohnehin 0,0833 Entgeltpunkte monatlich erhalten, ergibt sich für diese Zeiten in keinem Fall eine Gutschrift gemäß § 70 Abs. 3a Buchst. b SGB VI.

*24 vgl. § 262 SGB VI

*25 Entgeltpunkte für beitragsfreie und beitragsgeminderte Zeiten sind zu ermitteln (Gesamtleistungsbewertung). Die Grundsätze der Gesamtleistungsbewertung sind in § 71 Abs. 1 – 4 SGB VI geregelt. Nach § 71 Abs. 1 Satz 1 und 2 SGB VI erhalten die beitragsfreien Zeiten, also die Anrechnungszeiten nach §§ 58, 252, 252a, 253 SGB VI, die Ersatzzeiten nach § 250 SGB VI und die Zurechnungszeiten nach § 59 SGB VI den Durchschnittswert an Entgeltpunkten, der sich aus der Gesamtleistung an Beiträgen im belegungsfähigen Zeitraum ergibt. Maßgebend ist der höhere Wert, der sich entweder aus der Grundbewertung aus allen Beiträgen oder aus der Vergleichsbewertung aus ausschließlich vollwertigen Beiträgen errechnet. Sind beide Werte gleich hoch, ist der Wert aus der Vergleichsbewertung maßgebend.

§ 71 Abs. 3 SGB VI wurde durch das RV-Nachhaltigkeitsgesetz mit Wirkung vom 01.01.2005 an neu gefasst. Abs. 3 Satz 1 wurde in Nr. 1 und Nr. 2 unterteilt. Nr. 1 enthält die bisherige Regelung des Abs. 3: jedem Kalendermonat mit Berücksichtigungszeiten wird in der Gesamtleistungsbewertung der Wert an Entgeltpunkten zugeordnet, der sich auch für Kindererziehungszeiten nach § 70 Abs. 2 SGB VI ergeben würde.

Nr. 2 führt das bis zum 31.12.2004 geltende Recht in § 71 Abs. 1 S. 3 SGB VI für Versicherte mit Pflichtbeiträgen zu Beginn des Erwerbslebens außerhalb einer Berufsausbildung bei der Ermittlung des Gesamtleistungswerts für beitragsfreie und beitragsgeminderte Zeiten fort. Dadurch werden soziale Härtefälle bei Frühinvalidität oder frühem Tod ausgeschlossen. Satz 2 des Abs. 3 führt die bis zum 31.12.2004 in § 54 Abs. 3 S. 3 SGB VI geregelte Fiktion, dass die ersten 36 Kalendermonate mit Pflichtbeiträgen für eine versicherte Beschäftigung oder Tätigkeit bis zur Vollendung des 25. Lebensjahres stets als Zeiten einer beruflichen Ausbildung gelten, allein für die Ermittlung des Gesamtleistungswerts fort. Das heißt, bei der Ermittlung des Gesamtleistungswerts für beitragsfreie und beitragsgeminderte Zeiten werden die fiktiven Berufsausbildungszeiten weiterhin aufgewertet.

Im Beispielsfall werden die 36 Monate echter (01.09.1985 bis 30.06.1988; siehe Anlage 2) und fiktiver (01.07.1988 bis 31.08.1988) beruflicher Ausbildung vom 01.09.85 bis 30.06.88, die insgesamt 0,9552 Entgeltpunkte (EP) ergeben, mit 36 X 0,0833 Entgeltpunkten = 2,9988 EP angerechnet. Daraus ermitteln sich zusätzliche Entgeltpunkte in Höhe von 2,0436.

§ 71 Abs. 3 Satz 1 Nr. 1 SGB VI regelt, dass die gesamte Zeit der Kindererziehung (sowohl als Beitragszeit als auch als Berücksichtigungszeit) grundsätzlich mit demselben Wert für die Gesamtleistungsbewertung (0,0833 EP) versehen wird. Wurden bereits zusätzliche Entgeltpunkte für Berücksichtigungszeiten nach § 70 Abs. 3a SGB VI ermittelt (Aufwertung bei Pflichtbeiträgen neben Berücksichtigungszeiten und / oder Gutschrift von Entgeltpunkten bei gleichzeitigen Berücksichtigungszeiten), werden diese zusätzlichen Entgeltpunkte von dem Wert 0,0833 Entgeltpunkte abgezogen.

Im Beispielsfall umfasst dieser Zeitraum die Monate mit Berücksichtigungszeiten und mit vollwertigen Beitragszeiten vom 01.10.1995 bis 28.02.2000 und vom 01.11.2012 bis 30.06.2014. Weitere Entgeltpunkte für reine Berücksichtigungszeiten (01.08.1991 bis 31.07.1993 und vom 01.07.2004 bis 30.06.2007) ergeben sich nicht, da diese Kalendermonate als Beitragszeiten bereits den Wert für Kindererziehungszeiten (mtl. 0,0833 EP) erhalten haben.

Darüber hinaus wird der Monat Juli 1991, im dem die Berücksichtigungszeit mit einer beitragsfreien Zeit zusammentrifft, mit 0,0833 EP berücksichtigt.

Die Entgeltpunkte für Berücksichtigungszeiten betragen insgesamt 13,5983, die zusätzlichen EP für Zeiten der beruflichen Ausbildung belaufen sich auf 2,0436.
Zusammen mit den EP für alle Beitragszeiten ergeben sich 30,7497 Punkte für die Grundbewertung.

*26 Für die Grundbewertung werden für jeden Kalendermonat der zu bewertenden beitragsfreien Zeiten Entgeltpunkte der Höhe nach zugrunde gelegt, die sich ergeben, wenn die Summe der Entgeltpunkte für alle Beitragszeiten und Berücksichtigungszeiten durch die Anzahl der belegungsfähigen Monate geteilt wird; § 72 Abs. 1 SGB VI.

Der belegungsfähige Gesamtzeitraum umfasst nach § 72 Abs. 2 Satz 1 SGB VI die Zeit vom vollendeten 17. Lebensjahr des Versicherten bis zum

- Kalendermonat vor Beginn der zu berechnenden Rente wegen Alters, wegen voller Erwerbsminderung nach § 43 Abs. 6 SGB VI und der Erziehungsrente des § 47 SGB VI,
- Eintritt der maßgebenden Minderung der Erwerbsfähigkeit bei Renten wegen verminderter Erwerbsfähigkeit,
- Tod des Versicherten bei einer Hinterbliebenenrente.

Liegen rentenrechtliche Zeiten vor dem 17. Lebensjahr, verlängern sie den belegungsfähigen Gesamtzeitraum um die entsprechende Anzahl Kalendermonate; § 72 Abs. 2 Satz 2 SGB VI.

Nach § 72 Abs. 3 SGB VI sind folgende Kalendermonate „nicht belegungsfähig", so dass sie sich nicht negativ auf den Gesamtleistungswert auswirken können:

- Beitragsfreie Zeiten (also Anrechnungs- und Ersatzzeiten sowie die auf den Kalendermonat des Eintritts der Minderung der Erwerbsfähigkeit oder des Todes entfallende Zurechnungszeit), soweit sie nicht auch Berücksichtigungszeiten sind,

- Zeiten des Bezuges einer Rente aus eigener Versicherung, soweit diese Zeiten nicht auch Beitrags- oder Berücksichtigungszeiten sind.

Im Beispielsfall erstreckt sich der belegungsfähige Gesamtzeitraum vom 31.12.1984 (Vollendung des 17. Lebensjahres) bis zum 04.08.2017 (Ein-

tritt der Erwerbsminderung) = 339 Monate. Abzüglich der nicht belegungsfähigen 19 Monate an beitragsfreien Zeiten verbleiben 374 belegungsfähige Monate für die Grundbewertung.

*27 Der Gesamtleistungswert nach der Vergleichsbewertung ist nach § 73 SGB VI ausschließlich aus vollwertigen Beitrags- und Berücksichtigungszeiten zu ermitteln, wenn der Versicherte beitragsgeminderte Zeiten zurückgelegt hat. Von den der Grundbewertung zugrunde gelegten Entgeltpunkten für Beitrags- und Berücksichtigungszeiten sind die Entgeltpunkte abzuziehen für

- beitragsgeminderte Zeiten,
- Berücksichtigungszeiten, die mit beitragsfreien Zeiten zusammentreffen und
- Beitrags- und Berücksichtigungszeiten, die mit Rentenbezugszeiten aus eigener Versicherung zusammentreffen.

Die verbleibenden Entgeltpunkte sind durch die ihnen zugrunde liegende Anzahl von Kalendermonaten zu teilen; das Ergebnis ist der maßgebende Durchschnittswert aus der Vergleichsbewertung. Die Kalendermonate mit Zeiten einer beruflichen Ausbildung, denen bereits 0,0833 Entgeltpunkte zugrunde zu legen sind, werden dabei nicht als beitragsgeminderte Zeiten berücksichtigt (vgl. § 71 Abs. 3 Satz 1 Nr. 2 letzter Halbsatz SGB VI).

Die Rentenberechnung sieht für die Vergleichsbewertung 30,3746 Entgeltpunkte und 367 Monate vor. Der Wert aus der Vergleichsbewertung (0,0828) ist höher als der Wert aus der Grundbewertung (0,0822).

Nach § 73 SGB VI ist bei Renten wegen Erwerbsminderung eine 2. Vergleichsbewertung durchzuführen, bei der die Entgeltpunkte für die letzten vier Jahre bis zum Eintritt der Erwerbsminderung unberücksichtigt bleiben. Die entsprechenden Monate sind ebenfalls abzusetzen.

Daraus ergeben sich 26,754 Punkte, die durch 319 Monate zu dividieren sind = 0,0839 Entgeltpunkte. In diesem Fall wird der höchste Wert aus der ***2. Vergleichsbewertung*** *als Gesamtleistungswert nach § 71 Abs. 1 Satz 2 SGB VI berücksichtigt.*

*28 Die Regelungen zur „begrenzten Gesamtleistungsbewertung" enthält § 74 SGB VI sowie § 263 Abs. 2 a und Abs. 3 SGB VI. Danach wird eine Einteilung in 4 Gruppen vorgenommen und zwar in solche mit voller, begrenzter und doppelt begrenzter Bewertung. Zeiten die unter die vierte Gruppe fallen, werden nicht bewertet (sogen. Nullbewertung!):

Der sich entweder aus der Grund- oder der 1. bzw. 2.Vergleichsbewertung ergebende Gesamtleistungswert wird zu **100 Prozent** zugeordnet (1. Gruppe)

- den Ersatzzeiten (§ 250 SGB VI),
- der Zurechnungszeit (§ 59 SGB VI),
- den Anrechnungszeiten wegen Schwangerschaft oder Mutterschaft während den Schutzfristen (§ 58 Abs. 1 Nr. 2 SGB VI),
- den Anrechnungszeiten des § 58 Abs. 1 Nr. 5 SGB VI (Rentenbezug mit Zurechnungszeit sowie die davorliegende Zurechnungszeit),
- den Anrechnungszeiten des § 252 Abs. 1 SGB VI,
- den Anrechnungszeiten des § 252a Abs. 2 SGB VI (Arbeitsausfalltage im Beitrittsgebiet) und
- der pauschalen Anrechnungszeit des § 253 SGB VI.

Der Beispielsfall umfasst 148 Monate Zurechnungszeit und 1 Monate Anrechnungszeiten wegen Schwangerschaft; für diese 149 KM wird der volle Gesamtleistungswert in Höhe von 0,0839 EP pro KM zugrunde gelegt.

Die Anrechnungszeiten wegen Krankheit und wegen Arbeitslosigkeit (2. Gruppe) werden nach § 263 Abs. 2a SGB VI bei der Gesamtleistungsbewertung auf **80 vom Hundert** des maßgebenden Wertes begrenzt.

In der Rentenberechnung werden für die Anrechnungszeiten wegen Arbeitslosigkeit folgende Werte angerechnet:
10 Monate X 0,0839 X 80 Prozent = 6,7100 Punkte.

Für folgende Anrechnungszeiten (4. Gruppe) findet nach § 74 Satz 4 SGB VI (in Abhängigkeit vom Rentenbeginn) **keine Bewertung** statt:

mit Rentenbeginn ab 01.01.2009:

- Schul- oder Hochschulausbildung.
  (Für Fälle mit einem Rentenbeginn ab dem 01.02.2005 bis 31.12.2008 wird der individuelle Gesamtleistungswert für Anrechnungszeiten wegen Schul- und Hochschulausbildung von 75 Prozent - höchstens 0,0625 Entgeltpunkten pro Monat - bis auf null herabgesetzt. Die entsprechenden Werte für die stufenweise Absenkung der Bewertung ergeben sich in Abhängigkeit vom Rentenbeginn aus der Tabelle in § 263 Abs. 3 S. 4 SGB VI.)

mit Rentenbeginn ab 01.01.2001:

- Krankheit nach dem 31.12.1983, für die keine Beiträge gezahlt worden sind (§ 58 Abs. 1 S. 1 Nr. 1 und 1a SGB VI),

- Arbeitslosigkeit nach dem 30.06.1978, für die Arbeitslosengeld, Arbeitslosenhilfe (bis 31.12.2004) oder Arbeitslosengeld II (ab 01.01.2005) nicht oder Arbeitslosengeld II nur darlehensweise gezahlt worden ist oder nur Leistungen nach § 24 Abs. 3 S. 1 SGB II erbracht worden sind,

- Meldung als Ausbildungssuchender bei einer deutschen Agentur für Arbeit (§ 58 Abs. 1 S. 1 Nr. 3a SGB VI),

- Bezug von Arbeitslosengeld II (§ 58 Abs. 1 S. 1 Nr. 6 SGB VI).

Für die Anrechnungszeiten wegen Schul- oder Hochschulausbildung vom 31.12.1984 bis 30.06.1985 werden keine Entgeltpunkte ermittelt.

Zeiten einer beruflichen Ausbildung, Fachschulausbildung oder Teilnahme an einer berufsvorbereitenden Bildungsmaßnahme (3. Gruppe) werden – für höchstens 3 Jahre bei der Rentenberechnung berücksichtigt – und im Rahmen der Gesamtleistungsbewertung auf **75 Prozent** begrenzt. Der so begrenzte Wert darf für einen Kalendermonat **0,0625 EP nicht übersteigen** (§ 74 SGB VI). Vorrangig werden auf die 3 Jahre die Zeiten der Fachschulausbildung und der Teilnahme an einer berufsvorbereitenden Bildungsmaßnahme angerechnet; eine eventuell verbleibende Zeit entfällt auf Zeiten einer beruflichen Ausbildung.
Der Bescheid enthält keine entsprechenden reinen Anrechnungszeiten; allerdings erscheinen die Zeiten einer beruflichen Ausbildung unter Hinweisziffer 29 als beitragsgeminderte Zeiten.

*29 § 71 Abs. 2 Satz 1 SGB VI regelt, dass für beitragsgeminderte Zeiten die Summe Entgeltpunkte um einen Zuschlag so zu erhöhen ist, dass mindestens der Wert erreicht wird, den diese Zeiten jeweils als

- beitragsfreie Anrechnungszeiten wegen Krankheit und Arbeitslosigkeit, wegen einer schulischen Ausbildung und Zeiten der beruflichen Ausbildung oder

- sonstige beitragsfreie Zeiten hätten.

Somit gelten die gleichen 4 Gruppen wie bei der Gesamtleistungsbewertung der beitragsfreien Zeiten und zwar

- sonstige Anrechnungszeiten (Rentenbezugszeiten, Schwangerschaftszeiten, Ersatzzeiten, Zurechnungszeit usw.) mit 100 Prozent des Gesamtleistungswertes,

- Anrechnungszeiten wegen Krankheit und Arbeitslosigkeit mit 80 Prozent des Gesamtleistungswertes,

- Anrechnungszeiten wegen Fachschulausbildung bzw. Teilnahme an einer berufsvorbereitenden Bildungsmaßnahme mit 75 Prozent des Gesamtleistungswertes, höchstens 0,0625 Entgeltpunkte je Kalendermonat,

- „Nullbewertung".

Rentenbescheid – Seiten 8 und 9 -:

4 Monate mit BZ und Zurechnungszeit und mit AZ wegen Schwangerschaft; maßgebender Wert pro Monat 0,0893 Punkte = insgesamt 0,3356 EP. Abzüglich der bereits für diese Zeiten berücksichtigten EP (0,2467) ergeben sich 0,0889 zusätzliche Punkte.

2 Monate mit BZ und Anrechnungszeiten wegen Arbeitslosigkeit; maßgebender Wert pro Monat 0.0893 x 80% = 0,0671 Punkte, ergibt insgesamt 0,1342 EP. Abzüglich der bewerteten Beitragszeiten i. H. v. 0,0451 EP ergeben sich als Zuschlag 0,0891 Punkte.

*30 Kalendermonate mit Zeiten einer beruflichen Ausbildung, Fachschulausbildung oder der Teilnahme an einer berufsvorbereitenden Bildungsmaßnahme erhalten den Gesamtleistungswert von 75 Prozent. Der so begrenzte Gesamtleistungswert darf für einen Kalendermonat 0,0625 Entgeltpunkte nicht übersteigen. Zeiten einer beruflichen Ausbildung, Fachschulausbildung oder der Teilnahme an einer berufsvorbereitenden Bildungsmaßnahme werden bei einem Rentenbeginn ab dem 01.01.2009 (vgl. §§ 246 Satz 2, 263 Abs. 5, 263 Abs. 3 SGB VI) insgesamt für höchstens drei Jahre bewertet, vorrangig die Zeiten der Fachschulausbildung und der Teilnahme an einer berufsvorbereitenden Bildungsmaßnahme (§ 74 Satz 1 bis 3 SGB VI).

So sind im Berechnungsbeispiel 34 Monate an nachgewiesener beruflicher Ausbildung vorhanden.
0,0839 EP X 75 Prozent = 0,0629 EP. Angerechnet werden aber höchstens 0,0625 EP pro Monat.
0,0625 EP X 34 Monate = 2,1250 EP; abzüglich der bereits für diese als Beitragszeit zugewiesenen EP in Höhe von 0,8078 EP ergibt einen Zuschlag von 1,3172 EP als beitragsgeminderte Zeit.

Insgesamt werden 1,4952 zusätzliche Punkte für die beitragsgeminderten Zeiten angerechnet.

*31 vgl. 7.1 Versorgungsausgleich (Interne Teilung).

*32 Die persönlichen Entgeltpunkte – § 66 SGB VI – stellen den Faktor innerhalb der Rentenformel dar, der die individuellen Verhältnisse des Versicherten während seines gesamten Erwerbslebens widerspiegelt. Sie ergeben sich aus der Summe Entgeltpunkte für

- Beitragszeiten,
- beitragsfreie Zeiten,
- Zuschläge für beitragsgeminderte Zeiten,
- Zu- oder Abschläge aus dem Versorgungsausgleich oder Rentensplitting unter Ehegatten,
- Zuschläge aus der Zahlung von Beiträgen bei vorzeitiger Inanspruchnahme einer Rente wegen Alters oder bei Abfindung von Anwartschaften auf betriebliche Altersversorgung oder von Anrechten bei der Versorgungsausgleichskasse,
- Zuschläge aus geringfügiger versicherungsfreier Beschäftigung,
- Arbeitsentgelt aus nach § 23b Abs. 2 Satz 1 bis 4 SGB IV aufgelösten Wertguthaben,
- Zuschläge an Entgeltpunkten nach Beginn einer Rente wegen Alters und
- Zuschläge an Entgeltpunkten für Zeiten einer besonderen Auslandsverwendung

vervielfältigt mit dem Zugangsfaktor. Für Waisenrenten werden die persönlichen Entgeltpunkte noch um einen „Zuschlag bei Waisenrenten" – § 78 SGB VI – erhöht. Für Witwen- und Witwerrenten nach dem sog. „neuem Hinterbliebenenrecht" kommt ggf. ein Zuschlag an persönlichen Entgeltpunkten gemäß § 78 a SGB VI in Betracht.

Hinsichtlich des Zugangsfaktors (= „Rentenabschlag") wird auf die Ausführungen unter 5.1.2.7. verwiesen.

Im vorliegenden Fall ist die Übergangsvorschrift des § 77 Abs. 4 SGB VI i. V. m. § 264d Satz 2 SGB VI nicht anwendbar, da es insgesamt an 35 Jahren anrechenbarer Zeiten nach § 51 Abs. 3a und 4 SGB VI fehlt. Dabei werden die Monate aus Versorgungsausgleich und die Zurechnungszeit nicht berücksichtigt. Die Ermittlung des maßgebenden Lebensalters für den Zugangsfaktor richtet sich nach § 264d Satz 1 SGB VI. Nach der dortigen Tabelle sind beim Beginn einer Rente wegen Erwerbsminderung im Jahr 2017 als spätestes Lebensalter 63 Jahre und 11 Monate sowie als frühestes Lebensalter 60 Jahre und 11 Monate zugrunde zu legen. Dies ergibt hier der Zeitraum vom 01.12.2028 bis 30.11.20131.Diese 36 Monate vervielfältigt mit dem Faktor 0,003 bestimmen den Wert von 0,108, um den sich der Zugangsfaktor von 1 auf 0,892 vermindert.

9 Die steuerliche Behandlung von Renten und Beiträgen

9.1 Allgemeines

Jahrzehntelang herrschte eine rege Diskussion über die unterschiedliche Besteuerung von Beamtenpensionen und Renten aus der gesetzlichen Rentenversicherung.

Erst am 06.03.2002 hatte das Bundesverfassungsgericht in Karlsruhe diesem Zustand ein Ende bereitet und entschieden, dass die unterschiedliche Besteuerung von Pensionen und Renten nicht mehr mit dem in Artikel 3 Absatz 1 Grundgesetz verankerten Gleichbehandlungsgebot vereinbar ist. Der Gesetzgeber wurde verpflichtet, bis spätestens zum 01.01.2005 eine neue verfassungskonforme Regelung zu treffen.

Nicht zuletzt unter Beachtung der komplexen Materie wurde zur Vorbereitung dieser Umsetzung des Bundesverfassungsgerichtsurteils von der Bundesregierung eine Sachverständigenkommission („Rürup-Kommission„) eingesetzt.

Unter Beachtung der dort entwickelten Vorschläge wurde schließlich am 11.06.2004 im Bundesrat das Gesetz zur Neuordnung der einkommensteuerrechtlichen Behandlung von Altersvorsorgeaufwendungen und Altersbezügen (Alterseinkünftegesetz) verabschiedet, welches am 01.01.2005 in Kraft trat.

HINWEIS:
Das komplexe Steuerrecht wird in diesem Buch von Rentenexperten nur im Überblick dargestellt. Detaillierte Auskünfte über das Steuerrecht können und dürfen nur die Finanzbehörden, die Lohnsteuerhilfevereine oder die Steuerberater geben. Diese Stellen kennen sich aus, wenn es um die konkrete steuerliche Be- oder Entlastung einzelner Personen geht.

9.2 Recht bis 31.12.2004

Die meisten Rentner mussten zwar bis Ende 2004 keine Steuern bezahlen, dennoch waren die Renten aus der gesetzlichen Rentenversicherung schon damals nicht generell steuerfrei. Die Renten aus der gesetzlichen Rentenversicherung unterlagen bis Ende 2004 der sogenannten Ertragsanteilsbesteuerung; d. h. sie wurden nicht mit ihrem Zahlbetrag, sondern nur mit ihrem sogenannten Ertragsanteil versteuert. Dieser Ertragsanteil war gesetzlich festgelegt und war bei den lebenslänglichen Leibrenten (Altersrenten) abhängig vom Alter des

Rentners bei Rentenbeginn. Begann die Altersrente bereits mit 60 Jahren, betrug er 32 Prozent der Rente und für jedes Jahr der späteren Inanspruchnahme verminderte sich der Anteil um jeweils 1 Prozent. Bei einem Renteneintritt mit 65 Jahren wurden wegen der im Durchschnitt kürzen Rentenbezugszeit lediglich 27 Prozent der Rente besteuert.

Bei den abgekürzten Leibrenten hingegen bestimmte sich der Ertragsanteil nach der voraussichtlichen Dauer des Rentenbezuges. So belief sich der Ertragsanteil, z. B. bei einer Erwerbsminderungsrente ab dem 40. bzw. 50. Lebensjahr auf 37 bzw. 25 Prozent der Rente.

Fallbeispiel:

Frau K ging 2004 mit 60 Jahren in Altersrente und erhielt monatlich brutto 700,00 Euro bzw. 8.400,00 Euro jährlich.

Lösung:

Der Ertragsanteil belief sich auf 32 Prozent, und somit betrug das steuerpflichtige Einkommen 2688,00 Euro (8400,00 Euro x 0,32). Der steuerliche Grundfreibetrag für Alleinstehende in Höhe 7664,00 Euro jährlich wurde deutlich unterschritten und es mussten keine Steuern für diese Rente bezahlt werden.

Beamtenpensionen hingegen wurden wie bei einem Arbeitnehmer voll versteuert. Der zu versteuernde Betrag wurde jedoch durch den Versorgungsfreibetrag und den Arbeitnehmerpauschbetrag gemindert.

9.3 Recht ab 01.01.2005

Entsprechend dem Urteil des Bundesverfassungsgerichts begann der Einstieg in die sogenannte nachgelagerte Besteuerung am 01.01.2005. Nach entsprechenden Übergangszeiten werden die Beiträge für den Aufbau einer Altersversorgung steuerfrei gestellt, im Gegenzug werden die Renteneinkünfte voll versteuert.

9.3.1 Steuerfreistellung der Beiträge

Im Gegensatz zum Recht vor 01.01.2005 besteht bei Vorsorgeaufwendungen kein einheitlicher Abzugsbetrag mehr, sondern es wird nach Altersvorsorgeaufwendungen und sonstigen Vorsorgeaufwendungen unterschieden. Die weiteren

Abzugsmöglichkeiten für Beiträge zur „Riester-Rente“ und zur betrieblichen Altersversorgung bleiben hiervon unberührt.

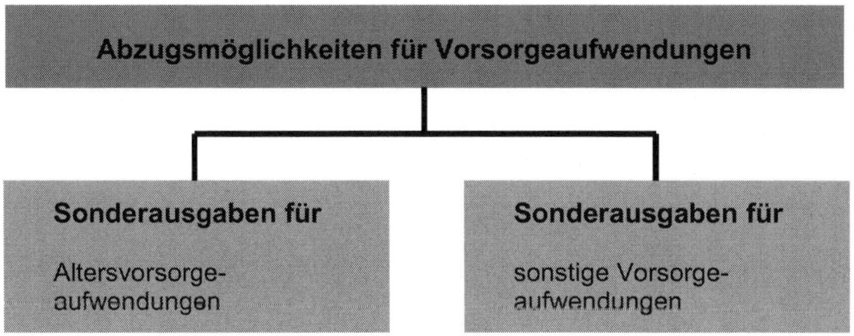

Abbildung 40: Abzugsmöglichkeiten für Vorsorgeaufwendungen

9.3.1.1 Altersvorsorgeaufwendungen

Bei den Altersvorsorgeaufwendungen handelt es sich um Beiträge zu sogenannten Leibrentenversicherungen. Dies sind u. a. die gesetzliche Rentenversicherung, die landwirtschaftliche Alterskasse, die berufsständischen Versorgungswerke und die sogenannten Rürup-Renten (vgl. Abbildung 41).

Die steuerliche Absetzbarkeit der Altersvorsorgeaufwendungen ist nur bis zu einem Höchstbetrag möglich, der sich auf 20.000,00 Euro jährlich für Ledige und 40.000,00 Euro für Verheiratete beläuft. Alle darüber hinausgehenden Beiträge können nicht abgezogen werden.

Der Übergang zur vollständigen Steuerfreistellung der Beiträge erfolgt aus Gründen der Finanzierbarkeit nur schrittweise. Eine Übergangsregelung sieht vor, dass beginnend mit dem Kalenderjahr 2005 zunächst 60 Prozent (von den 20.000,00 bzw. 40.000,00 Euro) der individuell getätigten Aufwendungen als abziehbare Aufwendungen berücksichtigt werden. Dieser Prozentsatz wird Jahr für Jahr um 2 Prozentpunkte angehoben, und somit wird erst im Jahre 2025 die Steuerfreistellung der Beiträge zu 100 Prozent (bis maximal 20.000,00 bzw. 40.000,00 Euro jährlich) erreicht werden.

So werden die Beiträge zur Altersvorsorge schrittweise vollständig steuerlich freigestellt:

im Jahr	können geltend gemacht werden	bis zu einem Jahreshöchstbetrag von ... (für Ledige) Bei Verheirateten verdoppelt sich der Betrag
2005	60 Prozent	12.000 €
2006	62 Prozent	12.400 €
2007	64 Prozent	12.800 €
2008	66 Prozent	13.200 €
2009	68 Prozent	13.600 €
2010	70 Prozent	14.000 €
2011	72 Prozent	14.400 €
2012	74 Prozent	14.800 €
2013	76 Prozent	15.200 €
2014	78 Prozent	15.600 €
2015	80 Prozent	16.000 €
2016	82 Prozent	16.400 €
2017	84 Prozent	16.800 €
2018	86 Prozent	17.200 €
2019	88 Prozent	17.600 €
2020	90 Prozent	18.000 €
2021	92 Prozent	18.400 €
2022	94 Prozent	18.800 €
2023	96 Prozent	19.200 €
2024	98 Prozent	19.600 €
2025	100 Prozent	20.000 €

Es handelt sich jeweils um die gesamten Beiträge; d. h. sowohl der Anteil des Arbeitnehmers als auch des Arbeitgebers. Die Steuerfreiheit des Beitrags des Arbeitgebers zur Rentenversicherung blieb durch das Alterseinkünftegesetz unverändert und somit kommen z. B. im Kalenderjahr 2008 lediglich noch 16 Prozentpunkte (von 66) den Arbeitnehmeranteilen zugute.

Altersvorsorgeaufwendungen sind:

Beiträge zur gesetzlichen Rentenversicherung

und

Beiträge zu den landwirtschaftlichen Alterskassen

und

Beiträge zu den berufsständischen Versorungswerken (z. B. Architekten und Rechtsanwälte)

und

Beiträge in Leibrentenversicherungen, die

- **nicht beleihbar,**
- **nicht vererblich,**
- **nicht veräußerbar,**
- **nicht kapitalisierbar,**
- **nicht übertragbar sind und**
- **frühestens ab vollendetem 60. bzw. 62. Lebensjahr ausbezahlt werden.**

} **Rürup-Rente**

Abbildung 41: Altersvorsorgeaufwendungen

Fallbeispiel 1:

Erzieltes Arbeitsentgelt im Kalenderjahr 2006 = 30.000,00 Euro

LÖSUNG:

1.	*Arbeitnehmerbeitrag zur gesetzlichen RV:*	*2.925,00 Euro*
	Arbeitgeberbeitrag zur gesetzlichen RV:	*2.925,00 Euro*
	Gesamtbeitrag zur gesetzlichen RV:	***5.850,00 Euro***
		(30.000,00 x 0,195)
2.	*Höchstbetrag (Lediger, kein Beamter)*	*20.000,00 Euro*
	damit zu berücksichtigende Leibrentenbeiträge:	*5.850,00 Euro*
3.	*davon 62 Prozent im Jahr 2006:*	*3.627,00 Euro*
4.	*abzüglich steuerfreier Arbeitgeberbeitrag*	*2.925,00 Euro*

Eigene Rentenversicherungsbeiträge des Arbeitnehmers, die im Jahr 2006 als Sonderausgaben absetzbar sind: *702,00 Euro*

9.3.1.2 Sonstige Vorsorgeaufwendungen

Nach dem Steuerrecht bis 31.12.2004 waren alle Vorsorgeaufwendungen bis zu einem einheitlichen Höchstbetrag steuerlich abziehbar.

Seit 01.01.2005 gibt es nun für die übrigen Sozialversicherungsbeiträge (Kranken-, Pflege- und Arbeitslosenversicherung) und andere Vorsorgeaufwendungen (beispielsweise private Haftpflicht- oder Unfallversicherung) einen eigenen gemeinsamen Höchstbetrag. Für Steuerpflichtige, die ihren Krankenversicherungsschutz nicht vollständig selbst finanzieren müssen, beläuft sich der Höchstbetrag auf jährlich 1.500,00 Euro (z. B. Beschäftigte, Beamte und Rentner) und für alle anderen Steuerzahler (z. B. Selbständige) beträgt er 2.400,00 Euro jährlich. Bei zusammen veranlagten Ehegatten werden die Höchstbeträge für jeden Ehegatten separat ermittelt und entsprechend berücksichtigt.

Ab dem Veranlagungszeitraum 2010 „greift" das Bürgerentlastungsgesetz. Es regelt die steuerliche Berücksichtigung von Beiträgen zur Kranken- und Pflegeversicherung. Damit sind die tatsächlich geleisteten Beiträge zur privaten und gesetzlichen Krankenversicherung sowie zur gesetzlichen Pflegeversicherung (also zur sozialen Pflegeversicherung und privaten Pflege-Pflichtversicherung) abzugsfähig. Allerdings können die Beiträge nur in Höhe der sogenannten Basisabsicherung, also einer Absicherung auf dem Versorgungsniveau der Sozialhilfe, berücksichtigt werden.

Innerhalb der sonstigen Vorsorgeaufwendungen wird jetzt zwischen der Basisabsicherung (Basiskrankenversicherung und gesetzliche Pflegeversicherung) und den weiteren sonstigen Vorsorgeaufwendungen unterschieden. Die Beiträge für die Basisabsicherung können in der tatsächlichen Höhe als Sonderausgaben angesetzt werden. Das gilt auch für zusammenveranlagte Ehegatten.

Sollen neben den Beiträgen zur Basisabsicherung weitere sonstige Vorsorgeaufwendungen (zum Beispiel Haftpflichtversicherung) geltend gemacht werden, müssen weiterhin Höchstbeiträge beachtet werden. Diese betragen für alle sonstigen Vorsorgeaufwendungen ab dem Veranlagungsjahr 2010 zusammen 1.900,00 Euro beziehungsweise 2.800,00 Euro. Übersteigen die Beiträge für die Basisabsicherung aber bereits diese Höchstbeträge, können keine weiteren sonstigen Vorsorgeaufwendungen abgezogen werden.

9.3.1.3 Günstigerprüfung

Zur Vermeidung von Schlechterstellungen bei der Systemumstellung besteht die Möglichkeit, den Abzug von Vorsorgeaufwendungen nach dem bisherigen Recht (Recht bis 31.12.2004) für einen Übergangszeitraum mittels einer sogenannten Günstigerprüfung vorzunehmen.

Die vom Finanzamt von Amts wegen durchgeführte Günstigerprüfung (altes oder neues Recht günstiger?) wird ab 2011 schrittweise abgeschmolzen und entfällt ab dem Jahr 2020 völlig.

Steuerpflichtige, welche in den Jahren 2005 bzw. den Folgejahren insgesamt mit ihren sonstigen Sonderausgaben und absetzbaren Altersvorsorgebeiträgen den Betrag von 2.001,00 Euro für Ledige bzw. 4002,00 Euro für Verheiratete in diesen Jahren nicht erreichen, werden dann aufgrund der Günstigerprüfung bessergestellt.

Fortführung des Fallbeispiels 1:

LÖSUNG:

5. Günstigerprüfung

Nach neuem Recht abziehbare RV-Beiträge	*702,00 Euro*
Nach neuem Recht abziehbare sonstige Vorsorgeaufwendungen (max. 1500,00 Euro)	*1.500,00 Euro*
Nach neuem Recht insgesamt abziehbare Vorsorgeaufwendungen	*2.202,00 Euro*
Nach altem Recht abziehbare Vorsorgeaufwendungen	*2.001,00 Euro*

Ergebnis *→ Neues Recht insgesamt günstiger.*

HINWEIS:
Wer als Arbeitnehmer abgesehen von den gesetzlichen Sozialversicherungsbeiträgen (Beiträge zur Renten-, Kranken-, Pflege- und Arbeitslosenversicherung) keine weiteren Vorsorgebeiträge abzusetzen hat, muss im Hinblick auf die Steuer nichts Weiteres veranlassen. Der Arbeitgeber berücksichtigt die sich ändernden Freibeträge bereits beim Lohnsteuerabzug. Wer darüber hinaus jedoch weitere Beiträge, beispielsweise zu privaten Leibrentenversicherungen, geleistet hat und die entsprechenden Höchstbeträge noch nicht erreicht sind, für den ist in der Regel die Abgabe einer Einkommensteuererklärung beim zuständigen Finanzamt lohnenswert.

Konkrete Angaben diesbezüglich erhalten sie u. a. bei den Finanzbehörden, den Steuerberatern oder den Lohnsteuerhilfevereinen.

9.3.2 Besteuerung der Leistungen

Alle Renten, die auf grundsätzlich absetzbaren Altersvorsorgebeiträgen beruhen (vgl. 9.3.1.1), werden nachgelagert besteuert. Dazu gehören Renten

- der gesetzlichen Rentenversicherung,
- der Landwirtschaftlichen Alterskasse,
- aus berufsständischen Versorgungen,
- aus einer privaten Rentenversicherung (sog. Rürup-Rente).

Maßgeblich ist der *Bruttobetrag* der Rente, nicht der Zahlbetrag nach Abzug der Beiträge zur Kranken- und Pflegeversicherung.

Ein sofortiger Wechsel von der Ertragsanteilsbesteuerung zur sogenannten nachgelagerten Besteuerung hätte die öffentlichen Haushalte schwer überfordert und deshalb wurde ein schrittweiser Übergang zum System der nachgelagerten Besteuerung beschlossen.

Im Jahr *2005* sind *50 Prozent* der Rente steuerpflichtig, und zwar bei Bestandsrenten genauso wie bei Neurenten. Bei späteren Rentenneuzugängen steigt der steuerpflichtige Rentenanteil bis *2020 jährlich um zwei Prozentpunkte auf 80 Prozent* und danach um *einen Prozentpunkt* jährlich. Damit müssen erst Rentner, die vom *Jahr 2040* an in Rente gehen, ihre Rente *voll* versteuern.

Prozentsätze zur Berechnung des Rentenfreibetrages

Jahr des Renten-beginns	Besteuerungs-anteil in Prozent	Prozentsatz für Renten-freibetrag	Jahr des Renten-beginns	Besteuerungs-anteil in Prozent	Prozentsatz für Renten-freibetrag
bis 2005	50	50	2023	83	17
2006	52	48	2024	84	16
2007	54	46	2025	85	15
2008	56	44	2026	86	14
2009	58	42	2027	87	13
2010	60	40	2028	88	12
2011	62	38	2029	89	11
2012	64	36	2030	90	10
2013	66	34	2031	91	9
2014	68	32	2032	92	8
2015	70	30	2033	93	7
2016	72	28	2034	94	6
2017	74	26	2035	95	5
2018	76	24	2036	96	4

2019	78	22	2037	97	3
2020	80	20	2038	98	2
2021	81	19	2039	99	1
2022	82	18	ab 2040	100	0

9.3.2.1 Persönlicher Freibetrag

In der Übergangszeit bis zum Jahr 2040 wird abhängig vom Jahr des Rentenbeginns ein individueller steuerfreier Teil der Rente, der persönliche Rentenfreibetrag, errechnet.

Dieser Wert wird für die gesamte Dauer des Rentenbezuges festgeschrieben.

9.3.2.1.1 Rentenbeginn vor 01.01.2005 („Bestandsrenten“)

Bei Personen, die am 31.12.2004 bereits Rentner waren, beläuft sich der Rentenfreibetrag auf 50 Prozent der Jahresbruttorente 2005.

Fallbeispiel 2:

Thomas A. bezieht Altersvollrente seit 01.03.2002 und seine Jahresbruttorente belief sich im Jahr 2005 auf 12.000,00 Euro und im Jahr 2007 auf 12.070,00 Euro.

LÖSUNG:

Der persönliche Rentenfreibetrag beträgt 6.000,00 Euro ab 2005 (12.00,00 Euro x 0,5) und bleibt auch in der Zukunft unverändert.

Das zu versteuernde Einkommen steigt somit von 6.000,00 Euro (2005) auf 6.070,00 Euro (2007). Sollte Thomas A. keine weiteren steuerpflichtigen Einnahmen haben, dann werden unter Beachtung des steuerlichen Grundfreibetrags von 8.130,00 Euro (bei Verheirateten: 16.260,00 Euro) auch weiterhin ***keine*** *Steuern fällig.*

9.3.2.1.2 Rentenbeginn ab 01.01.2005 („Rentenzugänge“)

Da die meisten Renten nicht am 01.01. eines Jahres beginnen, wird der endgültige Rentenfreibetrag erst aus der vollen Jahresbruttorente des zweiten Rentenbezugsjahres ermittelt.

Fallbeispiel 3:

Karl A. bezieht seit 01.08.2006 eine Altersvollrente in Höhe von 1.000,00 Euro brutto monatlich. Zum 01.07.2007 erfolgte eine Erhöhung auf monatlich 1.005,36 Euro.

LÖSUNG:

Im Kalenderjahr 2006 betrug der Rentenfreibetrag 2.400,00 Euro (5.000,00 Euro x 0,48) und ab 2007 betragt er auf Dauer 5.775,44 Euro ([6 x 1.000,00 Euro + 6 x 1.005,36 Euro] x 0,48).

Bewilligt der Rentenversicherungsträger nach dem Tod eines Rentners eine Hinterbliebenenrente, dann orientiert sich die Besteuerung nicht nach dem Beginn der Hinterbliebenenrente sondern nach dem Beginn der vorausgegangenen Versichertenrente. Dies gilt auch bei Folgerenten (z.B. Regelaltersrente nach voller Erwerbsminderungsrente).

Fallbeispiel 4:

Der Versicherte Fred F. bezieht seit 01.10.2006 Altersvollrente in Höhe von monatlich 800,00 Euro brutto. Zum 01.07.2007 wurde sie auf 804,29 € erhöht. Der Versicherte stirbt am 31.01.2008 und die Witwe hat Anspruch auf Witwenrente.

Höhe der monatlichen Witwenrente brutto vom 01.02.2008 bis 30.04.2008 = 804,29 Euro und ab 01.05.2008 482,57 Euro.

LÖSUNG:

Die Witwenrente beginnt zwar erst 2008 aber hinsichtlich des Rentenfreibetrages ist der Prozentsatz der Versichertenrente maßgebend.

Der Rentenfreibetrag im Kalenderjahr 2008 für die Witwe beträgt 48 Prozent der gezahlten Witwenrente (vom 01.02. bis 31.12.) brutto. Im Kalenderjahr 2009 und den weiteren Jahren beläuft er sich anschließend auf 48 Prozent der gezahlten Witwenrente brutto im Jahr 2009.

Fallbeispiel 5:

Bezug einer Erwerbsminderungsrente auf Zeit vom 01.03.2005 bis 28.02.2007.

Bewilligung der Regelaltersrente ab 01.03.2009.

LÖSUNG:

Bei einem Rentenbeginn 01.03.2009 liegt der Prozentsatz für den Rentenfreibetrag bei 42 Prozent.

Die Zeit des vorherigen Rentenbezugs wird zum Abzug gebracht (= 24 Kalendermonate) und somit erhält man einen „fiktiven" Rentenbeginn 01.03.2007.

Somit beträgt der Rentenfreibetrag 46 Prozent der Jahresrente.

HINWEIS:
Bei einem Wechsel von einer Voll- zu einer Teilrente (oder umgekehrt) ändert sich auch der steuerfreie Rentenbetrag im Verhältnis des alten zum neuen Bruttorentenzahlbetrag. So wird z.B. beim Wechsel einer halben Altersrente in eine Altersvollrente der Freibetrag verdoppelt.

9.3.2.2 Auswirkungen der nachgelagerten Besteuerung

Wer z.B. 2013 in Altersrente gegangen ist und nur von seiner gesetzlichen Rente lebt, muss als Alleinstehender bis zu einem Monatsbetrag von rund 1.230,00 Euro (= 14.800,00 Euro Jahresbruttorente) jetzt noch keine Steuern bezahlen. Bei Verheirateten ohne Nebeneinkünfte fallen Steuern erst ab einer Monatsrente von rund 2.460,00 Euro (= 29.600,00 Euro Jahresrente) an. Es kann davon ausgegangen werden, dass auch künftig Durchschnittsrenten steuerlich unbelastet bleiben. Dies kann selbst dann gelten, wenn noch eine „normale" Betriebsrente hinzukommt.

Bei der Prüfung, ob Steuern von Rentnern geleistet werden müssen, ist der steuerpflichtige Teil der Rente mit allen anderen eventuell vorliegenden steuerpflichtigen Einkommen zu addieren und unter Beachtung aller vielseitig vorhandenen Abzugsmöglichkeiten mit dem steuerlichen Grundfreibetrag in Höhe von 8.130,00 Euro (bei Ehepaaren 16.260,00 Euro) zu vergleichen. Der steuerpflichtige Teil der Rente wird bei unterstellten Rentenerhöhungen in den nächsten Jahren immer größer und somit kann der Rentner in der Zukunft auch in die Steuerpflicht „hineinwachsen".

9.3.2.3 Ausnahme (sog. Öffnungsklausel)

Zur Vermeidung einer Doppelbesteuerung in besonderen Fällen hat der Gesetzgeber im Alterseinkünftegesetz auch eine sogenannte Öffnungsklausel beschlossen.

Rentnerinnen und Rentner, welche mindestens zehn Jahre Beiträge oberhalb der jeweiligen Höchstbeiträge zur gesetzlichen Rentenversicherung geleistet haben, können für diese Rententeile die günstigere Besteuerung mit dem Ertragsanteil wählen (die Ertragsanteile werden im Alterseinkünftegesetz neu festgelegt und sind etwa ein Drittel niedriger als vor 2005).

Diese Vorschrift betrifft weniger Rentner aus der gesetzlichen Rentenversicherung als vielmehr Versicherte der berufsständischen Versorgungswerke. Diese besondere Möglichkeit muss beim Finanzamt unter Beifügung entsprechender Unterlagen beantragt werden. Der Antrag kann nicht vor Beginn des Leistungsbezuges der Rente gestellt werden. Die entsprechende Bescheinigung auszustellen ist Aufgabe des betreffenden Versorgungsträgers.

9.3.2.4 Mitteilung an die Finanzbehörde

Die Stellen, welche Altersbezüge auszahlen (Rentenversicherungsträger, landwirtschaftliche Alterskassen, berufsständische Versorgungseinrichtungen, Pensionskassen, Pensionsfonds und Versicherungsunternehmen), müssen die für die Besteuerung wichtigen Daten melden.

Dies erfolgt elektronisch und jährlich über die Zentrale Zulagenstelle für Altersvermögen (ZfA) in Brandenburg, die bereits in Verbindung mit der Riester-Rente bekannt ist, über die Landesfinanzbehörden zum zuständigen Finanzamt.

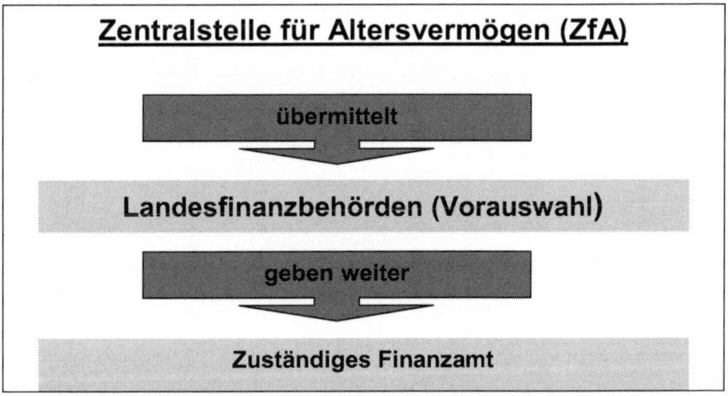

Abbildung 42: Zentralstelle für Altersvermögen (ZfA)

Das Bundeszentralamt für Steuern hat seit dem 1. August 2008 jedem in Deutschland gemeldeten Bürger schriftlich seine persönliche steuerliche Identifikationsnummer mitgeteilt. Diese wird die bisher für die Einkommensteuer verwendete Steuernummer ersetzen. Der zuständige Rentenversicherungsträger benötigt die Nummer für das Rentenbezugsmitteilungsverfahren. Deshalb sind die Versicherten verpflichtet, diese Nummer dem Rentenversicherungsträger mitzuteilen.

9.3.2.5 Steuererklärung

Bereits vor Inkrafttreten des Alterseinkünftegesetzes (01.01.2005) mussten Rentner eine Steuererklärung abgeben. In vielen Fällen wurden damals unter anderem wegen der Ertragsanteilsbesteuerung die Rentner von dieser Pflicht entbunden.

Welcher Rentner nun regelmäßig seine Einkommenssteuererklärung abzugeben hat, entscheidet das zuständige Finanzamt unter Beachtung aller zur Verfügung stehenden Einkünfte.

Bei Abgabe einer Erklärung sind grundsätzlich in der Anlage R der Jahresbruttorentenbetrag einzutragen und die Beiträge zur Krankenversicherung und Pflegeversicherung der Rentner in den Hauptvordruck.

Diese Beträge können beim zuständigen Rentenversicherungsträger angefordert werden.

HINWEIS:
Die Rentenversicherungsträger dürfen grundsätzlich nur allgemeine Auskünfte geben. Bei speziellen Fragen sollte man sich deshalb an einen Steuerberater, Lohnsteuerhilfeverein oder direkt an das Finanzamt wenden.

10 Das Versicherungskonto und Auskünfte

10.1 Versicherungskonto

Die Träger der Deutschen Rentenversicherung (Anlage A) führen für alle Versicherten ein Versicherungskonto.

10.1.1 Versicherungsnummer

Das Versicherungskonto wird durch eine sogenannte Versicherungsnummer gekennzeichnet. Diese Versicherungsnummer ist ähnlich wie die Kontonummer bei Banken und Sparkassen der Schlüssel zum Konto und bietet die Voraussetzung, dass die anfallenden Arbeiten maschinell durch elektronische Datenverarbeitung unterstützt beziehungsweise erledigt werden können.

Die Versicherungsnummer hat 12 Stellen und setzt sich wie folgt zusammen:

XX XXXXXX X XX X

- zwei Stellen für die Bereichsnummer des Versicherungsträgers, der die Versicherungsnummer vergeben hat
- sechs Stellen für das Geburtsdatum (ohne Jahrhundertangabe)
- eine Stelle für den Anfangsbuchstaben des Geburtsnamens
- zwei Stellen für die Seriennummer; sie unterscheidet die Versicherten, die am gleichen Tag geboren sind und den gleichen Anfangsbuchstaben des Geburtsnamens haben über das Geschlecht (00-49 männliche Versicherte und 50-99 weibliche Versicherte)
- eine Stelle für die Prüfziffer; sie sichert die Versicherungsnummer gegen Verfälschungen und Verwechslungen

Die Versicherungsnummer wird zumeist bei der erstmaligen Aufnahme einer versicherten Beschäftigung vergeben und grundsätzlich nicht mehr verändert. Unter der Versicherungsnummer melden beispielsweise Arbeitgeber die gezahlten Entgelte ihrer Beschäftigten und werden die von freiwillig Versicherten gezahlten Beiträge verbucht.

10.1.2 Sozialversicherungsausweis

Bei der Vergabe einer Versicherungsnummer erfolgt durch den Rentenversicherungsträger grundsätzlich auch die Ausstellung eines Sozialversicherungsausweises. Später wird ein solcher Ausweis ausgestellt, wenn sich die Versicherungsnummer, der Name oder der Vorname des Versicherten ändert.

Ein neuer Sozialversicherungsausweis wird auf Antrag bei der zuständigen gesetzlichen Krankenkasse oder dem Rentenversicherungsträger auch ausgestellt, wenn der bisherige Sozialversicherungsausweis zerstört, abhanden gekommen oder unbrauchbar geworden ist.

10.1.3 Inhalt des Versicherungskontos

Im Versicherungskonto werden nur die Informationen gespeichert, die für die Gewährung einer Leistung aus der gesetzlichen Rentenversicherung von Bedeutung sind.

Die im Versicherungskonto gespeicherten Daten unterliegen den Vorschriften zum Sozialgeheimnis und zum Datenschutz. Eine Weitergabe der Daten durch den Rentenversicherungsträger ist grundsätzlich nicht statthaft.

Im Wesentlichen werden neben persönlichen Daten (z. B. Name, Anschrift, Geburtsort) die Anschriften der Arbeitgeber und die rentenrechtlichen Zeiten (siehe Kapitel 3) gespeichert.

Nachfolgend wird auf einige Sondersachverhalte zur Anrechnung bzw. zum Nachweis von rentenrechtlichen Zeiten eingegangen.

10.1.3.1 Beitragszeiten

Beitragszeiten sind Zeiten, für die nach Bundesrecht oder früherem Reichsrecht Beiträge aufgrund einer bestehenden Versicherungspflicht oder Versicherungsberechtigung (freiwillige Versicherung, Höherversicherung) wirksam gezahlt worden sind. Beitragszeiten nach dem 8. Mai 1945 zur gesetzlichen Rentenversicherung der ehemaligen DDR und im Saarland bis zum 31. Dezember 1956 stehen grundsätzlich den Beitragszeiten nach Bundesrecht gleich. Zu den Beitragszeiten können auch Beitrags- und Beschäftigungszeiten gehören, die außerhalb des Bundesgebietes zurückgelegt sind (z. B. in den früheren Vertreibungsgebieten, wie z. B. ehemalige UdSSR, Rumänien usw.). Die im übrigen Ausland gezahlten Rentenversicherungsbeiträge sind zu berücksichtigen, wenn sich dies aus den bestehenden zwischen- und überstaatlichen Regelungen ergibt (z. B. EWG-Verordnungen oder Sozialversicherungsabkommen). Darüber hinaus können die Rentenversicherungsträger Beitragszeiten trotz fehlender Beitragszahlung anrechnen, wenn der Arbeitgeber die vom Lohn des Arbeitnehmers einbehaltenen Beitragsanteile nicht an die zuständige Krankenkasse weitergeleitet hat und Sie den Abzug Ihrer Arbeitnehmeranteile, z. B. anhand von Lohnabrechnungen, glaubhaft machen.

10.1.3.2 Beitragszeiten in der ehemaligen DDR

In der ehemaligen DDR gab es kein Meldeverfahren, wie dies seit 1973 in den alten Bundesländern praktiziert wird. Ebenso wurde das im bisherigen Bundesgebiet bis 1972 praktizierte Versicherungskartensystem nach dem Ende des Zweiten Weltkrieges dort nicht wieder aufgenommen. Stattdessen dienten der Ausweis für Arbeit und Sozialversicherung bzw. seine Vorgänger zur Eintragung der Beitragszeiten. Der Ausweis für Arbeit und Sozialversicherung ist Eigentum des Versicherten, es gibt kein Doppel beim Sozialversicherungsträger. Er ist sorgfältig aufzubewahren und sichert die Anrechnung der für die Leistungen in der gesetzlichen Rentenversicherung erforderlichen Beitragszeiten. Bei Verlust ist ein aufwändiges Verfahren zur Anrechnung dieser Zeiten erforderlich.

Die Beitragszeiten in der ehemaligen DDR werden nachgewiesen durch:

- Versicherungskarten
- Versichertenausweise (bis 1951)
- Versicherungsausweise (ab 1952)
- Sozialversicherungsausweise oder Ausweise für Arbeit und Sozialversicherung
- Bescheinigungen des FDGB und der staatlichen Versicherung der DDR sowie der SVK, DVA oder des Rat des Kreises/Abt. Finanzen
- Beitragskarten für freiwillig Versicherte
- Kontoauszüge der Sozialversicherung über freiwillige Beiträge zur ZRV.

10.1.3.3 Beitragszeiten im Ausland

Unter bestimmten Voraussetzungen können auch im Ausland zurückgelegte Zeiten im Bundesgebiet berücksichtigt werden. Voraussetzung hierfür ist, dass entweder die Voraussetzungen des Fremdrentengesetzes (FRG) erfüllt werden oder für das betreffende Land über- oder zwischenstaatliche Regelungen auf dem Gebiet der Sozialversicherung gelten.

10.1.3.4 Beitragszeiten und Beschäftigungszeiten nach dem Fremdrentengesetz (FRG)

Durch die Regelungen des FRG können Beiträge, die zu einem Versicherungsträger eines osteuropäischen Staates (sog. Vertreibungsgebiete; z. B. ehemalige UdSSR, Rumänien) gezahlt wurden, angerechnet werden, wenn der Versicherte zum anspruchsberechtigten Personenkreis gehört. Hierfür ist es in der Regel erforderlich, dass der Versicherte als Vertriebener (Nachweis: Vertriebenenausweis A oder B), Spätaussiedler (Nachweis: Spätaussiedlerbescheinigung) oder als heimatloser Ausländer anerkannt ist.

Außerdem können bei Vorliegen der Voraussetzungen auch Beschäftigungszeiten ohne Beitragszahlung in Albanien, Bulgarien, China, Estland, Jugoslawien, Lettland, Litauen, Polen, Rumänien, Sowjetunion, Tschechoslowakei, Ungarn oder Danzig anerkannt werden, wenn für eine solche Beschäftigung im Bundesgebiet (nach dem am 1. März 1957 geltenden Recht) Beiträge zu zahlen gewesen wären und diese Zeiten vor einer anerkannten Vertreibung oder Aussiedlung liegen.

Die Beitragszeiten können durch sämtliche vom fremden Versicherungsträger ausgestellten Unterlagen (z. B. Versicherungsscheine, Beitragsaufstellungen u. a.) nachgewiesen werden. Darüber hinaus sind – auch für die Beschäftigungszeiten – folgende Unterlagen für eine Glaubhaftmachung geeignet:

- Arbeitgeberbescheinigungen
- Arbeitgeberzeugnisse
- Arbeitsverträge
- Arbeitsbücher
- Lohn- und Gehaltsabrechnungen
- Zeugenerklärungen
- eidesstattliche Versicherungen und wahrheitsgemäße Erklärungen
- fehlende Unterlagen können außerdem – sofern noch vorhanden – durch den Rentenversicherungsträger beim jeweils zuständigen ausländischen Versicherungsträger angefordert werden

10.1.3.5 Beitragszeiten im Ausland

Für die Prüfung, ob die Voraussetzungen für Leistungen erfüllt sind, oder ob bestimmte Rechte in der deutschen gesetzlichen Rentenversicherung bestehen, können auch ausländische Beitragszeiten berücksichtigt werden, wenn ein Abkommen zwischen der Bundesrepublik Deutschland und dem jeweiligen ausländischen Staat besteht oder überstaatliche Regelungen (z. B. Verordnungen nach EU-Recht) gelten.

Die Anlage B enthält eine Zusammenstellung der Verbindungsanstalten für das über- und zwischenstaatliche Recht.

10.2 Auskunft aus dem Versicherungskonto

Jeder Versicherte hat das Recht, Auskunft über den Stand seines Versicherungskontos zu erhalten.

10.2.1 Auskunft von Amts wegen

Nach § 149 Abs. 3 SGB VI unterrichten die Rentenversicherungsträger die Versicherten ab dem 43. Lebensjahr regelmäßig alle sechs Jahre über die in ihrem Versicherungskonto gespeicherten Daten, die für die Feststellung der Höhe einer Rentenanwartschaft erheblich sind (Versicherungsverlauf). Der zeitliche Rahmen ergibt sich zum einen aus der Notwendigkeit, spätestens im Leistungsfall auf ein geklärtes Versicherungskonto zurückgreifen zu können und zum anderen aus § 7 Abs. 1 Versicherungsnummern-, Kontoführungs- und Versicherungsverlaufsverordnung.

Die Versicherten sind nach § 149 Abs. 4 SGB VI verpflichtet, an der Versichertenkontenklärung mitzuwirken, insbesondere den Versicherungsverlauf auf seine Richtigkeit und Vollständigkeit zu überprüfen, alle erheblichen Tatsachen anzugeben und die notwendigen Urkunden und sonstigen Beweismittel beizubringen.

Hat der Versicherungsträger das Versicherungskonto geklärt oder hat der Versicherte innerhalb von sechs Kalendermonaten nach Versendung des Versicherungsverlaufes dessen Inhalt nicht widersprochen, stellt der Versicherungsträger nach § 149 Abs. 5 SGB VI die im Versicherungsverlauf enthaltenen und nicht bereits festgestellten Daten, die länger als sechs Kalenderjahre zurückliegen, durch Bescheid bindend fest.

10.2.2 Auskunft auf Antrag

Auf entsprechenden Antrag stellen die Rentenversicherungsträger den Versicherungsverlauf auch außerhalb des oben genannten Zeitraumes aus.

10.3 Die Renteninformation

Wer weiß schon, wie viel Rente er einmal bekommen wird und ob er mit dem Geld im Alter auskommt? Damit niemand bei Eintritt der Altersgrenze plötzlich feststellt, dass seine Rente nicht reicht, sind die Rentenversicherungsträger nach § 109 Abs. 1 SGB VI verpflichtet die Versicherten über die Höhe ihrer Rentenanwartschaften schriftlich mit einer Renteninformation zu unterrichten.

Die Renteninformation soll auf eine mögliche Versorgungslücke im Alter hinweisen und eine Entscheidungsgrundlage für die zusätzliche Altersvorsorge bieten.

10.3.1 Wer erhält eine Renteninformation?

Seit 2005 erhält jeder Rentenversicherte, der mindestens 27 Jahre alt ist und die allgemeine Wartezeit von fünf Beitragsjahren erfüllt hat, jährlich eine Renteninformation, damit er seine Altersvorsorge besser planen kann.

Nach Vollendung des 55. Lebensjahres wird die Renteninformation durch eine Rentenauskunft (siehe Punkt 10.4) ersetzt.

10.3.2 Was steht in der Renteninformation?

Die Renteninformation enthält nach § 109 Abs. 3 SGB VI:

- Angaben über die Grundlage der Rentenberechnung
- Angaben über die Höhe einer Rente wegen verminderter Erwerbsfähigkeit, die zu zahlen wäre, würde der Leistungsfall der vollen Erwerbsminderung vorliegen
- eine Prognose über die Höhe der zu erwartenden Regelaltersrente
- Informationen über die Auswirkungen künftiger Rentenanpassungen
- eine Übersicht über die Höhe der Beiträge, die für Beitragszeiten vom Versicherten, dem Arbeitgeber oder von öffentlichen Kassen gezahlt worden sind.

10.3.3 Inhalt der Renteninformation durch die Rentenversicherungsträger

Die Renteninformation gibt es als Erst- und Folgeinformation. Die Erstinformation enthält neben der eigentlichen Renteninformation ein Begleitschreiben, das über den Zweck der Renteninformation aufklärt und einen Versicherungsverlauf. Bei Bedarf wird die Folgeinformation um ein Beiblatt zu aktuellen Gesetzesänderungen ergänzt.

Zur Realisierung der geforderten Prognose über die Höhe der zu erwartenden Regelaltersrente wird eine Dynamisierung in Höhe von 1Prozent und 2Prozent vorgenommen, wobei die errechneten dynamisierten Beträge auf volle 10,00 Euro-Werte abgerundet werden. Bei rentennahen Jahrgängen wird diese Dynamisierung eingeschränkt und zunächst die Hochrechnung mit 2Prozent und ab dem 60. Lebensjahr auch die Hochrechnung mit 1Prozent nicht mehr dargestellt.

Die Renteninformation erfolgt auf Grundlage des jeweils geltenden Rechts und der Richtigkeit und Vollständigkeit der im Versicherungskonto gespeicherten rentenrechtlichen Zeiten und unter dem Vorbehalt künftiger Rechtsänderungen.

Im Anhang zu diesem Kapitel findet der Leser eine Rentenerstinformation für eine im Jahr 1990 geborene Versicherte mit laufender Entrichtung von Pflichtbeiträgen.

10.4 Die Rentenauskunft

Nach § 109 Abs. 1 SGB VI erteilen die Rentenversicherungsträger an Versicherte, die das 55. Lebensjahr vollendet haben, alle drei Jahre eine Rentenauskunft. Besteht ein berechtigtes Interesse, kann die Rentenauskunft auch jüngeren Versicherten erteilt werden oder in kürzeren Abständen erfolgen.

Die Rentenauskunft erfolgt, wie die Renteninformation, auf Grundlage des jeweils geltenden Rechts und der Richtigkeit und Vollständigkeit der im Versicherungskonto gespeicherten rentenrechtlichen Zeiten und unter dem Vorbehalt künftiger Rechtsänderungen.

10.4.1 Inhalt der Rentenauskunft

Die Rentenauskunft enthält:

- eine Übersicht der im Versicherungskonto gespeicherten rentenrechtlichen Zeiten
- eine Darstellung über die Ermittlung der persönlichen Entgeltpunkte mit der Angabe ihres derzeitigen Wertes und dem Hinweis, dass sich die Berechnung der Entgeltpunkte aus beitragsfreien und beitragsgeminderten Zeiten nach der weiteren Versicherungsbiografie richtet
- Angaben zu den persönlichen und versicherungsrechtlichen Voraussetzungen für einen Rentenanspruch
- Angaben zum regulären und frühestmöglichen Rentenbeginn sowie zu den Rentenabschlägen
- Angaben zu den Hinzuverdienstgrenzen bei einer Erwerbsminderungs- oder Altersrente

Die Rentenauskunft für eine Regelaltersrente enthält zusätzlich noch Hinweistexte zu den Hinterbliebenenrenten, zur privaten Altersvorsorge und zur Besteuerung der Alterssicherung. In Anlehnung an die Renteninformation wird auch eine Hochrechnung der Regelaltersrente vorgenommen, wenn der Versicherte in den letzten 5 Jahren vor Erteilung der Rentenauskunft Entgeltpunkte erworben hat.

10.4.2 Sonderfälle der Rentenauskunft

10.4.2.1 Auskunft zum Ausgleich einer Rentenminderung

Nach § 187a SGB VI erhalten Versicherte auf Antrag nach Vollendung des 50. Lebensjahres auch eine Auskunft über die Höhe der Beitragszahlung, die zum Ausgleich einer Rentenminderung bei vorzeitiger Inanspruchnahme einer Rente wegen Alters erforderlich ist und über die Höhe dieser Altersrente. Dieser Rentenzahlbetrag berechnet sich aus allen im Versicherungskonto gespeicherten rentenrechtlichen Zeiten sowie - unter Annahme einer nach den aktuellen Werten fortlaufenden Versicherungsbiographie - die bis zum angenommenen Rentenbeginn anfallenden zukünftigen Zeiten.

10.4.2.2 Ehezeitauskunft

Um im Vorfeld eines beabsichtigten Scheidungsverfahrens prüfen zu können, wie sich ein Versorgungsausgleich auswirkt, erhält nach § 109 Abs. 5 SGB VI ein Betroffener (Versicherter und Ehegatte, Lebenspartner) auf Antrag eine Auskunft über die auf die Ehezeit/Lebenspartnerschaftszeit entfallende Rentenanwartschaft

Anlage A:
Die Träger der Deutschen Rentenversicherung

Deutsche Rentenversicherung	**Anschrift**
Baden Württemberg	Gartenstraße 105 76135 Karlsruhe
Bayern Süd	Am alten Viehmarkt 2 84028 Landshut
Berlin-Brandenburg	Bertha-von-Suttner-Straße 1 15236 Frankfurt/Oder
Braunschweig-Hannover	Lange Weihe 2 30880 Laatzen
Bund	Ruhrstraße 2 10709 Berlin
Hessen	Städelstraße 28 60596 Frankfurt/Main
Knappschaft-Bahn-See	Pieperstraße 14-28 44789 Bochum
Mitteldeutschland	Georg-Schumann-Straße 146 04159 Leipzig
Nord	Ziegelstraße 150 23556 Lübeck
Nordbayern	Wittelsbacherring 11 95444 Bayreuth
Oldenburg-Bremen	Huntestraße 11 26135 Oldenburg
Rheinland	Königsallee 71 40215 Düsseldorf
Rheinland-Pfalz	Eichendorffstraße 4-6 67346 Speyer
Saarland	Martin-Luther-Straße 2-4 66111 Saarbrücken
Schwaben	Dieselstraße 9 86154 Augsburg
Westfalen	Gartenstraße 194 48147 Münster

Anlage B:
Verbindungsanstalten für das über- und zwischenstaatliche Recht

Land	zuständiger Regionalträger
Australien	Deutsche Rentenversicherung Oldenburg-Bremen
Belgien	Deutsche Rentenversicherung Rheinland
Bosnien-Herzegowina	Deutsche Rentenversicherung Bayern Süd
Bulgarien	Deutsche Rentenversicherung Mitteldeutschland
Brasilien	Deutsche Rentenversicherung Nordbayern
Chile	Deutsche Rentenversicherung Rheinland
Dänemark	Deutsche Rentenversicherung Nord
Estland	Deutsche Rentenversicherung Nord
Finnland	Deutsche Rentenversicherung Nord
Frankreich	Deutsche Rentenversicherung Rheinland-Pfalz
Griechenland	Deutsche Rentenversicherung Baden-Württemberg
Großbritannien	Deutsche Rentenversicherung Nord
Indien	Deutsche Rentenversicherung Nord
Irland	Deutsche Rentenversicherung Nord
Island	Deutsche Rentenversicherung Westfalen
Israel	Deutsche Rentenversicherung Rheinland
Italien	Deutsche Rentenversicherung Schwaben
Japan	Deutsche Rentenversicherung Braunschweig-Hannover
Kanada	Deutsche Rentenversicherung Nord
Korea	Deutsche Rentenversicherung Braunschweig-Hannover
Kroatien	Deutsche Rentenversicherung Bayern Süd
Lettland	Deutsche Rentenversicherung Nord
Liechtenstein	Deutsche Rentenversicherung Baden-Württemberg
Litauen	Deutsche Rentenversicherung Nord
Luxemburg	Deutsche Rentenversicherung Rheinland-Pfalz
Malta	Deutsche Rentenversicherung Schwaben
Marokko	Deutsche Rentenversicherung Schwaben
Mazedonien	Deutsche Rentenversicherung Bayern Süd
Montenegro	Deutsche Rentenversicherung Bayern Süd
Niederlande	Deutsche Rentenversicherung Westfalen
Norwegen	Deutsche Rentenversicherung Nord
Österreich	Deutsche Rentenversicherung Bayern Süd
Polen	Deutsche Rentenversicherung Berlin-Brandenburg
Portugal	Deutsche Rentenversicherung Nordbayern
Rheinschifferabkommen	Deutsche Rentenversicherung Rheinland
Rumänien	Deutsche Rentenversicherung Nordbayern
Schweden	Deutsche Rentenversicherung Nord
Schweiz	Deutsche Rentenversicherung Baden-Württemberg
Serbien	Deutsche Rentenversicherung Bayern Süd
Slowakei	Deutsche Rentenversicherung Bayern Süd
Slowenien	Deutsche Rentenversicherung Bayern Süd
Spanien	Deutsche Rentenversicherung Rheinland
Südkorea	Deutsche Rentenversicherung Braunschweig-Hannover
Tschechien	Deutsche Rentenversicherung Bayern Süd
Tunesien	Deutsche Rentenversicherung Schwaben
Türkei	Deutsche Rentenversicherung Nordbayern
UdSSR-Nachfolgestaaten (ohne Estland, Lettland, Litauen)	Deutsche Rentenversicherung Mitteldeutschland
Ungarn	Deutsche Rentenversicherung Mitteldeutschland
USA	Deutsche Rentenversicherung Nord
Zypern	Deutsche Rentenversicherung Baden-Württemberg

Deutsche
Rentenversicherung
Baden-Württemberg

Deutsche Rentenversicherung Baden-Württemberg,
Gartenstr. 105, 76122 Karlsruhe

Leistungsbereich
Gartenstr. 105, 76122 Karlsruhe

Telefon 0721 825-
Telefax 0721 825-

Sprechzeiten:
Mo-Do 8:00-16:00 Uhr, Fr 8:00-12:00 Uhr,
zusätzliche Beratung vor Ort:
Do bis 18:00 Uhr

Internet www.deutsche-rentenversicherung-bw.de
E-Mail info@drv-bw.de

Versicherungsnummer **Kennzeichen**

Datum

Renteninformation 2017

Ihre Renteninformation

Sehr geehrte Frau

längst hat das Thema "Altersversorgung" seinen festen Platz in der öffentlichen Diskussion. Jeder möchte und sollte für sich so gut wie möglich vorsorgen. Dabei spielt gerade die Information eine zentrale Rolle, welche Leistungen die gesetzliche Rentenversicherung jedem Einzelnen bietet.

Damit Sie Ihre Vorsorge besser planen können, übersenden wir Ihnen von nun an jährlich Ihre aktuelle Renteninformation. Sie gibt Ihnen einen Überblick über Ihre bereits erreichten und für die Zukunft zu erwartenden Ansprüche. Außerdem können Sie mit ihrer Hilfe nachvollziehen, wie sich Änderungen in Ihren persönlichen Verhältnissen, aber auch gesetzliche Neuregelungen auf Ihre zu erwartende Rente auswirken.

Als besonderen Service fügen wir Ihrer Renteninformation einen Versicherungsverlauf bei. Darin haben wir für Sie alle uns bekannten Zeiten zusammengestellt, die für Ihre Rente wesentlich sind. Sollten Zeiten fehlen, wenden Sie sich bitte an uns.

Haben Sie Fragen, benötigen Sie unseren Rat? Rufen Sie uns einfach an.
Sie erreichen uns unter der oben angegebenen Durchwahlnummer während der genannten Sprechzeiten.

Mit freundlichen Grüßen
Ihre Deutsche Rentenversicherung
Baden-Württemberg

Anlagen
Renteninformation
Versicherungsverlauf

Rent e n i n f o r m a t i o n 2017

Grundlagen der Rente

Die Höhe Ihrer Rente richtet sich im Wesentlichen nach Ihren durch Beiträge versicherten Arbeitsverdiensten. Diese rechnen wir in **Entgeltpunkte** um. Ihrem Rentenkonto schreiben wir einen Entgeltpunkt gut, wenn Sie ein Jahr lang genau den Durchschnittsverdienst aller Versicherten (zurzeit 37.103 EUR) erzielt haben. Daneben können Ihnen aber auch Entgeltpunkte für bestimmte Zeiten gutgeschrieben werden, in denen keine Beiträge (z.B. für Fachschulausbildung) oder Beiträge vom Staat, von der Agentur für Arbeit, von der Krankenkasse oder anderen Stellen (z.B. für Wehrdienst oder Freiwilligendienst, Kindererziehung, Arbeitslosigkeit und Krankheit) für Sie gezahlt wurden. Um die Höhe der Rente zu ermitteln, werden alle Entgeltpunkte zusammengezählt und mit dem so genannten aktuellen Rentenwert vervielfältigt. Der aktuelle Rentenwert beträgt zurzeit 31,03 EUR in den alten und 29,69 EUR in den neuen Bundesländern. Das heißt, ein Entgeltpunkt entspricht heute beispielsweise in den alten Bundesländern einer monatlichen Rente von 31,03 EUR. Beginnt die Altersrente vor oder nach dem 01.11.2057, kann dies zu Abschlägen bzw. Zuschlägen bei der Rente führen.

Rentenbeiträge und Entgeltpunkte

Bisher haben wir für Ihr Rentenkonto folgende Beiträge erhalten:	
Von Ihnen	14.966,70 EUR
Von Ihrem/n Arbeitgeber/n	14.966,69 EUR
Aus den erhaltenen Beiträgen und Ihren sonstigen Versicherungszeiten haben Sie bisher insgesamt Entgeltpunkte in folgender Höhe erworben:	4,6459

Rente wegen voller Erwerbsminderung

Bei einer Rente wegen Erwerbsminderung schreiben wir Ihnen, sofern Sie das 62. Lebensjahr noch nicht vollendet haben, zusätzliche Entgeltpunkte gut, ohne dass hierfür Beiträge gezahlt worden sind. Eine Erwerbsminderungsrente wird auf Antrag grundsätzlich nur gezahlt, wenn in den letzten fünf Jahren vor Eintritt der Erwerbsminderung mindestens drei Jahre Pflichtbeitragszeiten vorliegen.

Höhe Ihrer künftigen Regelaltersrente

Sollten für Sie in den letzten fünf Kalenderjahren auch Beiträge für Zeiten der beruflichen Ausbildung, der Kindererziehung oder des Bezugs von Arbeitslosengeld II gezahlt bzw. Zeiten nach dem Fremdrentengesetz vorgemerkt worden sein, haben wir diese nur bei der Berechnung Ihrer bislang erreichten Rentenanwartschaft, nicht jedoch für die Ermittlung des Durchschnittswerts berücksichtigt. Für eine zuverlässige Prognose über die Höhe Ihrer künftigen Rente können diese Zeiten nicht herangezogen werden.

Rentenanpassung, Kaufkraft und Inflation

Die Dynamisierung (Erhöhung) der Rente erfolgt durch die Rentenanpassung. Sie richtet sich grundsätzlich nach der Lohnentwicklung, die für die Rentenanpassung - insbesondere aufgrund der demografischen Entwicklung - nur vermindert berücksichtigt wird. Die Höhe der zukünftigen Rentenanpassungen kann nicht verlässlich vorhergesehen werden. Wir haben Ihre Rente daher unter Berücksichtigung der Annahmen der Bundesregierung zur Lohnentwicklung dynamisiert. Die ermittelten Beträge sind - wie alle weiteren späteren Einkünfte (z. B. aus einer Lebensversicherung) - wegen des Anstiegs der Lebenshaltungskosten und der damit verbundenen Geldentwertung (Inflation) in ihrer Kaufkraft aber nicht mit einem heutigen Einkommen in dieser Höhe vergleichbar (Kaufkraftverlust). So werden bei einer Inflationsrate von beispielsweise 1,5 Prozent pro Jahr bei Beginn Ihrer Regelaltersrente 100 EUR voraussichtlich nur noch eine Kaufkraft nach heutigen Werten von etwa 55 EUR besitzen.

Unser Service

Haben Sie Fragen, benötigen Sie unseren Rat? Rufen Sie uns einfach an. Sie erreichen uns unter der angegebenen Durchwahlnummer während der genannten Sprechzeiten. Sie können sich aber auch in unseren Auskunft- und Beratungsstellen oder im Internet informieren. Wir sind auch für Sie da, wenn Sie Fragen zur staatlich geförderten zusätzlichen Altersvorsorge oder zur Grundsicherung im Alter und bei Erwerbsminderung haben.

Sicherheit für Generationen DIE GESETZLICHE Rente

Renteninformation 2017

Deutsche Rentenversicherung

Baden-Württemberg

Renteninformation

vom:
für:
Versicherungsnummer:

In dieser Renteninformation haben wir die für Sie vom 15.08.2007 bis zum 31.12.2016 gespeicherten Daten und das geltende Rentenrecht berücksichtigt. Ihre **Regelaltersrente** würde am **01.11.2057** beginnen. Änderungen in Ihren persönlichen Verhältnissen und gesetzliche Änderungen können sich auf Ihre zu erwartende Rente auswirken. Bitte beachten Sie, dass von der Rente auch Kranken- und Pflegeversicherungsbeiträge sowie gegebenenfalls Steuern zu zahlen sind. Auf der Rückseite finden Sie zudem wichtige Erläuterungen und zusätzliche Informationen.

Rente wegen voller Erwerbsminderung
Wären Sie heute wegen gesundheitlicher Einschränkungen voll erwerbsgemindert, bekämen Sie von uns eine monatliche Rente von: 835,36 EUR

Höhe Ihrer künftigen Regelaltersrente
Ihre bislang erreichte Rentenanwartschaft entspräche nach heutigem Stand einer monatlichen Rente von: 144,16 EUR
Sollten bis zum Rentenbeginn Beiträge wie im Durchschnitt der letzten fünf Kalenderjahre gezahlt werden, bekämen Sie ohne Berücksichtigung von Rentenanpassungen von uns eine monatliche Rente von: 976,33 EUR

Rentenanpassung
Aufgrund zukünftiger Rentenanpassungen kann die errechnete Rente in Höhe von 976,33 EUR tatsächlich höher ausfallen. Allerdings können auch wir die Entwicklung nicht vorhersehen. Deshalb haben wir - ohne Berücksichtigung des Kaufkraftverlustes - zwei mögliche Varianten für Sie gerechnet. Beträgt der jährliche Anpassungssatz 1 Prozent, so ergäbe sich eine monatliche Rente von etwa 1.450 EUR. Bei einem jährlichen Anpassungssatz von 2 Prozent ergäbe sich eine monatliche Rente von etwa 2.150 EUR.

Zusätzlicher Vorsorgebedarf
Da die Renten im Vergleich zu den Löhnen künftig geringer steigen werden und sich somit die spätere Lücke zwischen Rente und Erwerbseinkommen vergrößert, wird eine zusätzliche Absicherung für das Alter wichtiger ("Versorgungslücke"). Bei der ergänzenden Altersvorsorge sollten Sie - wie bei Ihrer zu erwartenden Rente - den Kaufkraftverlust beachten.

Bitte nehmen Sie diesen Beleg zu Ihren Rentenunterlagen.

Sicherheit für Generationen
DIE GESETZLICHE Rente

Versicherungsnummer	Kennzeichen	Anlage	Seite	Datum
			01	

Versicherungsverlauf

Versicherungsverlauf
für

In der nachfolgenden Aufstellung sind die im Versicherungskonto gespeicherten Daten aufgeführt, die zur Feststellung und Erbringung von Leistungen erheblich sind.

Allgemeine Rentenversicherung

DEÜV	15.08.07-31.12.07	2.818,00 EUR	Pflichtbeitragszeit berufliche Ausbildung
DEÜV	01.01.08-31.12.08	7.578,00 EUR	Pflichtbeitragszeit berufliche Ausbildung
DEÜV	01.01.09-31.12.09	8.446,00 EUR	Pflichtbeitragszeit berufliche Ausbildung
DEÜV	01.01.10-13.08.10	5.294,00 EUR	Pflichtbeitragszeit berufliche Ausbildung
DEÜV	14.08.10-31.12.10	6.840,00 EUR	Pflichtbeitragszeit
DEÜV	03.02.11-31.12.11	14.207,00 EUR	Pflichtbeitragszeit
DEÜV	01.01.12-31.12.12	20.291,00 EUR	Pflichtbeitragszeit
DEÜV	01.01.13-31.12.13	21.000,00 EUR	Pflichtbeitragszeit
DEÜV	01.01.14-31.12.14	21.600,00 EUR	Pflichtbeitragszeit
DEÜV	01.01.15-31.12.15	23.400,00 EUR	Pflichtbeitragszeit
DEÜV	01.01.16-31.12.16	24.266,00 EUR	Pflichtbeitragszeit

Erläuterungen und Hinweise

DEÜV = Nach der Datenerfassungs- und -übermittlungsverordnung gemeldete Zeiten;
hierüber hat der Arbeitgeber einen Nachweis erteilt.

Die gesetzliche Rentenversicherung – was Sie von uns erwarten können!

Mit jedem Beitrag, den Sie und Ihr Arbeitgeber an die gesetzliche Rentenversicherung zahlen, erwerben Sie Anspruch auf eine weitreichende **soziale Absicherung**.

Dazu zählt insbesondere die **Altersrente,** die Ihr Erwerbseinkommen mit ersetzen soll. Sie ist und bleibt das Fundament Ihrer persönlichen Alterssicherung.

Das Leistungsspektrum der gesetzlichen Rentenversicherung umfasst darüber hinaus:

- ✓ **Renten bei Erwerbsminderung** und **Renten an Hinterbliebene** (Sie werden dabei so gestellt, als hätten Sie bzw. der Verstorbene bis zum 62. Lebensjahr weiter gearbeitet und Beiträge gezahlt)
- ✓ **Renten wegen teilweiser Erwerbsminderung bei Berufsunfähigkeit** für Versicherte, die vor dem 02.01.1961 geboren sind
- ✓ Durchführung von beruflichen und medizinischen **Rehabilitationsmaßnahmen**
- ✓ Zahlung eines **Beitragsanteils zur Krankenversicherung** der Rentner
- ✓ Rentenansprüche aus **Zeiten der Kindererziehung** und der **Pflege** von Angehörigen
- ✓ Berücksichtigung von Zeiten des **Wehr- und Zivildienstes**
- ✓ Berücksichtigung von Zeiten der **Arbeitslosigkeit** und der **Krankheit**
- ✓ **Anpassung** der Rentenansprüche unter Berücksichtigung der Lohnentwicklung
- ✓ **gleiche Beiträge und Leistungen für Frauen und Männer**

Auf die gesetzliche Rentenversicherung können Sie **auch in Zukunft vertrauen.** Sie passt sich den wirtschaftlichen und gesellschaftlichen Rahmenbedingungen an. Damit bleibt sie finanzierbar und auch für die kommenden Generationen sicher.

Die Besteuerung der Alterssicherung

Seit Jahresbeginn 2005 ist die steuerrechtliche Behandlung von Aufwendungen für die Altersvorsorge einerseits – also beispielsweise der Rentenversicherungsbeiträge – und der sich daraus ergebenden Alterseinkünfte andererseits – hier insbesondere der Renten aus der gesetzlichen Rentenversicherung – neu geregelt worden.
Beitragszahler können ihre Rentenversicherungsbeiträge als Sonderausgaben bis zu einem Höchstbetrag absetzen, zunächst anteilig und ab 2025 voll. Dies führt im Laufe der Jahre zu einer steigenden Entlastung der Beitragszahler. Im Gegenzug werden Renten in Abhängigkeit vom Jahr des Rentenbeginns stärker und ab dem Rentenzugang 2040 voll steuerpflichtig.

11 Private Altersvorsorge in Form der Riester-Rente

Die Riester-Rente wurde zum 1.1.2002 unter dem damaligen Bundesarbeitsminister Walter Riester eingeführt. Sie soll Einschnitte, die in der gesetzlichen Rentenversicherung notwendig waren, durch private, aber staatlich geförderte Vorsorge ausgleichen.
Der Abschluss eines Riester-Vertrages ist jedoch keine Pflicht, sondern freiwillig.

11.1 Was wird gefördert? (Förderkriterien und Zertifizierung)

Grundsätzlich förderungsfähig sind:

- zertifizierte private Rentenversicherungen
- zertifizierte Bankssparpläne
- zertifizierte Fondssparpläne
- zertifizierte Darlehensverträge für die Bildung selbstgenutzten Wohneigentums (auch zertifizierte Bausparverträge) sowie Erwerb von (zusätzlichen) Genossenschaftsanteilen für eine vom Förderberechtigten selbstgenutzte Genossenschaftswohnung (= „Wohnriester“)

Die Zertifizierung der Altersvorsorgeanbieter und deren Produkte erfolgt durch die Bundesanstalt für Finanzdienstleistungsaufsicht (BaFin).
Das Zertifikat stellt kein Gütesiegel dar, d. h. Aussagen darüber, ob der Anbieter seine Versprechen einhalten kann oder ob und wie ertragreich ein Produkt ist, sind nicht abzuleiten.

Um das Zertifikat nach dem Altersvorsorgeverträge-Zertifizierungsgesetz (AltZertG) zu erhalten, müssen Riester-Verträge folgende Kriterien erfüllen:

- Riester-Verträge müssen (seit 2006) geschlechtsneutrale Tarife anbieten (sogenannte „Unisex-Tarife“).
- die Rente darf nicht vor Vollendung des 62. Lebensjahres ausgezahlt werden (bei vor 2012 abgeschlossenen Verträgen nicht vor Vollendung des 60. Lebensjahres).
- zu Beginn der Auszahlungsphase müssen mindestens die eingezahlten Beiträge zur Verfügung stehen (falls Absicherung gegen das Risiko der Erwerbsminderung oder Dienstunfähigkeit ist auch eine niedrigere Garantie möglich).

- es muss eine lebenslange Rente zugesagt sein oder es muss ein Auszahlungsplan mit Teilkapitalverrentung (30 Prozent Teilkapitalauszahlung erlaubt) vorliegen.
- die Abschlusskosten für den Riester-Vertrag müssen (seit 2005) auf mindestens fünf Jahre verteilt werden.
- das Ruhen der Verträge und die Übertragung auf andere Vorsorgeverträge müssen möglich sein.
- Entnahmemöglichkeit zum Erwerb einer selbst genutzten Immobilie.

Außerdem müssen die Kunden einmal im Jahr schriftlich über folgendes informiert werden:

- Verwendung der eingezahlten Beiträge
- das bisher gebildete Kapital
- die Abschluss-, Vertriebs- und Verwaltungskosten
- die erwirtschafteten Erträge
- Information über die Verwendung ethischer, sozialer und ökologischer Belange bei der Kapitalanlage

Nicht gefördert werden:

- Lebensversicherungen
- Eigener Aktienerwerb
- Sparbücher
- Festverzinsliche Wertpapiere
- Anteile an Investmentfonds (Ausnahme: zertifizierte Fondssparpläne)

11.2 Wer wird gefördert (förderberechtigter Personenkreis)

Unmittelbar gefördert werden insbesondere:

- in der gesetzlichen Rentenversicherung versicherungspflichtige Arbeitnehmer / Auszubildende
- rentenversicherungspflichtige Selbstständige (auch Künstler und Publizisten, die nach dem Künstlersozialversicherungsgesetz versichert sind)
- Beamte, Richter, DO-Angestellte
- Wehr- und Zivildienstleistende
- Personen während des Bundesfreiwilligendienstes / des Freiwilligen Sozialen oder Ökologischen Jahres
- Personen während der Kindererziehungszeit (bis zur Vollendung des 3. Lebensjahres des Kindes)
- pflichtversicherte Pflegepersonen bei häuslicher Pflege

- Beschäftigte in Altersteilzeitarbeit
- behinderte Menschen in Einrichtungen der Jugendhilfe oder in Werkstätten für Behinderte
- Empfänger von Arbeitslosengeld I oder II (auch bei Ruhen) (bei ALG II nur, sofern bereits vor dem Leistungsbezug zulagenberechtigt)
- Empfänger während Sozialleistungsbezug (Krankengeld, Verletztengeld, Übergangsgeld, ...)
- Bezieher einer Rente wegen Erwerbsunfähigkeit / voller Erwerbsminderung, einer Versorgung wegen Dienstunfähigkeit
- Landwirte und mitversicherte Angehörige
- geringfügig Beschäftigte mit Zahlung von Aufstockungsbeiträgen zur gesetzlichen Rentenversicherung

Die Voraussetzungen müssen nicht während des ganzen Kalenderjahres vorgelegen haben; es genügt ein Monat Förderberechtigung.

Nicht gefördert werden:

- freiwillig Versicherte
- Selbstständige, die nicht rentenversicherungspflichtig sind
- versicherungspflichtige in berufsständischen Versorgungseinrichtungen (z.B. Apotheker, Ärzte, Anwälte)
- Studenten, die nicht rentenversicherungspflichtig sind
- Altersvollrentner
- Bezieher einer Rente wegen teilweise verminderter Erwerbsfähigkeit ohne rentenversicherungspflichtige Beschäftigung oder Tätigkeit
- geringfügig Beschäftigte ohne Zahlung von Pflichtbeiträgen zur gesetzlichen Rentenversicherung

Achtung
Diese Personen können jedoch u. U. *mittelbar* gefördert werden, wenn sie mit einer unmittelbar förderberechtigten Person verheiratet sind und nicht dauernd getrennt leben.

11.3 Welcher Beitrag ist zu leisten?

Als Bemessungsgrundlage wird *immer* das rentenversicherungspflichtige Einkommen des *Vorjahres* genommen, bei Selbstständigen das aus den gezahlten Beiträgen ermittelte Einkommen; *jeweils zu 4 Prozent.*
Es ist ein *Mindesteigenbeitrag* zu leisten. Dieser errechnet sich prozentual aus der Bemessungsgrundlage abzüglich der gewährten Zulagen.
Für diesen Mindesteigenbetrag gibt es jedoch eine Begrenzung nach oben (§ 10a EStG). Dieser Höchstwert beträgt ab 2008: *2.100,00 €.*

Ferner gibt es einen zu leistenden *Sockelbetrag*, der unbedingt gezahlt werden muss, damit die volle Zulage gezahlt wird. Unterschreitet der aus dem Vorjahreseinkommen ermittelte Mindesteigenbeitrag den Betrag von 60 €, so sind mindestens *60 €* Jahresbeitrag zu leisten.

Fallbeispiel 1:

Eine geringfügig entlohnte Beschäftigte (ohne Kinder) mit Entrichtung des Aufstockungsbetrages zur gesetzlichen Rentenversicherung hat 2016 mtl. 400,00 € verdient. Dies entspricht einem Vorjahreseinkommen von 4.800,00 €. Dies ist die Bemessungsgrundlage für den im Jahre 2017 zu leistenden Mindesteigenbeitrag.

LÖSUNG:

Beitragspflichtige Einnahme	*4800,00 €*
hiervon 4 Prozent	*192,00 €*
abzüglich Grundzulage	*154,00 €*
errechneter Mindesteigenbeitrag	*38,00 €*

*Die Beschäftigte muss jedoch den **Sockelbetrag** von bezahlen, damit sie die volle Zulage erhält.* ***60,00 €***

Fallbeispiel 2:

Herr M. ist in der gesetzlichen Rentenversicherung als Beschäftigter pflichtversichert. Er ist ledig, hat keine Kinder.
Von 01.01.2012 bis 30.06.2012 war er arbeitslos und erhielt insgesamt 7.200,00 € Arbeitslosengeld (beitragspflichtige Einnahmen, die der Rentenversicherung für diesen Zeitraum gemeldet werden: 9.600,00 €).
Von 01.07.2012 bis 31.12.2012 war Her M. wieder beschäftigt und hat in diesem Zeitraum 12.000,00 € verdient.
Auf seinen Riester-Vertrag zahlt Herr M. im Jahre 2013 650,00 € ein.

LÖSUNG:

Beitragspflichtige Einnahmen (7.200 +12.000)	*19.200,00 €*
hiervon 4 Prozent	*768,00 €*
abzüglich Grundzulage	*154,00 €*
errechneter Mindesteigenbeitrag	*614,00 €*

Da Herr M. den Mindesteigenbeitrag in Höhe von 614,00 € erreicht hat, erhält er die volle Zulage in Höhe von 154,00 Euro auf seinen Altersvorsorgevertrag überwiesen.

Besonderheiten bei Ehegatten:

Ist nur einer der beiden unmittelbar begünstigt, der andere (ohne Einkommen) mittelbar begünstigt, wird der Mindesteigenbetrag wie folgt ermittelt: das Vorjahreseinkommen des unmittelbar Begünstigten wird errechnet. Vom Betrag, der sich nach Anwendung des maßgebenden Prozentsatzes (4 Prozent ab 2008) ergibt, werden die den Ehegatten insgesamt zustehenden Zulagen abgezogen (d. h. zweimal Grundzulage und ggf. noch die Kinderzulage(n)).

Fallbeispiel 3:

Herr und Frau Z. sind verheiratet und haben keine Kinder. Herr Z. ist gesetzlich rentenversichert, seine beitragspflichtigen Einnahmen in 2015 betragen 50.000 €.
Seine Ehefrau ist selbständig tätig und gehört nicht zum unmittelbar berechtigten Personenkreis.
Herr und Frau Z. beantragen beide die Zulagen für ihre Altersvorsorgeverträge für 2016.
Herr Z. zahlt im Jahre 2016 in seinen Vertrag 1.700,00 € ein, Frau Z. zahlt in ihren eigenen Vertrag nichts ein.

LÖSUNG:

Beitragspflichtige Einnahmen / Herr Z:	*50.000,00 €*
hiervon 4 Prozent	*2.000,00 €*
abzüglich der Grundzulagen (2)	*308,00 €*
errechneter Mindesteigenbeitrag	*1.692,00 €*

Da Herr Z. den geforderten Mindesteigenbeitrag gezahlt hat, erhalten sowohl er als auch seine Ehefrau (als *mittelbar* zulagenberechtigte Person) jeweils die volle Grundzulage in Höhe von 154,00 € auf ihren eigenen Altersvorsorgevertrag überwiesen.

Fallbeispiel 4:

Ein Mann verdient im Jahre 2015 42.000 €, seine Ehefrau ist nicht berufstätig und erzieht zwei Kinder (jeweils vor 2008 geboren), die beide das 3. Lebensjahr bereits vollendet haben und ist daher nur mittelbar begünstigt.

LÖSUNG:

Bemessungsgrundlage	*42.000,00 €*

hiervon 4 Prozent	*1.680,00 €*
abzüglich Grundzulage (Ehemann) 2016	*154,00 €*
abzüglich Grundzulage (Ehefrau) 2016	*154,00 €*
abzüglich 2 x Kinderzulage -2016	*370,00 €*
Mindesteigenbeitrag	*1.002,00 €*

Besonderheit bei Geburt eines Kindes:

Die Geburt eines Kindes sollte immer Anlass sein, die Beitragsleistung zu überprüfen. Hintergrund ist, dass der Elternteil, für den eine Kindererziehungszeit in der gesetzlichen Rentenversicherung anerkannt werden kann, in dieser Zeit pflichtversichert und somit unmittelbar förderberechtigt ist. War dieser Elternteil vorher nur mittelbar (über den Ehegatten) förderberechtigt, war kein Mindesteigenbeitrag zu leisten, mit Beginn der Versicherungspflicht ist aber der Mindesteigenbeitrag bzw. mindestens der Sockelbetrag in Höhe von 60 € zu zahlen.

11.4 Wie hoch ist die Förderung? (Zulagen und Sonderausgabenabzug)

Die sogenannte Riester-Förderung ist im Einkommensteuergesetz verankert. Die gesetzlichen Grundlagen in diesem Gesetz sind einerseits die §§ 79 ff (Zulagen), sowie der § 10 a (Sonderausgabenabzug).

Zulagen

Es werden Grundzulagen und Kinderzulagen gewährt. Die Grundzulage ist an einen bestehenden Riester-Vertrag gebunden, für die Gewährung der Kinderzulage(n) muss Kindergeldberechtigung in der Person des Antragstellers vorliegen.

Die Höhe der **Grundzulage** (§ 84 EStG) beträgt für die Zeit ab 2008 **154,00 €**, sie erhöht sich ab 01.01.2018 auf **175 €.**

Die **Kinderzulage** (§ 85 EStG) beträgt je Kind für die Zeit ab 2008 **185,00 €** (bei Geburten vor 2008) **bzw. 300,00 €** (bei Geburten ab 2008).

Zusätzlich gibt es seit 2008 eine Extraprämie von 200 € für Berufseinsteiger, die bis zum 25. Lebensjahr einen Altersvorsorgevertrag abschließen.

Wann werden die Zulagen nicht in voller Höhe gewährt?

Zahlt ein Zulagenberechtigter nicht den erforderlichen Mindesteigenbeitrag, wird die Zulage prozentual nach dem Verhältnis von gezahltem Beitrag zu ermitteltem Mindesteigenbeitrag errechnet.

Fallbeispiel 5:

Bei einem Vorjahreseinkommen von 30.000 Euro müssten im Jahre 2016 1.046 € Mindesteigenbeitrag geleistet werden (4 Prozent von 30.000 € abzüglich 154 € Grundzulage). Der Vertragsnehmer zahlt jedoch nur 600 €.

Diese 600 € entsprechen 57,36 Prozent des Mindesteigenbeitrages. Die Zulage wird folglich auch nur in Höhe von 154 € x 57,36 Prozent (= 88,33 €) gewährt.

11.5 Der Sonderausgabenabzug (seit 1.1.2005)

Beiträge zu einem Riester-Vertrag können als sogenannte Altersvorsorgebeiträge (§ 82 Abs.1 EstG) im Rahmen der Einkommensteuererklärung (auf Anlage AV der Erklärung) als Sonderausgaben vom zu versteuernden Bruttoeinkommen geltend gemacht werden (§ 10a EstG); im Veranlagungszeitraum ab 2008 in Höhe von bis zu 2.100 €.

Das Finanzamt geht in jedem Fall davon aus, dass eine Zulage gewährt wurde und prüft im Rahmen der so genannten Günstigerprüfung, ob die Steuerentlastung über den Sonderausgabenabzug vorteilhafter ist als die Zulage. Wenn ja, führt der Differenzbetrag zu einer zusätzlichen Steuerermäßigung.

Der ZfA (Zentrale Zulagenstelle für Altersvermögen) (Service-Hotline 0338121222324) wird der auf die Altersvorsorgebeiträge entfallende Erstattungsbetrag mitgeteilt, weil es sich hierbei um eine weitere staatliche Förderung des Riester-Vertrages handelt.
Dies ist insbesondere auch bedeutend im Falle einer „schädlichen Verwendung" des Altersvorsorgevermögens, weil dann sowohl die staatlichen Zulagen als auch die Steuervorteile zurückzuzahlen wären.

Fallbeispiel 6:

Ein lediger Alleinverdiener hatte im Jahr 2012 ein steuerpflichtiges Einkommen von 40.000 €. Er zahlt im Jahr 2013 Beiträge in den Riester-Vertrag ein in Höhe von 1600 € (4 Prozent des Bruttoeinkommens) einschließlich der staatlichen Zulagen in Höhe von 154 €.

LÖSUNG:

Zusätzlicher Sonderausgabenabzug		*1600 €*
Maximal 2013	*2100 €*	
Unterstellte steuerliche Entlastung		*500 €*
Abzüglich Grundzulage		*154 €*
Sparleistung in den Riester-Vertrag		*1600 €*
Abzüglich Grundzulage		*154 €*

Abzüglich Steuererstattungsbetrag *(500 € -154 €) 346 €*
Tatsächliche Aufwendungen *1.100 €*

Das entspricht einer Förderquote von 31 Prozent.

Ehegatten können beide den Sonderausgabenabzug geltend machen, wenn sie beide steuerpflichtiges Einkommen haben. Die Übertragung eines nicht ausgeschöpften Höchstbetrages auf den anderen Ehegatten ist jedoch nicht möglich.

11.6 **Wie wird gefördert?** (das Zulagenverfahren)

Sämtliche Zulagen werden für das jeweilige Beitragsjahr im Nachhinein gewährt. Sie sind für jedes Jahr neu zu beantragen und können maximal für zwei Jahre zurück beantragt werden (für das Beitragsjahr 2012 können also bis 31.12.2014 Zulagen beantragt werden).

Der Zulagenberechtigte kann aber auch den Anbieter seines Altersvorsorgevertrages schriftlich beauftragen, die Zulage für jedes Beitragsjahr automatisch zu beantragen (sog. „Dauerzulagenantrag"). In seinem eigenen Interesse sollte der Anleger aber stets Änderungen der Verhältnisse anzeigen. Dies gilt nicht nur im Dauerzulagenantragsverfahren, sondern auch bei einer jährlichen Antragstellung.

11.7 Besonderheiten

Schädliche Verwendung von Altersvorsorgevermögen

Die Förderung mit Zulagen und durch zusätzlichen Sonderausgabenabzug ist an die gesetzlichen Voraussetzungen gebunden. Wird Altersvorsorgevermögen nicht entsprechend den gesetzlichen Regelungen verwendet (sog. „schädliche Verwendung", z. B. vorzeitige Kündigung ohne Übertragung auf einen neuen, zertifizierten Altersvorsorgevertrag), sind grundsätzlich die während der Ansparphase gewährten Altersvorsorgezulagen und die gesondert festgestellten Steuerermäßigungen zurückzuzahlen. Hierbei ist allgemein zu unterscheiden, ob es sich um eine schädliche Verwendung geförderter „Sparverträge" (z. B. Bank- und Fondssparpläne, Rentenversicherung) oder um die Aufgabe der Selbstnutzung einer geförderten Wohnimmobilie handelt. Die Rückforderung erfolgt durch die Zentrale Zulagenstelle für Altersvermögen (ZfA). Die Rückforderung zieht keine Änderung der (damaligen) Einkommenssteuerbescheide nach sich.

Von der Rückzahlungsverpflichtung gibt es aber Ausnahmen, z. B.:

- Anbieterwechsel (Übertragung) zu einem neuen, zertifizierten Altersvorsorgevertrag.
- angespartes, gefördertes Altersvorsorgevermögen wird in Form einer Hinterbliebenenrente an die Witwe ausgezahlt.
- die Beitragsanteile, die für die Absicherung der verminderten Erwerbsfähigkeit und einer zusätzlichen Hinterbliebenenabsicherung ohne Kapitalbildung eingesetzt worden sind.
- unter gewissen Bedingungen bei Umzug von einer begünstigen Immobilie in eine neue selbstgenutzte Immobilie.
- bei berufsbedingter Aufgabe der Selbstnutzung der geförderten Wohnimmobilie, wenn der Steuerpflichtige (nach vorheriger Absichtserklärung) die Selbstnutzung spätestens mit Vollendung seines 67. Lebensjahres wieder aufnimmt.
- die Ehewohnung wird auf Grund einer richterlichen Entscheidung (z. B. im Scheidungsverfahren) dem anderen Ehegatten zugewiesen.

Regelungen bei Auslandsverzug

Endet die Zulagenberechtigung oder hat die Auszahlungsphase des Altersvorsorgevertrages begonnen, treten grundsätzlich die Folgen der schädlichen Verwendung ein, wenn:

- sich der Wohnsitz oder gewöhnliche Aufenthalt des Zulagenberechtigten außerhalb der EU-/EWR-Staaten befindet oder

- sich der Wohnsitz oder gewöhnliche Aufenthalt zwar in einem EU-/EWR-Staat befindet, der Zulagenberechtigte ab nach einem Doppelbesteuerungsabkommen als außerhalb eines EU-/EWR-Staates ansässig gilt.

Kann das Vorsorgekapital aus der Riester-Rente vererbt werden?

Bei Bank- und Fondssparplänen kann das angesparte Kapital im Todesfall vererbt werden. Bei Rentenversicherungen geht das in der Leistungsphase nicht. Es kann aber eine Rentengarantiezeit vereinbart werden. Erbt der Ehepartner, so kann er das ererbte Vermögen auf einen eigenen Riester-Vertrag einzahlen und die Förderbeträge behalten. Ansonsten muss der Hinterbliebene die anteilige Förderung zurückzahlen.

Keine laufenden Beiträge mehr erforderlich

Beiträge für Riester-Verträge müssen nicht mehr regelmäßig eingezahlt werden. Es besteht insoweit größtmögliche Flexibilität beim Kunden. *Ruht* der Vertrag jedoch während eines ganzen Kalenderjahres, so besteht für diesen Zeitraum auch kein Anspruch auf die Zulagen und den Sonderausgabenabzug.

Teilauszahlungen

Mit Beginn des Rentenbezuges dürfen einmalig maximal 30 Prozent des Altersvorsorgevermögens aus der Riester-Rente entnommen werden.

Wer nur eine sogenannte Kleinbetragsrente zu erwarten hat (2013 sind dies Renten, die nicht mehr als 26,95 € monatlich erreichen, das ist ein Prozent der jeweiligen Bezugsgröße in der Sozialversicherung), kann sich das Geld auch als Kapitalabfindung auszahlen lassen, ohne die staatliche Förderung zu gefährden.

Schutz vor vorzeitiger Verwertung

Ebenso wie Betriebsrenten sind auch Riester-Renten bei Arbeitslosigkeit (Arbeitslosengeld II- bzw. Sozialhilfebezug) vor einer vorzeitigen Verwertung in der Ansparphase geschützt. Voraussetzung für diesen Schutz ist selbstverständlich die erfolgte staatliche Förderung während der Einzahlungsphase. In der Auszahlungsphase wird die Riester-Rente analog der Rente aus der gesetzlichen Rentenversicherung auf die Grundsicherungsleistung (vgl. Kapitel 14) angerechnet.

Scheidung

Wird ein Versorgungsausgleich durchgeführt, so wird die Riester-Rente behandelt wie eine Rente aus der gesetzlichen Rentenversicherung. Die entsprechenden Einzelheiten entscheidet das zuständige Familiengericht.
Eine bis zur Scheidung gegebene mittelbare Förderberechtigung (über den Ehegatten) entfällt mit Rechtskraft des Scheidungsurteils.
Die Kinderzulage erhält immer derjenige, dem das Kindergeld ausbezahlt wird.
Wird der Vertrag bei der Scheidung gekündigt, müssen Zulagen und Steuervorteile zurückgezahlt werden.

11.8 Die Riester-Rente über den Betrieb

Seit dem 01.01.2002 hat jeder Arbeitnehmer einen Rechtsanspruch darauf, dass sein Arbeitgeber einen Teil von Lohn oder Gehalt über die Entgeltumwandlung in eine betriebliche Altersversorgung einzahlt.

Auch für Betriebsrenten (neu: Riester-BAV) kann die Riester-Förderung in Anspruch genommen werden.
Besonderheiten: Anders als bei privat abgeschlossenen Riester-Verträgen müssen Riester-Renten über den Betrieb kein Zertifikat besitzen.

Die Riester-Förderung kann nur für solche Betriebsrenten in Anspruch genommen werden, deren Beiträge nicht steuerfrei sind oder pauschal (durch den Arbeitgeber) besteuert werden, d.h. die Beiträge müssen vom individuell versteuerten Nettoentgelt geleistet werden.
Möglich ist diese Variante über die drei Durchführungswege Direktversicherung, Pensionskasse und Pensionsfonds.
Die beiden Durchführungswege ***Direktzusage/Pensionszusage und Unterstützungskasse*** werden **nicht mit der Riester-Zulage gefördert**.

11.9 Besteuerung der Auszahlungen

Da in der Ansparphase für Altersvorsorgebeiträge eine Steuerfreistellung erfolgt, werden Auszahlungen aus Riester-Verträgen inklusive Zulagen und Erträgen in voller Höhe besteuert. Dies gilt immer dann, wenn die Beiträge gefördert wurden. Das gilt auch für den Vorsorgevertrag eines Ehepartners, der nicht unmittelbar, sondern nur mittelbar förderberechtigt ist.

Bei der Besteuerung ist jedoch zu unterscheiden, ob es sich um eine:

- „echte" Auszahlung (aus Banksparplan oder Fondssparplan bzw. privater Rentenversicherung) oder
- „fiktive" Auszahlung von gefördertem Kapital in einer selbst genutzten Immobilie

handelt.

Leistungen aus „Sparverträgen" von zertifizierten Altersvorsorgeverträgen werden erst in der Auszahlungsphase besteuert.

Für die Besteuerung des in einer Immobilie gebundenen steuerlich geförderten Kapitals wird -um die durch die Nutzung der Förderung anfallenden Erträge adäquat zu erfassen- der im sog. Wohnförderkonto enthaltene Betrag in der „Ansparphase" jährlich um 2 Prozent erhöht. Damit wird auch berücksichtigt, dass der Förderberechtigte das in der Wohnimmobilie investierte Kapital bereits vor Beginn der Auszahlungsphase nutzen kann. Dadurch weiß der Zulagenberechtigte bereits zu Beginn der Auszahlungsphase genau, welcher Betrag jährlich steuerlich erfasst wird. Bei der selbst genutzten Wohnimmobilie erfolgt die nachgelagerte Besteuerung nicht durch die Erfassung eines fiktiven Mietvorteils, sondern durch eine Erfassung der in das Wohnförderkonto eingestellten Beträge.

11.10 Änderungen ab 2013

Im Rahmen des Altersvorsorge-Verbesserungsgesetzes wurden im Wesentlichen vier Änderungen an der Riester-Rente vorgenommen:

- es wird ein einheitliches Produktinformationsblatt eingeführt, das wesentliche Kennzahlen zur Ertragserwartung und zu enthaltenen Kosten enthält.

- die Wechselkosten bei einem Anbieterwechsel werden begrenzt. Der alte Anbieter, darf maximal 150 € Wechselkosten veranschlagen. Der neue Anbieter darf Abschluss- und Vertriebskosten nur auf maximal 50 Prozent des übertragenen Kapitals anrechnen.

- im Rahmen des „Wohnriesters“ wird die Möglichkeit eingeführt, bereits während der Ansparphase förderunschädlich Kapital zu entnehmen. Zudem können bestimmte Modernisierungsarbeiten finanziert werden.

die Möglichkeit im Rahmen eines Riester-Vertrags zusätzlich das Berufsunfähigkeitsrisiko abzusichern wird ausgeweitet.

Durch das Betriebsrentenstärkungsgesetz vom 17.08.2017 wird die Grundzulage ab 1. Januar 2018 von 154 € auf 175 € erhöht.

Eine sozialversicherungsrechtliche Besserstellung ergibt sich außerdem bei der Riester geförderten betrieblichen Altersversorgung, denn die viel kritisierte Doppelverbeitragung entfällt. Leider aber nur hier und nicht generell bei der betrieblichen Altersvorsorge. Bei privat abgeschlossenen Riester-Verträgen, werden die Sozialversicherungsbeiträge während der Ansparphase abgeführt; die Pflicht zur Entrichtung von KVdR- / **PVdR**-Beiträgen fällt in der Rentenphase nicht an.

Zum 01.01.2005 wurde durch das Alterseinkünftegesetz (vgl. Kapitel 9 – Die steuerliche Behandlung von Renten und Beiträgen) eine neue Form der privaten Leibrentenversicherung geschaffen, die sogenannte Rürup-Rente. Sie ergänzt als dritte Möglichkeit einer staatlich geförderten Altersvorsorge die Riester-Rente (vgl. Kapitel 11) und die betriebliche Altersversorgung (vgl. Kapitel 13). Im Gegensatz zur Riester-Rente und der betrieblichen Altersversorgung kann grundsätzlich jeder in den Genuss einer Rürup-Rente kommen. Gesetzliche Einschränkungen im Hinblick auf den berechtigten Personenkreis gibt es nicht.
Der Unterschied zur gesetzlichen Rente erklärt sich, dass die Rürup-Rente nicht umlagefinanziert, sondern versicherungswirtschaftlich kapitalgedeckt ist.

Die Basisrente ist vor allem eine günstige Alternative für Personen, welche in der Ansparphase ein höheres steuerpflichtiges Einkommen haben und mangels Pflichtversicherung zur gesetzlichen Rentenversicherung keine Riester-Rente in Anspruch nehmen können. Darunter fallen insbesondere Selbständige oder z. B. Abgeordnete in den Landtagen, die eine ruhegehaltsfähige beamtenähnliche Versorgung aufgrund gesetzlicher Neuregelungen nicht mehr erwerben können. In diesen Fällen erhalten sie nach den Abgeordnetengesetzen Zuwendungen zum Aufbau einer privaten Altersvorsorge (u. a. Nordrhein-Westfalen, Baden-Württemberg usw.), die man für eine kapitalgedeckte Rürup-Rente oder für ein Versorgungswerk (Landtag von Nordrhein-Westfalen) verwenden kann.
Durch die hohen zulässigen Sonderausgabenabzüge, kann das zu versteuernde Einkommen beträchtlich gesenkt werden. Neben einem monatlichen Beitrag kann die Sparleistung (zusätzlich) auch flexibel als Einmalzahlung erfolgen. Das ist besonders interessant, wenn aus einem bestimmten Grund in einem Jahr ein besonders hohes Einkommen erzielt wurde – zum Beispiel durch eine Bonuszahlung.

12.1 Voraussetzungen der Rürup-Rente

Eine Rürup-Rente ist eine private Leibrentenversicherung, welche bestimmte Bedingungen erfüllen muss, um staatlich gefördert zu werden:

1. **Lebenslange Zahlung**

   Es muss sich um eine monatliche lebenslange Leibrente handeln, deren Laufzeit nach dem 31.12.2004 begonnen hat.

2. **Auszahlungsbeginn nicht vor dem 60./62. Lebensjahr**

Die Auszahlung dieser Rente darf nicht vor dem 60., bei Verträgen, welche nach dem 31.12.2011 abgeschlossen werden, nicht vor dem 62. Lebensjahr beginnen.

3. **Nichtvererblichkeit**

   Laut Vertragsbedingungen darf es nicht zu einer Auszahlung an eventuelle Erben kommen. Somit kommt im Todesfall das angesparte Vermögen der Versichertengemeinschaft zugute.

4. **Nichtübertragbarkeit**

   Eine Übertragung der Ansprüche des Leistungsempfängers auf eine andere Person darf im Vertrag nicht vorgesehen sein.

5. **Nichtbeleihbarkeit**

   Die Ansprüche aus dem Versicherungsvertrag dürfen beispielsweise weder sicherheitshalber abgetreten noch verpfändet werden.

6. **Nichtveräußerbarkeit**

   Laut Vertragsinhalt dürfen die Ansprüche nicht an Dritte veräußert werden.

7. **Nichtkapitalisierbarkeit**

   Es darf vertraglich kein Recht auf Kapitalisierung des Rentenanspruchs vorgesehen sein.

Dagegen kann der erworbene Leistungsanspruch in der privaten Rentenversicherung auf Wunsch vollständig und bei der Riester-Rente bis zu 30 v. H. als Einmalbetrag ausgezahlt werden.

Die Absicherung von Hinterbliebenen sowie die Absicherung gegen das Risiko der Berufs- bzw. Erwerbsminderung sind bei einer Rürup-Rente grundsätzlich möglich.

12.2 Steuerliche Behandlung der Rürup-Rente

Die Rürup-Rente wird sowohl in der Ansparphase als auch in der Auszahlungsphase steuerlich behandelt wie die Renten aus der gesetzlichen Rentenversicherung (vgl. Kapitel 9). 2017 ist der als Sonderausgaben abzugsfähige Höchstbetrag auf 84 Prozent aus 23.362 Euro (Ledige) und das Doppelte bei gemeinschaftlich veranlagten Ehepaaren (46.724 Euro) begrenzt.
Bei sozialversicherungspflichtigen Arbeitnehmern vermindert sich der Höchstbeitrag um den Gesamtbeitrag zur gesetzlichen Rentenversicherung, z. B. um

bis zu 14.249,40 € (= 18,7 % von 76.200,00 € Beitragsbemessungsgrenze in der gesetzlichen Rentenversicherung West) in 2017.

Auch bei der Rürup-Rente wird der steuerlich absetzbare Freibetrag stufenweise bis zum Jahr 2025 auf 100 Prozent ansteigen.

Im Gegensatz zu den Riester-Renten, die von Beginn an in der Auszahlungsphase in voller Höhe der nachgelagerten Besteuerung unterliegen, werden Rürup-Renten erst bei einem Rentenbeginn ab 2040 voll versteuert. Bei einem Rentenbeginn bis einschließlich 2039 erfolgt die Besteuerung nur zu einem bestimmten Prozentsatz (wie bei den Renten aus der gesetzlichen Rentenversicherung).

Fallbeispiel:

Ein lediger Arbeitnehmer A und ein lediger Freiberufler B können mit einem Verdienst von jeweils 80.000 Euro im Jahr 2017 als Vorsorgeaufwendungen steuerlich absetzen:

	Arbeitnehmer A	*Selbständiger B*
Arbeitgeber-Beitrag zur gesetzlichen Rentenversicherung	7.124,70	0,00
Arbeitnehmer-Beitrag bzw. eigener Beitrag des Selbständigen zur gesetzlichen Rentenversicherung	7.124,70	14.249,40
Beitrag zur Rürup-Rente	10.000,00	10.000,00
Beiträge insgesamt	24.249,40	24.249,40
Absetzbarer Höchstbetrag	23.362,00	23.362,00
84 Prozent des geringeren Betrages	19.624,08	19.624,08
Abzüglich Arbeitgeber-Beitrag	7.124,70	0,00
Verbleibender Betrag	12.499,38	19.624,08

Von den 19.624,08 Euro, die der Arbeitnehmer A 2017 höchstens steuerlich geltend machen kann, entfallen auf den steuerfreien Arbeitgeberanteil zur gesetzlichen Rentenversicherung (RV) 7.124,70 Euro. A kann von seinem Anteil zur gRV 34 Prozent des Gesamtbeitrags als Sonderausgabenabzug geltend machen. Insgesamt sind somit 84 Prozent des Gesamtbeitrags zur RV steuerlich freigestellt. Zusätzlich kann er noch 84 Prozent des Beitrags zur Rürup-Rente abziehen und somit insgesamt 12.499,38 Euro steuerlich absetzen.

Der Selbständige B kann 84 Prozent seiner Beiträge zur RV und 84 Prozent seines Beitrags zur Rürup-Rente (Höchstbetrag beachten) abziehen = 19.624,08 Euro.

13 Betriebliche Altersvorsorge

Die betriebliche Altersvorsorge hat eine lange Tradition in Deutschland. Sie gehört zur zweiten Schicht der Altersvorsorge und wird in § 1 des Betriebsrentengesetzes (BetrAVG) definiert. Sie liegt vor, wenn der Arbeitgeber seinem Arbeitnehmer aus Anlass eines Arbeitsverhältnisses Versorgungsleistungen bei Alter, Invalidität oder Tod zusagt. Die betriebliche Altersversorgung kann vom Arbeitgeber und/oder vom Arbeitnehmer (Entgeltumwandlung) finanziert werden. Sie ist durch die Rentenreform (2002) deutlich verbessert worden. Die Beteiligten haben jetzt einen Anspruch auf eine betriebliche Altersvorsorge. Ende 2015 hatten rund 17,7 Millionen eine Betriebsrentenanwartschaft bei ihrem Arbeitgeber (davon rd. 5,3 Millionen Arbeitnehmer des öffentlichen Dienstes); dies entspricht rd. 60 v. H. aller sozialversicherungspflichtig beschäftigten Personen.

Die betriebliche Altersvorsorge wird staatlich gefördert und erfolgt u. a. durch Entgeltumwandlung. Der Arbeitnehmer kann die Entgeltumwandlung verbindlich verlangen; es ist jedoch seine freie Entscheidung, ob er diesen Anspruch geltend machen möchte. Die Entgeltumwandlung führt dazu, dass der Arbeitnehmer auf Gehalt verzichtet und im Gegenzug vom Arbeitgeber eine wertgleiche Versorgungszusage erhält.
Mit dem ab 01.01.2018 in Kraft tretenden **Betriebsrentenstärkungsgesetz** soll die Verbreitung betrieblicher Altersvorsorge insbesondere in kleinen und mittelständischen Betrieben unterstützt und dadurch ein höheres Versorgungsniveau erreicht werden. Es werden neue Anreize zum Aufbau und Ausbau der betrieblichen Altersvorsorge geschaffen. Der Kern des neuen Gesetzes ist das Sozialpartnermodell, das durch steuer- und sozialversicherungsrechtliche Regelungen flankiert wird. Es geht hier um tarifvertraglich vereinbarte Beitragszusagen-ohne, dass den Beiträgen entsprechende Leistungszusagen des Arbeitgebers gegenüberstehen. Der Arbeitgeber steht für die aus den Beiträgen erwirtschafteten Rentenzahlungen nicht ein; er wird insoweit „enthaftet". Bekannt ist dieses Modell auch unter dem Überbegriff „Pay and Forget." Für das **Sozialpartnermodell** stehen als Durchführungswege ***die Pensionskasse, der Pensionsfonds und die Direktversicherung*** zur Verfügung

13.1 Durchführungswege

Die Durchführung der betrieblichen Altersversorgung kann nur über die folgenden Durchführungswege folgen:

- *Direktzusage/Pensionszusage*
- *Unterstützungskasse*
- *Direktversicherung*
- *Pensionsfonds*
- *Pensionskasse*

Der Gesetzgeber führt mit dem Betriebsrentenstärkungsgesetz ein Optionssystem zur automatischen Entgeltumwandlung ein. Im Tarifvertrag kann künftig geregelt werden, dass für alle Arbeitnehmer oder eine Gruppe von Arbeitnehmern die automatische Entgeltumwandlung gilt. Der einzelne Arbeitnehmer hat aber das Recht über ein Opting-Out-System einer Teilnahme widersprechen. Die Anwendung der tarifvertraglichen Regelung ist auch bei nicht tarifgebundenen Betrieben möglich. Arbeitgeber zahlen künftig einen Zuschuss zu den Umwandlungsbeträgen, wenn dadurch ihr Sozialversicherungsanteil (SV-Anteil) reduziert wurde. Die Höhe des Zuschusses beträgt pauschal 15 Prozent des umgewandelten Entgelts. Dies gilt ab 01.01.2019 für neue Entgeltumwandlungszusagen; ab 01.01.2022 auch für bestehende Entgeltumwandlungen.

Für Geringverdiener wird ein BAV-Förderbeitrag als staatlicher Zuschuss eingeführt. Voraussetzung dafür ist ein monatlicher Arbeitsverdienst bis zu 2.200 € brutto. Arbeitgeberbeiträge von 240 € bis höchstens 480 € im Kalenderjahr werden mit 30 Prozent gefördert (zwischen 72 € und 144 € jährlich).

13.1.1 Direktzusage/Pensionszusage

Erteilt der Arbeitgeber seinem Arbeitnehmer eine Zusage auf Leistungen der betrieblichen Altersversorgung, so handelt es sich um eine *Direktzusage* oder unmittelbare Versorgungszusage, wenn kein anderer Durchführungsweg gewählt wurde.

Bei der Direktzusage hat der Arbeitgeber die Leistungen der betrieblichen Altersversorgung selbst zu erbringen und bedient sich nicht eines externen Durchführungsweges (Direktversicherung, Pensionskasse, Unterstützungskasse, oder Pensionsfonds), d.h., der Arbeitgeber zahlt die Betriebsrente später selbst an den dann ehemaligen Arbeitnehmer aus.

Finanziert wird die Direktzusage in der Anwartschaftsphase des Mitarbeiters über steuerliche Pensionsrückstellungen (§ 6a EStG, § 249 HGB). Die jährlichen Zuführungen sind gewinnmindernd und, da sie dadurch die Steuerlast des Unternehmens senken, liquiditätserhöhend (Innenfinanzierung, Steuerstundung).

Während der Bezugszeit sind weiterhin Pensionsrückstellungenen zu bilden. Der steuerliche Teilwert ist in dieser Zeit der versicherungsmathematische Barwert der zukünftig noch zu erbringenden Pensionsleistungen. Da dieser Barwert in jedem Jahr sinkt (außer möglicherweise in den Jahren, in denen die Renten angepasst werden), kommt es dann zu Gewinn erhöhenden, und damit die Steuerlast des Unternehmens steigernden Auflösungen der Rückstellungen. In dieser Phase wird die Liquidität gemindert.

Um die Rentenzahlungen, Kapitalzahlungen oder biometrischen Risiken finanzieren zu können, schließen viele Arbeitgeber entsprechende Rückdeckungsversicherungen (bestimmte Form einer Lebensversicherung) ab.

Direktzusagen müssen über den Pensions-Sicherungs-Verein (PSVaG) gegen Insolvenz des Arbeitgebers abgesichert werden.

Direktzusagen sind überwiegend reine Arbeitgeber-Leistungen; eine Entgeltumwandlung ist aber grundsätzlich möglich.

13.1.2 Unterstützungskasse

Eine Unterstützungskasse ist eine rechtsfähige Versorgungseinrichtung zur Durchführung der betrieblichen Altersversorgung, die auf ihre Leistungen keinen Rechtsanspruch gewährt. Die Unterstützungskasse stellt stets ein eigenständiges, unabhängiges Rechts- und Steuersubjekt dar und kann in Form einer GmbH, eines eingetragenen Vereins oder einer Stiftung organisiert sein.
Die Unterstützungskasse gewährt formal keinen Rechtsanspruch auf die Versorgungsleistungen. Faktisch ist dies für den berechtigten Arbeitnehmer aber nicht relevant, da in § 1 (1) BetrAVG geregelt ist: „Der Arbeitgeber steht für die Erfüllung der von ihm zugesagten Leistungen auch dann ein, wenn die Durchführung nicht unmittelbar über ihn erfolgt (Subsidiärhaftung des Arbeitgebers)“. Bei Insolvenz des Arbeitgebers werden die Betriebsrenten grundsätzlich durch den Pensions-Sicherungs-Verein gezahlt, da eine gesetzliche Insolvenzsicherungspflicht bei diesem besteht.

Der Arbeitgeber finanziert die von ihm zugesagte Versorgungsleistung über Zuwendungen an die Unterstützungskasse. Diese Zuwendungen können, in den Grenzen des § 4d Einkommensteuergesetz, als Betriebsausgaben geltend gemacht werden.

Da eine Unterstützungskasse auf ihre Leistungen keinen Rechtsanspruch gewährt, unterliegt sie nicht der Versicherungsaufsicht und ist in der Anlage ihres Vermögens „frei“. Ein übliches Modell ist die Investition des Kapitals beim Trägerunternehmen.

Bei einem Arbeitgeberwechsel kann der Kapitalwert aus der Unterstützungskasse nicht ohne weiteres auf andere Kassen übertragen werden, da dies steuerschädlich wäre. Dies ist nur möglich, wenn der neue Arbeitgeber Mitglied derselben Unterstützungskasse ist oder wird.

In den letzten Jahren tritt jedoch die Ausfinanzierung von Versorgungsverpflichtungen in den Vordergrund, so dass insbesondere durch die rechtlich fundierte Möglichkeit der Entgeltumwandlung verstärkt „rückgedeckte Unterstützungskassen" eingerichtet werden. Dabei leitet die Unterstützungskasse die Zuwendung – nach Abzug von Gebühren – an ein Versicherungsunternehmen weiter. Dabei wird die Auswahl der möglichen Tarife durch die Steuergesetzgebung stark eingeschränkt.

Bei einer Unterstützungskasse bleibt der Versorgungsaufwand für den Arbeitnehmer ohne Obergrenzen steuer- und sozialversicherungsfrei (gilt nur für Arbeitgeberfinanzierung). Für den vom Arbeitnehmer durch Entgeltumwandlung finanzierten Versorgungsaufwand ist die Beitragsfreiheit seit 2002 begrenzt (die Beitragsfreiheit beträgt 4 Prozent der Beitragsbemessungsgrenze der Rentenversicherung). Die Riester-Förderung kann für diese Form der betrieblichen Altersversorgung nicht genutzt werden.

13.1.3 Direktversicherung

Eine Direktversicherung ist nach dem deutschen Steuerrecht ein Lebensversicherungsvertrag, den der Arbeitgeber als Versicherungsnehmer auf das Leben eines Arbeitnehmers (versicherte Person) bei einem in Deutschland zugelassenen Versicherer abgeschlossen hat. Bezugsberechtigt sind der Arbeitnehmer oder seine Hinterbliebenen.

Zu den Direktversicherungen gehören auch Unfallzusatzversicherungen und Berufsunfähigkeitszusatzversicherungen, die im Zusammenhang mit Lebensversicherungen abgeschlossen werden, sowie Berufsunfähigkeitsversicherungen und Unfallversicherungen mit Anspruch des Arbeitnehmers auf Beitragsrückgewähr.

Die Beiträge des Arbeitgebers zu einer Direktversicherung gehören zum steuerlichen Arbeitslohn des Arbeitnehmers, wenn der Arbeitgeber im Versicherungsvertrag den Arbeitnehmer oder seine Hinterbliebenen für die Leistungen als bezugsberechtigt bestimmt hat.

Der Arbeitgeber kann die Lohnsteuer für Beiträge zu einer Direktversicherung mit einem Pauschalsteuersatz von 20 Prozent berechnen, wenn die Beiträge aufgrund einer Versorgungszusage geleistet werden, die vor dem 01.01.2005 erteilt wurde. Außerdem entfallen die Sozialversicherungsbeiträge, wenn die Direktversicherung aus einer Sonderzahlung (z.B. Urlaubs-/Weihnachtsgeld) bezahlt wird. Eine solche Lohnsteuerpauschalierung ist aber nur im ersten Dienstverhältnis zulässig. Pauschal besteuert werden können Direktversicherungsbeiträge bis zu 1.752 €, bei Gruppenverträgen bis zu 2.148 € jährlich je Arbeitnehmer. Die späteren Rentenzahlungen sind beim Arbeitnehmer als sonstige Einkünfte mit dem Ertragsanteil zu versteuern.

Durch das Alterseinkünftegesetz sind nunmehr Beiträge des Arbeitgebers (dazu gehören auch Beiträge aus einer Entgeltumwandlung des Arbeitnehmers) aus dem ersten Dienstverhältnis für eine Direktversicherung zum Aufbau einer kapitalgedeckten betrieblichen Altersversorgung steuerfrei, wenn eine Auszahlung der zugesagten Alters-, Invaliditäts- oder Hinterbliebenenversorgung in Form einer Rente oder eines Auszahlungsplans vorgesehen ist und soweit die Beiträge im Kalenderjahr 4 Prozent der Beitragsbemessungsgrenze in der Rentenversicherung (West) nicht übersteigen. Für die Steuerfreiheit gelten 8 Prozent der Beitragsbemessungsgrenze (siehe Ausführungen zu 13.1.5). Die späteren Rentenzahlungen sind in diesem Fall in voller Höhe als sonstige Einkünfte zu versteuern.

Werden die Versicherungsbeiträge dagegen individuell nach Lohnsteuerkarte versteuert, ist eine anschließende Kapitalauszahlung steuerfrei und eventuelle Rentenzahlungen werden ebenfalls nur mit dem Ertragsanteil besteuert.

Seit dem 01.01.2004 sind aus der Ablaufleistung Beiträge zur Kranken- und Pflegeversicherung abzuführen, auch wenn die Versicherungsbeiträge bereits während der Einzahlung der Beitragspflicht in der Sozialversicherung unterworfen waren (Doppelverbeitragung).

Außerdem kann man normalbesteuerte Beiträge noch durch die Altersvorsorgezulage fördern lassen. Die späteren Rentenzahlungen sind dann in voller Höhe als sonstige Einkünfte zu versteuern. Werden die Beiträge in die Direktversicherung mit 20 Prozent pauschal besteuert oder sind sie steuerfrei gestellt, kommt eine Altersvorsorgezulage nicht mehr in Betracht.

13.1.4 Pensionsfonds

Ein Pensionsfonds ist eine versicherungsähnliche, rechtlich selbständige Versorgungseinrichtung, die den Arbeitnehmern seiner Trägerunternehmer Leistungen der betrieblichen Altersversorgung gewährt. Der Pensionsfonds gewährt den Arbeitnehmern einen Rechtsanspruch. Er muss von der Bundesanstalt für Finanzdienstleistungsaufsicht (BaFin) zugelassen werden und unterliegt auch nach Zulassung deren Aufsicht.

Die Finanzierung der Leistungen der betrieblichen Altersversorgung muss im Kapitaldeckungsverfahren erfolgen. Das Kapital wird vom Pensionsfonds in Aktien und Rentenpapiere angelegt. Bei der Kapitalanlagepolitik unterliegt der Pensionsfonds geringeren Beschränkungen als Pensionskassen oder Lebensversicherungsunternehmen. Dadurch soll eine höhere Rendite erreicht werden.

Die Legaldefinition des Pensionsfonds findet sich in § 112 Versicherungsaufsichtsgesetz (VAG).

Auch wenn ein Arbeitgeber Altersvorsorgeleistungen mittels des Durchführungsweges „Pensionsfonds“ gewährt, muss wegen der geringeren Sicherheit im Vergleich zu Versicherern eine Absicherung durch den Pensions-Sicherungs-Verein gegen Insolvenz erfolgen.

13.1.5 Pensionskasse

Eine Pensionskasse ist ganz allgemein eine Institution zum Zweck der Altersvorsorge; in Deutschland ist sie eine rechtsfähige Versorgungseinrichtung (Versicherungsunternehmen). Sie schuldet stets gegen Zahlung von Beiträgen Vorsorgeleistungen und trägt somit gewisse Vorsorgerisiken. Die abgedeckten Risiken sind – je nach Ausprägung der Pensionskasse unterschiedlich gewichtet – die Risiken Invalidität, Alter und Tod. Der Versorgungsberechtigte hat einen Rechtsanspruch auf die Leistungen der Pensionskasse. Die Pensionskasse ist ein Lebensversicherungsunternehmen. Sie wird meist in der Rechtsform eines Versicherungsvereins auf Gegenseitigkeit betrieben. In der Pensionskasse sind Arbeitgeber, Arbeitnehmer oder auch beide Gruppen parallel Mitglieder und leisten Beiträge für sich selbst bzw. für Begünstigte. Für Pensionskassen gelten z. T. andere Bestimmungen als für allgemeine Lebensversicherungsunternehmen. Es gibt sowohl umlagefinanzierte als auch kapitalgedeckte Pensionskassen. Zahlt ein Arbeitgeber für einen Arbeitnehmer Beiträge an eine Pensionskasse, gehören diese Beiträge grundsätzlich zum Arbeitslohn, sind aber bis zur Höhe von 4 Prozent der Beitragsbemessungsgrenze der gesetzlichen Rentenversicherung steuer- und sozialversicherungsfrei. Mit dem Betriebsrentenstärkungsgesetz wird der ***steuerfreie*** Grenzbetrag ab 2018 auf **8 Prozent** der Beitragsbemessungsgrenze erhöht. Dies entspricht im Jahr 2018 einem Betrag von 6.240 € jährlich. Durch die Anbindung an die Beitragsbemessungsgrenze wird der neue Höchstbetrag dynamisch. Der bisherige zusätzliche steuerfreie Betrag bei Versorgungszusagen ab 01.01.2005 i. H. v. 1.800 € entfällt.

Beiträge zur Pensionskasse, die aus individuell versteuertem und mit Sozialversicherungsbeiträgen belegtem Einkommen aufgebracht werden, können im Rahmen des § 10a EStG als Sonderausgaben abgezogen oder nach §§ 79 ff EStG durch eine Altersvorsorgezulage gefördert werden. Die späteren Versorgungsleistungen unterliegen in diesem Fall in voller Höhe der Besteuerung (nachgelagerte Besteuerung).

Pensionskassen sind nicht über den Pensions-Sicherungs-Verein oder die Protector-Lebensversicherungs-AG abgesichert. Die Protector-Lebensversicherungs-AG ist die Sicherungseinrichtung für die Lebensversicherer in Deutschland. Diese Sicherungseinrichtung schützt Versicherte vor den Folgen der Insolvenz eines Lebensversicherers: Verträge werden fortgeführt; die Leistungen für die Altersvorsorge und der Risikoschutz bleiben erhalten, ebenso die bereits gewährten Gewinnbeteiligungen. Pensionskassen unterliegen der Versicherungsaufsicht der Bundesanstalt für Finanzdienstleistungen.

13.2 Besonderheiten

Der Arbeitgeber ist nicht verpflichtet, eine Direktversicherung für den Arbeitnehmer abzuschließen. Zwar bieten größere Firmen diese Form der Altersvorsorge meist an, bei kleineren Firmen muss der Arbeitnehmer in der Regel nachfragen. Größere Unternehmen schließen dabei oft mit dem Versicherer eine Gruppenversicherung ab. Dies bietet für den Arbeitnehmer eine höhere Leistung.

Im Gegensatz zu einer „normalen" Lebensversicherung kann man eine Direktversicherung nicht vorzeitig kündigen. Wechselt man den Arbeitgeber, dann gibt es drei Möglichkeiten:

- Der neue Arbeitgeber übernimmt den Versicherungsvertrag.
- Der Arbeitnehmer tritt als Versicherungsnehmer in den Vertrag ein und zahlt die Beiträge „privat" weiter.
- Die Versicherung wird beitragsfrei gestellt mit entsprechend geringeren Leistungen, die weiterhin dem Arbeitnehmer zustehen.

Der Arbeitgeber muss aber eine betriebliche Altersversorgung in Form einer Entgeltumwandlung dem Arbeitnehmer zugänglich machen.
Die Durchführungswege Unterstützungskasse, Direktversicherung, Pensionsfonds und Pensionskasse werden auch als mittelbare Durchführungswege bezeichnet, da die Durchführung bei einem rechtlich selbstständigen Unternehmen erfolgt.

Der Rechtsanspruch auf Entgeltumwandlung ist allerdings dem so genannten Tarifvorrang untergeordnet. Beschäftigte, für die ein allgemein verbindlicher Tarifvertrag gilt, können ihren Tariflohn nur umwandeln, wenn der Tarifvertrag das ausdrücklich vorsieht. Zum Beispiel waren Beschäftigte des Öffentlichen Dienstes lange Zeit von der Möglichkeit zur Entgeltumwandlung ausgeschlossen.

Für den Abschluss von betrieblicher Altersversorgung und die Auswahl des Durchführungsweges sind neben steuerlichen und handelsrechtlichen (z. B. deutsche und internationale Rechnungslegungsvorschriften) Aspekten auch die soziale Verantwortung und Bindung an das Unternehmen entscheidungsrelevant. Hinzu kommen arbeitsrechtliche Besonderheiten, Kostenaspekte, personalpolitische Zielsetzungen und weiteres.

Im Unterschied zum Abschluss einer privaten Altersvorsorge handelt der Arbeitgeber bei der betrieblichen Altersversorgung als Treuhänder für einen Dritten, seinen Mitarbeiter, und muss dessen Interessen im Auge behalten. Insbesondere bei der Entgeltumwandlung muss er darauf achten, dass dem umgewandelten Entgelt auch eine wertgleiche Leistungszusage gegenübersteht.

13.3 Unverfallbarkeit

Scheidet ein Arbeitnehmer vor Eintritt des Versorgungsfalls (Erreichen der Altersgrenze, Tod oder Invalidität) aus dem Unternehmen aus, bleibt ihm eine Anwartschaft erhalten, wenn die gesetzlichen Unverfallbarkeitsfristen erfüllt sind. Seit 2001 gelten folgende Fristen: Bei Entgeltumwandlung sind die gesetzlichen Unverfallbarkeitsfristen sofort erfüllt (§ 1b Abs. 5 BetrAVG), bei arbeitgeberfinanzierter betrieblicher Altersversorgung (vgl. §§ 1b BetrAVG), wenn der Arbeitnehmer bei Austritt das 30. Lebensjahr bzw. ab 01.01.2009 das 25. Lebensjahr vollendet hat und die Zusage mindestens 5 Jahre bestand. Für arbeitnehmer- und arbeitgeberfinanzierte Zusagen, die vor 2001 erteilt wurden, gilt (§ 30f BetrAVG): Alter 35/Zusagedauer 10 Jahre oder Alter 35/Zusagedauer 3 Jahre/Betriebszugehörigkeit 12 Jahre. Mit Ablauf des 31.12.2005 sind aber auch Zusagen, die vor 2001 erteilt wurden, gesetzlich unverfallbar, wenn sie fünf Jahre bestanden haben (siehe § 30f BetrAVG) und der Arbeitnehmer das 30. Lebensjahr vollendet hat.

13.4 Finanzierungsformen

Je nachdem, wer die Beiträge bezahlt, spricht man von Arbeitgeber- oder Arbeitnehmer finanzierten Versorgungen. Mischformen sind üblich. Allerdings muss nicht jede betriebliche Altersversorgung ausfinanziert werden, insbesondere bei Direktzusagen und Unterstützungskassen kommt dies in der Praxis auch oft vor.

Die heutzutage am häufigsten anzutreffende Finanzierung ist die Entgeltumwandlung. Hierbei verzichtet der Arbeitnehmer auf einen Teil seines Einkommens zugunsten einer betrieblichen Altersversorgung. Jeder Arbeitnehmer hat Anspruch auf Entgeltumwandlung (§ 1a BetrAVG) bis zu 4 Prozent des Betrags der Beitragsbemessungsgrenze (West) in der gesetzlichen Rentenversicherung. Da die Entgeltumwandlung steuerliche Vorteile für Arbeitgeber und Arbeitnehmer bringt, ist diese Variante für mittlere und höhere Einkommen in der Regel sehr vorteilhaft.

Erfolgt die betriebliche Altersversorgung über eine Unterstützungskasse, so können die Zuwendungen des Arbeitgebers an die Unterstützungskasse bis zu einer Grenze gewinnmildernd in die Bilanz eingehen (§ 4d EStG).

Ein ähnliches Vorgehen kommt bei Direktzusagen zum Tragen.

Alle mittelbaren Durchführungswege finanzieren sich aus den Beiträgen (vom Arbeitgeber oder Arbeitnehmer). Allerdings kann entweder das so genannte

Kapitaldeckungsverfahren oder das Umlageverfahren verwendet werden. Bei kapitalgedeckten Plänen sind die Beiträge und deren Erträge eindeutig einem Leistungsanwärter zugeordnet, während bei dem Umlageverfahren die Beiträge und Erträge zur Bedarfsdeckung aller Leistungsanwärter verwendet werden. In letzter Zeit erfolgt zunehmend eine Umstellung auf kapitalgedeckte Pläne, da bei umlagefinanzierten Plänen durch eine Veränderung des Verhältnisses von Leistungsempfängern zu Beitragszahlern die Belastung der Träger steigt.

Neuregelungen durch das Betriebsrentenstärkungsgesetz

- Sozialpartnermodell mit reiner Beitragszusage
- Automatische Entgeltumwandlung mit Opting-Out-Möglichkeit
- Weitergabe ersparter SV-Beiträge aus einer Entgeltumwandlung
- Förderbetrag zur BAV für Geringverdiener
- Anhebung des steuerlichen Grenzbetrag von 4 auf 8 Prozent
- Wegfall der Beitragspflicht zur gesetzlichen Krankenversicherung und Pflegeversicherung bei betrieblichen Riester-Renten
- Erhöhung der Grundzulage für die Riester-Rente auf 175 €.

13.5 Steuerliche Förderung

Verschiedene Paragraphen des Einkommensteuergesetzes dienen dazu, die betriebliche Altersversorgung attraktiv für Arbeitnehmer- und Arbeitgeber zu machen.
Politisches Ziel ist auch für die betriebliche Altersversorgung der Übergang zur nachgelagerten Besteuerung, d. h. Beiträge können steuerfrei eingezahlt werden, dafür müssen die Leistungen in voller Höhe versteuert werden.

<u>Hinweis:</u> Die Rechtsberatung im Bereich der betrieblichen Altersversorgung ist allein dafür zugelassenen Rentenberatern und Rechtsanwälten vorbehalten.

13.6 Überblick über die Steuerfreibeträge und beitragsfreien Entgelte (Stand 2017)

<table>
<tr><td>Durchführungswege</td><td>bis 31.12.2004 erteilte Zusagen</td><td>ab 01.01.2005 erteilte Zusagen</td></tr>
<tr><td>Direktzusage
Unterstützungskasse</td><td colspan="2">Arbeitgeberbeiträge:
Kein Arbeitslohn nach § 19 EStG und sozialabgabefreies Arbeitsentgelt
Arbeitnehmerbeiträge durch Entgeltumwandlung:
Kein Arbeitslohn nach § 19 EStG und bis 4 Prozent BBG-RV sozialabgabefrei (2017 = 3.048 €)</td></tr>
<tr><td>Direktversicherung</td><td>Arbeitgeberbeiträge:
- bis 1.752 € pauschal mit 20 Prozent zu versteuern
- bis 1.752 € sozialabgabefrei
Arbeitnehmerbeiträge durch Entgeltumwandlung:
Soweit nicht bereits durch Arbeitgeberbeiträge ausgeschöpft, bis 1.752 € pauschal mit 20 Prozent zu versteuern [1] und sozialabgabenfrei [2]</td><td rowspan="3">Arbeitgeberbeiträge
- steuerfrei bis 4.848 € [3] (4Prozent der BBG-RV = 3.048 € + 1.800 €);- ab 01.01.2018: 8 Prozent der BBG – Wegfall (+ 1.800 €)
- sozialabgabefrei bis 2.784 €

Arbeitnehmerbeiträge durch Entgeltumwandlung:
Soweit nicht bereits durch Arbeitgeberbeiträge ausgeschöpft
- steuerfrei bis 4.848 € [3] (4Prozent der BBG-RV = 3.048 € + 1.800 €)
- sozialabgabefrei bis 2.784 €</td></tr>
<tr><td>Pensionsfonds</td><td>Arbeitgeberbeiträge:
bis 4 Prozent BBG-RV (3.048 €) steuer- und sozialabgabenfrei
Arbeitnehmerbeiträge durch Entgeltumwandlung:
Soweit nicht bereits durch Arbeitgeberbeiträge ausgeschöpft,
bis 2.784 € steuerfrei [1] und sozialabgabenfrei [3]</td></tr>
<tr><td>Kapitalgedeckte Pensionskasse *</td><td>Arbeitgeberbeiträge:
bis 4 Prozent BBG-RV (3.048 €) steuer- und sozialabgabenfrei;
darüber hinaus Möglichkeit der Pauschalversteuerung
Arbeitnehmerbeiträge durch Entgeltumwandlung:
Soweit nicht bereits durch Arbeitgeberbeiträge ausgeschöpft
Bis 4 Prozent BBG-RV (3.048 €) steuerfrei [1] und sozialabgabenfrei [3]
Darüber hinaus Möglichkeit der Pauschalversteuerung</td></tr>
<tr><td>* umlagefinanziert</td><td colspan="2">Bei umlagefinanzierten Pensionskassen verbleibt es bei der Pauschalbesteuerung nach § 40b EStG</td></tr>
</table>

1) Wenn ein Arbeitnehmer Riester-Förderung beansprucht, sind die Arbeitnehmerbeiträge individuell zu versteuern

2) Beitragsfrei bei pauschal versteuerten Einmalzahlungen; beitragspflichtig bei Umwandlung von laufendem Entgelt oder bei Inanspruchnahme der Riester-Förderung

3) Die Möglichkeit der Pauschalversteuerung entfällt.

Ausweitung der Auskunftspflichten der Rentenversicherungsträger über Möglichkeiten zum Aufbau einer staatlich geförderten zusätzlichen Altersvorsorge

Nach den Bestimmungen des Betriebsrentengesetzes sollen die Träger der Rentenversicherung über Möglichkeiten zum Aufbau einer staatlich geförderten zusätzlichen Altersvorsorge produkt- und anbieterneutral Auskünfte erteilen. Einzelne Rentenversicherungsträger – wie zum Beispiel die DRV Baden-Württemberg – praktizieren dies auf freiwilliger Basis schon seit vielen Jahren. Die gemeinsam mit dem dortigen Sozialministerium ins Leben gerufene Beratungsaktion „PROSA“ (Pro Sicherheit im Alter), die auf Wunsch auch in Unternehmen stattfindet, spricht dafür Bände.

14 Grundsicherung im Alter und bei Erwerbsminderung

Die Grundsicherung im Alter und bei Erwerbsminderung ist eine seit dem 1. Januar 2003 in Deutschland bestehende bedarfsorientierte Sozialleistung zur Sicherstellung des Lebensunterhalts. Personen, die durch Alter oder Erwerbsminderung auf Dauer aus dem Erwerbsleben ausgeschieden sind und ihren Lebensunterhalt nicht selbst bestreiten können, erhalten damit eine Leistung, mit der das soziokulturelle Existenzminimum gedeckt werden und Altersarmut vermieden werden kann. Die Vorschriften des Grundsicherungsgesetzes wurden zum 01.01.2005 in das neue Sozialgesetzbuch XII (*SGB XII*) überführt. Die Grundsicherungsleistung wird durch die Sozialämter der Kreise und kreisfreien Städte oder durch überregionale Leistungsträger gezahlt. Die Kreise können die Aufgaben auch auf die kreisangehörigen Gemeinden übertragen.

Nachdem es weder in der Regierungskoalition von 2009-2013 noch in der großen Koalition von 2013-2017 aufgrund politischer Bedenken gelungen ist eine „Lebensleistungsrente" in der gesetzlichen Rentenversicherung zur Vermeidung von Altersarmut einzuführen (sie sollte monatlich ca. 100 € höher sein als die Grundsicherung), verbleibt es zukünftig zunächst ausschließlich bei der Grundsicherungsleistung.

14.1 Anspruchsvoraussetzungen

Antragsberechtigt auf Leistungen der Grundsicherung nach § 41 ff SGB XII sind Personen, die das 65. Lebensjahr bei Geburt vor 01.01.1947 vollendet haben. Bei Geburten ab 01.01.1947 wird die Altersgrenze stufenweise auf den 67. Geburtstag angehoben. Schon mit der Vollendung des 18. Lebensjahres sind Personen dann antragsberechtigt, wenn sie aus medizinischen Gründen in vollem Umfang erwerbsgemindert sind und es unwahrscheinlich ist, dass die volle Erwerbsminderung behoben werden kann. Eine volle Erwerbsminderung liegt vor, wenn der Antragsteller aus gesundheitlichen Gründen dauerhaft nur noch weniger als 3 Stunden täglich auf dem allgemeinen Arbeitsmarkt, unabhängig von der Arbeitsmarktlage, erwerbstätig sein kann.

Weitere Voraussetzung ist, dass der gewöhnliche Aufenthalt in der Bundesrepublik Deutschland gegeben ist.

Ausgeschlossen von den Leistungen der Grundsicherung sind Personen – die ihre Bedürftigkeit in den letzten zehn Jahren vorsätzlich oder grob fahrlässig herbeigeführt haben *und* – ausländische Staatsangehörige, die Leistungen nach dem Asylbewerberleistungsgesetz erhalten.

Die Frage der dauerhaft vollen Erwerbsminderung wird durch die Träger der gesetzlichen Rentenversicherung im Auftrag der Sozialhilfeträger sozialmedizinisch geprüft. Bei bestimmten Personengruppen erübrigt sich die Prüfung jedoch, weil bereits feststeht, dass der Antragsteller unbegrenzt voll erwerbsgemindert ist. Dies trifft zum Beispiel auf Personen zu, die bereits eine Dauerrente wegen voller Erwerbsminderung beziehen.

14.2 Einkommensanrechnung auf die Grundsicherung

Grundsicherungsleistungen erhalten nur Bedürftige, die ihren Lebensunterhalt nicht oder nicht vollständig bestreiten können und zwar

- aus eigenem Einkommen und Vermögen oder
- aus dem Einkommen und Vermögen des nicht getrennt lebenden Ehegatten beziehungsweise eingetragenen Lebenspartners oder des Partners einer eheähnlichen Gemeinschaft, soweit es deren Eigenbedarf übersteigt.

Allerdings werden im Gegensatz zur Sozialhilfe im Rahmen der Grundsicherung Unterhaltsansprüche der Antragsberechtigten gegenüber ihren Kindern und Eltern nicht berücksichtigt; es sei denn, dass jährliche Gesamteinkommen dieser Personen überschreitet 100.000,00 €. Bei den Kindern wird das Überschreiten der Einkommensgrenze für jedes einzelne Kind geprüft; bei den Eltern erfolgt eine gemeinsame Veranlagung.

Zum Einkommen gehören zum Beispiel:

- Renten (auch aus dem Ausland) und Pensionen. Hierzu gehören Renten der gesetzlichen Rentenversicherung, der betrieblichen Altersversorgung, von berufsständischen Versicherungs- oder Versorgungseinrichtungen, aus privaten Rentenversicherungen oder Leistungen aus einer Riester- und Rürup-Rente sowie Pensionen aus einem öffentlich-rechtlichen Dienstverhältnis, etwa als Bundes-, Landes- oder Kommunalbeamter oder als Soldat.
- Wohngeld, Ehegattenunterhalt
- Einkünfte aus Vermietung und Verpachtung
- Zinsen und sonstige Kapitaleinkünfte
- tatsächliche Unterhaltszahlungen von Kindern oder Eltern, auch wenn deren Einkommen einen Jahresbetrag von 100.000 Euro nicht erreicht
- Elterngeld, wenn es 300,- EUR übersteigt.

Zum Vermögen gehören zum Beispiel:

- Haus- und Grundvermögen
- PKW
- Bargeld und Guthaben auf Konten bei Banken, Sparkassen, Bausparkassen unter anderem Wertpapiere und Rückkaufwerte von Lebens- und Sterbeversicherungen.

Zum Einkommen gehören nicht:

- Leistungen nach dem Kindererziehungsleistungsgesetz (KLG)
- Grundrente nach dem Bundesversorgungsgesetz (BVG) und sonstige Leistungen für Schaden an Leben, Körper oder Gesundheit zur Hälfte
- Elterngeld bis zur Höhe von 300,- EUR
- Unterhaltsansprüche gegenüber Kindern oder Eltern, wenn deren Einkommen einen Jahresbetrag von 100.000 Euro nicht erreicht.

Zum Vermögen gehören nicht: Kleinere Geldbeträge (Schonvermögen) in Bargeld oder sonstige Geldwerte bei

- Alleinstehenden bis zu einem Betrag von 2.600 Euro und bei
- nicht getrennt lebenden Ehegatten bzw. eingetragenen Lebenspartnern oder eheähnlichen Partnerschaften bis zu einem Betrag von 3.214 Euro.
- Für jede weitere unterhaltsberechtigte Person erhöht sich der Freibetrag um 256 Euro

Bei der Berechnung der Leistungen können auf das Einkommen entrichtete Steuern, Pflichtbeiträge zur Sozialversicherung, gesetzlich vorgeschriebene und angemessene Beiträge zu öffentlichen oder privaten Versicherungen sowie bei einem Erwerbseinkommen die Werbungskosten abgezogen werden.

Über die Angemessenheit der Unterkunftskosten entscheidet der Sozialhilfeträger. Die Angemessenheit beurteilt sich danach, welche Wohnraumfläche für den Leistungsberechtigten notwendig und angemessen ist. Dabei ist die individuelle Lebenssituation des Antragstellers sowie u. a. das örtliche Mietpreisniveau und die Lage auf dem örtlichen Wohnungsmarkt zu berücksichtigen.

14.3 In welcher Höhe besteht Anspruch auf Leistungen?

Die Höhe der Grundsicherungsleistungen umfasst

- den für den Antragsberechtigten maßgebenden Regelsatz nach dem SGB XII, in dem der bisherige Zuschlag von 15 Prozent des Regelsatzes eines Haushaltsvorstandes zur pauschalen Abgeltung einmaliger Leistungen enthalten ist

- die angemessenen tatsächlichen Aufwendungen für Unterkunft und Heizung (bei nicht getrennt lebenden Ehegatten oder bei einer eheähnlichen Partnerschaft jeweils anteilig) und
- die Übernahme der Krankenversicherungsbeiträge und Pflegeversicherungsbeiträge, soweit sie nicht anderweitig abgedeckt werden
- Mehrbedarfe sind für bestimmte Personenkreise vorgesehen, wobei auch mehrfache Mehrbedarfsregelungen zuerkannt werden können; die Summe des insgesamt anzuerkennenden Mehrbedarfs darf jedoch die Regelsatzhöhe nicht übersteigen:
- Gehbehinderte Menschen, die einen Schwerbehindertenausweis mit dem Merkzeichen „G" oder „aG" besitzen, erhalten einen Zuschlag von 17 Prozent ihres Regelsatzes. Soweit im Einzelfall ein höherer Bedarf besteht, wird dieser auch als Grundsicherungsleistung erbracht.
- Werdende Mütter erhalten nach der 12. Schwangerschaftswoche einen Zuschlag von 17 Prozent ihres Regelsatzes. Soweit im Einzelfall ein höherer Bedarf besteht, wird dieser auch als Grundsicherungsleistung erbracht.
- Alleinerziehenden Personen mit einem Kind oder mehreren Kindern wird ein Mehrbedarf anerkannt in Höhe von 36 vom Hundert ihres Regelsatzes für ein Kind unter 7 Jahren oder für 2 Kinder unter 16 Jahren, oder 12 vom Hundert ihres Regelsatzes für jedes Kind, wenn die vorstehenden Voraussetzungen nicht vorliegen, insgesamt jedoch höchstens 60 vom Hundert des Eckregelsatzes. Soweit im Einzelfall ein höherer Bedarf besteht, wird dieser auch als Grundsicherungsleistung erbracht.
- Dauerhaft erwerbsgeminderte Personen erhalten für eine Eingliederungshilfe einen Mehrbedarf von 35 vom Hundert, soweit nicht im Einzelfall ein abweichender Bedarf besteht.
- Kranke, Genesende, behinderte Menschen oder von einer Krankheit oder von einer Behinderung bedrohte Menschen erhalten bei erforderlicher kostenaufwändiger Ernährung einen Zuschlag in angemessener Höhe. Leistungen für eine Erstausstattung, wie zum Beispiel für eine Wohnung einschließlich Haushaltsgeräten oder für Bekleidung einschließlich Schwangerschaft und Geburt, werden gesondert erbracht.
- Hilfen in Sonderfällen, wie zum Beispiel die Übernahme von Schulden zur Sicherung der Unterkunft oder zur Behebung einer vergleichbaren Notlage können im Rahmen der Grundsicherung als Beihilfe erbracht werden.

Von diesem Bedarf werden die eigenen Einkünfte abgezogen. Sind die Einkünfte höher als der Bedarf, besteht kein Anspruch auf eine Grundsicherungsleistung. Sind die eigenen Einkünfte des Berechtigten niedriger als der Bedarf, wird der Unterschiedsbetrag als Grundsicherung ausgezahlt.

Grundsicherungsleistungen sind steuerfrei. Es handelt sich um Bezüge aus öffentlichen Mitteln, die wegen Hilfsbedürftigkeit gewährt werden (§ 3 Nr. 1 Einkommensteuergesetz).

14.3.1 Aktuelle Regelsätze nach Bundesländern

Die maßgeblichen Regelsätze für die Hilfe zum Lebensunterhalt nach dem SGB XII betragen in den Ländern ab **01. Januar 2018**:

Regelsätze der Bundesländer in Euro pro Monat		
	Haushaltsvorstand	
Bundesland	**Alleinstehender (Eckregelsatz)**	**Ehepaare oder Lebenspartner (jeweils 90 Prozent des Eckregelsatzes eines Haushaltsvorstandes – je Person)**
Baden-Württemberg	416,00	374,00
Bayern	416,00	374,00
Berlin	416,00	374,00
Brandenburg	416,00	374,00
Bremen	416,00	374,00
Hamburg	416,00	374,00
Hessen	416,00	374,00
Mecklenburg-Vorpommern	416,00	374,00
Niedersachsen	416,00	374,00
Nordrhein-Westfalen	416,00	374,00
Rheinland-Pfalz	416,00	374,00
Saarland	416,00	374,00
Sachsen	416,00	374,00
Sachsen-Anhalt	416,00	374,00
Schleswig-Holst.	416,00	374,00
Thüringen	416,00	374,00
	416,00	374,00
Deutschland	416,00	374,00

Ab Januar 2018 werden folgende **Hartz IV-Regelsätze** gezahlt:

- **Erwachsene**: 416 Euro,
- **Lebenspartner** im gleichen Haushalt: 374 Euro,
- Erwachsene im Haushalt anderer: 332 Euro,
- Jugendliche zwischen **14 und 18 Jahren: 316** Euro,
- Kinder zwischen **6 und unter 14 Jahren**: 296 Euro,
- Kinder **unter 6 Jahre**: 240 Euro.

Die Kosten für Unterkunft und Heizung werden grundsätzlich in Höhe der tatsächlichen Aufwendungen erbracht, soweit sie angemessen sind. Das Jobcenter orientiert sich dabei am örtlichen Niveau der Mieten auf dem Wohnungsmarkt. Darin eingeschlossen werden müssen auch die Kontoführungsgebühren für ein Girokonto, welches heute elementar zur Daseinsberechtigung gehört.

Beispiele zu Leistungen der Grundsicherung

Die nachfolgenden Beispiele (die Antragsteller wohnen in Baden-Württemberg) geben einen Überblick über einen eventuellen Leistungsanspruch auf Grundsicherung:

Fallbeispiel 1:

Alleinstehende Person mit Schwerbehindertenausweis Merkmal „G" mit einer Miete von 250,00 Euro, davon 50,00 Euro Heizkostenpauschale und Erwerbsminderungsrente von 370,00 Euro brutto.
Der vom Anspruchsberechtigten zu tragende Teil des Beitrags zur Kranken- und Pflegeversicherung beträgt 30,00 €.

Bedarf (ab 01.01.2018)	**Alleinstehender**
Lebensbedarf Haushaltsvorstand	416,00 Euro
+ Beiträge zur. Kranken-/Pflegeversicherung	30,00 Euro
+ Mehrbedarf entspr. § 30 SGB XII f. Besitzer von Schwerbehindertenausweisen mit Merkmal „G" 17 v. H. des Regelsatzes	64,94 Euro
+ Unterkunftskosten einschl. Heizkostenpauschale	250,00 Euro
Bedarf	760,94 Euro
abz. Erwerbsminderungsrente	370,00 Euro
ergibt einen **Grundsicherungsanspruch** von	**390,94 Euro**

Fallbeispiel 2

Ehepaar (beide über 65 Jahre) mit einer Miete von mtl. 400,00 Euro zuzüglich. einer Heizkostenpauschale von 80,00 Euro, Renteneinkommen des Ehemannes von 608,00 Euro und der Ehefrau von 400,00 Euro brutto.
Der von den Anspruchsberechtigten zu tragende Teil ihres Beitrages zur Kranken- und Pflegeversicherung beträgt insgesamt 80,64 Euro.

Bedarf (ab 01.01.2018)	**Ehemann**	**Frau**
Lebensbedarf Haushaltsvorstand bzw. Haushaltsangehöriger in €	374,00	374,00
+ Beiträge zur Kranken- / Pflegeversicherung	49,86	32,80
+ Unterkunftskosten einschl. Heizungspauschale in € (jeweils anteilig)	240,00	240,00
Bedarf in Euro	663,86	646,80
abzgl. Renteneinkommen in €	608,00	400,00
Ergibt folgende ungedeckten Bedarfe	55,86	246,80
ergibt einen **Anspruch auf Grundsicherungsleistungen** von	monatlich	**302,66**

14.4 Zusammenarbeit mit den Trägern der Rentenversicherung

§ 46 SGB XII regelt das Zusammenwirken zwischen den Trägern der Sozialhilfe und der Rentenversicherung.

Die Träger der gesetzlichen Rentenversicherung informieren und beraten leistungsberechtigte Personen auf eine Grundsicherung im Alter und bei dauerhafter Erwerbsminderung. Stellt der Träger der Rentenversicherung bei Erteilung eines Rentenbescheides fest, dass sich der Versicherte mit der Höhe seiner Versichertenrente unter dem 27-fachen Betrag des aktuellen Rentenwertes nach §§ 68 und 255c SGB VI bewegt (ab 01.07.2017: unter 837,81 €), erhält er mit seinem Rentenbescheid zugleich eine Information zur bedarfsorientierten Grundsicherung, ein Antragsformular auf Leistung der Grundsicherung und einen konkreten Hinweis, an welches (Kreis-)Sozialamt er sich bei einer Antragstellung wenden kann. Entsprechende Leistungsanträge werden natürlich auch bei den Dienststellen der Deutschen Rentenversicherung entgegengenommen; anschließend erfolgt die Weiterleitung an den Träger der Sozialhilfe.

14.5 Wann beginnt die Grundsicherungsleistung?

Die Leistungen der Grundsicherung beginnen mit dem ersten Tag des Monats, in dem der Antrag gestellt wird. Für Zeiträume vor dem Antrag gibt es keine Nachzahlungen. Allen Berechtigten ist zu empfehlen, den Antrag sofort zu stellen, wenn ihre Einkünfte zum Bestreiten des Lebensunterhalts nicht ausreichen. Die Grundsicherungsleistung wird regelmäßig für 12 Kalendermonate bewilligt und dann überprüft. Ändern sich im Bewilligungszeitraum die persönlichen oder finanziellen Verhältnisse, sind die Änderungen mitzuteilen; erhöhte Leistungen werden frühestens vom Ersten des Monats gezahlt, in dem die Änderungsmitteilung erfolgt ist. Deshalb ist es wichtig, Änderungen, wie zum Beispiel eine Mieterhöhung, sofort dem Grundsicherungsträger bekannt zu geben.

Abbildungsverzeichnis

Literaturtipps zur gesetzlichen Rentenversicherung

1. Haufe Kompass - Rente 2013, Zahlen, Daten, Fakten
(48 Seiten - Auflage Februar 2013)
ISBN-978-3-648-03611-2

2. Verbraucherzentrale: Gesetzliche Rente – Voraussetzungen, Rentenbescheid, Rechtsschutz – von Peter Lange
(276 Seiten - 2. Auflage Mai 2011)

3. Der Renten-Konz 2011/2012 – Das Arbeitsbuch zur Steuererklärung 2011/2012 für Rentner und Pensionäre – von Franz Konz
(384 Seiten - Auflage Juni 2006)

4. Kreikebohm SGB VI Kommentar
(1462 Seiten - 4. Auflage 2013)
ISBN-978-3-406-63628-8

5. Sozialversicherung für die Praxis: Rentenversicherung SGB VI. Mit Altersteilzeitgesetz und „Riester-Rente“ / Betriebsrente (Taschenbuch) von Wolfgang Pelikan – Rechtsstand: Mai 2002, 10. Auflage
ISBN-978-3-406-49289-1

6. Das Recht der gesetzlichen Rentenversicherung und die Deutsche Einheit von Judith Kirschbaumer
(361 Seiten – Auflage 2011)

7. Handbuch der gesetzlichen Rentenversicherung SGB VI, herausgegeben von Herbert Rische, Eberhard Eichenhofer, Winfried Schmähl
(922 Seiten - 2. Auflage 2010)
ISBN-10: 3472080523

Empfehlenswerte Internet-Adressen

- *www.deutsche-rentenversicherung-bw.de* (Bei Anklicken des Buttons „Formulare und Publikationen“ werden alle bestellbaren Info-Broschüren, Fachzeitschriften sowie Gesetzes- und Fachbücher der deutschen Rentenversicherung angezeigt.)

- *www.ihre-vorsorge.de* (Informationen rund um die Altersvorsorge mit vielen Tipps und Tricks, Förderrechner, Rentenschätzer, Expertenforum für alle persönlichen Fragen zur Altersvorsorge....)

- *www.rv.win.com* (Damit Rentenexperten wie auch Rentenlaien schnell, einfach und sicher einen Rentenbescheid prüfen sowie andere Fragen „rund um die Rente" beantworten können, ist die Rentensoftware RV-Win entwickelt worden.)

Empfehlenswerte CD-ROM und DVD

Alle Produkte können unter der Adresse *www.deutsche-rentenversicherung.de* (siehe dort unter „Formulare und Publikationen") angezeigt und bestellt werden. Mehr Informationen zum jeweiligen Thema sind dort abrufbar.

CD-ROM „Sozialgesetzbuch und aktuelle Nebengesetze"

Die CD-ROM beinhaltet alle Gesetzestexte der Sozialgesetzbücher I bis XII sowie über 130 Nebengesetze und ermöglicht unseren Kunden somit eine einfache, schnelle und handliche Orientierungsmöglichkeit im gesamtem Recht der gesetzlichen Renten- und Sozialversicherung.

CD-ROM Rentenberechnung leicht gemacht

(näheres hierzu auch beim Online-Shop für RV-Win-Software unter oben angegebener Internet-Adresse.)

DVD „Online-rvLiteratur" - Das Literatursystem für die Rentenversicherung

Sie enthält unter anderem:

- Alle aktuellen Regelungen zur „Rente mit 67"
- Die Rechtsauslegung der Deutschen Rentenversicherung Bund zu den Vorschriften, die für die gesetzliche Rentenversicherung von Bedeutung sind.
- Gesetze, Vertragstexte, Verordnungen, Urteile
- Hinweise zu Gesetzesvorhaben, Rundschreiben an Versicherungsämter
- Broschüren (wie z. B. Hinterbliebenenrenten oder Versorgungsausgleich)
- und diverse Antragsvordrucke

Zusätzlich ist die DVD mit einer umfangreichen Stichwortdatei, einer die gesamte rvLiteratur umfassenden Volltextsuche und einer Wechselmöglichkeit zwischen der Abschnitts- und der Gesamtansicht einzelner Dokumente ausgestattet.

DVD „CURT“ in der Version 2016

Die seit Anfang 1999 von der Deutschen Rentenversicherung herausgegebene und bereits mehrmals aktualisierte CD mit dem multimedialen Trainingsprogramm „CURT“ (Computer Unterstützt Rentenversicherungsrecht Trainieren) ist mit Rechtsstand 01.01.2016 auf DVD verfügbar. Zusätzlich sind Informationen zum Rentenpaket 2014 enthalten.

Das Trainingsprogramm der gesetzlichen Rentenversicherung umfasst ca. 94 Stunden mit den Themen:

- Versicherung und Finanzierung, Leistungen zur Teilhabe, Rente, sonstige Themen sowie Durchbrechung der Bestandskraft von Verwaltungsakten und Erstattung zu Unrecht erbrachter Leistungen

- 40 Studientexte der Rentenversicherung (mit über 3.000 Seiten), Infothek (Gesetzestexte, Lexikon, ...), Bildschirmpräsentationen (Rentenberechnung und Altersteilzeit).

Preis der DVD – ROM: 35,00 € (Schutzgebühr incl. MwSt. und Versand).

CURT ist zu beziehen bei: Lettershopservice GmbH, Steinbeisstr. 16, 70736 Fellbach, Tel.: 071130087810, Fax: 071130087811.
Ein Bestellformular finden Sie unter www.lettershopservice.de

expert verlag®
Erlesene Weiterbildung®

Dr. Cornelia Stapff

Arbeitsrecht in der täglichen Praxis

Ein Leitfaden für Führungskräfte aus der Praxis für die Praxis

2., aktualisierte Aufl. 2016, 178 S., 39,00 €, 66,50 CHF
(Reihe Westerham, 16)
ISBN 978-3-8169-3364-9

Zum Buch:

Das Arbeitsrecht ändert sich ständig und wird immer unübersichtlicher. Dieses Buch ist Ihr aktueller Leitfaden für die tägliche Praxis. Die Änderungen, die die große Koalition vereinbart hat, sind schon eingearbeitet. Die komplexe Materie des deutschen Arbeitsrechts ist auch für Nichtjuristen verständlich und durch die Karikaturen von Frauke Vieregg humorvoll aufbereitet.
Sie erhalten Tipps insbesondere zu den typischen Fallen, über die Arbeitgeber immer wieder stolpern und die im Arbeitsrecht viele Kosten verursachen können, wie Fehler bei der Kündigung oder Unkenntnis über die Rechte und Pflichten der Mitarbeiter. Praxisgerecht aufbereitete Checklisten erleichtern Ihnen die tägliche Arbeit. Die Kenntnis der rechtlichen Grundlagen nützt jedoch nichts, wenn sie diese als Führungskraft gegenüber den Mitarbeitern nicht umsetzen können. Im zweiten Teil finden Sie daher wichtige Tipps zur Kommunikation mit Mitarbeitern und deren Motivation, aber auch zum taktischen Vorgehen, wenn man sich von Mitarbeitern trennen will.

Inhalt:

Rechtliche Grundlagen: Was müssen Sie bei der Einstellung beachten? – Risiko Scheinselbständigkeit – Was sollte im Arbeitsvertrag stehen (oder auch nicht!)? – Minijobs, Gleitzone und kurzfristige Beschäftigung – Beendigung von Arbeitsverträgen – Pflichten der Mitarbeiter bei Beendigung von Arbeitsverträgen – Rechte und Pflichten im Arbeitsverhältnis – Gesetze, die jedes Arbeitsverhältnis bestimmen – Grundzüge des betrieblichen Datenschutzes – Persönliche Haftungsrisiken von Führungskräften gegenüber Dritten – Mitbestimmungsrechte des Betriebsrates
Kommunikation und Verhandlungsstrategien: Mitarbeiter motivieren – aber wie? – Das Personalentwicklungsgespräch – Deeskalationstechniken – 4. Wie trenne ich mich von einem Mitarbeiter? – Das Vorstellungsgespräch – Umgang mit dem Betriebsrat
Checklisten: Arbeitsverträge – Befristung – Kündigung – Abmahnung – Aufhebungsvertrag – Zeugnis – Vorstellungsgespräch – Zielvereinbarung – Betriebsratsanhörung

Rezension:

»Anschaulich, durch viele Cartoons, Fallbeispiele, Tabellen und Checklisten aufgelockert wird die trockene, in Paragraphen gegossene Materie fast schon zu einem Lesegenuss.«
Rasche Nachrichten

Blätterbare Leseprobe
und einfache Bestellung unter:
www.expertverlag.de/3196

Die Autorin:

Dr. Cornelia Stapff, Rechtsanwältin und Fachanwältin für Arbeitsrecht ist seit Jahren als Trainerin an der IHK Akademie Feldkirchen Westerham tätig und führt firmeninterne Seminare zu dem Thema Vertragsrecht, Verhandlungstaktik, Prokura und Arbeitsrecht durch. Sie berät seit vielen Jahren mittelständische Unternehmen aus unterschiedlichen Branchen in allen arbeitsrechtlichen Fragen. Aufgrund ihrer langjährigen Erfahrung als Trainerin und Rechtsanwältin liegt es Frau Dr. Stapff am Herzen, Bücher aus der Praxis für die Praxis zu verfassen.

Bestellhotline:
Tel: 07159 / 92 65-0 • Fax: -20
E-Mail: expert@expertverlag.de

expert verlag®

Erlesene Weiterbildung®

Dipl.-Betriebsw. (FH) Renate Jonas

Erfolg durch praxisnahe Personalarbeit

Grundlagen und Anwendungen für Mitarbeiter im Personalwesen

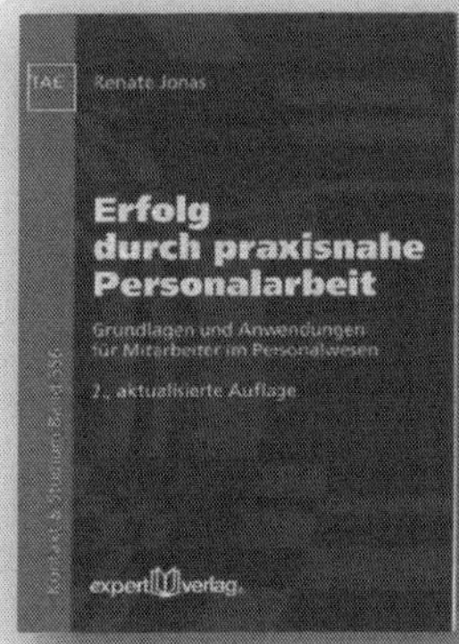

2., aktualis. Aufl. 2009, 165 S., 29,80 €, 49,90 CHF
(Kontakt & Studium, 556)
ISBN 978-3-8169-2779-2

Zum Buch:

Dieses Buch gibt einen Überblick über die immer komplexer werdende Aufbau- und Ablauforganisation im Personalwesen.

Es informiert praxisbezogen über Ziele und Organisation des Personalwesens, Planung und Durchführung der Personalarbeit, Mitarbeitermotivation, -führung und -beurteilung, Personalverwaltung, Kommunikation (persönlich, schriftlich, telefonisch).

Um die Zusammenhänge verständlich zu machen, werden die organisatorischen Grundlagen vermittelt. Anhand von praktischen Fällen, Übungen und Darstellungen werden Situationen aus dem Alltag behandelt und wertvolle Tipps zur Bewältigung der täglichen Arbeit gegeben.

Inhalt:

Ziele, Aufgaben und Organisation des Personalwesens – Personalbedarfsermittlung – Personalbeschaffung – Einführung neuer Mitarbeiter – Personaleinsatz – Personalkosten – Fluktuation – Personalabbau – Mitarbeiterführung und -beurteilung – Personalverwaltung – Persönliche Arbeitsorganisation – Telefonverhalten – Korrespondenz

Blätterbare Leseprobe
und einfache Bestellung unter:
www.expertverlag.de/2779

Die Interessenten:

– Praktiker (Sachbearbeiter, Sekretärinnen und Assistentinnen), die umfassendes Wissen, auch über ihr Spezialgebiet hinaus, erhalten wollen
– Neue Mitarbeiter, die Grundlagen für die Einarbeitung benötigen
– Mitarbeiter, die als angehende Fachleute oder Fachwirte ihre Kenntnisse für die Prüfung auffrischen und ergänzen wollen
– Studierende, die Basiswissen im Personalwesen erwerben wollen

Die Autorin:

Renate Jonas ist als freiberufliche Dozentin in Seminaren und Lehrgängen tätig. Bei ihrer Referenten- und Autorentätigkeit orientiert sie sich an den Zielen der Unternehmen und der Mitarbeiter. Sie bietet praxisnahe Themen aus den Bereichen Büroorganisation und Bürokommunikation an. Die Inhalte können im Berufsalltag sofort umgesetzt werden.

Bestellhotline:

Tel: 07159 / 92 65-0 • Fax: -20
E-Mail: expert@expertverlag.de